"十四五"普通高等教育本科规划教材

高等院校经济管理类专业"互联网+"创新规划教材

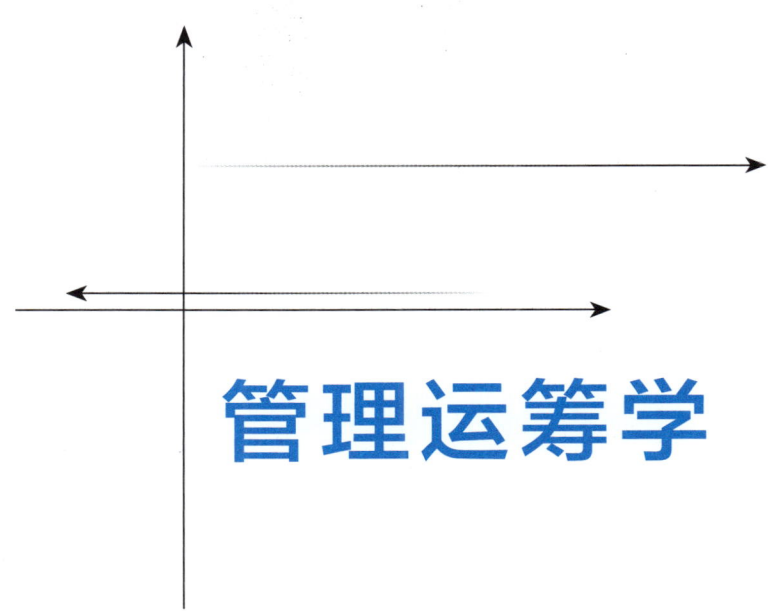

管理运筹学

徐大勇　李学东　金玉然◎编著

北京大学出版社

PEKING UNIVERSITY PRESS

内容简介

本书结合国内外优秀管理运筹学理论的内容体系和编者长期从事管理运筹学教学与研究的心得编写而成。全书分为 6 篇 14 章，主要包括绪论、线性规划与单纯形法、线性规划的对偶理论与灵敏度分析、运输问题、目标规划、整数规划、非线性规划、动态规划、图与网络分析、网络计划技术、决策分析、库存决策、对策论、排队论等。本书的特点是在介绍管理运筹学基本原理与方法的基础上，解决经济管理中的常见问题。选取的案例紧密结合经济管理实际，有很强的实际应用背景。本书兼顾相关专业需要，具有一定的广度和深度，使读者可以从中获取将管理运筹学理论知识应用于实践的一些思路，有助于读者解决科研和管理实践过程中遇到的实际问题。

本书可作为高等院校管理类、经济类、理工类相关专业本科生、硕士生或者博士生教材，也可作为经济管理人员和广大工程技术人员的培训或参考用书，以及报考硕士生或者博士生的参考用书。

图书在版编目（CIP）数据

管理运筹学 / 徐大勇，李学东，金玉然编著 . 北京：北京大学出版社，2025.1. — —（高等院校经济管理类专业"互联网 +"创新规划教材）. — — ISBN 978-7-301-35594-7

Ⅰ. C931.1

中国国家版本馆 CIP 数据核字第 20241GB157 号

书　　　名	管理运筹学 GUANLI YUNCHOUXUE
著作责任者	徐大勇　李学东　金玉然　编著
策 划 编 辑	王显超
责 任 编 辑	赵天思
数 字 编 辑	金常伟
标 准 书 号	ISBN 978-7-301-35594-7
出 版 发 行	北京大学出版社
地　　　址	北京市海淀区成府路 205 号　100871
网　　　址	http://www.pup.cn　新浪微博：@北京大学出版社
电 子 邮 箱	编辑部 pup6@pup.cn　总编室 zpup@pup.cn
电　　　话	邮购部 010-62752015　发行部 010-62750672　编辑部 010-62750667
印 刷 者	河北文福旺印刷有限公司
经 销 者	新华书店
	787 毫米 ×1092 毫米　16 开本　23.75 印张　552 千字 2025 年 1 月第 1 版　2025 年 1 月第 1 次印刷
定　　　价	69.00 元

未经许可，不得以任何方式复制或抄袭本书之部分或全部内容。
版权所有，侵权必究
举报电话：010-62752024　电子邮箱：fd@pup.cn
图书如有印装质量问题，请与出版部联系，电话：010-62756370

前言

管理运筹学即最优化理论，在有的领域中也称为管理科学，是在实行管理的领域，运用数学方法，对需要管理的问题进行统筹规划、做出决策的一门应用科学。管理运筹学以运行系统作为研究对象，主要关注现实系统的最优运作方式，以及未来系统的最优设计方式。它是一种从实际问题抽象而来的模型化手段，是一种解决实际问题的系统化思想，是一种在系统分析中将定性与定量相结合的优化方法。它真实、完整地体现了运筹帷幄、决胜千里的思想。其逻辑思维遵从分析问题、建立模型、处理数据、求解以及寻优这样一种系统的、科学的思路，用优化的理念及方法来考虑、分析并最终解决实际问题。

管理运筹学起源于20世纪30年代的军事领域，后来，为了在经济管理活动中用有限资源获得最大经济效益，实现总体目标的最优化，才逐渐被运用到民用与商业领域之中，并在工程、管理、科研以及国民经济发展的诸多领域都作出了巨大的贡献。在计算机普及之后，作为一门优化与决策的学科，管理运筹学得到了迅速发展，该学科也已经成为经济管理类专业的一门核心学科。

管理运筹学是一门注重应用的学科，广泛应用数学知识与其他管理方法解决实际提出的专门问题。随着科学技术的不断发展，以及"大数据"和物联网信息时代的到来，人们面临的管理决策问题日趋复杂，科学的决策方法已经成为管理者、决策者进行科学决策和民主决策的必备工具和方法。加之市场经济逐步深入，企业更加注重效率，应用型的管理人才受到越来越多企业的青睐。在这一背景下，以应用为目的的管理运筹学理论与方法越来越受到社会科学和自然科学领域的共同关注。

管理运筹学的主要目的是为管理人员提供在决策时用到的定量分析的方法与科学决策的依据。管理运筹学是管理人员实现有效管理、正确决策和现代化管理的重要方法之一，可以根据问题的要求，通过数学上的分析、运算，得出各种各样的结果，最后提出综合性的合理安排，以达到相对令人满意的结果。

本书以党的二十大精神为指导，在阐述管理运筹学的基础概念、基本模型、基本方法及其应用方法时，力求清晰、透彻，并根据不同需求，对一些抽象、繁复的理论，深入浅出地给予了相应的证明；对于复杂的管理运筹学算法，在运用直观手段和通俗语言来说明其基本思想的同时，也辅以典型的算例和实例来说明求解的步骤，以便于使在校学生形成系统解决问题的思路，运用模型研究问题的习惯，以及掌握建模与求解的技巧和技术。对社会实践人员而言，将书中涉及的问题与工作实际相对应，可以达到学有所用的目的。

在本教材的编写过程中，编者参阅了国内外大量专家、同行的专著、教材、文献资料及网络资源，并从中吸取了一些符合本教材特色的内容，相关参考书目附于书后的参考文献中，在此，对这些参考文献的作者致以崇高的敬意和衷心的感谢！同时本书的出版也得到了北京大学出版社的大力支持，感谢王显超、赵天思、李娉婷、金常伟等编辑的辛勤付出。研究生王楠和曹少坤对本教材也做出了一定的贡献。

由于编者水平有限，书中难免存在不足和疏漏之处，敬请各位专家与读者给予谅解和指正，不吝赐教，以便完善本教材。

徐大勇
辽宁科技大学
2024 年 10 月

【资源索引】

第 1 篇 引 论

第 1 章 绪论 / 002

1.1 管理运筹学的产生与发展 / 002
1.2 管理运筹学的特点及相关学科 / 004
   1.2.1 管理运筹学的特点 / 004
   1.2.2 相关学科 / 005
1.3 管理运筹学的工作步骤 / 005
1.4 管理运筹学的主要技术 / 006
1.5 管理运筹学的发展趋势 / 007

第 2 篇 规划技术

第 2 章 线性规划与单纯形法 / 010

2.1 线性规划的概念 / 010
   2.1.1 线性规划问题的提出 / 010
   2.1.2 线性规划的特征及其数学描述 / 012
   2.1.3 线性规划模型的标准型 / 013
2.2 线性规划的图解法、解的概念及其性质 / 015
   2.2.1 线性规划的图解法（解的几何性质）/ 015
   2.2.2 线性规划解的概念 / 016
   2.2.3 线性规划解的性质 / 018
2.3 单纯形法 / 019
   2.3.1 单纯形法的原理 / 019
   2.3.2 单纯形法的一般法则及计算步骤 / 021
   2.3.3 单纯形表 / 024

2.4 大 M 法和两阶段法 / 029
    2.4.1 大 M 法 / 030
    2.4.2 两阶段法 / 031

第3章 线性规划的对偶理论与灵敏度分析 / 034

3.1 线性规划的对偶问题 / 034
    3.1.1 对偶问题的提出 / 034
    3.1.2 对偶问题的数学模型 / 035
    3.1.3 对偶问题的基本性质 / 040
3.2 影子价格 / 043
3.3 对偶单纯形法 / 045
    3.3.1 对偶单纯形法的基本思路 / 045
    3.3.2 对偶单纯形法的计算步骤 / 045
3.4 灵敏度分析 / 048
    3.4.1 目标函数中价值系数 c_j 的分析 / 049
    3.4.2 资源系数 b_i 的分析 / 050
    3.4.3 系数矩阵 A 的分析 / 052

第4章 运输问题 / 057

4.1 运输问题的数学模型及其特点 / 057
    4.1.1 运输问题的数学模型 / 057
    4.1.2 运输问题数学模型的特点 / 059
4.2 运输问题的表上作业法 / 060
    4.2.1 确定初始基本可行解 / 061
    4.2.2 基本可行解的最优性检验 / 066
    4.2.3 方案的优化 / 069
4.3 运输问题的推广 / 070

第5章 目标规划 / 076

5.1 目标规划的数学模型 / 076
    5.1.1 问题的提出 / 076
    5.1.2 目标规划的基本概念 / 078
    5.1.3 目标规划的数学模型及建模步骤 / 081
5.2 目标规划的图解法 / 083
5.3 目标规划的单纯形法 / 088
5.4 目标规划的对偶单纯形法 / 093
    5.4.1 目标规划对偶单纯形法的计算步骤 / 093
    5.4.2 算法举例 / 094
5.5 目标规划的灵敏度分析 / 097
    5.5.1 目标规划的灵敏度分析内容 / 097

5.5.2 分析举例 / 098

第 6 章　整数规划 / 106

6.1 整数规划概述 / 106
　　6.1.1 整数规划的基本概念 / 106
　　6.1.2 整数规划的数学模型 / 107
6.2 整数规划问题的解法 / 111
　　6.2.1 分支定界法 / 111
　　6.2.2 割平面法 / 115
6.3 0−1 整数规划 / 119
　　6.3.1 0−1 整数规划概述 / 119
　　6.3.2 0−1 整数规划的求解方法 / 125
6.4 指派问题 / 128
　　6.4.1 指派问题的引入 / 128
　　6.4.2 指派问题的数学模型 / 129

第 7 章　非线性规划 / 133

7.1 非线性规划的数学模型 / 133
　　7.1.1 问题的提出 / 133
　　7.1.2 数学模型 / 134
　　7.1.3 非线性规划问题的图解法 / 135
　　7.1.4 非线性规划极值问题 / 136
7.2 凸函数与凸规划 / 138
　　7.2.1 凸函数及其性质 / 138
　　7.2.2 凸规划及其性质 / 141
7.3 一维搜索方法 / 142
　　7.3.1 斐波那契法 / 143
　　7.3.2 0.618 法 / 144
7.4 无约束极值的求解方法 / 145
　　7.4.1 梯度法 / 145
　　7.4.2 共轭梯度法 / 146
7.5 约束极值的求解方法 / 148
7.6 分式规划与二次规划 / 150
　　7.6.1 分式规划 / 150
　　7.6.2 二次规划 / 152

第 8 章　动态规划 / 156

8.1 动态规划的基本概念与方法 / 156
　　8.1.1 动态规划的基本概念 / 157
　　8.1.2 动态规划的最优性原理及基本方法 / 159

8.2 动态规划的模型建立与求解步骤 / 161
　　8.2.1 动态规划的模型建立 / 161
　　8.2.2 动态规划的求解步骤 / 162
　　8.2.3 动态规划模型的分类 / 162
8.3 逆序解法递推过程 / 163
8.4 动态规划的应用 / 167
　　8.4.1 资源连续分配问题 / 167
　　8.4.2 生产计划问题 / 169
　　8.4.3 随机采购问题 / 172
　　8.4.4 设备负荷问题 / 174
　　8.4.5 背包问题 / 176
　　8.4.6 系统可靠性问题 / 178

第 3 篇　图与网络技术

第 9 章　图与网络分析 / 183

9.1 图与网络的基本概念 / 184
　　9.1.1 图及其分类 / 184
　　9.1.2 顶点的次 / 186
　　9.1.3 链与圈 / 187
　　9.1.4 基础图与路 / 187
　　9.1.5 连通图 / 188
　　9.1.6 图的矩阵表示 / 188
9.2 最小树问题 / 189
　　9.2.1 树的概念与性质 / 190
　　9.2.2 最小支撑树 / 190
　　9.2.3 根树及其应用 / 192
9.3 最短路问题 / 193
　　9.3.1 问题的提出 / 193
　　9.3.2 迪杰斯特拉算法 / 194
　　9.3.3 逐次逼近法 / 196
　　9.3.4 Floyd 算法 / 198
9.4 最大流问题 / 201
　　9.4.1 最大流的基本概念 / 202
　　9.4.2 最大流最小割定理 / 203
　　9.4.3 求最大流的标号算法 / 203
　　9.4.4 网络最大流的线性规划算法 / 206
9.5 最大基数匹配问题 / 208
　　9.5.1 基本概念 / 208

9.5.2 求二分图最大基数匹配问题的算法 / 209
9.6 最小费用最大流问题 / 212
　9.6.1 基本概念与原理 / 212
　9.6.2 最小费用最大流的解法 / 213
9.7 中国邮递员问题 / 217
　9.7.1 一笔画问题 / 218
　9.7.2 中国邮递员问题概述 / 218
　9.7.3 奇偶点图上作业法 / 218

第 10 章　网络计划技术 / 221

10.1 网络计划图的基本概念及绘图规则 / 221
　10.1.1 网络计划图及其分类 / 222
　10.1.2 基本术语及绘图规则 / 222
10.2 网络计划的时间参数计算 / 226
　10.2.1 活动时间周期的确定 / 226
　10.2.2 时间参数的定义与计算 / 227
　10.2.3 概率型网络时间参数的计算 / 232
10.3 网络计划的优化 / 234
　10.3.1 网络计划的资源优化 / 234
　10.3.2 最低成本日程 / 237

第 4 篇　决策技术

第 11 章　决策分析 / 244

11.1 决策问题的基本概念 / 244
　11.1.1 决策问题的三要素 / 244
　11.1.2 决策问题的分类 / 245
　11.1.3 决策原则 / 246
　11.1.4 决策过程 / 247
　11.1.5 决策模型 / 248
　11.1.6 决策问题的条件 / 248
11.2 确定型决策问题 / 248
11.3 不确定型决策问题 / 249
　11.3.1 悲观主义决策准则 / 250
　11.3.2 乐观主义决策准则 / 250
　11.3.3 折中主义决策准则 / 251
　11.3.4 等可能性决策准则 / 251
　11.3.5 最小机会损失决策准则 / 252
11.4 风险型决策问题 / 253

11.4.1　最大可能法则 / 253
11.4.2　期望值方法 / 254
11.4.3　决策树方法 / 256
11.4.4　贝叶斯决策（后验概率方法）/ 258
11.5　效用理论 / 260
11.5.1　效用的概念 / 260
11.5.2　效用的测定和效用函数 / 261
11.5.3　期望效用决策方法 / 263

第 12 章　库存决策 / 265

12.1　库存问题概述 / 265
12.1.1　问题的提出 / 266
12.1.2　与库存有关的基本费用 / 266
12.1.3　库存策略 / 267
12.2　确定型库存模型 / 267
12.2.1　经济订货批量库存模型 / 267
12.2.2　在制品批量的库存模型 / 270
12.2.3　允许缺货、补充时间极短的库存模型 / 273
12.2.4　允许缺货、补充时间较长的库存模型 / 275
12.2.5　经济订货批量折扣模型 / 278
12.3　随机型库存模型 / 281
12.3.1　需求为离散型随机变量的单周期随机型库存模型 / 281
12.3.2　需求为连续型随机变量的单周期随机型库存模型 / 284
12.3.3　(s, S) 型连续库存模型 / 285
12.3.4　(s, S) 型离散库存模型 / 287
12.4　ABC 分类法 / 290

第 5 篇　对策分析技术

第 13 章　对策论 / 295

13.1　对策论概述 / 295
13.1.1　对策论发展简史 / 295
13.1.2　对策论的基本术语 / 296
13.1.3　对策模型三要素 / 297
13.1.4　对策问题举例及对策的分类 / 298
13.2　矩阵对策的基本理论 / 300
13.2.1　矩阵对策的数学描述 / 300
13.2.2　纯策略矩阵对策 / 300
13.2.3　具有混合策略的矩阵对策 / 302

13.2.4 矩阵策略的性质 / 305
13.3 矩阵对策的解法 / 307
    13.3.1 公式法 / 307
    13.3.2 图解法 / 308
    13.3.3 优超原则法 / 309
    13.3.4 方程组法 / 310
    13.3.5 线性规划方法 / 311
13.4 二人有限非零和对策 / 315
    13.4.1 非零和对策的模型 / 315
    13.4.2 求平衡解的图解法 / 317
13.5 二人有限合作对策 / 318
13.6 二人无限零和对策 / 320
    13.6.1 无限对策的纯策略与混合策略 / 320
    13.6.2 凸对策 / 323
13.7 多人非合作对策 / 323
13.8 多人合作对策 / 327
13.9 动态对策 / 328

第 6 篇　随机运筹技术

第 14 章　排队论 / 331

14.1 排队论的基本概念 / 332
    14.1.1 排队系统 / 332
    14.1.2 排队系统的分类 / 333
    14.1.3 排队系统的衡量指标 / 334
    14.1.4 稳态下的重要参数及基本关系式 / 334
    14.1.5 Little 公式 / 335
    14.1.6 排队问题的求解步骤 / 335
    14.1.7 输入和输出 / 336
    14.1.8 排队论研究的基本问题 / 338
14.2 生灭过程 / 338
14.3 单服务台排队系统 / 340
    14.3.1 $M/M/1/\infty/\infty$/FCFS 排队模型 / 341
    14.3.2 $M/M/1/1/\infty$/FCFS 排队模型 / 343
    14.3.3 $M/M/1/N/\infty$/FCFS 排队模型 / 344
    14.3.4 $M/M/1/N/N$/FCFS 排队模型 / 346
    14.3.5 $M/M/1/\infty/\infty$/NPRP 排队模型 / 348
14.4 多服务台排队系统 / 349
    14.4.1 $M/M/C/\infty/\infty$/FCFS 排队模型 / 350

14.4.2 $M/M/C/C/\infty$/FCFS 排队模型 / 352
14.4.3 $M/M/C/N/\infty$/FCFS 排队模型 / 353
14.4.4 $M/M/C/N/N$/FCFS 排队模型 / 355
14.5 非生灭过程排队系统 / 356
14.5.1 $M/G/1$ 排队模型 / 356
14.5.2 $M/D/1$ 排队模型 / 357
14.5.3 $M/E_k/1$ 排队模型 / 358
14.6 排队系统的优化 / 359
14.6.1 $M/M/1/\infty/\infty$/FCFS 模型中的最优服务水平 μ / 360
14.6.2 $M/M/1/N/\infty$/FCFS 模型中最优服务率 μ / 361
14.6.3 $M/M/1/N/N$/FCFS 模型中最优服务水平 μ / 362
14.6.4 $M/M/C/\infty/\infty$/FCFS 模型中最优的服务台个数 C / 363

参考文献 / 365

第 1 篇

引 论

第 1 章

绪 论

1.1 管理运筹学的产生与发展

管理运筹学的思想在古代就已经产生了。敌我双方交战，要克敌制胜就要在了解双方情况的基础上，做出最优的对付敌人的决策，这就是"夫运筹帷幄之中，决胜千里之外"的说法。在我国古代，诸如田忌赛马、丁谓修皇宫、都江堰水利工程的故事都蕴含着运作、筹划的思想。

管理运筹学是一门仍在蓬勃发展的新兴学科，人们对它的认识需要不断深化，迄今为止，还没有一个公认的管理运筹学定义，下面列举一些影响力较大的解释作为参考。大英百科全书的解释是，管理运筹学是一门用于管理组织系统的科学，管理运筹学为掌管这类系统的人提供决策目标和数量分析的工具。中国大百科全书的解释是，管理运筹学是"应用数学和管理学的交叉，使用统计学、数学模型和算法等数学方法解决复杂的管理学问题的一种方法。特别是改善或优化现有管理系统的效率"。辞海对运筹学的解释是"主要研究经济、管理与军事活动中能用数量来表达有关运行、筹划与决策等方面的问题的一门学科"。中国企业管理百科全书的解释是，管理运筹学"应用分析、试验、量化的方法，对经济管理系统中人、财、物等有限资源进行统筹安排，为决策者提供有依据的最优方案，以实现最有效的管理"。

管理运筹学涉及的主要领域是管理领域，研究的基本手段是建立数学模型，并比较多地运用各种数学工具。从这点出发，有人将管理运筹学称为"管理数学"。1957年我国从"夫运筹帷幄之中，决胜千里之外"这句古语中摘取"运筹"二字，将这门学科正式译作管理运筹学，包含运作、筹划，以策略取胜等意义，比较恰当地反映了这门学科的性质和内涵。

"运筹学"的概念是由英国人最早在20世纪30年代末提出来的，由于战争的需要发展起来。在英国称为"operational research"，很快美国也跟上，在美国称为"operations research"。为了进行运筹学研究，英国、美国的军队成立了一些专门小组，开展了对"护航舰队保护商船队的编队问题"和"当船队遭受德国潜艇攻击时，如何使船队损失最少的问题"的研究。在研究了反潜深水炸弹的合理爆炸深度后，德国潜艇被摧毁数增加到原数的400%。专门小组还提出了在船只受敌机攻击时，大船应急速转向和小船应缓慢转向的逃避方法。研究结果使船只在受敌机攻击时，中弹率由47%降到29%。当时研究和解决的问题都是短期的和战术性的。第二次世界大战后，英国、美国军队相继成立了更为正式的运筹学研究组织。

1937 年，英国部分科学家被邀请去帮助英国皇家空军研究雷达的部署和运作问题，目的在于最大限度地发挥有限雷达的效用，以应对德军的空袭。1939 年，从事此方面问题研究的科学家被召集到英国皇家空军指挥总部，成立了一个由布莱克特领导的军事科技攻关小组。由于该小组是第一次有组织、系统地进行运筹学活动，后人将该小组的成立作为运筹学诞生的标志。

1942 年，美国大西洋舰队的贝克舰长请求成立反潜战运筹组，麻省理工学院的物理学家莫尔斯被请来计划与监督该运筹组的工作。莫尔斯在此期间最出色的工作之一，是协助英国打破了德国对英吉利海峡的封锁。

20 世纪 40 年代初，美国由物理学家奥本海默主持的原子弹工程，动用了全国三分之一的电力，集中了一万五千名各种专业的科学家和工程技术人员进行合作，奥本海默在执行计划的过程中从总体出发，把研究项目层层分解，组织相应的小组来负责各项课题的研究工作，他很重视各课题间的联系，随时进行协调，使全部课题组合起来达到整个计划的最优结构。

阿波罗登月计划的全部任务分别由地面、空间和登月三部分组成，是一项复杂庞大的工程项目，它不仅涉及火箭技术、电力技术、冶金和化工技术等多种技术，为把人安全地送上月球，还需要了解宇宙空间的物理环境以及月球本身的构造和形状。该计划研制零件几百万种，共有两万多家企业参与，涉及超过 42 万人。为完成这项工作，除了考虑每个部门之间的配合和协调工作，还要估计各种未知因素可能带来的种种影响。这些千头万绪的工作，千变万化的情况，要求有一个总体规划部门运用一种科学的组织管理方法，综合考虑，统筹安排。

1947 年，美国数学家丹齐格发表了关于线性规划的研究成果，所解决的问题是美国空军在军事规划时提出的，并给出了求解线性规划问题的单纯形法。事实上，1939 年苏联学者康托罗维奇在解决工业生产组织和计划问题时，已提出了类似线性规划的模型，并给出了求解方法。由于当时未被领导重视，直到 1960 年康托罗维奇再次发表了《最佳资源利用的经济计算》一书后，才受到国内外的一致重视。为此康托罗维奇获得了诺贝尔经济学奖。值得一提的是，丹齐格认为线性规划模型的提出是受到了里昂惕夫的投入产出模型（于 1932 年提出）的影响，后来里昂惕夫也因投入产出模型得到了诺贝尔经济学奖。冯·诺依曼和摩根斯坦合著的《博弈论与经济行为》是对策论的奠基作，同时该书已隐约地指出了对策论与线性规划对偶理论的紧密联系。线性规划提出后很快受到经济学家的重视，如在第二次世界大战中从事运输模型研究的经济学家库普曼斯很快看到了线性规划在经济中应用的意义，并呼吁年轻的经济学家要关注线性规划。库普曼斯在 1975 年获诺贝尔经济学奖。

我们初步统计的结果显示：到 2007 年，共有 19 个诺贝尔奖获得者的研究与管理运筹学有关。其中阿罗、萨缪尔森、西蒙等都获得了诺贝尔奖，并在管理运筹学某些领域中发挥过重要作用。

从以上简史可见，为管理运筹学的建立和发展作出贡献的有物理学家、经济学家、数学家、其他专业的学者、军官和各行业的实际工作者。

20 世纪 50 年代中期，钱学森、许国志等科学家将管理运筹学引入我国，并结合我国的特点在国内推广应用。他们最早在中国科学院力学研究所建立了运筹室，在管理运筹学多个领域开展研究和应用工作，其中在经济数学方面，特别是投入产出表方面的研究和应用开展得较早，质量控制（后改为质量管理）的应用也有特色。在此期间，以华罗庚为首的一大批数学家加入了管理运筹学的研究队伍，在中国科学院数学研究所也建立了运筹室，使我国管理运筹学很多分支学科的发展水平很快跟上当时的国际水平。

1.2 管理运筹学的特点及相关学科

1.2.1 管理运筹学的特点

(1) 跨学科性。跨学科性是指由有关专家组成的进行集体研究的运筹小组，综合应用多种学科的知识来解决实际问题。

(2) 研究与实践紧密联系。作为一门科学，管理运筹学不仅包括研究活动，即用科学的方法来创建它的知识，还包括以这些知识的应用为目的的工程活动和其他实践活动。在管理运筹学的发展进程中，研究与实践始终紧密联系、互相促进，共同推动管理运筹学的发展。

(3) 科学与艺术的结合。管理运筹学不仅是一门科学，也是一门艺术。管理运筹学的研究与实践，往往不仅会用到科学方法和科学知识，还会用到发明和设计的艺术及各种各样的联络、解释和实行的艺术。

(4) 利用模型。无论是管理运筹学的理论研究还是应用研究，其核心问题都是如何建立适当的模型（通常是数学模型）以解释系统的现象和预测系统未来的情况。管理运筹学模型大致可分为确定型、随机型、模糊型三类。

(5) 数量方法。管理运筹学是从定量分析的角度研究系统的变化规律，从而对系统未来的情况做出定量预测的。它不仅需要利用已有的数学工具（解析数学、统计数学、计算数学、模糊数学等），还创造出了一些独特的数量方法。

(6) 试验方法。管理运筹学研究并应用试验方法。例如，直接试验中有"优选法""调优运算法""正交试验法"等，模拟试验中有各种实物模拟法及计算机模拟法等。

(7) 有赖于计算机。在管理运筹学模型的实际应用中，往往需要进行十分浩繁的数值计算，即便那些本身不太复杂的模型也多如此，以致手工计算根本无法胜任，必须借助计算机才能完成。还有一些模型的算法尽管理论上是正确的和可行的，但囿于目前计算机的功能而无法实现。因此，管理运筹学的发展有赖于计算机和计算机科学的发展，而研究、改善各种算法的计算机程序也是管理运筹学的任务之一。

(8) 全局优化。根据系统科学，一个系统的各个局部独自优化，其全局未必为优，甚至可能不能有效运行；反之，全局优化，局部未必都优。管理运筹学总是从系统的观点出发，以全局优化为目标，力图以整个系统最佳的方式来解决该系统各部门之间的利害冲突，寻求全局最优的方案。

(9) 科学决策的依据。管理运筹学作为一种科学方法，能为现代管理中许多复杂问题提供科学的决策程序、决策模型，以及定量分析的丰富资料和优化方案，从而为科学决策提供重要依据。

(10) 适用面广。管理运筹学研究的问题存在于不同领域、不同部门，虽千变万化却有共同规律可循。管理运筹学不断探索这些规律，并且据以提出一些一般理论和通用方法。因此，管理运筹学的适用面很广。

1.2.2 相关学科

如前所述,管理运筹学是一门边缘学科,它与许多学科交叉或密切相关,其中主要相关学科有:数学科学、管理科学、经济科学、系统科学、计算机科学。在前面介绍管理运筹学的特点时已经简要叙述过它同数学科学、计算机科学的关系,这里再概述一下它同系统科学、管理科学、经济科学的关系。

现代科学的飞速发展使科学知识发生了"爆炸",因而各种学科越分越多,越分越细,越来越专门化。但是,人们在实践中所遇到的许多问题也都十分复杂,往往要用到许多学科的知识,而非某一单独学科所能解决的。例如,美国的"阿波罗登月计划"、我国的"嫦娥工程",其全部任务由地面、空间、登月三部分组成,不仅会直接用到火箭技术、电子技术、冶金技术、机械技术、化工技术等多种技术,还会用到天文、物理、生物、化学、数学等基础科学的知识。像这样庞大、复杂的系统工程,其计划、组织与实施是在系统科学的有效指导下得以圆满完成的,而管理运筹学就是系统科学的主要基础和重要手段。在解决这样一些涉及多领域、多学科、多部门的实际问题时,作为系统科学的主要基础和重要手段的管理运筹学往往可以大显身手。

在美国,管理科学有其特定含义,它是一门同管理运筹学区别不大的学科。在我国,管理科学的含义更加广泛,以致无法确切定义。在很大程度上可以说,管理就是决策,因此管理科学是一门决策科学,即帮助人们正确地决定应对各种复杂情况及解决各种复杂问题的方针和行动,以便有效地管理各种复杂系统,使之有序运行的一门科学。而管理运筹学的首要特点就是能为科学决策提供依据,因此管理运筹学是管理科学的重要基础,是实行科学管理的强有力工具。

本书名为《管理运筹学》,侧重于讲解管理中常见的管理运筹学问题及其适用的管理运筹学模型与方法,尤其关注经济系统管理中一些常见问题。一个经济系统的运行过程可以归结为投入产出的过程,即投入资源(人力、物力、财力、信息、时间)、产出效益(实物和劳务的数量、质量、价值、效率)的过程。人们自然希望以较少的投入实现较大的产出,这就产生了经济系统如何运营的问题。对此,管理运筹学主要从以下两个方面进行研究。

① 投入既定,如何实现最大产出?
② 产出既定,如何实现最小投入?

这是管理运筹学在经济管理中研究的两类基本问题,即所谓的经济系统最优化问题。管理运筹学能够根据人们的不同需要,提供一些特定的方法用以给出相应的最优方案,从而帮助人们做出科学的决策。"田忌赛马""丁谓修皇宫"的典故恰好分别是管理运筹学思想在这两类基本问题中成功运用的范例。

由此可见,人们的管理实践是管理运筹学和管理科学的思想源泉,而管理运筹学的根本宗旨就是为管理者提供科学决策的依据。

1.3 管理运筹学的工作步骤

管理运筹学在解决大量实际问题的过程中形成了自己的工作步骤,如图 1-1 所示。这些工作步骤也可总结为以下几步。

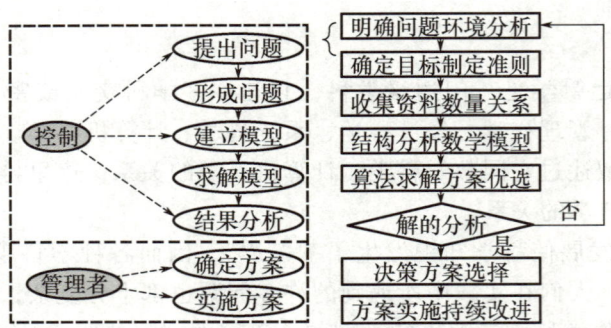

图 1-1　工作步骤

(1) 提出和形成问题。要弄清问题的目标、可能的约束、问题的可控变量及有关参数，收集有关资料。

(2) 建立模型。选用合适的数学模型来描述问题，确定决策变量，建立目标函数、约束条件等，并据此建立相应的管理运筹学模型。

(3) 求解模型。用各种手段（主要是数学方法，也可用其他方法）求解模型。解可以是最优解、次优解、满意解。复杂模型的求解需用计算机，解的精度要求可由决策者提出。

(4) 结果分析。首先检查求解步骤和程序有无错误，其次检查解是否反映现实问题，最后通过控制解的变化过程（使用灵敏度分析等方法）决定对解是否要做一定的改变。

(5) 方案的确定和实施。提供决策所需的依据、信息和方案，帮助决策者决定处理问题的方针和行动。

以上工作步骤应反复进行。

1.4　管理运筹学的主要技术

随着科学技术和生产力的发展，管理运筹学已在诸如服务、库存、搜索、人口、对抗、控制、时间表、资源分配、厂址定位、能源、设计、生产、可靠性等各个方面得到应用，发挥了越来越重要的作用。管理运筹学的主要技术有以下几种。

(1) 规划技术。

规划技术是使有限的人力、物力、财力和时间等资源得到最适当、最有效的分配和利用的技术，即在某些约束条件下通过控制某些可控因素寻求其决策目标的最大（或最小）值的技术。根据问题性质与处理方法的不同，规划技术又可分为线性规划、运输问题、目标规划、整数规划、非线性规划、动态规划等。

(2) 图与网络技术。

生产管理中经常遇到工序间的合理衔接搭配问题，设计中经常要研究各种管道、线路的通过能力，以及仓库、附属设施布局等问题。图与网络技术把研究对象用节点表示，对象之间的关系用边（或弧）来表示，节点、边的集合构成了图。图与网络技术是研究由节点和边所组成的图形的数学理论和方法。将庞大复杂的工程和管理问题用网络描述，可以使解决方法达到最优。图与网络技术又可分为图与网络分析、网络计划技术等不同的技术类型。

(3) 决策技术。

决策技术在包括决策分析、库存决策等在内的许多领域中都有着重要应用。在实际生活与生产中，若同一个问题面临几种自然情况或状态，又有几种可选方案，就需进行决策。决策技术是研究决策者如何有效地进行决策的理论和方法，能够指导决策者根据所获得的系统的各种状态信息，按照一定的目标和衡量标准进行综合分析，从而使决策者的决策既符合科学原则，又能满足决策者的需求，最终促进决策的科学化。

(4) 对策分析技术。

对策分析技术是描述和研究斗争态势的抽象模型，并给斗争双方提供对策方法的数学理论，也称为博弈论。分析存在利害关系的两个主体的行动及其结果时采用的模型叫作博弈。在博弈中，人们总希望自己取胜，但由于博弈有对手，所以每一方为取胜所做的努力往往会受到对手的干扰。因此，人们要想获得尽可能好的结局，就必须考虑对手可能怎样决策，从而选出自己的对策。对策选择不同，其最后的结局会差别很大，如"田忌赛马"。对策分析技术可用于商品、消费者、生产者之间的供求平衡分析，利益集团间的协商和谈判，以及军事上各种作战模型的研究等。近年来，数学家还对水雷和舰艇、歼击机和轰炸机之间的作战、追踪，以及经济活动中如何实现斗争各方共赢等问题进行了研究，提出了追逃双方都能自主决策的数学理论及纳什均衡理论。

(5) 随机运筹技术。

随机运筹技术包括排队系统分析、马尔可夫分析和随机模拟技术等。

排队系统分析又称排队论，是研究随机服务系统的性能、状态及优化问题的管理科学分支，主要方法是通过建立各种类型的排队模型，求得在各种条件下反映系统性态的描述性的解。

马尔可夫分析是研究如何由随机变量现时的运动状况来分析、预测该变量未来运动状况的管理科学分支，主要方法是基于概率和随机过程的理论，通过系统状态和转移规律求得未来的状态。

随机模拟技术又称系统仿真，是研究如何对静态离散的随机系统进行模拟分析的管理科学分支，主要方法是通过随机数和系统的有关概率分布对系统进行状态模拟，篇幅所限，马尔可夫分析和随机模拟技术本书从略。

1.5 管理运筹学的发展趋势

管理运筹学作为一门学科，在理论和应用方面，无论就广度还是深度来说都有无限广阔的前景。它不是一门衰老过时的学科，而是一门处于年轻发展时期的学科，这从管理运筹学目前的发展趋势便可看出。

(1) 管理运筹学的理论研究将会得到进一步系统、深入的发展。例如，数学规划是20世纪40年代末期才出现的。经过十多年的时间，到了20世纪60年代，它已成为应用数学中一个重要的分支，各种方法和各种理论纷纷出现，蔚为壮观。但是，数学规划也和别的学科一样，在各种方法和理论出现以后，自然要走上统一的路径。也就是说，要用一种或几种方法和理论把现存的东西统一在某些系统之下来进行研究。目前，这种由分散到统一、由具体到抽象的过程正在形成，而且将得到进一步的发展。

(2) 管理运筹学正向一些新的研究领域发展。管理运筹学的一个重要特点是应用十分广泛，近年来它正迅速地向一些新的研究领域或原来研究较少的领域发展，如世界性的问题、国家决策或系统工程问题等。

（3）管理运筹学分散应用于其他学科，并结合其他学科一起发展。例如，数学规划用于工程设计，常常叫作"最优化方法"，已成为工程设计中的一个有力研究工具；数学规划用于投入产出模型，也成为了西方计量经济学派常用的数学工具；等等。

（4）管理运筹学沿原有的各学科分支向前发展（这仍是目前发展的一个重要方面）。例如，规划论从研究单目标规划发展到研究多目标规划，这当然可以看成是对事物进行深入研究的自然延伸。事实上，在实际问题中，想达到的目标往往有多个，而且有些还是互相矛盾的。再如，规划论从研究短期规划发展到研究长期规划，这种深入研究也是很自然的，因为对于不少实际问题，人们主要关心的是未来的结果。

（5）管理运筹学中对建立模型的研究将日益受到重视。从事实际问题研究的管理运筹学工作者，常常感到他们所遇到的困难是如何把一个实际问题变成一个可以用数学方法或别的方法来处理的建立模型的问题。就目前来说，关于管理运筹学理论和方法的研究远远超过对上述困难的研究，要保持管理运筹学的生命力，对建立模型的研究非常必要。

（6）管理运筹学的发展将进一步依赖于计算机的应用和发展。计算机的问世与广泛应用是管理运筹学得以迅速发展的重要原因。实际问题中的管理运筹学问题，计算量一般都是很大的。在存储量大、计算速度快的计算机出现后，管理运筹学的应用才成为可能，这也推动了管理运筹学的进一步发展。

总之，目前管理运筹学发展如此之快，管理运筹学工作者如此之多，都是前所未有的。管理运筹学的发展对于加速我国的四个现代化建设必将起到十分重要的作用。

第 2 篇

规 划 技 术

第2章 线性规划与单纯形法

学习目标

1. 理解并掌握线性规划问题的基本概念、基本定理;
2. 掌握线性规划数学建模方法及图解法;
3. 了解线性规划标准型及其转化方法;
4. 熟练掌握单纯形法的基本原理及计算步骤;
5. 掌握大 M 法和两阶段法。

线性规划(Linear Programming,LP)是管理运筹学的一个重要分支。自1947年丹齐格提出了线性规划问题求解的一般方法(单纯形法)之后,线性规划在理论上日益趋向成熟,在实践中得到了日益广泛和深入的应用。特别是在计算机能处理成千上万个约束条件和决策变量的线性规划问题之后,线性规划的适用领域更是迅速扩大。线性规划在工业、农业、商业、交通运输、军事、经济计划和管理决策等领域都可以发挥重要的作用,已是现代科学管理的重要手段之一。

2.1 线性规划的概念

2.1.1 线性规划问题的提出

规划问题总是与对有限资源的合理利用分不开,这里的有限资源是一个广义的概念,它可以是劳动力、原材料、机器设备、资本等有形的事物,也可以是时间、技术等无形的事物;这里的合理利用通常是指费用最小或利润最大,即在资源一定的条件下,取得最大的经济效益,或是为了达到既定的预期目标,使得资源消耗量达到最少。

【例2-1】 工厂每月生产 A、B、C 三种产品,单件产品的原材料消耗量、设备台时的消耗量、所需工时、资源限量及利润如表2-1所示。问:该工厂为使每月获取的利润最大,应如何生产这三种产品?

表 2-1 产品有关数据

资源	产品			资源限量
	A	B	C	
原材料 / 千克	2	1	4	300
设备 / 台时	3	2	1	200
工时 / 小时	1	3	5	150
利润 /（元 / 件）	2	4	6	—

设 x_1、x_2、x_3 分别为产品 A、B、C 的产量，则该工厂可获取的利润为 $2x_1+4x_2+6x_3$ 元，令 $Z=2x_1+4x_2+6x_3$，问题中要求获取的利润为最大，即 $\max Z$。同时，产品 A、B、C 的产量受原材料、设备和工时的资源限制，且产品 A、B、C 的产量不可能为负值。由此，例 2-1 的数学模型可表示为

$$\max Z = 2x_1 + 4x_2 + 6x_3$$

$$\text{s.t.} \begin{cases} 2x_1 + x_2 + 4x_3 \leq 300 \\ 3x_1 + 2x_2 + x_3 \leq 200 \\ x_1 + 3x_2 + 5x_3 \leq 150 \\ x_j \geq 0 (j=1,2,3) \end{cases}$$

【例 2-2】 捷运公司拟在下一年度的 1—4 月租借仓库堆放物资。已知各月所需仓库面积，如表 2-2 所示。合同租借期限内的租金随合同租借期限而定，期限越长，折扣越大，具体数据见表 2-3。租借仓库的合同每月月初都可办理，每份合同具体规定租借面积和期限。因此该公司可根据需要，在任何一个月月初办理租借合同。每次办理时可只签一份合同，也可签若干份租借面积和期限不同的合同，试确定该公司签订租借合同的最优决策，目的是使总的租金最少。

表 2-2 各月所需仓库面积　　　　　　　　　　　　　　　　单位：100 平方米

月份	1	2	3	4
所需仓库面积	15	10	20	12

表 2-3 仓库租借费用　　　　　　　　　　　　　　　　单位：元 /100 平方米

合同租借期限	1 个月	2 个月	3 个月	4 个月
合同租借期限内的租金	2800	4500	6000	7300

本例中若用变量 x_{ij} 表示捷运公司在第 $i(i=1,2,3,4)$ 个月月初签订的租借期限为 $j(j=1,2,3,4)$ 个月的租借合同中的仓库面积（单位：100 平方米）。因 5 月起该公司不再需要租借仓库，故 x_{24}、x_{33}、x_{34}、x_{42}、x_{43}、x_{44} 均为零。该公司希望总的租金最少，故有如下数学模型。

目标函数：

$$\min Z = 2800(x_{11}+x_{21}+x_{31}+x_{41}) + 4500(x_{12}+x_{22}+x_{32}) + 6000(x_{13}+x_{23}) + 7300 x_{14}$$

约束条件：

$$\text{s.t.} \begin{cases} x_{11} + x_{12} + x_{13} + x_{14} \geq 15 \\ x_{12} + x_{13} + x_{14} + x_{21} + x_{22} + x_{23} \geq 10 \\ x_{13} + x_{14} + x_{22} + x_{23} + x_{31} + x_{32} \geq 20 \\ x_{14} + x_{23} + x_{32} + x_{41} \geq 12 \\ x_{ij} \geq 0 (i = 1, 2, 3, 4; j = 1, 2, 3, 4) \end{cases}$$

这个模型中的约束条件分别表示该月月初签订的租借合同的面积加上该月前签订的未到期的租借合同的面积的总和，应不少于该月所需的仓库面积。

例 2-1 和例 2-2 表明，规划问题的数学模型由三个要素组成：

(1) 变量，或称决策变量，是问题中要确定的未知量，用以表明规划中用数量表示的方案、措施，可由决策者决定和控制；

(2) 目标函数，是决策变量的函数，按优化目标分别在这个函数前加上 max 或 min；

(3) 约束条件，指决策变量取值时受到的各种资源条件的限制，通常表达为含决策变量的等式或不等式。

如果在规划问题的数学模型中，决策变量的取值是连续的，目标函数是决策变量的线性函数，约束条件是含决策变量的线性等式或不等式，则该类规划问题的数学模型称为线性规划的数学模型。

2.1.2 线性规划的特征及其数学描述

由例 2-1 和例 2-2 可以看出，线性规划具有以下几个特征。

(1) 线性规划问题中要求有一组变量（决策变量），用 $x_j (j = 1, 2, \cdots, n)$ 来表示，这组变量的一组定值就代表问题中的一个具体方案。

(2) 线性规划问题有一个目标要求（目标函数），其价值系数用 $c_j (j = 1, 2, \cdots, n)$ 来表示，此目标函数可表示为决策变量的线性函数，线性规划应要求这个目标函数达到最优（最大或最小）。

(3) 存在一定的限制条件（约束条件），即线性规划的决策变量取值要受到 m 种资源的限制，用 $b_i (i = 1, 2, \cdots, m)$ 表示第 i 种资源的拥有量，这些限制条件可以用一组线性等式或不等式来表示。

(4) 工艺或技术的不同，会使得资源消耗不同，可用 a_{ij} 表示每生产 1 个单位的产品 j，消耗第 i 种资源的数量。

由此可将上述线性规划问题的数学模型表示为

$$\max(\text{或 min}) Z = c_1 x_1 + c_2 x_2 + \cdots + c_n x_n$$

$$\text{s.t.} \begin{cases} a_{11} x_1 + a_{12} x_2 + \cdots + a_{1n} x_n \leq (=, \geq) b_1 \\ a_{21} x_1 + a_{22} x_2 + \cdots + a_{2n} x_n \leq (=, \geq) b_2 \\ \vdots \qquad \vdots \qquad \vdots \\ a_{m1} x_1 + a_{m2} x_2 + \cdots + a_{mn} x_n \leq (=, \geq) b_m \\ x_1, x_2, \cdots, x_n \geq 0 \end{cases} \quad (2\text{-}1)$$

其紧缩形式为

$$\max(\text{或}\min)Z = \sum_{j=1}^{n} c_j x_j$$

$$\text{s.t.} \begin{cases} \sum_{j=1}^{n} a_{ij} x_j \leqslant (=,\geqslant) b_i (i=1,\cdots,m) \\ x_j \geqslant 0 (j=1,2,\cdots,n) \end{cases} \tag{2-2}$$

用向量形式表达时，上述模型可写为

$$\max(\text{或}\min)Z = \sum_{j=1}^{n} c_j x_j$$

$$\text{s.t.} \begin{cases} \sum_{j=1}^{n} \boldsymbol{p}_j x_j \leqslant (=,\geqslant) \boldsymbol{b} \\ x_j \geqslant 0 (j=1,2,\cdots,n) \end{cases} \tag{2-3}$$

式 (2-3) 中

$$\boldsymbol{p}_j = \begin{pmatrix} a_{1j} \\ a_{2j} \\ \vdots \\ a_{mj} \end{pmatrix}; \boldsymbol{b} = \begin{pmatrix} b_1 \\ b_2 \\ \vdots \\ b_m \end{pmatrix}$$

上述线性规划模型可以用矩阵形式表示为

$$\max(\text{或}\min)Z = \boldsymbol{CX}$$

$$\text{s.t.} \begin{cases} \boldsymbol{AX} \leqslant (=,\geqslant) \boldsymbol{b} \\ \boldsymbol{X} \geqslant \boldsymbol{0} \end{cases} \tag{2-4}$$

式 (2-4) 中

$$\boldsymbol{C} = (c_1, c_2, \cdots, c_n); \boldsymbol{X} = \begin{pmatrix} x_1 \\ x_2 \\ \vdots \\ x_n \end{pmatrix}; \boldsymbol{A} = \begin{pmatrix} a_{11} & a_{12} & \cdots & a_{1n} \\ a_{21} & a_{22} & \cdots & a_{2n} \\ \vdots & \vdots & & \vdots \\ a_{m1} & a_{m2} & \cdots & a_{mn} \end{pmatrix}$$

2.1.3 线性规划模型的标准型

用单纯形法求解线性规划问题时，为方便讨论问题，须将线性规划模型化为统一的标准型，本书规定线性规划模型的标准型须满足以下四点。

（1）目标函数极大化（有些书上规定是目标函数极小化）。

对于目标函数极小化问题，如 $\min Z = \sum_{j=1}^{n} c_j x_j$，可以将其等价地化为极大化问题。因为求 $\min Z$ 等价于求 $\max(-Z)$，令 $Z' = -Z$，即化为

$$\max Z' = -\sum_{j=1}^{n} c_j x_j$$

最小化线性规划模型与对应的最大化线性规划模型之间的关系如图 2-1 所示。

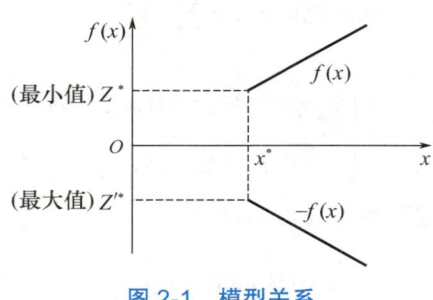

图 2-1 模型关系

(2) 约束条件为等式。

对于形如 $a_{i1}x_1+a_{i2}x_2+\cdots+a_{in}x_n \leq b_i$ 的不等式约束，可以通过引入"松弛变量 x_{n+i}"将其转化为等式约束 $a_{i1}x_1+a_{i2}x_2+\cdots+a_{in}x_n+x_{n+i}=b_i$（其中 $x_{n+i} \geq 0$）；而对于形如 $a_{i1}x_1+a_{i2}x_2+\cdots+a_{in}x_n \geq b_i$ 的不等式约束，可以通过引入"剩余变量 x_{n+i}"将其转化为等式约束 $a_{i1}x_1+a_{i2}x_2+\cdots+a_{in}x_n-x_{n+i}=b_i$（其中 $x_{n+i} \geq 0$）。

(3) 决策变量为非负。

对于变量 x_j 自由无约束的情况，可以定义 $x_j=x_j'-x_j''$，其中 $x_j' \geq 0, x_j'' \geq 0$，从而化为非负约束；对于变量 $x_j<0$ 的情况，令 $x_j'=-x_j$，显然 $x_j'>0$。

(4) 约束条件右端常数项为非负。

对于约束条件右端常数项 $b_i<0(i=1,2,\cdots,m)$ 的情况，只需将等式或不等式两端同乘 -1，即可将其转化为非负。

【例 2-3】 将下述线性规划问题化为标准型。

$$\min Z=-x_1+x_2-3x_3$$

$$\text{s.t.}\begin{cases}2x_1+x_2+x_3 \leq 8 & (1)\\ x_1+x_2+x_3=3 & (2)\\ -3x_1+x_2+2x_3 \leq -5 & (3)\\ x_1 \geq 0, x_2 \leq 0, x_3 \text{ 自由无约束}\end{cases}$$

解：① 因为 $x_2 \leq 0$，所以令 $x_2'=-x_2$；x_3 无符号要求，标准型要求决策变量非负，所以令 $x_3=x_3'-x_3''$，其中 $x_3' \geq 0, x_3'' \geq 0$。

② 第一个约束条件是"≤"号，在"≤"左端加入松弛变量 x_4，$x_4 \geq 0$，将其化为等式。

③ 第二个约束条件是"="号，故不需要变化。

④ 第三个约束条件是"≤"号且常数项为负数，因此在"≤"左边加入松弛变量 x_5，$x_5 \geq 0$，同时两边同乘 -1。

⑤ 目标函数是求最小值，为了将其转化为求最大值的问题，令 $Z'=-Z$，得到 $\max Z'=-Z$，即当 Z 达到最小值时，Z' 达到最大值，反之亦然。

最终该线性规划问题的标准型为

$$\max Z' = x_1 + x_2' + 3x_3' - 3x_3'' + 0x_4 + 0x_5$$

$$\text{s.t.} \begin{cases} 2x_1 - x_2' + x_3' - x_3'' + x_4 = 8 \\ x_1 - x_2' + x_3' - x_3'' = 3 \\ 3x_1 + x_2' - 2x_3' + 2x_3'' - x_5 = 5 \\ x_1, x_2', x_3', x_3'', x_4, x_5 \geq 0 \end{cases}$$

2.2 线性规划的图解法、解的概念及其性质

2.2.1 线性规划的图解法（解的几何性质）

图解法顾名思义就是通过绘图来达到求解线性规划问题这一目的的方法。图解法是通过直接在直角坐标系中作图，来解线性规划问题的一种有效方法。这种方法简单、直观，适合求解有两个决策变量的线性规划问题。下面介绍其步骤。

(1) 建立平面直角坐标系。取决策变量为坐标向量，标出坐标原点、坐标轴指向及单位长度。

(2) 确定线性规划解的可行域。根据非负条件和约束条件画出解的可行域。只有在第一象限的点才满足线性规划非负条件，将以不等式表示的每个约束条件化为等式，在坐标系第一象限画出约束直线，每条约束直线将第一象限划分为两个半平面，通过判断确定不等式所决定的半平面。所有约束直线可能形成或不能形成相交区域，若能形成相交区域，相交区域任意点所表示的解称为此线性规划问题的可行解，这些符合约束条件的点集合，称为可行集或可行域；否则该线性规划问题无可行解，转到第（3）步。

(3) 绘制目标函数等值线。目标函数等值线就是目标函数取值相同的点的集合，通常是一条直线。

(4) 寻找线性规划最优解。对于目标函数（求最大值时）的任意等值线，确定该等值线平移后值增加的方向，平移此目标函数的等值线，使其达到既与可行域相交又不可能使目标函数值再增大的位置。相交位置存在三种情况：若有唯一交点，则目标函数等值线与可行域相切，切点坐标就是线性规划问题的最优解；若相交于多个点，则称线性规划问题有无穷多最优解；若相交于无穷远处，此时无有限最优解（无界解）；若可行域为空集，则线性规划问题无解，即无可行解。

【例 2-4】 用图解法求下述线性规划问题的最优解。

$$\max Z = -2x_1 - 2x_2$$

$$\text{s.t.} \begin{cases} x_1 - x_2 \geq 1 \\ -x_1 + 2x_2 \leq 2 \\ x_j \geq 0 (j=1,2) \end{cases}$$

解：可行域为阴影部分，如图 2-2 所示。虚线为目标函数，目标函数最终与可行域交在 (1,0) 点，将其代入目标函数，可得 $Z = -2$。

线性规划问题的可行域和最优解有下列几种可能的情况。

(1) 可行域为封闭的有界区域。

① 有唯一的最优解。

② 有无穷多个最优解。

(2) 可行域为非封闭的无界区域。

① 有唯一的最优解。

② 有无穷多个最优解。

③ 目标函数无界（虽有可行解，但在可行域中，目标函数可以无限增大或无限减小），因而没有有限最优解。

(3) 可行域为空集。

这种情况没有可行解，原问题无最优解。

以上几种情况的图示如图2-3所示。

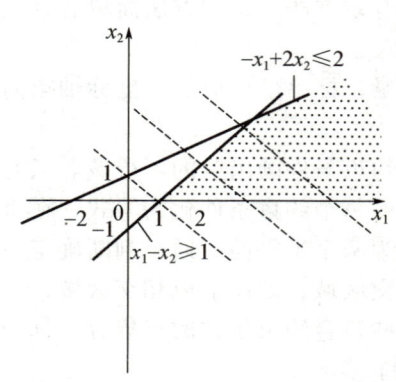

图2-2 线性规划问题的图解法示意图

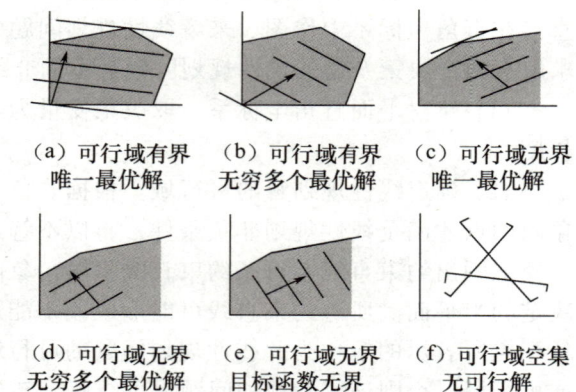

图2-3 线性规划问题的可行域和最优解

2.2.2 线性规划解的概念

考虑一个标准的线性规划问题：

考虑线性规划模型的标准型

$$\max Z = CX \tag{2-5}$$

$$\text{s.t.} \begin{cases} AX = b \\ X \geqslant 0 \end{cases} \tag{2-6}$$

式中，A是$m \times n$矩阵，$m \leqslant n$，并且$r(A) = m$，显然A中至少有一个$m \times n$子矩阵B，使得$r(B) = m$。

(1) 基。

A中有子矩阵B，并且有$r(B) = m$，则称B是线性规划模型的一个基矩阵（或基）。当$m = n$时，基矩阵唯一；当$m < n$时，基矩阵就可能有多个，但数目不超过C_n^m。

由线性代数可知，基矩阵B必为非奇异矩阵，并且$|B| \neq 0$。当子矩阵B的行列式等于零，

即 $|B|=0$ 时，就不是基矩阵。

(2) 基向量、非基向量、基变量、非基变量。

当确定某一矩阵为基矩阵时，基矩阵对应的列向量称为基向量，其余列向量称为非基向量。基向量对应的变量称为基变量，非基向量对应的变量称为非基变量。

(3) 可行解。

满足式 (2-6)，即满足约束条件的解 $X=(x_1,x_2,\cdots,x_n)^T$，称为线性规划问题的可行解。全部可行解的集合称为可行域。

(4) 最优解。

满足式 (2-5)，即满足目标函数的可行解称为最优解，即使得目标函数达到最大值的可行解就是最优解。

(5) 基本解。

对某一确定的基矩阵 B，令非基变量等于零，利用 $AX=b$ 解出基变量，则这组解称为基矩阵 B 的基本解。

(6) 基本可行解。

若基本解是可行解，则称之为基本可行解（也称基可行解）。

(7) 基本最优解。

最优解是基本解，则称之为基本最优解。

(8) 可行基。

基本可行解对应的基称为可行基。

(9) 最优基。

基本最优解对应的基称为最优基。

基本最优解、最优解、基本可行解、可行解、基本解的关系如图 2-4 所示。

(10) 凸集及其顶点。

为了考虑一般线性规划问题的求解方法，首先需要给出一般情况下顶点的概念，这就需要考虑线性规划问题可行域的几何结构，下面以线性规划问题为例，考虑其可行域的几何特征和求解算法。

根据图解法可知，对于两个变量的线性规划问题，其可行域是由若干个直线围成的向外凸出的区域，称这种类型的集合为凸集。凸集相对于其他集合而言，最大的特点是，凸集内的任意两点的连线段还在集合中，而非凸集一定存在两个点，其连线段上的部分点不在集合中。图 2-5 (a)、图 2-5 (b) 所示的集合为凸集，图 2-5 (c)、图 2-5 (d) 所示的集合为非凸集。

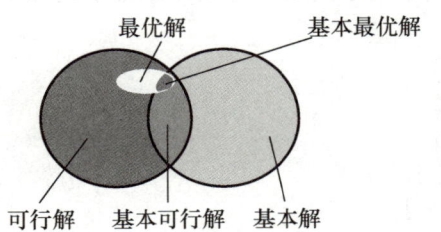

图 2-4 基本最优解、最优解、基本可行解、可行解、基本解的关系

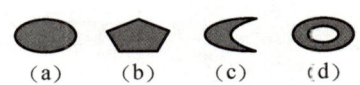

图 2-5 凸集与非凸集

设 K 是 n 维空间的一个点集，对任意两点 $X_1, X_2 \in K$，都有 $X = \alpha X_1 + (1-\alpha) X_2 \in K$ $(0 \leqslant \alpha \leqslant 1)$ 时，则称 K 为凸集。

$X = \alpha X_1 + (1-\alpha) X_2$ 就是以 X_1、X_2 为端点的线段方程，点 X 的位置由 α 的值确定，当 $\alpha = 0$ 时，$X = X_2$；当 $\alpha = 1$，$X = X_1$。

（11）凸组合。

设 $X, X_1, X_2, \cdots, X_k$ 是 R^n 中的点，若存在 $\lambda_1, \lambda_2, \cdots, \lambda_k$，且 $\lambda_i \geqslant 0 (i = 1, 2, \cdots k)$ 及 $\sum_{i=1}^{k} \lambda_i = 1$，使得 $X = \sum_{i=1}^{k} \lambda_i X_i$ 成立，则称 X 为 $X_1, X_2, \cdots, X_k$ 的凸组合。

（12）顶点。

设 K 是凸集，$X \in K$，若 X 不能用 K 中两个不同的点 X_1、X_2 来表示，则称 X 是 K 的一个顶点，即对任何 $X_1 \in K, X_2 \in K$，不存在 $X = \alpha X_1 + (1-\alpha) X_2 \in K$ $(0<\alpha<1)$ 时，称 X 是凸集 K 的顶点。

2.2.3 线性规划解的性质

定理 2-1 若线性规划问题存在可行解，则问题的可行域是凸集。

【定理 2-1 证明】

引理 2-1 线性规划问题的可行解 $X = (x_1, x_2, \cdots, x_n)^T$ 为基本可行解的充要条件是 X 的正分量所对应的系数列向量是线性独立的。

【引理 2-1 证明】

定理 2-2 线性规划问题的基本可行解 X 对应线性规划问题可行域（凸集）的顶点。

【定理 2-2 证明】

定理 2-3 若线性规划问题有最优解，一定存在一个基本可行解是最优解。

【定理 2-3 证明】

定理 2-1 描述了可行域的特征。

定理 2-2 刻画了可行域的顶点与基本可行解的对应关系，可行域的顶点一定是基本可行解，反之，基本可行解也一定是可行域的顶点，但它们并非一一对应，有可能两个或几个基本可行解对应同一顶点（退化基本可行解时）。

定理 2-3 描述了最优解在可行域中的位置，若最优解唯一，则最优解只能在某一顶点上达到；若具有多重最优解，则最优解是某些顶点的凸组合，从而最优解是可行域的顶点或界点，不可能是可行域的内点。

若线性规划问题的可行域非空且有界，则一定有最优解；若可行域无界，则线性规划问题可能有最优解，也可能没有最优解。

定理 2-2 及定理 2-3 还给了我们一个启示，最优解不应在无限个可行解中去找，而应在有限个基本可行解中去寻求。

2.3 单纯形法

单纯形法是求解线性规划问题的通用算法。其基本思路就是顶点的逐步转移，即从可行域的一个顶点（基本可行解）开始，转移到另一个顶点（另一个基本可行解）的迭代过程。转移的条件是可以使目标函数值得到改善（逐步变优）。当目标函数值达到最优时，问题也就得到了最优解。

从线性规划解的性质的相关定理可知，线性规划问题的可行域是凸多边形或凸多面体等。如果一个线性规划问题有最优解，那么最优解就一定可以在可行域的顶点上找到。换言之，若某线性规划问题只有唯一的一个最优解，那么这个最优解所对应的点一定是可行域的一个顶点。若该线性规划问题有多个最优解，那么肯定可以在可行域的顶点中至少找到一个最优解。因此，我们所需解决的问题是：①如何寻找一个初始的基本可行解使迭代开始？②为使目标函数逐步变优，怎样进行顶点的转移？③目标函数何时达到最优，判断的标准是什么？

2.3.1 单纯形法的原理

对于一个基，当非基变量确定以后，基变量和目标函数的值也随之确定。可以得到用非基变量表示的基变量和目标函数的表达式，这时非基变量是自由变量，称这时的目标函数为典式。典式又称典则形式，它符合这样的要求：①为线性规划标准形式；②目标函数不含基变量；③约束方程组中基变量对应的系数列向量构成一个单位矩阵。对应的基本可行解中非基变量均为零。

换基：从一个极点沿可行域边界移动到相邻的极点时，所有非基变量中只有一个变量的值从 0 增加，其他非基变量的值都保持 0 不变，直至有一个基变量的值下降为 0。

为便于大家理解使用单纯形法求解线性规划问题的迭代过程及算法原理，我们通过下例阐明单纯形法的原理。

【例 2-5】 用单纯形法的思想求解利润最大化的线性规划问题。

$$\max Z = 2x_1 + 3x_2 + 3x_3$$

$$\text{s.t.} \begin{cases} x_1 + x_2 + x_3 \leq 3 & \text{（劳动力约束）} \\ x_1 + 4x_2 + 7x_3 \leq 9 & \text{（原材料约束）} \\ x_1, x_2, x_3 \geq 0 \end{cases}$$

解：（1）引入非负松弛变量 x_4, x_5，将上例化为标准形式。

$$\max Z = 2x_1 + 3x_2 + 3x_3 + 0x_4 + 0x_5$$

$$\text{s.t.} \begin{cases} x_1 + x_2 + x_3 + x_4 = 3 & \text{（劳动力约束）} \\ x_1 + 4x_2 + 7x_3 + x_5 = 9 & \text{（原材料约束）} \\ x_1, x_2, x_3, x_4, x_5 \geq 0 \end{cases}$$

（2）寻求初始可行解，确定基变量。

$$\boldsymbol{A} = \begin{bmatrix} 1 & 1 & 1 & 1 & 0 \\ 1 & 4 & 7 & 0 & 1 \end{bmatrix}, \boldsymbol{B} = [p_4 \quad p_5] = \begin{bmatrix} 1 & 0 \\ 0 & 1 \end{bmatrix}, \text{对应基变量 } x_4, x_5$$

（3）写出初始基本可行解和相应的目标函数值。两个关键的基本表达式如下所示。

① 用非基变量表示基变量的表达式为

$$\begin{cases} x_4 = 3 - x_1 - x_2 - x_3 \\ x_5 = 9 - x_1 - 4x_2 - 7x_3 \end{cases}$$

其基本可行解为 $\boldsymbol{X}^{(0)} = (0,0,0,3,9)^T$。

② 用非基变量表示目标函数的表达式为

$$Z = 2x_1 + 3x_2 + 3x_3$$

当前的目标函数值为 $Z^{(0)} = 0$。

该结果的经济含义是不生产任何产品，资源全部节余（$x_4 = 3, x_5 = 9$），三种产品的总利润为 0。这不是最优结果，只要生产任一产品，就可使产品的总利润大于 0。

（4）分析两个基本表达式，观察目标函数是否可以改善。

① 分析用非基变量表示目标函数的表达式。

非基变量前面的系数均为正数，所以任何一个非基变量进基（变为基变量）都能使 Z 值增加，通常把非基变量的系数称为"检验数"。

② 选哪一个非基变量进基？选 x_1 为进基变量（换入变量）。

③ 确定出基变量（换出变量）。

a. x_1 进基意味着其取值从 0 变成一个正数（经济意义——生产 A 产品），该值能否无限增大？

b. 当 x_1 增加时，x_4, x_5 如何变化？

c. 现在的非基变量是哪些？

d. 具体如何确定出基变量？

用非基变量表示基变量的表达式为

$$\begin{cases} x_4 = 3 - x_1 - x_2 - x_3 \\ x_5 = 9 - x_1 - 4x_2 - 7x_3 \end{cases}$$

当 x_1 增加时，x_4, x_5 会减小，但有限度——x_4, x_5 必须大于或等于 0，以保持解的可行性，于是有

$$\begin{cases} x_4 = 3 - x_1 \geq 0 \\ x_5 = 9 - x_1 \geq 0 \end{cases} \Rightarrow \begin{cases} x_1 \leq \dfrac{3}{1} \\ x_1 \leq \dfrac{9}{1} \end{cases} \Rightarrow x_1 \leq \min\left\{\dfrac{3}{1}, \dfrac{9}{1}\right\} = 3 \triangleq \theta$$

当 x_1 的值从 0 增加到 3 时，x_4 首先变为 0，此时 $x_5 = 6 > 0$，因此，可选 x_4 为出基变量，这种用来确定出基变量的规则，称作最小比值原则（或 θ 原则）。

如果 x_1 的系数列向量 $p_1 \leq 0$，则意味着此时 x_1 的值无论怎么增大，解的可行性总能得到满足，这样将会导致无界解的产生，从而使最小比值原则失效。

④ 基变换。产生新的基变量——x_1, x_5；新的非基变量——x_2, x_3, x_4。

写出用非基变量表示基变量的表达式：

$$\begin{cases} x_4 = 3 - x_1 - x_2 - x_3 \\ x_5 = 9 - x_1 - 4x_2 - 7x_3 \end{cases} \Rightarrow \begin{cases} x_1 = 3 - x_2 - x_3 - x_4 \\ x_5 = 6 - 3x_2 - 6x_3 + x_4 \end{cases}$$

可得新的基本可行解 $\boldsymbol{X}^{(1)} = (3, 0, 0, 0, 6)^T$。

⑤ 写出用非基变量表示目标函数的表达式：

$$Z = 2x_1 + 3x_2 + 3x_3 = 2(3 - x_2 - x_3 - x_4) + 3x_2 + 3x_3 = 6 + x_2 + x_3 - 2x_4$$

可得相应的目标函数值为 $Z^{(1)} = 6$，$Z^{(1)} > Z^{(0)}$，已得到改善。非基变量的系数仍有正的，因此返回步骤①进行讨论。

上述过程何时停止？

当在用非基变量表示目标函数的表达式中，非基变量的系数 σ_j（检验数）全部非正时，当前的基本可行解就是最优解。因为用非基变量表示目标函数的表达式时，如果让负检验数所对应的变量进基，目标函数值就会减小。

最终，新的基本可行解（非基变量为零）$\boldsymbol{X}^{(2)} = (1, 2, 0, 0, 0)^T$，目标函数 $Z^{(2)} = 2 + 6 = 8$，此时非基变量的系数均为负，基本可行解为最优解。

2.3.2 单纯形法的一般法则及计算步骤

1. 单纯形法的一般法则

通过求线性规划问题基本可行解（极点）寻找最优解的方法称为穷举法，计算量非常大。一种很自然的想法是，能否不求所有的基本可行解，而是按照一定规则只求部分基本可行解来寻找最优解呢？单纯形法提供了一种这样的思路和准则，即首先找到一个基本可行解（极点），利用给定的判别准则判断该基本可行解的最优性，若该基本可行解是最优解，或得出无有限最优解的结论，则停止；否则，沿着可行域的边界搜索一个相邻的基本可行解，要求新基本可行解的目标函数值不比原目标函数值差；再对新基本可行解进行最优性判断；重复此过程。

由例 2-5 可知，单纯形法是一种迭代算法。在用单纯形法求解一般线性规划问题时，必须首先确定初始基本可行解，并根据判别准则进行最优性检验。如果已经得到最优解或者判定该线性规划问题没有有限最优解，则可停止迭代；否则就进行换基迭代，求得新的基本可行解。如此反复迭代，直至求出最优解。

2. 单纯形法的计算步骤

（1）确定初始基本可行解。

要确定初始基本可行解，必须首先将数学模型进行标准化，然后确定初始可行基。针对不同的具体情况，可选择使用以下方法来确定初始基本可行解。

① 观察法：若系数矩阵中含有现成的单位矩阵，可将该单位矩阵作为初始可行基。

② 当约束条件全部是"≤"类型的约束时，可将新增的松弛变量作为初始基变量，此时对应的系数列向量恰好构成单位矩阵，可将该单位矩阵作为初始可行基。

③ 当约束条件都是"≥"或"="类型的约束时，可先将约束条件标准化，再引入非负的人工变量，以人工变量作为初始基变量，其对应的系数列向量构成单位矩阵（人造基），将该人造基作为初始可行基。然后用大 M 法或两阶段法求解（2.4 节中讲解）。

在等式约束左边加入一个非负的人工变量，其目的是使约束方程的系数矩阵中出现一个单位矩阵。用单位矩阵的每一个列向量对应的决策变量作为"基变量"，出现在单纯形表格中的解答列（即约束方程的右端常数）的值正好就是基变量的取值。

初始可行基确定后，只要根据"用非基变量表示基变量的表达式"，令非基变量等于 0，算出基变量取值，搭配在一起即构成初始基本可行解。

为简单明了而又不失一般性，这里就线性规划的约束条件全部是"≤"类型、新增松弛变量作为初始基变量的情况进行讨论。此时线性规划的标准形式为

$$\max Z = \sum_{j=1}^{n} c_j x_j + \sum_{j=n+1}^{n+m} 0 x_j$$

$$\text{s.t.} \begin{cases} a_{11}x_1 + a_{12}x_2 + \cdots + a_{1n}x_n + x_{n+1} = b_1 \\ a_{21}x_1 + a_{22}x_2 + \cdots + a_{2n}x_n + x_{n+2} = b_2 \\ \vdots \quad \vdots \quad \quad \vdots \quad \quad \vdots \quad \vdots \\ a_{m1}x_1 + a_{m2}x_2 + \cdots + a_{mn}x_n + x_{n+m} = b_m \\ x_1, x_2, \cdots, x_{n+m} \geq 0 \end{cases} \quad (2\text{-}7)$$

取 $\boldsymbol{B}^{(0)} = [\boldsymbol{p}_{n+1}, \boldsymbol{p}_{n+2}, \cdots, \boldsymbol{p}_{n+m}] = \begin{bmatrix} 1 & 0 & \cdots & 0 \\ 0 & 1 & \cdots & 0 \\ \vdots & \vdots & \vdots & \vdots \\ 0 & 0 & \cdots & 1 \end{bmatrix}$ 作为初始可行基，则得到初始基本可行解：

$$\boldsymbol{X}^{(0)} = (0, 0, \cdots, 0, b_1, b_2, \cdots, b_m)^{\mathrm{T}}$$

（2）选择进基变量。

选择进基变量的原则：一般而言，如果 $\max_j(\sigma_j | \sigma_j > 0) = \sigma_k$，则选择与 σ_k 对应的变量 x_k 为进基变量，目的是使目标函数得到改善（较快增大）。进基变量对应的系数列称为主元列。

(3) 选择出基变量。

出基变量的确定，要按最小比值原则来进行，即如果 $\theta = \min\limits_{i}\left(\dfrac{b_i}{a_{ik}} \mid a_{ik} > 0\right) = \dfrac{b_l}{a_{lk}}$，则选择变量 x_l 为出基变量。出基变量所在的行称为主元行。

主元行和主元列的交叉元素称为主元素（也称枢元）。

(4) 依据主元素进行矩阵的初等行变换——把主元素变成 1，主元列的其他元素变成 0（主元列变为单位向量）。写出新的基本可行解。

(5) 单纯形法最优性判别。

判别准则是判断是否已得到线性规划问题的最优解或者确定线性规划问题有没有"有限最优解"的基本依据。针对式 (2-7) 中的数学模型，一般经过若干次迭代后，对于基 $\boldsymbol{B}$，用非基变量表示基变量的表达式为

$$x_{n+i} = b'_i - \sum_{j=1}^{n} a'_{ij} x_j \ (i = 1, 2 \cdots, m)$$

用非基变量表示目标函数的表达式为

$$Z = \sum_{j=1}^{n+m} c_j x_j = \sum_{j=1}^{n} c_j x_j + \sum_{i=1}^{m} c_{n+i} x_{n+i} = \sum_{j=1}^{n} c_j x_j + \sum_{i=1}^{m} c_{n+i}\left(b'_i - \sum_{j=1}^{n} a'_{ij} x_j\right)$$
$$= \sum_{i=1}^{m} c_{n+i} b'_i + \sum_{j=1}^{n} c_j x_j - \sum_{i=1}^{m}\sum_{j=1}^{n} c_{n+i} a'_{ij} x_j = \sum_{i=1}^{m} c_{n+i} b'_i + \sum_{j=1}^{n}\left(c_j - \sum_{i=1}^{m} c_{n+i} a'_{ij}\right) x_j$$

令 $Z_0 = \sum\limits_{i=1}^{m} c_{n+i} b'_i, z_j = \sum\limits_{i=1}^{m} c_{n+i} a'_{ij}$，则

$$Z = Z_0 + \sum_{j=1}^{n} (c_j - z_j) x_j$$

令 $\sigma_j = c_j - z_j$，则

$$Z = Z_0 + \sum_{j=1}^{n} \sigma_j x_j$$

重复 (2)、(3)、(4)、(5)，一直到计算结束为止。

用单纯形法求解线性规划问题时，结果包括：唯一最优解、无穷多最优解、无界解及无可行解。

① 最优性判别定理。

若 $\boldsymbol{X}^{(0)} = (0, 0, \cdots, 0, b_1, b_2, \cdots, b_m)^\mathrm{T}$ 是对应于基 $\boldsymbol{B}$ 的基本可行解，σ_j 是非基变量的检验数，且对于一切非基变量的角标 j，均有 $\sigma_j \leqslant 0$，则 $\boldsymbol{X}^{(0)}$ 为最优解。

② 无"有限最优解"的判别定理。

若 $\boldsymbol{X}^{(0)} = (0, 0, \cdots, 0, b_1, b_2, \cdots, b_m)^\mathrm{T}$ 为一个基本可行解，有一个非基变量 x_k，其检验数 $\sigma_k > 0$，而对于 $i = 1, 2, \cdots, m$，均有 $a'_{ik} \leqslant 0$，则该线性规划问题没有"有限最优解"（因为在 max 问题中，c_j 一般指利润，

即使有成本，也可与销售价格合并，以利润形式表示，故c_j为正，目标函数值可无限增大）。

③ 若在最终单纯形表中，存在某个非基变量的检验数为零，且该问题的最优解是非退化解，则该问题存在无穷多最优解，即最优解不唯一。

单纯形法计算步骤流程图如图 2-6 所示。

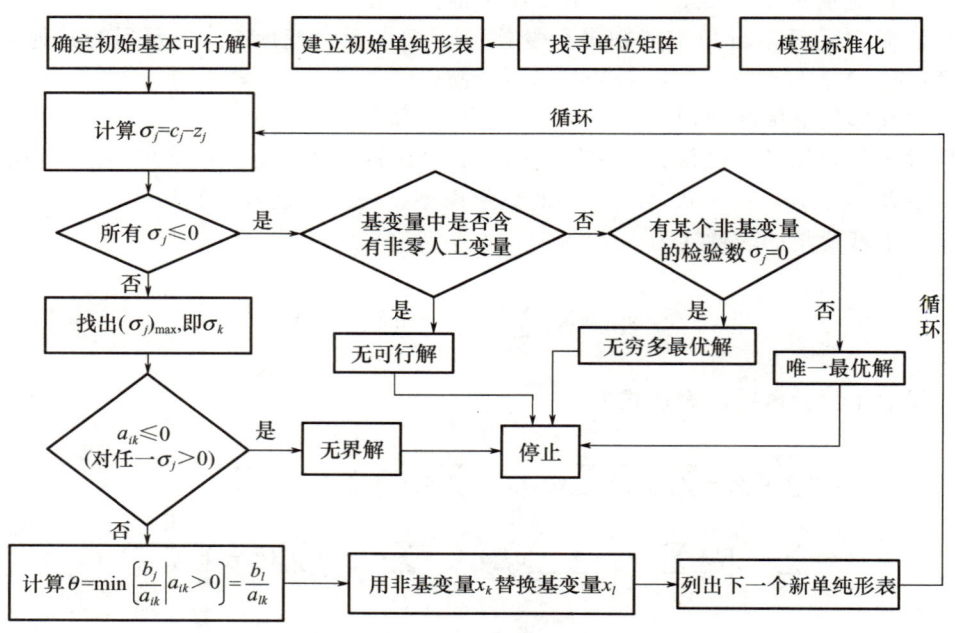

图 2-6　单纯形法计算步骤流程图

2.3.3　单纯形表

在如 2.3.1 小节所示的单纯形法求解过程中，线性规划问题目标函数的典式发挥了重要作用：由其约束方程组，可以确定某个基变量向量所对应的基本可行解；结合其目标函数，可以找出所有非基变量的检验数以及当前基本可行解的目标函数值。由于典式的特定要求，每一次迭代都要利用约束方程组的变换将基变量向量在约束方程组中的系数列向量变换为一个单位矩阵，并进一步将目标函数改写为只含非基变量的函数形式。从这个角度来看，约束方程组的等价变换是单纯形法迭代的重要手段。

在实际求解中，为了便于计算和检查，常常将线性规划问题进行标准化，利用等价变换将方程组以矩阵形式来表示，即把线性规划问题中的系数分离出来，然后利用这些系数将目标函数、约束方程组及迭代过程用表格的形式表示出来，从而可以简化计算过程。这种利用单纯形表求解线性规划问题的方法就称为表格单纯形法，或称单纯形表上作业法。单纯形表上作业法使用表格形式来进行方程组的等价变换，可以避免大量书写变量和函数，还可以使非基变量检验数的计算，以及进基变量和出基变量的标示更加直观。

1. 初始单纯形表的建立

初始单纯形表的结构如表 2-4 所示。

表 2-4 初始单纯形表的结构

	$c_j \rightarrow$		c_1	$\cdots$	c_m	$\cdots$	c_j	$\cdots$	c_n
C_B	X_B	b	x_1	$\cdots$	x_m	$\cdots$	x_j	$\cdots$	x_n
c_1	x_1	b_1	1	$\cdots$	0	$\cdots$	a_{1j}	$\cdots$	a_{1n}
c_2	x_2	b_2	0	$\cdots$	0	$\cdots$	a_{2j}	$\cdots$	a_{2n}
$\vdots$	$\vdots$	$\vdots$	$\vdots$	$\cdots$	$\vdots$	$\cdots$	$\vdots$	$\cdots$	$\vdots$
c_m	x_m	b_m	0	$\cdots$	1	$\cdots$	a_{mj}	$\cdots$	a_{mn}
	$c_j - z_j$		0	$\cdots$	0	$\cdots$	$c_j - \sum_{i=1}^{m} c_i a_{ij}$	$\cdots$	$c_n - \sum_{i=1}^{m} c_i a_{in}$

2. 单纯形表的结构

表 2-4 的 C_B 列为基变量在目标函数中的系数值,X_B 列和 b 列分别为基本可行解中的基变量及其取值。接下来列出问题中所有变量,基变量下面列是单位矩阵,非基变量 x_j 下面数字,是该变量在约束方程的系数向量 p_j 表示成为基向量线性组合时的系数。因 $p_1, p_2, \cdots, p_m$ 是单位向量,故有

$$p_j = a_{1j} p_1 + a_{2j} p_2 + \cdots + a_{mj} p_m$$

表 2-4 最上端的一行数是各变量在目标函数中的系数值。

x_j 下面这一列数字与 C_B 中同行的数字分别相乘,再用 x_j 上端的 c_j 值减去上述乘积之和有

$$\sigma_j = c_j - (c_1 a_{1j} + c_2 a_{2j} + \cdots + c_m a_{mj}) = c_j - \sum_{i=1}^{m} c_i a_{ij} \tag{2-8}$$

根据单纯形法的计算步骤,结合式 (2-8),将分别求得的检验数 σ_j ($j=1,2,\cdots,n$),也可以写为 $(c_j - z_j)$,记入表的最下面一行,形成一个迭代后的新的单纯形表,如表 2-5 所示。

表 2-5 迭代后的新的单纯形表

	$c_j \rightarrow$		c_1	$\cdots$	c_l	$\cdots$	c_m	$\cdots$	c_j	$\cdots$	c_k	$\cdots$
C_B	X_B	b	x_1	$\cdots$	x_l	$\cdots$	x_m	$\cdots$	x_j	$\cdots$	x_k	$\cdots$
c_1	x_1	$b_1 - b_l \dfrac{a_{1k}}{a_{lk}}$	1	$\cdots$	$-\dfrac{a_{1k}}{a_{lk}}$	$\cdots$	0	$\cdots$	$a_{1j} - a_{1k}\dfrac{a_{lj}}{a_{lk}}$	$\cdots$	0	$\cdots$
$\vdots$	$\vdots$	$\vdots$	$\vdots$	$\cdots$	$\vdots$	$\cdots$	$\vdots$	$\cdots$	$\vdots$	$\cdots$	$\vdots$	

续表

C_B	X_B	b	$c_j \rightarrow$ x_1	...	c_l x_l	...	c_m x_m	...	c_j x_j	...	c_k x_k	...
c_k	x_k	$\dfrac{b_l}{a_{lk}}$	0	...	$\dfrac{1}{a_{lk}}$	...	0	...	$\dfrac{a_{lj}}{a_{lk}}$	...	1	...
⋮	⋮	⋮	⋮		⋮		⋮		⋮		⋮	
c_m	x_m	$b_m - b_l\dfrac{a_{mk}}{a_{lk}}$	0	...	$-\dfrac{a_{mk}}{a_{lk}}$	...	1	...	$a_{mj} - a_{mk}\dfrac{a_{lj}}{a_{lk}}$	...	0	...
		$c_j - z_j$	0	...	$-\dfrac{(c_k - z_k)}{a_{lk}}$	...	0	...	$(c_j - z_j) - \dfrac{a_{lj}}{a_{lk}}(c_k - z_k)$	...	0	...

【例 2-6】 用单纯形法求解下述线性规划问题。

$$\max Z = 3x_1 + 5x_2$$

$$\text{s.t.} \begin{cases} x_1 \leq 4 \\ 2x_2 \leq 12 \\ 3x_1 + 2x_2 \leq 18 \\ x_1, x_2 \geq 0 \end{cases}$$

解：首先，将上述问题标准化：

$$\max Z = 3x_1 + 5x_2 + 0x_3 + 0x_4 + 0x_5$$

$$\text{s.t.} \begin{cases} x_1 + x_3 = 4 \\ 2x_2 + x_4 = 12 \\ 3x_1 + 2x_2 + x_5 = 18 \\ x_j \geq 0 (j = 1, 2, \cdots, 5) \end{cases}$$

列出初始单纯形表，如表 2-6 所示。

表 2-6 初始单纯形表

C_B	X_B	b	$c_j \rightarrow$ x_1	3 x_2	5 x_3	0 x_4	0 x_5	0
0	x_3	4	1	0	1	0	0	
0	x_4	12	0	[2]	0	1	0	
0	x_5	18	3	2	0	0	1	
		$c_j - z_j$	3	5	0	0	0	

因表 2-6 中有大于零的检验数，故表中基本可行解不是最优解。因 $\sigma_2 > \sigma_1$，故确定 x_2 为进基变量。将 b 列除以 p_2 同行数字可得

$$\theta = \min\left\{-, \frac{12}{2}, \frac{18}{2}\right\} = \frac{12}{2} = 6$$

则 2 为主元素，作为标志，对主元素 2 加上方括号 [ ]，将主元素所在行的基变量 x_4 作为出基变量。用 x_2 替换基变量 x_4 得到一个新的基 p_3, p_2, p_5，按 2.3.2 小节单纯形法计算步骤中的第 (4) 步，可以找到新的基本可行解，并列出新的单纯形表，见表 2-7。

表 2-7 新的单纯形表

	$c_j \rightarrow$		3	5	0	0	0
C_B	X_B	b	x_1	x_2	x_3	x_4	x_5
0	x_3	4	1	0	1	0	0
5	x_2	6	0	1	0	1/2	0
0	x_5	6	[3]	0	0	−1	1
	$c_j - z_j$		3	0	0	−5/2	0

由于表 2-7 中还存在大于零的检验数 σ_1，问题仍没得到最优解，选择 x_1 作为进基变量，由于 $\theta = \min\left\{\frac{4}{1}, -, \frac{6}{3}\right\} = \frac{6}{3} = 2$，选择 x_5 作为出基变量，迭代后新的单纯形表见表 2-8。

表 2-8 迭代后新的单纯形表

	$c_j \rightarrow$		3	5	0	0	0
C_B	X_B	b	x_1	x_2	x_3	x_4	x_5
0	x_3	2	0	0	1	1/3	−1/3
5	x_2	6	0	1	0	1/2	0
3	x_1	2	1	0	0	−1/3	1/3
	$c_j - z_j$		0	0	0	−3/2	−1

表 2-8 中所有检验数 $\sigma_j \leqslant 0$，且基变量中不含人工变量，故表中的基本可行解 $X^* = (2,6,2,0,0)^T$ 为最优解，代入目标函数得最优值 $Z_{\max} = 36$。

本书前面所讲的单纯形法，都是针对极大化问题。对于极小化问题，可以先将其标准化，转化为极大化问题，然后进行求解。但当我们掌握了单纯形法的基本原理后，可直接对极小化问题进行求解，此时只需要简单修改极大化问题的最优性判别定理，以及进基变量和出基变量的确定规则即可，如表 2-9 所示。

表 2-9 单纯形法计算

定理和规则	问题	
	极大化问题	极小化问题
最优性判别	所有非基变量的检验数 $\sigma_j \leqslant 0$	所有非基变量的检验数 $\sigma_j \geqslant 0$
进基变量的确定	如果 $\max_j(\sigma_j \mid \sigma_j > 0) = \sigma_k$,则选择与 σ_k 对应的变量 x_k 为进基变量	如果 $\min_j(\sigma_j \mid \sigma_j < 0) = \sigma_k$,则选择与 σ_k 对应的变量 x_k 为进基变量
出基变量的确定	如果 $\theta = \min_i\left(\dfrac{b_i}{a_{ik}} \mid a_{ik} > 0\right) = \dfrac{b_l}{a_{lk}}$,则选择变量 x_l 为出基变量(i 为所有基变量的下标)	

【例 2-7】 用单纯形法求解下述线性规划问题。

$$\min Z = -3x_1 - 5x_2$$

$$\text{s.t.} \begin{cases} x_1 \leqslant 4 \\ 2x_2 \leqslant 12 \\ 3x_1 + 2x_2 \leqslant 18 \\ x_1, x_2 \geqslant 0 \end{cases}$$

如果将此问题转化为极大化问题的话,就是例 2-6 的问题了,现不对目标函数进行处理,直接求解,如下所示。

$$\min Z = -3x_1 - 5x_2 + 0x_3 + 0x_4 + 0x_5$$

$$\text{s.t.} \begin{cases} x_1 + x_3 = 4 \\ 2x_2 + x_4 = 12 \\ 3x_1 + 2x_2 + x_5 = 18 \\ x_j \geqslant 0 (j = 1, 2, \cdots, 5) \end{cases}$$

列出初始单纯形表,如表 2-10 所示。

表 2-10 初始单纯形表

	$c_j \to$			-3	-5	0	0	0
C_B	X_B		b	x_1	x_2	x_3	x_4	x_5
0	x_3		4	1	0	1	0	0
0	x_4		12	0	[2]	0	1	0
0	x_5		18	3	2	0	0	1
	$c_j - z_j$			-3	-5	0	0	0

因表 2-10 中有小于零的检验数,根据表 2-9 可知,表中基本可行解不是最优解。因 $\sigma_1 > \sigma_2$,故确定 x_2 为进基变量。将 b 列除以 p_2 同行数字可得:

$$\theta = \min\left\{-, \frac{12}{2}, \frac{18}{2}\right\} = \frac{12}{2} = 6$$

则 2 为主元素,作为标志对主元素 2 加上方括号 [ ],将主元素所在行的基变量 x_4 作为出基变量。用 x_2 替换基变量 x_4 得到一个新的基 p_3, p_2, p_5，按 2.3.2 小节单纯形法计算步骤中的第（4）步，可以找到新的基本可行解，并列出新的单纯形表，见表 2-11。

表 2-11 新的单纯形表

	$c_j \rightarrow$		-3	-5	0	0	0
C_B	X_B	b	x_1	x_2	x_3	x_4	x_5
0	x_3	4	1	0	1	0	0
-5	x_2	6	0	1	0	1/2	0
0	x_5	6	[3]	0	0	-1	1
	$c_j - z_j$		-3	0	0	5/2	0

由于表 2-11 中还存在小于零的检验数 σ_1，问题仍没得到最优解，选择 x_1 作为进基变量，由于

$$\theta = \min\left\{\frac{4}{1}, -, \frac{6}{3}\right\} = \frac{6}{3} = 2$$

选择 x_5 作为出基变量，迭代后新的单纯形表见表 2-12。

表 2-12 迭代后新的单纯形表

	$c_j \rightarrow$		-3	-5	0	0	0
C_B	X_B	b	x_1	x_2	x_3	x_4	x_5
0	x_3	2	0	0	1	1/3	-1/3
-5	x_2	6	0	1	0	1/2	0
-3	x_1	2	1	0	0	-1/3	1/3
	$c_j - z_j$		0	0	0	3/2	1

表 2-12 中所有检验数 $\sigma_j \geq 0$，且基变量中不含人工变量，故表中的基本可行解 $X^* = (2, 6, 2, 0, 0)^T$ 为最优解，代入目标函数得最优值 $Z_{\min} = -36$。

例 2-6 与例 2-7 同时也验证了在约束条件一样的情况下，极大化问题的最优值与极小化问题的最优值相差一个负号，即互为相反数。

2.4 大 M 法和两阶段法

一个线性规划问题要用单纯形法来求解，首先要化为规范型，然后才能在此基础上进行迭代。对于约束条件全部为"≤"约束的线性规划问题，通过加入松弛变量可将问题变为标

准形式，这些新加入的松弛变量在约束方程组中的系数列向量构成一个单位矩阵，可直接作为初始可行基，因而能顺利进行单纯形表的计算。但是，约束条件中包含"≥"或"="约束的线性规划问题，化为标准形式后，不存在现成的初始可行基，因而不是规范型，即在实际问题中有些模型并不含有单位矩阵，无法直接应用单纯形法。为了得到一组基向量和初始基本可行解，在约束条件的等式左端加一组虚拟非负变量，将标准形式化为规范型，从而得到一组基变量。这样的非负变量，不同于剩余变量和松弛变量，这种人为增加的变量称为人工变量，构成的可行基称为人工基。这种用人工变量作桥梁的求解方法称为人工变量法。

在最优解中，剩余变量与松弛变量可以不为零，但人工变量必须为零，否则将违背原来的等式约束。为了保证人工变量在最优解中等于零，所用的常见方法有两种：大 M 法和两阶段法。

2.4.1 大 M 法

大 M 法的基本思想是在约束条件中加入人工变量后，求极大值时，将目标函数变为

$$\max Z = \sum_{j=1}^{n} c_j x_j - M \sum_{j=n+1}^{n+m} x_j$$

式中，M 为无穷大的正数，因而 $-M\sum_{j=n+1}^{n+m} x_j$ 是无穷小的负数，在迭代过程中，Z 要达到极大值，人工变量就会迅速出基。

求极小值时，将目标函数变为

$$\min Z = \sum_{j=1}^{n} c_j x_j + M \sum_{j=n+1}^{n+m} x_j$$

同理，在迭代过程中，Z 要达到极小值，人工变量也会迅速出基。

【例 2-8】 求解下述线性规划问题。

$$\max Z = 3x_1 - x_2 - x_3$$

$$\text{s.t.} \begin{cases} x_1 - 2x_2 + x_3 \leq 11 \\ -4x_1 + x_2 + 2x_3 \geq 3 \\ -2x_1 + x_3 = 1 \\ x_1, x_2, x_3 \geq 0 \end{cases}$$

解：先将其标准化：

$$\max Z = 3x_1 - x_2 - x_3 + 0x_4 + 0x_5$$

$$\text{s.t.} \begin{cases} x_1 - 2x_2 + x_3 + x_4 = 11 \\ -4x_1 + x_2 + 2x_3 - x_5 = 3 & (2\text{-}9) \\ -2x_1 + x_3 = 1 & (2\text{-}10) \\ x_j \geq 0 (j=1,2,\cdots,5) \end{cases}$$

由于其标准形式不是单纯形法所要求的标准型，故需引入人工变量 x_6, x_7，由于约束条件 (2-9)、(2-10) 在添加人工变量前已是等式，为使这些等式得到满足，在最优解中，人工变量取值必须为零。为此，令目标函数中人工变量的系数为任意大的负值，用 $-M$ 表示。$-M$ 称为"罚因子"，即只要人工变量取值大于零，目标函数就不可能实现最优。因而添加人工变量后，例 2-8 的数学模型形式就变成为

$$\max Z = 3x_1 - x_2 - x_3 + 0x_4 + 0x_5 - Mx_6 - Mx_7$$

$$\text{s.t.} \begin{cases} x_1 - 2x_2 + x_3 + x_4 = 11 \\ -4x_1 + x_2 + 2x_3 - x_5 + x_6 = 3 \\ -2x_1 + x_3 + x_7 = 1 \\ x_j \geq 0 (j = 1, 2, \cdots, 7) \end{cases}$$

用大M法求解，如表 2-13 所示。

表 2-13 大M法求解过程

	$c_j \rightarrow$		3	−1	−1	0	0	−M	−M
C_B	X_B	b	x_1	x_2	x_3	x_4	x_5	x_6	x_7
0	x_4	11	1	−2	1	1	0	0	0
−M	x_6	3	−4	1	2	0	−1	1	0
−M	x_7	1	−2	0	[1]	0	0	0	1
	$c_j - z_j$		3−6M	M−1	3M−1	0	−M	0	0
0	x_4	10	3	−2	0	1	0	0	−1
−M	x_6	1	0	[1]	0	0	−1	1	−2
−1	x_3	1	−2	0	1	0	0	0	1
	$c_j - z_j$		1	M−1	0	0	−M	0	−3M+1
0	x_4	12	[3]	0	0	1	−2	2	−5
−1	x_2	1	0	1	0	0	−1	1	−2
−1	x_3	1	−2	0	1	0	0	0	1
	$c_j - z_j$		1	0	0	0	−1	1−M	−1−M
3	x_1	4	1	0	0	1/3	−2/3	2/3	−5/3
−1	x_2	1	0	1	0	0	−1	1	−2
−1	x_3	9	0	0	1	2/3	−4/3	4/3	−7/3
	$c_j - z_j$		0	0	0	−1/3	−1/3	1/3−M	2/3−M

从表 2-13 可以看出，最优解 $X^* = (4,1,9,0,0,0,0)^T$，最优值 $Z_{\max} = 2$。

2.4.2 两阶段法

用大M法处理人工变量，在用手工计算求解时不会碰到麻烦。但是在用电子计算机计算求解时，对M就只能在计算机内输入一个机器最大字长的数字。如果线性规划问题中的 a_{ij}, b_i, c_j 等参数值与这个代表M的数值相对比较接近，或远远小于这个数值，那么由于计算机计算时取值上的误差，就有可能使计算结果发生错误。为了克服这个困难，可以对添加人工变量后的线性规划问题分两个阶段来计算，称两阶段法。

两阶段法与大M法的目的类似，即将人工变量从基变量中换出，以求出原问题的初始基

本可行解。两阶段法将问题分成两个阶段求解，第一阶段的目标函数是

$$\min w = \sum_{j=n+1}^{n+m} x_j$$

约束条件是加入人工变量后的约束方程组，当第一阶段的最优解中没有人工变量作为基变量时，得到原线性规划问题的一个基本可行解，第二阶段就以此为基础对原目标函数求最优解。当第一阶段的最优解的目标函数值$w \neq 0$时，说明还有不为零的人工变量是基变量，则原问题无可行解。

当第一阶段求解结果表明问题有可行解时，第二阶段是在原问题中去除人工变量，并从此可行解（第一阶段的最优解）出发，继续寻找问题的最优解。

【例 2-9】 用两阶段法求解例 2-8 的问题时，第一阶段的线性规划问题可写为

$$\min w = x_6 + x_7$$

$$\text{s.t.} \begin{cases} x_1 - 2x_2 + x_3 + x_4 = 11 \\ -4x_1 + x_2 + 2x_3 - x_5 + x_6 = 3 \\ -2x_1 + x_3 + x_7 = 1 \\ x_j \geq 0 (j = 1, 2, \cdots, 7) \end{cases}$$

当然也可将其进行标准化之后再求解。单纯形法的迭代过程见表 2-14。

表 2-14 单纯形法的迭代过程

C_B	X_B	b	$c_j \rightarrow$ 0	0	0	0	0	1	1
			x_1	x_2	x_3	x_4	x_5	x_6	x_7
0	x_4	11	1	−2	1	1	0	0	0
1	x_6	3	−4	1	2	0	−1	1	0
1	x_7	1	−2	0	[1]	0	0	0	1
$c_j - z_j$			6	−1	−3	0	1	0	0
0	x_4	10	3	−2	0	1	0	0	−1
1	x_6	1	0	[1]	0	0	−1	1	−2
0	x_3	1	−2	0	1	0	0	0	1
$c_j - z_j$			0	−1	0	0	1	0	3
0	x_4	12	3	0	0	1	−2	2	−5
0	x_2	1	0	1	0	0	−1	1	−2
0	x_3	1	−2	0	1	0	0	0	1
$c_j - z_j$			0	0	0	0	0	1	1

从表 2-14 中可以看出，第一阶段的最优解$X^* = (0,1,1,12,0,0,0)^T$，最优值$w_{\min} = 0$。转入第二阶段求解。

第二阶段需要将表 2-14 中的人工变量x_6, x_7除去，目标函数改为

$$\max Z = 3x_1 - x_2 - x_3 + 0x_4 + 0x_5$$

再从表 2-14 中的最终单纯形表出发，继续用单纯形法计算，求解过程见表 2-15。

表 2-15 求解过程

$c_j \rightarrow$			3	−1	−1	0	0
C_B	X_B	b	x_1	x_2	x_3	x_4	x_5
0	x_4	12	[3]	0	0	1	−2
−1	x_2	1	0	1	0	0	−1
−1	x_3	1	−2	0	1	0	0
$c_j - z_j$			1	0	0	0	−1
3	x_1	4	1	0	0	1/3	−2/3
−1	x_2	1	0	1	0	0	−1
−1	x_3	9	0	0	1	2/3	−4/3
$c_j - z_j$			0	0	0	−1/3	−1/3

从表 2-15 可以看出，最优解 $X^* = (4,1,9,0,0,0)^T$，最优值 $Z_{max} = 2$。

【第 2 章习题】

第 3 章

线性规划的对偶理论与灵敏度分析

学习目标

1. 理解并掌握对偶问题的概念、原理、定理及基本性质；
2. 能够构建线性规划问题的对偶问题数学模型；
3. 掌握对偶变量（影子价格）的经济意义及其实际应用；
4. 熟练掌握对偶单纯形法；
5. 掌握灵敏度分析方法。

3.1 线性规划的对偶问题

3.1.1 对偶问题的提出

线性规划问题与其对偶问题是对同一问题的不同诠释。任何一个最大化的线性规划问题都有一个最小化的线性规划问题与之对应，这一对互相联系的两个问题称为一对对偶问题。我们将其中一个称为原问题，另一个称为对偶问题，在求出一个问题的解时，也同时给出了另一问题的解。对偶问题是线性规划的重点与核心部分，本节将讨论线性规划的对偶问题，从而加深对线性规划问题的理解，扩大其应用范围。

【例 3-1】 某公司 A 生产 Ⅰ 和 Ⅱ 两种产品，每种产品需经过三道工序，每件产品在每道工序中的资源定额、每道工序每天可用资源和每件产品的利润见表 3-1。试问每种产品各生产多少，可使这一天内生产的产品所获利润最大？

表 3-1 产品相关资料

资源	产品		每天可用资源
	Ⅰ	Ⅱ	
设备	1	2	8 台时
原材料 E	4	0	16 千克
原材料 F	0	4	12 千克
利润/元	2	3	

A 公司在利用自己拥有的资源生产两种产品时,其线性规划问题为

$$\max Z = 2x_1 + 3x_2$$
$$\text{s.t.} \begin{cases} x_1 + 2x_2 \leq 8 \\ 4x_1 \leq 16 \\ 4x_2 \leq 12 \\ x_j \geq 0 (j=1,2) \end{cases}$$

现在,从另一个角度来考虑该问题,假定有另一公司 B 想把公司 A 的资源收买过来,它至少应付出多大代价,才能使公司 A 愿意放弃生产活动,出让自己的资源?显然公司 A 愿意出让自己资源的条件是,出让代价应不低于用同等数量资源由自己组织生产活动时获取的利润。此时,决策者必须考虑如何为这三种资源定价的问题。设分别用 y_1, y_2, y_3 代表设备、原材料 E 和原材料 F 的单位出让代价。公司 A 用 1 台时设备和 4 千克原材料 E 可生产一件产品 Ⅰ,盈利 2 元;用 2 台时设备和 4 千克原材料 F 可生产一件产品 Ⅱ,盈利 3 元。由此,y_1, y_2, y_3 的取值应满足

$$\begin{cases} y_1 + 4y_2 \geq 2 \\ 2y_1 + 4y_3 \geq 3 \end{cases} \quad \begin{matrix}(3\text{-}1)\\(3\text{-}2)\end{matrix}$$

而公司 B 从自身出发,希望用最小代价把公司 A 的全部资源收买过来,故有

$$\min W = 8y_1 + 16y_2 + 12y_3 \tag{3-3}$$

由于价格不能为负值,综合式 (3-1)、式 (3-2) 和式 (3-3),得出如下数学模型。

$$\min W = 8y_1 + 16y_2 + 12y_3$$
$$\text{s.t.} \begin{cases} y_1 + 4y_2 \geq 2 \\ 2y_1 + 4y_3 \geq 3 \\ y_1, y_2, y_3 \geq 0 \end{cases}$$

上面两模型是对同一问题两种不同决策的数学描述,通常称前者为原问题,称后者为前者的对偶问题。它们之间有着一定内在联系,进行比较分析可知,两个模型的对应关系有:

(1) 两个问题的约束系数矩阵互为转置;
(2) 一个问题的变量个数等于另一个问题的约束条件个数;
(3) 一个问题的右端系数是另一个问题的目标函数的系数。

3.1.2 对偶问题的数学模型

1. 对称形式的对偶问题

满足下列条件的线性规划问题称为具有对称形式——其变量均具有非负约束;其约束条件为当目标函数求极大值时均取"≤",当目标函数求极小值时均取"≥"。

对称形式下线性规划原问题的一般形式为

$$\max Z = c_1x_1 + c_2x_2 + \cdots + c_nx_n$$

$$(\text{LP})\text{s.t.}\begin{cases} a_{11}x_1 + a_{12}x_2 + \cdots + a_{1n}x_n \leqslant b_1 \\ a_{21}x_1 + a_{22}x_2 + \cdots + a_{2n}x_n \leqslant b_2 \\ \vdots \quad \vdots \quad \vdots \\ a_{m1}x_1 + a_{m2}x_2 + \cdots + a_{mn}x_n \leqslant b_m \\ x_j \geqslant 0 (j=1,2,\cdots,n) \end{cases}$$

将其写成矩阵形式为

$$\max Z = \boldsymbol{CX}$$
$$\text{s.t.}\begin{cases} \boldsymbol{AX} \leqslant \boldsymbol{b} \\ \boldsymbol{X} \geqslant \boldsymbol{0} \end{cases} \tag{3-4}$$

用 $y_i(i=1,2,\cdots,m)$ 代表第 i 种资源的估价,则其对偶问题的一般形式为

$$\min W = b_1y_1 + b_2y_2 + \cdots + b_my_m$$

$$(\text{DP})\text{s.t.}\begin{cases} a_{11}y_1 + a_{21}y_2 + \cdots + a_{m1}y_m \geqslant c_1 \\ a_{12}y_1 + a_{22}y_2 + \cdots + a_{m2}y_m \geqslant c_2 \\ \vdots \quad \vdots \quad \vdots \\ a_{1n}y_1 + a_{2n}y_2 + \cdots + a_{mn}y_m \geqslant c_n \\ y_i \geqslant 0 (i=1,2,\cdots,m) \end{cases}$$

将其写成矩阵形式为

$$\min W = \boldsymbol{Yb}$$
$$\text{s.t.}\begin{cases} \boldsymbol{YA} \geqslant \boldsymbol{C} \\ \boldsymbol{Y} \geqslant \boldsymbol{0} \end{cases} \tag{3-5}$$

式中,$\boldsymbol{Y} = (y_1, y_2, \cdots, y_m)$ 是一个行向量,$y_1, y_2, \cdots, y_m$ 称为对偶变量。

将上述对称形式下线性规划的原问题与对偶问题进行比较,可以列出如表 3-2 所示的对应关系。

表 3-2 对应关系

	原问题	对偶问题
$\boldsymbol{A}$	约束系数矩阵	其约束系数矩阵的转置
$\boldsymbol{b}$	约束条件的右端项向量	目标函数中的价格系数向量
$\boldsymbol{C}$	目标函数中的价格系数向量	约束条件的右端项向量
目标函数	$\max Z = \boldsymbol{CX}$	$\min W = \boldsymbol{Yb}$
约束条件	$\boldsymbol{AX} \leqslant \boldsymbol{b}$	$\boldsymbol{YA} \geqslant \boldsymbol{C}$
决策变量	$\boldsymbol{X} \geqslant \boldsymbol{0}$	$\boldsymbol{Y} \geqslant \boldsymbol{0}$

【例 3-2】 求下述问题的对偶问题。

$$\max Z = 2x_1 - x_2 - 3x_3 + 4x_4$$

$$\text{s.t.} \begin{cases} x_1 + 2x_2 - 2x_3 \leqslant 4 \\ x_2 - x_4 \leqslant 7 \\ -2x_1 - x_2 + 8x_3 + x_4 \leqslant 10 \\ x_1, \cdots, x_4 \geqslant 0 \end{cases}$$

解：根据表 3-2，可直接得出上述线性规划问题的对偶问题：

$$\min W = 4y_1 + 7y_2 + 10y_3$$

$$\text{s.t.} \begin{cases} y_1 - 2y_3 \geqslant 2 \\ 2y_1 + y_2 - y_3 \geqslant -1 \\ -2y_1 + 8y_3 \geqslant -3 \\ -y_2 + y_3 \geqslant 4 \\ y_1, y_2, y_3 \geqslant 0 \end{cases}$$

2. 非对称形式的对偶问题

除了对称形式的对偶问题，还存在很多非对称形式的对偶问题。如：

$$\max Z = \boldsymbol{CX}$$

$$\text{s.t.} \begin{cases} \boldsymbol{AX} = \boldsymbol{b} \\ \boldsymbol{X} \geqslant \boldsymbol{0} \end{cases} \tag{3-6}$$

可将式 (3-6) 转化为对称形式，然后按对称形式求出其对偶问题。

式 (3-6) 等价于

$$\max Z = \boldsymbol{CX}$$

$$\begin{cases} \boldsymbol{AX} \leqslant \boldsymbol{b} \\ \boldsymbol{AX} \geqslant \boldsymbol{b} \\ \boldsymbol{X} \geqslant \boldsymbol{0} \end{cases}$$

即

$$\max Z = \boldsymbol{CX}$$

$$\begin{cases} \boldsymbol{AX} \leqslant \boldsymbol{b} \\ -\boldsymbol{AX} \leqslant -\boldsymbol{b} \\ \boldsymbol{X} \geqslant \boldsymbol{0} \end{cases}$$

此时有 $2m$ 个约束方程组，且各个向量为

$$\boldsymbol{Y} = (\boldsymbol{Y}_1, \boldsymbol{Y}_2), \quad \boldsymbol{Y}_1 = (y_1, \cdots, y_m), \quad \boldsymbol{Y}_2 = (y_{m+1}, \cdots, y_{2m}), \quad \boldsymbol{b}' = \begin{pmatrix} \boldsymbol{b} \\ -\boldsymbol{b} \end{pmatrix}, \quad \boldsymbol{A}' = \begin{pmatrix} \boldsymbol{A} \\ -\boldsymbol{A} \end{pmatrix}$$

按对称形式，式 (3-6) 的对偶问题目标函数可写成

$$\min W = (\boldsymbol{Y}_1, \boldsymbol{Y}_2) \begin{pmatrix} \boldsymbol{b} \\ -\boldsymbol{b} \end{pmatrix} = \boldsymbol{Y}_1 \boldsymbol{b} - \boldsymbol{Y}_2 \boldsymbol{b} = (\boldsymbol{Y}_1 - \boldsymbol{Y}_2) \boldsymbol{b}$$

约束条件可写成

$$\begin{cases} Y_1A - Y_2A \geqslant C \\ Y_1 \geqslant 0, Y_2 \geqslant 0 \end{cases} \Rightarrow \begin{cases} (Y_1 - Y_2)A \geqslant C \\ Y_1, Y_2 \geqslant 0 \end{cases}$$

令

$$Y = Y_1 - Y_2$$

可得式 (3-6) 的对偶问题。

$$\min W = Y'b$$
$$\begin{cases} Y'A \geqslant C \\ Y' \text{ 是自由向量} \end{cases}$$

【例 3-3】 求下述问题的对偶问题。

$$\max Z = 2x_1 + x_2 + 4x_3 + 3x_4$$
$$\text{s.t.} \begin{cases} x_1 - 2x_2 - x_3 + 2x_4 = 5 \\ x_1 + 2x_2 - 4x_3 + x_4 = 8 \\ 4x_1 - 7x_2 + x_3 + 2x_4 = 10 \\ x_1, x_2, x_3, x_4 \geqslant 0 \end{cases}$$

解：将其化为对称形式：

$$\max Z = 2x_1 + x_2 + 4x_3 + 3x_4$$
$$\text{s.t.} \begin{cases} x_1 - 2x_2 - x_3 + 2x_4 \leqslant 5 \\ -x_1 + 2x_2 + x_3 - 2x_4 \leqslant -5 \\ x_1 + 2x_2 - 4x_3 + x_4 \leqslant 8 \\ -x_1 - 2x_2 + 4x_3 - x_4 \leqslant -8 \\ 4x_1 - 7x_2 + x_3 + 2x_4 \leqslant 10 \\ -4x_1 + 7x_2 - x_3 - 2x_4 \leqslant -10 \\ x_1, x_2, x_3, x_4 \geqslant 0 \end{cases}$$

根据对称关系，可直接写出其对偶问题。

$$\min W = 5y_1 - 5y_2 + 8y_3 - 8y_4 + 10y_5 - 10y_6$$
$$\text{s.t.} \begin{cases} y_1 - y_2 + y_3 - y_4 + 4y_5 - 4y_6 \geqslant 2 \\ -2y_1 + 2y_2 + 2y_3 - 2y_4 - 7y_5 + 7y_6 \geqslant 1 \\ -y_1 + y_2 - 4y_3 + 4y_4 + y_5 - y_6 \geqslant 4 \\ 2y_1 - 2y_2 + y_3 - y_4 + 2y_5 - 2y_6 \geqslant 3 \\ y_1, y_2, y_3, y_4, y_5, y_6 \geqslant 0 \end{cases}$$

令 $y_1' = y_1 - y_2, y_2' = y_3 - y_4, y_3' = y_5 - y_6$，可得

$$\min W = 5y_1' + 8y_2' + 10y_3'$$
$$\text{s.t.} \begin{cases} y_1' + y_2' + 4y_3' \geqslant 2 \\ -2y_1' + 2y_2' - 7y_3' \geqslant 1 \\ -y_1' - 4y_2' + y_3' \geqslant 4 \\ 2y_1' + y_2' + 2y_3' \geqslant 3 \\ y_1', y_2', y_3' \text{ 自由无约束} \end{cases}$$

3. 混合形式的对偶问题

前面探讨的两种情况，并没有包括所有的线性规划问题。一般情况下，线性规划问题的所有变量中，有些变量要求"≤0"，有些变量要求"≥0"，甚至还有些变量对符号没有要求。而在约束条件中，有些约束条件为"≤"类型，有些约束条件为"≥"类型，还有些约束条件为"="类型，但无论哪种形式，均可化为线性规划问题的对称形式来处理。

【例 3-4】 求下述问题的对偶问题。

$$\max Z = x_1 + 4x_2 + 3x_3$$

$$\text{s.t.} \begin{cases} 2x_1 + 3x_2 - 5x_3 \leq 2 \\ 3x_1 - x_2 + 6x_3 \geq 1 \\ x_1 + x_2 + x_3 = 4 \\ x_1 \geq 0, x_2 \leq 0, x_3 \text{ 无约束} \end{cases}$$

解：先将其化为对称形式，因为目标函数求极大值，所以将约束条件变为"≤"，将决策变量变为"≥0"，令 $x_2' = -x_2, x_3 = x_3' - x_3''$，则有

$$\max Z = x_1 - 4x_2' + 3x_3' - 3x_3''$$

$$\text{s.t.} \begin{cases} 2x_1 - 3x_2' - 5x_3' + 5x_3'' \leq 2 \\ -3x_1 - x_2' - 6x_3' + 6x_3'' \leq -1 \\ x_1 - x_2' + x_3' - x_3'' \leq 4 \\ -x_1 + x_2' - x_3' + x_3'' \leq -4 \\ x_1, x_2', x_3', x_3'' \geq 0 \end{cases}$$

令对应上述 4 个约束条件的对偶变量分别为 y_1, y_2', y_3', y_3''，则有

$$\min W = 2y_1 - y_2' + 4y_3' - 4y_3''$$

$$\text{s.t.} \begin{cases} 2y_1 - 3y_2' + y_3' - y_3'' \geq 1 & (1) \\ -3y_1 - y_2' - y_3' + y_3'' \geq -4 & (2) \\ -5y_1 - 6y_2' + y_3' - y_3'' \geq 3 & (3) \\ 5y_1 + 6y_2' - y_3' + y_3'' \geq -3 & (4) \\ y_1, y_2', y_3', y_3'' \geq 0 \end{cases}$$

令 $y_2 = -y_2', y_3 = y_3' - y_3''$，将上式中 (3)、(4) 两个约束条件合并，得

$$\min W = 2y_1 + y_2 + 4y_3$$

$$\text{s.t.} \begin{cases} 2y_1 + 3y_2 + y_3 \geq 1 \\ 3y_1 - y_2 + y_3 \leq 4 \\ -5y_1 + 6y_2 + y_3 = 3 \\ y_1 \geq 0, y_2 \leq 0, y_3 \text{ 无约束} \end{cases}$$

经过以上分析，可以总结出原问题与对偶问题相关数据间的联系，见表 3-3。

表 3-3 原问题与对偶问题相关数据间的联系

		原问题（对偶问题）	对偶问题（原问题）	
A		约束系数矩阵	约束系数矩阵的转置	
b		约束条件的右端项向量	目标函数中的价格系数向量	
C		目标函数中的价格系数向量	约束条件的右端项向量	
目标函数		max Z	min W	
变量或约束条件	n 个变量	变量 ≥ 0	约束条件 ≥	n 个约束
		变量 ≤ 0	约束条件 ≤	
		变量无限制	约束条件 =	
	m 个约束	约束条件 ≤	变量 ≥ 0	m 个变量
		约束条件 ≥	变量 ≤ 0	
		约束条件 =	变量无限制	

3.1.3 对偶问题的基本性质

为了揭示原问题的解和对偶问题的解之间的相互关系，本节内容将讨论对偶问题的一些基本性质。

设原问题为

$$\max Z = CX$$
$$\begin{cases} AX \leqslant b \\ X \geqslant 0 \end{cases} \tag{3-7}$$

其对偶问题为

$$\min W = Yb$$
$$\begin{cases} YA \geqslant C \\ Y \geqslant 0 \end{cases} \tag{3-8}$$

1. 对称性

线性规划问题的对偶问题的对偶问题就是原问题。

【对称性证明】

2. 弱对偶性

若 $\overline{X}$ 是原问题即式 (3-7) 的可行解，$\overline{Y}$ 是对偶问题即式 (3-8) 的可行解，则一定有 $C\overline{X} \leqslant \overline{Y}b$。

【弱对偶性证明】

由弱对偶性，可得出以下推论。

推论 3-1 若 $\overline{X}$ 和 $\overline{Y}$ 分别是式 (3-7) 和式 (3-8) 的可行解，则式 (3-8) 的最小值不会小于式 (3-7) 的 $C\overline{X}$，即 $C\overline{X}$ 为式 (3-8) 的目标函数值的一个下界；而式 (3-7) 的最大值不会大于 $\overline{Y}b$，即 $\overline{Y}b$ 为式 (3-7) 的目标函数值的一个上界。

推论 3-2 互为对偶问题的一对线性规划问题，如果其中一个有可行解，但目标函数值无界（求 max 的目标函数值无上界，求 min 的目标函数值无下界），则另一个必无可行解。

推论 3-3 互为对偶问题的一对线性规划问题，如果其中一个有可行解，另一个无可行解，则这个有可行解的问题的目标函数值无界。

原问题与对偶问题的解的对应关系如表 3-4 所示。

表 3-4 原问题与对偶问题的解的对应关系

原问题	对偶问题
有可行解，且有最优解	有可行解，且有最优解
有可行解，但无最优解	无可行解
无可行解	无可行解
无可行解	有可行解，但无最优解

3. 最优性

若 $\hat{X}$ 是原问题的可行解，$\hat{Y}$ 是其对偶问题的可行解，且 $C\hat{X} = \hat{Y}b$，则 $\hat{X}$ 和 $\hat{Y}$ 分别是它们对应线性规划问题的最优解。

【最优性证明】

4. 强对偶性

如果原问题和对偶问题中有一个有最优解，则另一个问题也必存在最优解，且两个问题的最优解的目标函数值相等。

【强对偶性证明】

5. 互补松弛性（松紧定理）

在线性规划问题的最优解中，如果对应某一约束条件的对偶变量值为非零，则该约束取严格等式；反之，如果约束条件取严格不等式，则其对应的对偶变量值一定为零。也即若 $\hat{y}_i > 0$，则有 $\sum_{j=1}^{n} a_{ij}\hat{x}_j = b_i$，即 $\hat{x}_{si} = 0$；若 $\sum_{j=1}^{n} a_{ij}\hat{x}_j < b_i$，即 $\hat{x}_{si} > 0$，则有 $\hat{y}_i = 0$，因此一定有 $\hat{y}_i \cdot \hat{x}_{si} = 0$。

【互补松弛性证明】

将互补松弛性应用于其对偶问题时可以这样叙述：若 $\hat{x}_j > 0$，则有 $\sum_{i=1}^{m} a_{ij}y_i = c_j$；若 $\sum_{i=1}^{m} a_{ij}y_i > c_j$，则有 $\hat{x}_j = 0$。

互补松弛性，又称松紧定理。"松""紧"是对约束而言的。

若某个线性规划问题的约束条件为严格的等式约束，则称该约束为紧约束，即该约束是有约束力的。若某个线性规划问题的约束条件为严格的不等式约束，则称该约束为松约束，即该约束是不起作用的。

互补松弛性的应用：在已知一个问题的最优解时，可求其对偶问题的最优解。

【例 3-5】 线性规划问题如下所示。

$$\min Z = 8x_1 + 6x_2 + 3x_3 + 6x_4$$

$$\text{s.t.} \begin{cases} x_1 + 2x_2 + x_4 \geq 3 \\ 3x_1 + x_2 + x_3 + x_4 \geq 6 \\ x_3 + x_4 \geq 2 \\ x_1 + x_3 \geq 2 \\ x_j \geq 0 (j=1,2,3,4) \end{cases}$$

已知其最优解为 $\boldsymbol{X}^* = (1,1,2,0)^T$，求对偶问题的最优解。

解：对偶问题为

$$\max W = 3y_1 + 6y_2 + 2y_3 + 2y_4$$

$$\text{s.t.} \begin{cases} y_1 + 3y_2 + y_4 \leq 8 & (1) \\ 2y_1 + y_2 \leq 6 & (2) \\ y_2 + y_3 + y_4 \leq 3 & (3) \\ y_1 + y_2 + y_3 \leq 6 & (4) \\ y_1, y_2, y_3, y_4 \geq 0 \end{cases}$$

已知原问题的最优解为 $\boldsymbol{X}^* = (1,1,2,0)^T$，又因为 $x_1^* = 1 > 0, x_2^* = 1 > 0, x_3^* = 2 > 0, x_4^* = 0$，得约束条件 (1)、(2)、(3) 为严格等式，约束条件 (4) 为严格不等式，设对偶问题的最优解为 $\boldsymbol{Y}^* = (y_1^*, y_2^*, y_3^*, y_4^*)^T$，即有

$$\begin{cases} y_1^* + 3y_2^* + y_4^* = 8 \\ 2y_1^* + y_2^* = 6 \\ y_2^* + y_3^* + y_4^* = 3 \end{cases}$$

将 $x_1^*, x_2^*, x_3^*, x_4^*$ 的值代入约束条件,有 $y_4^* = 0$,此时

$$\begin{cases} y_1^* + 3y_2^* = 8 \\ 2y_1^* + y_2^* = 6 \\ y_2^* + y_3^* = 3 \end{cases}$$

求解后得到 $y_1^* = 2, y_2^* = 2, y_3^* = 1$。故对偶问题的最优解为 $\boldsymbol{Y}^* = (2,2,1,0)^T$,$W^* = 20$。

【例 3-6】 线性规划问题如下所示。

$$\max Z = x_1 + 2x_2 + 3x_3 + 4x_4$$
$$\text{s.t.} \begin{cases} x_1 + 2x_2 + 2x_3 + 3x_4 \leq 20 \\ 2x_1 + x_2 + 3x_3 + 2x_4 \leq 20 \\ x_1, x_2, x_3, x_4 \geq 0 \end{cases}$$

已知其对偶问题的最优解为 $(1.2, 0.2)^T$,求其最优解与最优值。

解:该问题的对偶问题为

$$\min W = 20y_1 + 20y_2$$
$$\text{s.t.} \begin{cases} y_1 + 2y_2 \geq 1 & (1) \\ 2y_1 + y_2 \geq 2 & (2) \\ 2y_1 + 3y_2 \geq 3 & (3) \\ 3y_1 + 2y_2 \geq 4 & (4) \\ y_1, y_2 \geq 0 \end{cases}$$

将 $y_1 = 1.2, y_2 = 0.2$ 代入约束条件(1)与(2),可知约束条件(1)、(2)为严格不等式,由互补松弛性得 $x_1^* = 0, x_2^* = 0$,因为 $y_1, y_2 > 0$,故有

$$\begin{cases} 2x_3^* + 3x_4^* = 20 \\ 3x_3^* + 2x_4^* = 20 \end{cases}$$

最后求得 $x_3^* = 4, x_4^* = 4$,即最优解为 $\boldsymbol{X}^* = (0, 0, 4, 4)^T$,最优值为 $Z^* = 28$。

3.2 影子价格

根据对偶问题的基本性质可以看出,当线性规划原问题求得最优解 $x_j^* (j = 1, 2, \cdots, n)$ 时,其对偶问题也得到最优解 $y_i^* (i = 1, 2, \cdots, m)$,且代入各自的目标函数后,有

$$Z^* = \sum_{j=1}^{n} c_j x_j^* = \sum_{i=1}^{m} b_i y_i^* = W^*$$

式中，b_i 是原问题约束条件的右端项，它代表第 i 种资源的拥有量；对偶变量 y_i^* 代表在资源得到最优利用条件下对第 i 种资源的单位估价，但这种估价不是资源的市场价格，而是根据资源对生产所做贡献的估价，其反映的是资源在企业内部的价值，为了加以区别，称之为影子价格，即卖主的内控价格。

(1) 资源的市场价格是其价值的客观体现，相对比较稳定，而它的影子价格则依赖于资源的利用情况，是未知数。因为当企业生产任务、产品结构等情况发生变化时，资源的影子价格也会随之变化。

(2) 影子价格是一种边际价格，在 $Z^* = \sum_{i=1}^{m} b_i y_i^*$ 中对 b_i 求偏导数得 $\frac{\partial Z^*}{\partial b_i} = y_i^*$。这说明 y_i^* 的值相当于在资源得到最优利用的生产条件下，b_i 每增加一个单位时 Z 的增量。

例如，由

$$\max Z = 56x_1 + 30x_2$$

$$\begin{cases} 4x_1 + 3x_2 \leq 120 & (1) \\ 2x_1 + x_2 \leq 50 & (2) \\ x_1, x_2 \geq 0 \end{cases}$$

得到 $Z^* = 1440$，$\boldsymbol{X}^* = (15, 20)^\mathrm{T}$，$\boldsymbol{Y}^* = (2, 24)$。这说明增加这两种资源都会引起目标值的增加，也就是说，它们都是稀缺资源。约束条件 (1) 从 120 增加到 121，$Z^* = 1442$，边际价格为 2；约束条件 (2) 从 50 增加到 51，$Z^* = 1464$，边际价格为 24。

(3) 资源的影子价格实际上是一种机会成本。在完全市场经济条件下，当某种资源的市场价格低于影子价格时，可以买进这种资源；反之，当某种资源的市场价格高于影子价格时，可以卖出这种资源。随着资源的买进与卖出，影子价格也会随之变化，当这种资源的市场价格与影子价格保持在同等水平时，才处于平衡状态。

(4) 影子价格的高低客观反映了资源的稀缺程度。由 3.1 节的对偶问题的互补松弛性可知，若 $\sum_{j=1}^{n} a_{ij}\hat{x}_j < b_i$，则 $\hat{y}_i = 0$，资源供大于求，即达到最优解时，资源并没用完，为非稀缺资源（未得到充分利用），该种资源的影子价格为零，增加该资源的供应不会引起目标函数值的增加。当 $\hat{y}_i > 0$ 时，有 $\sum_{j=1}^{n} a_{ij}\hat{x}_j = b_i$，即当资源的影子价格不为零时，表明该种资源在生产中已耗费完毕，增加该资源的供应，会引起目标函数值的增加（$\hat{y}_i =$ 增加量）。注意，当出现退化的最优解时，会出现某种资源 i 刚好耗尽，又并不稀缺，但影子价格 y_i 仍大于零的情况。这时 b_i 值的任何增加只会带来该种资源的剩余，而不会增加目标函数值。

(5) 从影子价格的含义上再来考察单纯形表的计算。

$$\sigma_j = c_j - \boldsymbol{C}_B \boldsymbol{B}^{-1} \boldsymbol{p}_j = c_j - \sum_{i=1}^{m} a_{ij} y_i$$

式中，c_j 代表第 j 种产品的价格，$\sum_{i=1}^{m} a_{ij} y_i$ 是生产该种产品所消耗各项资源的影子价格的总和，即隐含成本。可以根据这种产品的隐含成本来确定这种产品的价格与安排生产计划。

例如，增加某种产品的生产量，假设该产品对两种资源的消耗分别为 3 个单位（每个单位 2 元）与 2 个单位（每个单位 24 元），问该产品定价多少才能盈利？

$$3 \times 2 + 2 \times 24 = 54（元）$$

所以，定价大于 54 元，才能盈利。如定价小于 54 元，不如把资源投入到其他产品的生产中。

(6) 一般来说，对线性规划问题的求解目的是确定资源的最优分配方案，而对于对偶问题的求解目的则是确定资源的恰当估价，这种估价直接关系资源的最有效利用方式。

以上所有的讨论都是在原来的最优解的基不变的基础上进行的，如果原来的最优解的基发生了变化，就要用灵敏度分析的方法来讨论了。

3.3 对偶单纯形法

3.3.1 对偶单纯形法的基本思路

对偶单纯形法是应用对偶问题的基本性质，来求解原始线性规划问题最优解的一种方法，并不是求解对偶问题的单纯形法。当然，根据最优性，在求得原始线性规划问题最优解的同时也就求出了对偶问题的最优解。

对偶单纯形法的基本思路如下所述。

首先，从原始线性规划问题的一个基本解出发，该基本解并不一定是可行解，其对应着一个对偶可行解（检验数非正）。

然后，检验原始线性规划问题的基本解是否可行，如可行，则该基本解是最优解；如不可行，则进行迭代，求得另一组基本解和对偶可行解，直至找到最优解为止。

也就是说，对偶单纯形法在迭代过程中始终保持对偶解的可行性（检验数非正），同时使原始线性规划问题的基本解由不可行逐步变为可行，当同时得到对偶问题和原始线性规划问题的可行解时，便得到了原始线性规划问题的最优解。对偶单纯形法正是基于这种思路而产生的，其基本思想就是在保持对偶解可行的条件下，通过逐步迭代实现原始线性规划问题基本解的可行。

通过上面的分析可知，对偶单纯形法的使用条件有两点：其一，基本解 b 列中至少有一个基变量的取值为负；其二，在检验数行中，全部的检验数为非正。

应用对偶单纯形法的基本原则是在保持对偶可行的前提下进行基变换，在每一次迭代过程中，应将取值为负的一个基变量作为出基变量去替代某个非基变量，从而使原始线性规划问题的非可行解向可行解靠近，最终在成为可行解的同时，也变成最优解。

3.3.2 对偶单纯形法的计算步骤

设某标准形式的线性规划问题如下所示。

$$\max Z = CX$$
$$\text{s.t.} \begin{cases} AX = b \\ X \geq 0 \end{cases}$$

(1) 列出初始单纯形表，计算检验数，检查是否满足对偶单纯形法的使用条件，若满足，转下一步。

(2) 进行基变换。

确定出基变量：其原则是选择基本解列中负元素对应的变量作为出基变量。一般情况下：

$$b_r = \min\{b_i | b_i < 0\}$$

选择最小负元素对应的基变量x_r作为出基变量，对应的行称为主元素行。

确定进基变量：其原则是在保持对偶解可行的前提下降低原始规划解的不可行性。这样，只需计算检验数行元素与主元素行的比值，称为对偶θ准则，即

$$\theta = \frac{\sigma_k}{a_{rk}} = \min_j\left\{\frac{\sigma_j}{a_{rj}}\bigg| a_{rj} < 0\right\} = \min_j\left\{\frac{c_j - z_j}{a_{rj}}\bigg| a_{rj} < 0\right\} = \frac{c_k - z_k}{a_{rk}}$$

选择x_k作为进基变量，x_k所对应的系数列是主元素列。在考虑比值时，只取主元素行的负元素，是由于对于主元素行的正元素和零元素而言，对应变化后的新检验数肯定小于零，即对偶解的可行性条件自然满足。

(3) 线性方程组的初等行变换。将主元素化为1，主元素所在的列化为单位向量，相应地可以得到一个新的单纯形表，返回步骤(1)，用新的单纯形表代替原来的，然后继续步骤(2)、步骤(3)。

重复以上步骤，直至b列基变量的取值全部变成非负元素即得到最优表。

为便于对照，现将单纯形法与对偶单纯形法的求解步骤框架图一并画在图3-1中。

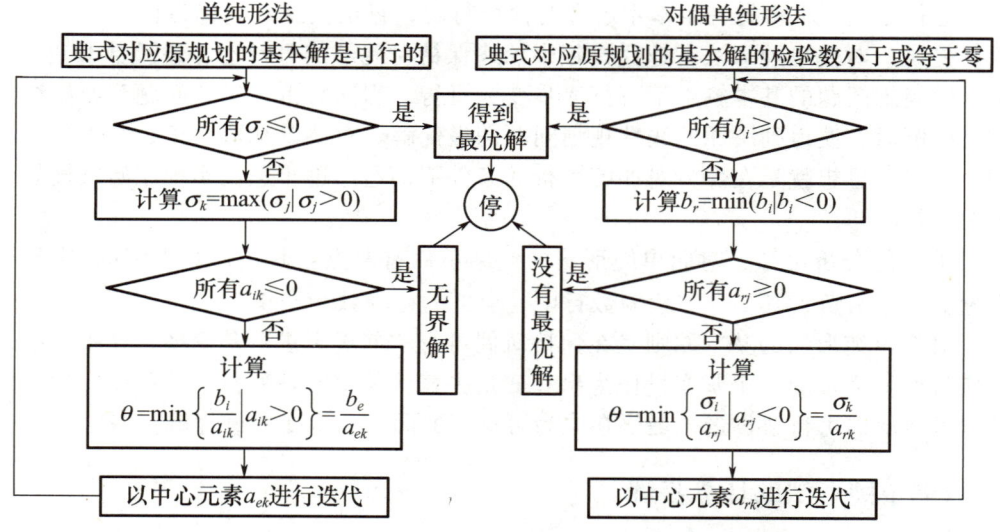

图3-1 单纯形法与对偶单纯形法的求解步骤框架图

【例 3-7】 用对偶单纯形法求解下述线性规划问题。

$$\min W = 10y_1 + 8y_2$$
$$\text{s.t.} \begin{cases} 2y_1 + y_2 \geq 3 \\ y_1 + y_2 \geq 2 \\ y_1, y_2 \geq 0 \end{cases}$$

解： 将上式进行标准化。

$$\max Z = -10y_1 - 8y_2 + 0y_3 + 0y_4$$
$$\begin{cases} -2y_1 - y_2 + y_3 = -3 \\ -y_1 - y_2 + y_4 = -2 \\ y_1, y_2, y_3, y_4 \geq 0 \end{cases}$$

列出单纯形表，并用上述对偶单纯形法求解步骤进行计算，其计算过程见表 3-5。

表 3-5　例 3-7 计算过程

C_B	X_B	b	$c_j \rightarrow$ −10 y_1	−8 y_2	0 y_3	0 y_4
0	y_3	−3	[−2]	−1	1	0
0	y_4	−2	−1	−1	0	1
	$c_j - z_j$		−10	−8	0	0
−10	y_1	3/2	1	1/2	−1/2	0
0	y_4	−1/2	0	[−1/2]	−1/2	1
	$c_j - z_j$		0	−3	−5	0
−10	y_1	1	1	0	−1	1
−8	y_2	1	0	1	1	−2
	$c_j - z_j$		0	0	−2	−6

从例 3-7 可以看出，用对偶单纯形法求解线性规划问题时，当约束条件为"≥"时，不必引进人工变量，使计算简化。但在初始单纯形表中，其对偶解应是基本可行解这点，对多数线性规划问题来说很难实现。因此对偶单纯形法一般不单独使用，而主要应用于灵敏度分析及整数规划等有关问题中。

【例 3-8】 用对偶单纯形法求解下述线性规划问题。

$$\min Z = 3x_1 + 4x_2 + 5x_3$$
$$\text{s.t.} \begin{cases} x_1 + 2x_2 + 3x_3 \geq 5 \\ 2x_1 + 2x_2 + x_3 \geq 6 \\ x_1, x_2, x_3 \geq 0 \end{cases}$$

解： 引入松弛变量，则有

$$\min Z = 3x_1 + 4x_2 + 5x_3 + 0x_4 + 0x_5$$
$$\text{s.t.} \begin{cases} -x_1 - 2x_2 - 3x_3 + x_4 = -5 \\ -2x_1 - 2x_2 - x_3 + x_5 = -6 \\ x_1, x_2, x_3, x_4, x_5 \geq 0 \end{cases}$$

用对偶单纯形法进行求解，其计算过程见表 3-6。

表 3-6 例 3-8 计算过程

$c_j \rightarrow$			3	4	5	0	0
C_B	X_B	b	x_1	x_2	x_3	x_4	x_5
0	x_4	−5	−1	−2	−3	1	0
0	x_5	−6	[−2]	−2	−1	0	1
$c_j - z_j$			3	4	5	0	0
0	x_4	−2	0	[−1]	−5/2	1	−1/2
3	x_1	3	1	1	1/2	0	−1/2
$c_j - z_j$			0	1	7/2	0	3/2
4	x_2	2	0	1	5/2	−1	1/2
3	x_1	1	1	0	−2	1	−1
$c_j - z_j$			0	0	1	1	1

最优解 $X = (1, 2, 0, 0, 0)^T$，最优值 $Z = 11$。

这里需要补充指出一点，对于求目标函数极小值的问题，确定进基变量的 θ 法则如下：若

$$\theta = \min\left\{\frac{\sigma_j}{-a_{kj}} \middle| j = m+1, m+2, \cdots, n; a_{kj} < 0 \right\} = \frac{\sigma_l}{-a_{kl}}$$

则取 x_l 为进基变量。

需要指出的是，如果将目标函数极小化问题转化为极大化问题，其最终求解方法与本节对偶单纯形法计算步骤中的第 (2) 步是一致的。

3.4 灵敏度分析

在线性规划问题中，目标函数、约束条件的系数以及资源限制量等都被当作确定的常数，且最优解是在这些基础上求得的。但是实际上，这些系数或资源限制量并不是一成不变的，它们是一些估计或预测的数字，比如价值系数随市场的变化而变化，约束系数随着工艺的变化或消耗定额的变化而变化，计划期的资源限制量也是经常变化的。这些系数或资源限制量发生变化时，最优解会受到什么影响？最优解对哪些参数的变动最敏感？

对线性规划模型的某些系数或资源限制量的变动对最优解影响的分析，称为灵敏度分析。

灵敏度分析主要解决以下两个问题。

(1) 这些系数或资源限制量在什么范围内变化时，原先求出的最优解不变，即最优解相对参数的稳定性。

(2) 如果系数或资源限制量的变化引起了最优解的变化，如何用最简便的方法求出新的最优解。

3.4.1 目标函数中价值系数 c_j 的分析

分别就非基变量和基变量的价值系数来讨论。

(1) 设非基变量 x_j 的价值系数 c_j 有增量 Δc_j，其他参数不变，求 Δc_j 在什么范围内变化时，原最优解不变。

c_j 是非基变量的价值系数，因此它的改变仅仅影响检验数 σ_j，而对其他检验数没有影响。由 $\bar{\sigma}_j = c_j + \Delta c_j - \boldsymbol{C}_B \boldsymbol{B}^{-1} \boldsymbol{p}_j = \sigma_j + \Delta c_j \leq 0$ 知，当 $\Delta c_j \leq -\sigma_j$ 时，原最优解不变。

(2) 设基变量 x_{Br} 的价值系数 c_{Br} 有增量 Δc_{Br}，其他参数不变，求 Δc_{Br} 在什么范围内变化时，原最优解不变。

由于 c_{Br} 是基变量的价值系数，所以它的变化将影响所有非基变量检验数的变化。新的非基变量检验数为

$$\bar{\sigma}_j = c_j - [\boldsymbol{C}_B + (0, \cdots, \Delta c_{Br}, \cdots, 0)] \boldsymbol{B}^{-1} \boldsymbol{p}_j$$
$$= \sigma_j - (0, \cdots, \Delta c_{Br}, \cdots, 0) \boldsymbol{B}^{-1} \boldsymbol{p}_j = \sigma_j - a_{rj} \Delta c_{Br} \leq 0$$

由此可知：当 $\max \left\{ \dfrac{\sigma_j}{a_{rj}} \middle| a_{rj} > 0 \right\} \leq \Delta c_{Br} \leq \min \left\{ \dfrac{\sigma_j}{a_{rj}} \middle| a_{rj} < 0 \right\}$ 时，最优解不变。

【例 3-9】 已知一个例子的最优解及最优值如表 3-7 所示。

表 3-7 最优解及最优值

	$c_j \rightarrow$		6	4	0	0
C_B	X_B	b	x_1	x_2	x_3	x_4
0	x_3	100	2	3	1	0
0	x_4	120	4	2	0	1
	$c_j - z_j$		6	4	0	0
	...					
4	x_2	20	0	1	1/2	−1/4
6	x_1	20	1	0	−1/4	3/8
	$c_j - z_j$		0	0	−1/2	−5/4

(1) 求使原最优解不变的 Δc_2 及第二种产品价值系数的变化范围。

(2) 若 c_1 变为 12，求新的最优解。

解： (1) c_2 即 c_{B1}，是基变量价值系数，用非基变量的检验数与单纯形表第一行相应元素

相比得

$$\dfrac{-\dfrac{1}{2}}{\dfrac{1}{2}} \leqslant \Delta c_2 \leqslant \dfrac{-\dfrac{5}{4}}{-\dfrac{1}{4}}$$

解得 $-1 \leqslant \Delta c_2 \leqslant 5$，此时有 $3 \leqslant c_2 + \Delta c_2 \leqslant 9$。

(2) c_1 即 c_{B2}。

$$\dfrac{-\dfrac{5}{4}}{\dfrac{3}{8}} \leqslant \Delta c_1 \leqslant \dfrac{-\dfrac{1}{2}}{-\dfrac{1}{4}}$$

解得 $-\dfrac{10}{3} \leqslant \Delta c_1 \leqslant 2$，此时有 $\dfrac{8}{3} \leqslant c_1 + \Delta c_1 \leqslant 8$。

将 $c_1 = 12$ 代入表 3-7，重新计算检验数，原最优解不再是最优解，用单纯形法继续计算，结果如表 3-8 所示。

表 3-8 结果

	$c_j \to$		12	4	0	0
C_B	X_B	b	x_1	x_2	x_3	x_4
4	x_2	20	0	1	[1/2]	−1/4
12	x_1	20	1	0	−1/4	3/8
	$c_j - z_j$		0	0	1	−7/2
0	x_3	40	0	2	1	−1/2
12	x_1	30	1	1/2	0	1/4
	$c_j - z_j$		0	−2	0	−3

新的最优解：$x_1 = 30, x_3 = 40, x_2 = x_4 = 0$，最优值 $Z^* = 360$。

3.4.2 资源系数 b_i 的分析

设 b_i 有增量 Δb_i，其他系数不变，则 Δb_i 的变化将影响其变量所取的值，但对检验数没有影响，记新的最优解为 $\overline{X}_B$，则

$$\overline{X}_B = B^{-1}[b + (0, \cdots, \Delta b_i, \cdots, 0)^T] = B^{-1}b + (B_{1i}^{-1}, \cdots, B_{mi}^{-1})^T \Delta b_i$$

这里 $(B_{1i}^{-1}, \cdots, B_{mi}^{-1})^T$ 是原最优基逆矩阵 B^{-1} 的第 i 列，如果变化后仍有 $\overline{X}_B \geqslant 0$，则原最优基不变。由此可知，当 Δb_i 满足 $\max\left\{\dfrac{-(B^{-1}b)_k}{B_{ki}^{-1}} \middle| B_{ki}^{-1} > 0\right\} \leqslant \Delta b_i \leqslant \min\left\{\dfrac{-(B^{-1}b)_k}{B_{ki}^{-1}} \middle| B_{ki}^{-1} < 0\right\}$ 时，原最优基不变，此时

$$\overline{X}_B \geqslant 0 \Rightarrow B^{-1}b + (B_{1i}^{-1}, \cdots, B_{mi}^{-1})^T \Delta b_i \geqslant 0 \Rightarrow (B_{1i}^{-1}, \cdots, B_{mi}^{-1})^T \Delta b_i \geqslant -B^{-1}b$$

当 $B_{ki}^{-1} > 0$ 时，$\Delta b_i \geq \max\left\{\dfrac{-(\boldsymbol{B}^{-1}\boldsymbol{b})_k}{B_{ki}^{-1}}\right\}$，即大于取大；当 $B_{ki}^{-1} < 0$ 时，$\Delta b_i \leq \min\left\{\dfrac{-(\boldsymbol{B}^{-1}\boldsymbol{b})_k}{B_{ki}^{-1}}\right\}$，即小于取小。结果说明，$\Delta b_i$ 的变化范围是由原基变量的相反数与 $\boldsymbol{B}^{-1}$ 的第 i 列元素的比值所确定的。

如果 Δb_i 不在上述范围变动，则变化后的基变量所取值 $\overline{\boldsymbol{X}}_B$ 一定会出现负变量，但由于 Δb_i 不影响检验数，因此可以用 $\overline{\boldsymbol{X}}_B$ 取代原最优解 $\boldsymbol{X}_B = \boldsymbol{B}^{-1}\boldsymbol{b}$，以该解为初始解，用对偶单纯形法继续求解。

【例 3-10】 已知线性规划问题的初始解及最优解，见表 3-9。

(1) 求使原最优基不变的 Δb_1 范围。

(2) 若 b_1 变为 200，试求新的最优解。

表 3-9 线性规划问题的初始解及最优解

C_B	X_B	b	$c_j \rightarrow$ 6	4	0	0
			x_1	x_2	x_3	x_4
0	x_3	100	2	3	1	0
0	x_4	120	4	2	0	1
	$c_j - z_j$		6	4	0	0
	...					
4	x_2	20	0	1	1/2	-1/4
6	x_1	20	1	0	-1/4	3/8
	$c_j - z_j$		0	0	-1/2	-5/4

解： (1) $\boldsymbol{B}^{-1} = \begin{bmatrix} \dfrac{1}{2} & -\dfrac{1}{4} \\ -\dfrac{1}{4} & \dfrac{3}{8} \end{bmatrix}$，$\boldsymbol{X}_B = \begin{bmatrix} 20 \\ 20 \end{bmatrix}$

$$\frac{-20}{\dfrac{1}{2}} \leq \Delta b_1 \leq \frac{-20}{-\dfrac{1}{4}} \Rightarrow -40 \leq \Delta b_1 \leq 80$$

用基变量的负值与 $\boldsymbol{B}^{-1}$ 的第一列相应的元素去比，原最优基不变。

(2) $\overline{\boldsymbol{X}}_B = \boldsymbol{B}^{-1}\boldsymbol{b} = \begin{bmatrix} \dfrac{1}{2} & -\dfrac{1}{4} \\ -\dfrac{1}{4} & \dfrac{3}{8} \end{bmatrix} \begin{bmatrix} 200 \\ 120 \end{bmatrix} = \begin{bmatrix} 70 \\ -5 \end{bmatrix}$ 不是可行解，须用 $\overline{\boldsymbol{X}}_B$ 替代表 3-9 中的值，并采用对偶单纯形法求解，见表 3-10。

表 3-10　例 3-10 计算过程

C_B	X_B	b	$c_j \to$ 6 x_1	4 x_2	0 x_3	0 x_4
4	x_2	70	0	1	1/2	−1/4
6	x_1	−5	1	0	[−1/4]	3/8
	$c_j - z_j$		0	0	−1/2	−5/4
4	x_2	60	2	1	0	1/2
0	x_3	20	−4	0	1	−3/2
	$c_j - z_j$		−2	0	0	−2

最优解 $x_1 = 0$, $x_2 = 60$, $x_3 = 20$, $x_4 = 0$，最优值 $Z^* = 240$。

3.4.3 系数矩阵 A 的分析

本小节分四种情况讨论。

1. 增加一个新变量的分析

设 x_{n+1} 是新增加的变量，其对应的系数列向量为 p_{n+1}，价值系数为 C_{n+1}，试讨论原最优解有无改变，如有改变，应如何尽快地求出新的最优解？

如果原问题增加一个新变量，则系数矩阵增加一列，新增加的列在以 B 为基的单纯形表中应为 $B^{-1}p_{n+1}$，所以可先计算 $B^{-1}p_{n+1}$ 及 $\sigma_{n+1} = C_{n+1} - C_B B^{-1} p_{n+1}$，若 $\sigma_{n+1} \leqslant 0$，则原最优解不变。反之可将 $B^{-1}p_{n+1}$ 增添到原最优表的后面，用单纯形法继续迭代。

【例 3-11】在例 3-10 中，设在已求解的原线性规划问题中考虑生产Ⅲ型产品，已知生产每台Ⅲ型产品需要原料 4 个单位，工时 3 个单位，可获利 8 个单位。试问是否应该生产Ⅲ型产品，如果生产，应该生产多少。

解：设生产Ⅲ型产品 x_5 件，由原最优基的 B^{-1} 可得

$$B^{-1} p_5 = \begin{bmatrix} \frac{1}{2} & \frac{-1}{4} \\ \frac{-1}{4} & \frac{3}{8} \end{bmatrix} \begin{bmatrix} 4 \\ 3 \end{bmatrix} = \begin{bmatrix} \frac{5}{4} \\ \frac{1}{8} \end{bmatrix}$$

由此可求得

$$\sigma_5 = C_5 - C_B B^{-1} p_5 = \frac{9}{4}$$

因为 $\sigma_5 > 0$，所以安排生产Ⅲ型产品有利，将 $B^{-1}p_5$ 增添到原最优表的后面，并用单纯形法继续计算，计算结果如表 3-11 所示。

表 3-11　例 3-11 计算结果

$c_j \rightarrow$			6	4	0	0	8
C_B	X_B	b	x_1	x_2	x_3	x_4	x_5
4	x_2	20	0	1	1/2	−1/4	[5/4]
6	x_1	20	1	0	−1/4	3/8	1/8
	$c_j - z_j$		0	0	−1/2	−5/4	9/4
8	x_5	16	0	4/5	2/5	−1/5	1
6	x_1	18	1	−1/10	−3/10	2/5	0
	$c_j - z_j$		0	−9/5	−7/5	−4/5	0

最优解 $x_1 = 18, x_2 = x_3 = x_4 = 0, x_5 = 16$，最优值 $Z^* = 236$。

2. 增加一个约束条件的分析

设 $a_{m+1,1}x_1 + a_{m+1,2}x_2 + \cdots + a_{m+1,n}x_n \leq b_{m+1}$ 是新增加的约束条件，试分析原问题的最优解有无变化。将原最优解代入新约束条件中，如果满足新的约束条件，则原最优解不变，反之，则需要进一步求出新的最优解。考虑到单纯形法中每步迭代得到的单纯形表对应的约束方程组等价，因此，可以将新的约束方程 $a_{m+1,1}x_1 + a_{m+1,2}x_2 + \cdots + a_{m+1,n}x_n + x_{n+1} = b_{m+1}$ 增添到原最优表的下面，变化后的单纯形表增加一行和一列，新约束条件对应的基变量为 x_{n+1}。在单纯形表中，由于增加了新的约束条件，原基变量对应的列向量可能不再是单位列变量，所以需要用初等行变换将表中基变量对应的列向量变为单位列向量。变换后，原最优表的检验数不变，但基变量 x_{n+1} 的值一般要变。若 $x_{n+1} = (\boldsymbol{B}^{-1}\boldsymbol{b})_{n+1} \geq 0$，则获得最优解；反之，若 $x_{n+1} = (\boldsymbol{B}^{-1}\boldsymbol{b})_{n+1} < 0$，则用对偶单纯性形法继续求解。

【例 3-12】 在例 3-10 中，设在原线性规划问题中增加一道工序，该工序需要在另一台设备上进行。已知 I、II 型产品在该设备上的加工工时分别为 2 个单位、3 个单位，计划期内该设备总台时为 90 单位。试分析原最优解有无变化，如果有变化，求出新的最优解。

解：新工序对应的约束条件为 $2x_1 + 3x_2 \leq 90$，将原问题最优解 $x_1 = x_2 = 20$ 代入该约束条件左端，显然不满足约束条件，因此原最优解不再是最优解。将 $2x_1 + 3x_2 + x_5 = 90$ 增添到原最优表的下面，用初等行变换及对偶单纯形法计算，计算结果见表 3-12。

表 3-12　例 3-12 计算结果

$c_j \rightarrow$			6	4	0	0	0
C_B	X_B	b	x_1	x_2	x_3	x_4	x_5
4	x_2	20	0	1	1/2	−1/4	0
6	x_1	20	1	0	−1/4	3/8	0
0	x_5	90	2	3	0	0	1

续表

$c_j \rightarrow$			6	4	0	0	0
C_B	X_B	b	x_1	x_2	x_3	x_4	x_5
$c_j - z_j$			0	0	−1/2	−5/4	0
4	x_2	20	0	1	1/2	−1/4	0
6	x_1	20	1	0	−1/4	3/8	0
0	x_5	−10	0	0	[−1]	0	1
$c_j - z_j$			0	0	−1/2	−5/4	0
4	x_2	15	0	1	0	−1/4	1/2
6	x_1	22.5	1	0	0	3/8	−1/4
0	x_3	10	0	0	1	0	−1
$c_j - z_j$			0	0	0	−5/4	−1/2

最优解$x_1 = 22.5, x_2 = 15, x_3 = 10, x_4 = x_5 = 0$，最优值$Z^* = 195$。

3. 改变某非基变量的系数列向量的分析

设非基变量x_j的系数列向量变为p_j^*，试分析原最优解有何变化。

该变化只影响最优表的第j列及检验数。因此，可以先计算$\sigma_j^* = C_j^* - C_B B^{-1} p_j^*$，若$\sigma_j^* \geq 0$，则以$B^{-1} p_j^*$代替原最优表中的第$j$列，用单纯形法继续计算。

4. 改变某基变量的系数列向量的分析

设基变量x_j的系数列向量变为p_j^*，试分析原最优解有何变化。

显然，p_j^*的变化将导致B的变化，似乎只能重新计算变化后的模型。但是，经过认真分析可以发现，还是可以利用原最优解计算新最优解的。我们可以将x_j看作新增加的变量，用$B^{-1} p_j^*$替代原最优表的第j列（单位列向量），然后利用初等行变换将表中$B^{-1} p_j^*$恢复到原来的单位列向量，并重新计算检验数。

(1) 基变量取值全非负，且检验数全非正，则已得到新的最优解。

(2) 基变量取值全非负，但存在正的检验数，则该解是基本可行解，可以用单纯形法求解。

(3) 存在取负值的基变量，但检验数全非正，则该解是对偶可行解，可以用对偶单纯形法求解。

(4) 存在取负值的基变量，且存在正的检验数，则该解既不是基本可行解，又不是对偶可行解。对于这种情况，我们将表中取负值的基变量x_{Bi}对应的行还原为约束方程，用(−1)乘方程两端，再在方程左端加一个人工变量x_{n+1}，用该方程代替原单纯形表的第i行，则表中

第 i 行对应的基变量为人工变量 x_{n+1}，其对应的数值为 $-(B^{-1}b)_i$，其价值系数为 $-M$。然后可以用单纯形法继续求解。

【例 3-13】 在例 3-10 中，如果 x_1 的系数列向量变为 $\begin{bmatrix} 8 \\ 4 \end{bmatrix}$，原问题最优解有何变化？

解： $B^{-1}p_j^* = \begin{bmatrix} \frac{1}{2} & -\frac{1}{4} \\ -\frac{1}{4} & \frac{3}{8} \end{bmatrix} \begin{bmatrix} 8 \\ 4 \end{bmatrix} = \begin{bmatrix} 3 \\ -\frac{1}{2} \end{bmatrix}$

用 $\begin{bmatrix} 3 \\ -\frac{1}{2} \end{bmatrix}$ 取代原最优表的第一列，如表 3-13 所示。

表 3-13 例 3-13 计算结果（1）

	$c_j \rightarrow$		6	4	0	0
C_B	X_B	b	x_1	x_2	x_3	x_4
4	x_2	20	3	1	1/2	-1/4
6	x_1	20	-1/2	0	-1/4	3/8
	$c_j - z_j$		-3	0	-1/2	-5/4

再用初等行变换将该列变为原来的单位列向量，计算结果如表 3-14 所示。

表 3-14 例 3-13 计算结果（2）

	$c_j \rightarrow$		6	4	0	0
C_B	X_B	b	x_1	x_2	x_3	x_4
4	x_2	140	0	1	-1	2
6	x_1	-40	1	0	1/2	-3/4
	$c_j - z_j$		0	0	1	-7/2

该解既不是基本可行解，又不是对偶可行解，将表 3-14 中第 4 行乘以 (-1) 并用人工变量 x_5 取代 x_1，重新计算检验数，然后用单纯形法继续计算，计算结果如表 3-15 所示。

表 3-15 例 3-13 计算结果（3）

	$c_j \rightarrow$		6	4	0	0	-M
C_B	X_B	b	x_1	x_2	x_3	x_4	x_5
4	x_2	140	0	1	-1	2	0
-M	x_5	40	-1	0	-1/2	[3/4]	1

续表

C_B	X_B	b	$c_j \to$ 6 x_1	4 x_2	0 x_3	0 x_4	$-M$ x_5
		$c_j - z_j$	$6-M$	0	$4-1/2M$	$3/4M-8$	0
4	x_2	100/3	8/3	1	1/3	0	$-8/3$
0	x_4	160/3	$-4/3$	0	$-2/3$	1	4/3
		$c_j - z_j$	$-14/3$	0	$-4/3$	0	$-M+32/3$

最优值 $Z^* = 400/3$。

灵敏度分析的关键在于，当线性规划问题的某些参数或条件发生变化时，需要判断最优表中哪些数据发生了变化，如何求这些数据，如果不是最优解应用什么方法计算等问题。表 3-16 将这些问题进行了简要综合。

表 3-16　问题综合

参数或条件变化	最优表可能发生变化	可行与最优	单纯形法
基变量系数 c_i	所有非基变量的检验数	可行	若非最优，用普通单纯形法来确定
非基变量系数 c_j	只有 x_j 的检验数变化	可行	若非最优，用普通单纯形法来确定
资源系数 b_i	X_B 发生变化	对偶问题可行	若不可行，用对偶单纯形法来确定
基变量系数 a_{ij}	基、基变量、检验数等发生变化	—	视检验数和基本可行解来确定
非基变量系数 a_{ij}	非基变量系数及 x_j 的检验数发生变化	可行	若非最优，用普通单纯形法来确定
综合变化，参数、增减变量与约束等	用单纯形法的计算公式判断变化情况	—	若原问题与对偶问题都不可行，用人工变量法来确定

【第 3 章习题】

第 4 章

运输问题

学习目标

1. 理解运输问题数学模型的性质与特点；
2. 熟练掌握标准运输问题的表上作业法的原理与方法；
3. 掌握非标准运输问题的标准化处理方式；
4. 掌握典型运输问题的建模技巧；
5. 了解与掌握运输问题的进一步推广。

运输问题一般是研究如何把某种产品从若干个生产地运至若干个需求地而使总运费最小的一类问题。然而从更广义上讲，运输问题是具有一定模型特征的线性规划问题。它不仅可以用来求解产品的调运问题，还可以解决诸多非产品调运问题。运输问题是一种特殊的线性规划问题，由于其技术系数矩阵具有特殊的结构，所以有可能找到比一般单纯形法更简便高效的求解方法，这正是单独研究运输问题的目的所在。

4.1 运输问题的数学模型及其特点

4.1.1 运输问题的数学模型

运输问题的数学模型是一种应用广泛的网络最优化模型，运输问题通常为：设有 m 个生产地 A_i，供应量（产量）分别为 $a_i, i=1,2,\cdots,m$；有 n 个需求地 B_j，其需求量分别为 $b_j, j=1,2,\cdots,n$。已知从 A_i 到 B_j 运输单位物资的运费（单价）为 c_{ij}，要求找到使得总运费最小的运输方案。若问题满足供应量与需求量相等的条件，则这类问题称为标准运输问题，或者产销平衡运输问题。

运输问题可用类似图 4-1 的形式来表示。

图 4-1 是由多个生产地供应多个需求地的单品种产品运输问题。为了更直观清楚，可列出运输问题的运输表，如表 4-1 所示。

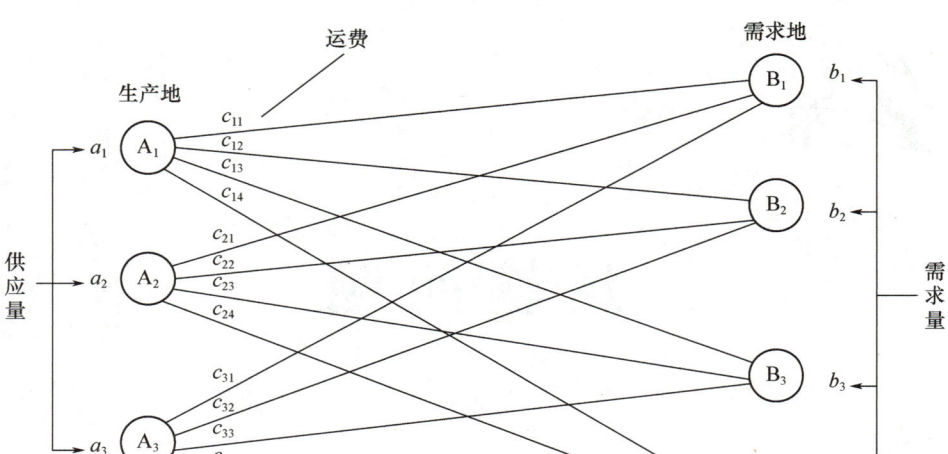

图 4-1 运输问题

表 4-1 运输表

生产地	需求地				供应量
	B_1	B_2	...	B_n	
A_1	c_{11} x_{11}	c_{12} x_{12}		c_{1n} x_{1n}	a_1
A_2	c_{21} x_{21}	c_{22} x_{22}		c_{2n} x_{2n}	a_2
⋮					⋮
A_m	c_{m1} x_{m1}	c_{m2} x_{m2}		c_{mn} x_{mn}	a_m
需求量	b_1	b_2	...	b_n	$\sum_{i=1}^{m}a_i = \sum_{j=1}^{n}b_j$

设从第 i 个生产地到第 j 个需求地的运输量为 x_{ij} $(i=1,2,\cdots,m; j=1,2,\cdots,n)$，从第 i 个生产地到第 j 个需求地的运费用 c_{ij} 表示，于是运输问题的数学模型如下所示。

$$\min z = \sum_{i=1}^{m}\sum_{j=1}^{n}c_{ij}x_{ij}$$

$$\begin{cases} \sum_{j=1}^{n}x_{ij} = a_i \ (i=1,2,\cdots,m) & (4\text{-}1) \\ \sum_{i=1}^{m}x_{ij} = b_j \ (j=1,2,\cdots,n) & (4\text{-}2) \\ x_{ij} \geq 0 (i=1,2,\cdots,m; j=1,2,\cdots,n) & (4\text{-}3) \end{cases}$$

由运输问题的数学模型可知，它也是线性规划问题，故可用单纯形法求解。式 (4-1) 中，m个约束条件表示某生产地的供应量等于各个需求地对其需求量之和；式 (4-2) 中，n个约束条件表示某需求地的需求量等于各个生产地对其供应量之和；式 (4-3) 表示运输量为非负变量。

【例 4-1】 某公司有三个生产地A_1, A_2, A_3，日供应量分别为 70、40、90。有四个需求地B_1, B_2, B_3, B_4，各需求地的日需求量分别为 30、60、50、60。从各生产地到各需求地的单位产品的运费见表 4-2。问该公司应如何调运产品，才能在满足各需求地需求量的前提下，使总运费最少？

表 4-2 单位产品的运费

生产地	需求地				供应量
	B_1	B_2	B_3	B_4	
A_1	6	22	6	20	70
A_2	2	18	4	16	40
A_3	14	8	20	10	90
需求量	30	60	50	60	

解：用c_{ij}, x_{ij}分别表示第i个生产地运往第j个需求地的单位产品运费与运输量，此时，该运输问题的数学模型为

$$\min z = \sum_{i=1}^{3}\sum_{j=1}^{4} c_{ij}x_{ij} = 6x_{11} + 22x_{12} + 6x_{13} + \cdots + 10x_{34}$$

$$\begin{cases} x_{11}+x_{12}+x_{13}+x_{14}=70 \\ x_{21}+x_{22}+x_{23}+x_{24}=40 \\ x_{31}+x_{32}+x_{33}+x_{34}=90 \\ x_{11}+x_{21}+x_{31}=30 \\ x_{12}+x_{22}+x_{32}=60 \\ x_{13}+x_{23}+x_{33}=50 \\ x_{14}+x_{24}+x_{34}=60 \\ x_{ij} \geq 0 (i=1,2,3; j=1,2,3,4) \end{cases}$$

当用单纯形法求解运输问题时，先得在每个约束条件中引入一个人工变量，这样一来，变量数目就会达到$m \times n + (m+n)$个（未考虑去掉一个多余约束条件，因而需要寻求更简便的解法）。为了说明适合运输问题的求解方法，有必要先分析一下其数学模型的特点。

4.1.2 运输问题数学模型的特点

(1) 有m个生产地，n个需求地，且产销平衡的运输问题的基变量个数为$m+n-1$个。

在产销平衡条件下，运输问题有 $m \times n$ 个变量，$m+n$ 个约束条件，但约束条件系数矩阵的秩最大为 $m+n-1$。将式 (4-1) 与式 (4-2) 加以整理，可知其系数矩阵为式 (4-4) 的形式。

$$A = \begin{bmatrix} \overset{x_{11}}{1} & \overset{x_{12}}{1} & \overset{\cdots}{\cdots} & \overset{x_{1n}}{1} & \overset{x_{21}}{} & \overset{x_{22}}{} & \overset{\cdots}{} & \overset{x_{2n}}{} & \overset{\cdots}{} & \overset{x_{m1}}{} & \overset{x_{m2}}{} & \overset{\cdots}{} & \overset{x_{mn}}{} \\ & & & & 1 & 1 & \cdots & 1 & & & & & \\ & & & & & & & & \ddots & & & & \\ & & & & & & & & & 1 & 1 & \cdots & 1 \\ 1 & & & & 1 & & & & & 1 & & & \\ & 1 & & & & 1 & & & & & 1 & & \\ & & \ddots & & & & \ddots & & & & & \ddots & \\ & & & 1 & & & & 1 & & & & & 1 \end{bmatrix} \quad (4\text{-}4)$$

【证明 4-1】

(2) 由式 (4-4) 可知，约束条件系数矩阵的元素等于 0 或 1。

(3) 约束条件系数矩阵的每一列有两个非零元素，这代表着每一个变量在前 m 个约束条件中出现过一次，在后 n 个约束条件中出现过一次。

(4) 产销平衡问题存在可行解，其最优解不会趋于负无穷。

对于式 (4-1)、式 (4-2) 与式 (4-3) 所构成的运输问题，令其变量

$$x_{ij} = \frac{a_i b_j}{Q} (i=1,2,\cdots,m; j=1,2,\cdots,n) \quad (4\text{-}5)$$

式中，$Q = \sum_{i=1}^{m} a_i = \sum_{j=1}^{n} b_j$。

则式 (4-5) 就是运输问题的一个可行解，另外，由于运输问题为极小化问题，而 $x_{ij} \geq 0$，$c_{ij} \geq 0$，因此，一定能得到非负的目标函数值。

4.2　运输问题的表上作业法

表上作业法是求解运输问题的一种简便而有效的方法，其实质是单纯形法，求解工作在运输表上进行。表上作业法适用于产销平衡问题，至于产销不平衡问题，可以先将其转化成产销平衡问题，再求解。其求解步骤如下所示。

(1) 找出初始基本可行解，即在 $m \times n$ 产销平衡表上给出 $m+n-1$ 个数字格，分别代表 $m+n-1$ 个基变量，其余没有填入数字的格为空格，代表非基变量。

(2) 求各非基变量的检验数，即在表上计算空格的检验数。判别是否达到最优解，如已

是最优解,则停止计算。

(3) 如不是最优解,则需进行迭代,确定进基变量和出基变量,找出新的基本可行解,在表上用闭合回路法调整。

(4) 重复步骤 (2)、步骤 (3) 直至得到最优解为止。

4.2.1 确定初始基本可行解

确定初始基本可行解的方法有西北角法、最小元素法和伏格尔法。

1. 西北角法

西北角法按下述方法选择初始基本可行解,即从西北角(左上角)格开始,在格内的左下角标上允许取得的最大数。然后按行(列)标下一格的数。若某行(列)的供应量(需求量)已满足,则把该行(列)划去。如此进行下去,直至得到一个基本可行解。

例 4-1 的初始基本可行方案可通过以下方法得出。

第 1 次迭代:最西北角的单元格是 (A_1, B_1),填入其允许取得的最大数 30。此时 B_1 的需求已经得到满足,划去 B_1 列(虚线),同时,需注意 A_1 只剩下 40 个单位的供应量没有满足(70−30=40),如表 4-3 所示。

第 2 次迭代:作业表中未被划去的最西北角的单元格是 (A_1, B_2),填入其允许取得的最大数 40,此时 A_1 的供应量已经用尽,划去 A_1 行,同时,需注意 B_2 还有 20 (60−40=20) 个单位的需求量没有满足,如表 4-4 所示。

依此步骤进行,直至第 6 次迭代只剩下 (A_3, B_4) 格,将该单元格的允许取得的最大数 60 填入,同时将 A_3 行和 B_4 列划去。这样,用西北角法求出的初始基本可行方案就如表 4-5 所示:从 A_1 运 30 单位到 B_1,从 A_1 运 40 单位到 B_2,从 A_2 运 20 单位到 B_2,从 A_2 运 20 单位到 B_3,从 A_3 运 30 单位到 B_3,从 A_3 运 60 单位到 B_4。此时总运费为

$$\min z = \sum_{i=1}^{3}\sum_{j=1}^{4} c_{ij}x_{ij} = 6\times30 + 22\times40 + 18\times20 + 4\times20 + 20\times30 + 10\times60 = 2700$$

表 4-3 作业表 (1)

生产地	需求地				供应量
	B_1	B_2	B_3	B_4	
A_1	6 30	22	6	20	70
A_2	2	18	4	16	40
A_3	14	8	20	10	90
需求量	30	60	50	60	

表 4-4 作业表 (2)

生产地	需求地				供应量
	B_1	B_2	B_3	B_4	
A_1	6 30	22 40	6	20	70
A_2	2	18	4	16	40
A_3	14	8	20	10	90
需求量	30	60	50	60	

表 4-5 作业表 (3)

生产地	需求地				供应量
	B_1	B_2	B_3	B_4	
A_1	6 30	22 40	6	20	70
A_2	2	18 20	4 20	16	40
A_3	14	8	20 30	10 60	90
需求量	30	60	50	60	

2. 最小元素法

西北角法没有考虑运输成本，得到的方案可能与最优解相差甚远。最小元素法遵循"最低运输成本优先集中供应"的原则，其基本思想是就近供应，每一次都要求找出单位运费最小的元素，在表内对应的方格填入允许取得的最大数，若某行（列）的供应量（需求量）已满足，则把该运费所在行（列）划去；再找出未划去的单位运费最小的元素，一直进行下去，直至得到一个基本可行解。

下面就用例 4-1 说明最小元素法的应用。

第一步：从表 4-2 中找出最小运费"2"，这表示先将 A_2 生产的产品供应给 B_1。由于 A_2 每天生产 40 个单位产品，B_1 每天需求 30 个单位产品，即 A_2 每天生产的产品除满足 B_1 的全部需求外，还可多余 10 个单位产品。在 (A_2, B_1) 的交叉格处填上"30"，此时需求地 B_1 的需求得到满足，故将作业表的 B_1 列划去，表明 B_1 的需求已经得到满足，得表 4-6。

表 4-6 作业表 (1)

生产地	需求地				供应量
	B_1	B_2	B_3	B_4	
A_1	6	22	6	20	70
A_2	2 30	18	4	16	40
A_3	14	8	20	10	90
需求量	30	60	50	60	

第二步：在表 4-6 的未被划掉的元素中再找出最小运费"4"，最小运费所确定的供应关系为(A_2, B_3)，因此将A_2余下的 10 个单位产品供应给B_3，此时，生产地A_2生产的产品已经用尽，而需求地B_3还有 40 个单位产品没有得到满足。划去A_2行，表明A_2所生产的产品已全部运出，得表 4-7。

第三步：在表 4-7 中再找出最小运费"6"，这样一步步地进行下去，直到作业表上的所有元素均被划去为止。最后得到一个调运方案，见表 4-8。

这样，用最小元素法求出的初始基本可行方案如表 4-8 所示：从A_1运 40 单位到B_3，从A_1运 30 单位到B_4，从A_2运 30 单位到B_1，从A_2运 10 单位到B_3，从A_3运 60 单位到B_2，从A_3运 30 单位到B_4。此时总运费为

$$\min z = \sum_{i=1}^{3}\sum_{j=1}^{4} c_{ij}x_{ij} = 6\times 40 + 20\times 30 + 2\times 30 + 4\times 10 + 8\times 60 + 10\times 30 = 1720$$

表 4-7 作业表 (2)

生产地	需求地				供应量
	B_1	B_2	B_3	B_4	
A_1	6	22	6	20	70
A_2	2 30	18	4 10	16	40
A_3	14	8	20	10	90
需求量	30	60	50	60	

表 4-8　作业表 (3)

生产地	需求地				供应量
	B_1	B_2	B_3	B_4	
A_1	6	22	6	20	~~70~~
		~~40~~	~~30~~		
A_2	2	18	4	16	~~40~~
	~~30~~	~~10~~			
A_3	14	8	20	10	~~90~~
		~~50~~	~~30~~	~~60~~	
需求量	30	60	50	60	

3. 伏格尔法

最小元素法的缺点是只考虑了运输成本的问题却没有考虑所付出的机会成本。最小元素法看似十分合理，但有时按某一最小运费优先安排产品调运时，可能会导致最终不得不选择运费很高的其他生产地和需求地的点对，从而增加整个运输费用。伏格尔法，也称 Vogel 法或差值法，是一种十分有效的方法。伏格尔法把费用增量定义为给定行或列次小元素与最小元素的差值（如果存在两个或两个以上的最小元素，则费用增量定义为零）。这个差值为该生产地或需求地的罚数，如罚数不大，不按最小运费安排运输所造成的运费损失不大；反之，如罚数很大，不按最小运费组织运输，就会造成很大损失，应尽量按最小运费来安排运输。伏格尔法正是基于此提出来的。

最大差值对应的行或列中的最小元素确定了产品的供应关系，即优先避免最大的费用增量发生。当生产地或需求地中的一方在数量上供应完毕或得到满足时，划去表中对应的行或列，再重复上述步骤，即可得到一个初始的基本可行解。仍以例 4-1 来说明伏格尔法。

第一步：在表 4-2 中找出每行、每列中两个最小元素的差值，并填入该表的最右列和最下行，见表 4-9。

表 4-9　作业表 (1)

生产地	需求地				供应量	行罚数
	B_1	B_2	B_3	B_4		
A_1	6	22	6	20	70	0
A_2	2	18	4	16	40	2
A_3	14	8	20	10	90	2
需求量	30	60	50	60		
列罚数	4	10	2	6		

第二步：从行和列的罚数中选出最大者，根据它所在的行或列中的最小元素的位置确定供应关系。在表4-9中，最大差额为"10"，它位于B_2列，B_2列中的最小元素是"8"，从而确定了A_3与B_2间的供应关系，表4-10即反应了这一供应关系。同最小元素法一样，由于B_2的需求已得到了满足，故将作业表中的B_2列划去。

表4-10 作业表（2）

生产地	需求地				供应量	行罚数
	B_1	B_2	B_3	B_4		
A_1	6	22	6	20	70	0
A_2	2	18	4	16	40	2
A_3	14	8 60	20	10	90	2
需求量	30	60	50	60		
列罚数	4	10	2	6		

第三步：重复第一步、第二步，直到找出一个初始基本可行解，见表4-11。

表4-11 作业表（3）

生产地	需求地				供应量	行罚数					
	B_1	B_2	B_3	B_4		1	2	3	4	5	6
A_1	6	22	6 50	20 20	~~70~~	~~0~~	~~0~~	~~0~~	~~14~~	~~0~~	~~0~~
A_2	2 30	18	4 10	16	~~40~~	~~2~~	~~2~~	~~2~~	~~12~~	~~0~~	
A_3	14	8 60	20	10 30	~~90~~	~~2~~	~~4~~				
需求量	30	60	50	60							
列罚数 1	4	10	2	6							
2	4		2	6							
3	4		2	4							
4			2	4							
5				4							
6				0							

此时总运费为

$$\min z = \sum_{i=1}^{3}\sum_{j=1}^{4} c_{ij}x_{ij} = 6\times 50 + 20\times 20 + 2\times 30 + 16\times 10 + 8\times 60 + 10\times 30 = 1700$$

由以上可见，伏格尔法同最小元素法除在确定供求关系的原则上不同外，其余步骤是完全相同的。伏格尔法给出的初始解比最小元素法给出的初始解一般来讲会更接近于最优解。

4.2.2 基本可行解的最优性检验

对初始基本可行解的最优性检验有闭合回路法和位势法两种基本方法。闭合回路法具体、直接，并为方案调整指明了方向；而位势法，也称对偶变量法，具有批处理的功能，从而提高了计算效率。

1. 闭合回路法

检验基本可行解的最优性，需计算空格（非基变量）的检验数。闭合回路法即通过闭合回路求空格检验数的方法。下面就以表4-8中给出的初始基本可行解（最小元素法所给出的初始基本可行方案）为例，讨论闭合回路法（见表4-12）。

从表4-12中的任一空格出发寻找闭合回路，如对于空格(A_1, B_1)来说，在初始基本可行方案的基础上将A_1生产的产品调运一个单位给B_1，为了保持新的平衡，就要依次在(A_1, B_3)处减少一个单位，在(A_2, B_3)处增加一个单位，在(A_2, B_1)处减少一个单位，即要寻找一条除空格(A_1, B_1)之外其余顶点均为有数字格（基变量）的闭合回路。表4-12中用虚线画出了这条闭合回路。闭合回路顶点所在格右上角的数字是相应的单位运费，单位运费下的"+""−"号表示运量的调整方向。

表 4-12　以非基变量 x_{11} 为起始点的闭合回路

生产地	需求地				供应量
	B_1	B_2	B_3	B_4	
A_1	6 (+)	22	6 40 (−)	20 30	70
A_2	2 30 (−)	18	4 10 (+)	16	40
A_3	14	8 60	20	10 30	90
需求量	30	60	50	60	

对应这样的方案调整，可以看出在(A_1, B_1)处增加1个单位，运费增加6个单位；在(A_1, B_3)处减少1个单位，运费减少6个单位；在(A_2, B_3)处增加1个单位，运费增加4个单位；在(A_2, B_1)处减少1个单位，运费减少2个单位。增减相抵后，总的运费增加了2个单

位。由检验数的经济含义可以知道，(A_1,B_1)处单位运量调整所引起的运费增量就是(A_1,B_1)的检验数，即$\sigma_{11}=2$。仿照此步骤可以计算初始基本可行方案中所有空格的检验数，表 4-13 给出了最终结果。可以证明，对初始方案中的每一个空格来说，"闭合回路存在且唯一"。

表 4-13 检验数最终结果

生产地	需求地				供应量
	B_1	B_2	B_3	B_4	
A_1	$\sigma_{11}=2$	$\sigma_{12}=4$			70
A_2		$\sigma_{22}=2$		$\sigma_{24}=-2$	40
A_3	$\sigma_{31}=20$		$\sigma_{33}=24$		90
需求量	30	60	50	60	

如果检验数表中所有数字均大于或等于零，就表明对调运方案做出任何改变都将导致运费的增加，即给定的方案是最优方案。在表 4-13 中，$\sigma_{24}=-2$，说明方案需要进一步改进。

2. 位势法

对于特定的调运方案的每一行i给出一个因子u_i（称为行位势），每一列给出一个因子v_j（称为列位势），使对于目前解的每一个基变量x_{ij}有$c_{ij}=u_i+v_j$，这里的u_i和v_j可正、可负，也可以为零。那么任一非基变量x_{ij}的检验数就是$\sigma_{ij}=c_{ij}-(u_i+v_j)$。这一表达式完全可以通过先前所述的闭合回路法得到。在某一闭合回路上（如表 4-14 所示），由于基变量的运费等于其所对应的行位势与列位势之和，即

$$c_{ik}=u_i+v_k, c_{lk}=u_l+v_k, c_{lj}=u_l+v_j$$

于是

$$\sigma_{ij}=c_{ij}-c_{ik}+c_{lk}-c_{lj}=c_{ij}-(u_i+v_k)+(u_l+v_k)-(u_l+v_j)$$

所以

$$\sigma_{ij}=c_{ij}-(u_i+v_j)$$

表 4-14 位势法变量对应表

非基变量x_{ij} $(+c_{ij})$	$(-c_{ik})$ 基变量x_{ik}	u_i
基变量x_{lj} $(-c_{lj})$	$(+c_{lk})$ 基变量x_{lk}	u_l
v_j	v_k	

一个具有 m 个生产地、n 个需求地的运输问题，应具有 m 个行位势、n 个列位势，即具有"$m+n$"个位势。运输问题基变量的个数只有"$m+n-1$"个，所以利用基变量所对应的"$m+n-1$"个方程，求出"$m+n$"个位势，进而计算各非基变量的检验数的工作十分繁重。通常可以通过在这些方程中对任意一个因子假定一个任意的值（如 $u_1=0$ 等），来求解其余的"$m+n-1$"个未知因子，这样就可求得所有空格（非基变量）的检验数。仍以表 4-8 中给出的初始基本可行解为例，讨论利用位势法求解非基变量检验数的过程。

第一步：在作业表中基本变量格填入其相应的运费，并令 $u_1=0$；让每一个基变量 x_{ij} 都有 $c_{ij}=u_i+v_j$，可求得所有的位势，如表 4-15 所示。

表 4-15 位势法变量计算结果

生产地	需求地				供应量	u_i
	B_1	B_2	B_3	B_4		
A_1	6	22	6 / 40	20 / 30	70	0
A_2	2 / 30	18	4 / 10	16	40	-2
A_3	14	8 / 60	20	10 / 30	90	-10
需求量	30	60	50	60		
v_j	4	18	6	20		

第二步：利用 $\sigma_{ij}=c_{ij}-(u_i+v_j)$ 计算各非基变量 x_{ij} 的检验数，结果见表 4-16。

表 4-16 检验数计算结果

生产地	需求地				供应量	u_i
	B_1	B_2	B_3	B_4		
A_1	6 / 2	22 / 4	6	20	70	0
A_2	2	18 / 2	4	16 / -2	40	-2
A_3	14 / 20	8	20 / 24	10	90	-10
需求量	30	60	50	60		
v_j	4	18	6	20		

比较表 4-13 与表 4-16 可知，用闭合回路法和位势法算出的检验数完全相同，由于

$\sigma_{24} = -2 < 0$，故这个解不是最优解。

4.2.3 方案的优化

在负检验数中找出最小的检验数，该检验数所对应的变量即为进基变量。在进基变量所处的闭合回路上，赋予进基变量最大的增量，即可完成方案的优化。在进基变量有最大增量的同时，一定存在原来的某一基变量减少至"0"，该变量即为出基变量。切记出基变量的"0"运量要用"空格"来表示，而不能留有"0"。

在表 4-16 中，$\min\{\sigma_{ij}|\sigma_{ij}<0\}=\sigma_{24}=-2$，故选择 x_{24} 为进基变量。在进基变量 x_{24} 所处的闭合回路上（如表 4-17 所示），赋予 x_{24} 最大的增量"10"，相应地有 x_{23} 出基、$x_{13}=50$、$x_{14}=20$。此时可得新的基本可行解，见表 4-18（同伏格尔法的初始基本可行解，见表 4-11）。

表 4-17　x_{24} 所处的闭合回路

生产地	需求地				供应量
	B_1	B_2	B_3	B_4	
A_1	6	22	6 40 (+10)	20 30 (−10)	70
A_2	2 30	18	4 10 (−10)	16 (+10)	40
A_3	14	8 60	20	10 30	90
需求量	30	60	50	60	

表 4-18　调整后的调运方案

生产地	需求地				供应量
	B_1	B_2	B_3	B_4	
A_1	6	22	6 50	20 20	70
A_2	2 30	18	4	16 10	40
A_3	14	8 60	20	10 30	90
需求量	30	60	50	60	

再用位势法或闭合回路法求表 4-18 中各非基变量的检验数，结果显示于表 4-19 中。

表 4-19 检验数计算结果

生产地	需求地				供应量
	B_1	B_2	B_3	B_4	
A_1	$\sigma_{11}=0$	$\sigma_{12}=4$			70
A_2		$\sigma_{22}=4$	$\sigma_{23}=2$		40
A_3	$\sigma_{31}=18$		$\sigma_{33}=24$		90
需求量	30	60	50	60	

由表 4-19 可以看出，所有非基变量的检验数均为非负，故这个解是最优解。此时总运费为

$$\min z = \sum_{i=1}^{3}\sum_{j=1}^{4} c_{ij}x_{ij} = 50\times 6 + 20\times 20 + 30\times 2 + 10\times 16 + 60\times 8 + 30\times 10 = 1700$$

对于此解而言，因 $\sigma_{11}=0$，如将 x_{11} 作为进基变量再进行求解，将会得出一组新的最优解，但它与上组最优解的目标函数值是相等的，由此可知，此运输问题至少有两个最优解，根据单纯形法最优性检验与解的判断可知，它有无穷多个最优解。

表上作业法中需要说明的几个问题如下所示。

(1) 无论是西北角法、最小元素法还是伏格尔法，都是每填入一个数就相应地划掉一行或一列，这样最终将得到一个具有"$m+n-1$"个数字格（基变量）的初始基本可行解。然而，有时也会出现在供需关系格(i, j)处填入一数字后，刚好使第i个生产地的产品调空，同时也使第j个需求地的需求得到满足的情况，这时就出现了退化（最后一个运量的填入使行、列同时划掉的情况除外）。按照前述的处理方法，需要在作业表上相应地划去第i行和第j列。填入一数字同时划去了一行和一列，如果不采取任何补救措施的话，最终必然无法得到一个具有"$m+n-1$"个数字格（基变量）的初始基本可行解。为了使产销平衡表上有"$m+n-1$"个数字格，需要在同时划去的第i行或第j列的任意一个空格上填一个"0"。填"0"的空格虽然所反映的运输量同没有填"0"的空格没有什么不同，但它所对应的变量却是基变量，而没有填"0"的空格所对应的变量是非基变量，此种情况，将在本教材讲解的产销不平衡问题中体现。

(2) 当迭代到运输问题最优解时，如果有某非基变量的检验数等于零，则说明该运输问题有多重最优解。

(3) 若有多个非基变量检验数为负，则取任意一个作为进基变量即可。一般而言，若要使得目标函数值迅速向最优值靠近，可优先选检验数最小者作为进基变量。

4.3 运输问题的推广

前面我们讨论的运输问题，都是产销平衡的问题，即满足 $\sum_{i=1}^{m} a_i = \sum_{j=1}^{n} b_j$。但在实际问题中，产销往往是不平衡的，遇到这种情况，我们可以经过简单的处理，使其转化为产销平衡问题，然后按前面的方法来求解。本节将对这些运输问题的拓展问题进行讨论。

1. 总供应量大于总需求量的情况

对于总供应量大于总需求量的问题，即 $\sum_{i=1}^{m} a_i > \sum_{j=1}^{n} b_j$ 的情况，可得到下列运输问题的模型。

$$\min z = \sum_{i=1}^{m}\sum_{j=1}^{n} c_{ij} x_{ij}$$

$$\begin{cases} \sum_{j=1}^{n} x_{ij} \leq a_i \ (i=1,2,\cdots,m) \\ \sum_{i=1}^{m} x_{ij} = b_j \ (j=1,2,\cdots,n) \\ x_{ij} \geq 0 \ (i=1,2,\cdots,m; \ j=1,2,\cdots,n) \end{cases} \quad (4\text{-}6)$$

我们只需在模型 (4-6) 中的产量限制约束（前 m 个不等式约束）中引入 m 个松弛变量 $x_{i,n+1}(i=1,2,\cdots,m)$ 即可。然后，需设一个假想的需求地 B_{n+1}，它的需求量为 $b_{n+1} = \sum_{i=1}^{m} a_i - \sum_{j=1}^{n} b_j$。

生产地 A_i 运到这个假想需求地 B_{n+1} 的物资量为 $x_{i,n+1}$，实际上就意味着将这些物资在原生产地贮存，其相应的运费为 $c_{i,n+1} = 0 \ (i=1,2,\cdots,m)$，即可将问题转化为产销平衡问题，其数学模型为

$$\min z = \sum_{i=1}^{m}\sum_{j=1}^{n+1} c_{ij} x_{ij}$$

$$\begin{cases} \sum_{j=1}^{n+1} x_{ij} = a_i \ (i=1,2,\cdots,m) \\ \sum_{i=1}^{m} x_{ij} = b_j \ (j=1,2,\cdots,n+1) \\ x_{ij} \geq 0 \ (i=1,2,\cdots,m; \ j=1,2,\cdots,n+1) \end{cases} \quad (4\text{-}7)$$

模型 (4-7) 对应的运输表见表 4-20。

表 4-20　模型 (4-7) 对应的运输表

生产地	需求地					供应量
	B_1	B_2	$\cdots$	B_n	B_{n+1}（贮存）	
A_1	c_{11} x_{11}	c_{12} x_{12}		c_{1n} x_{1n}	0 $x_{1,n+1}$	a_1
A_2	c_{21} x_{21}	c_{22} x_{22}		c_{2n} x_{2n}	0 $x_{2,n+1}$	a_2
$\vdots$						$\vdots$
A_m	c_{m1} x_{m1}	c_{m2} x_{m2}		c_{mn} x_{mn}	0 $x_{m,n+1}$	a_m
需求量	b_1	b_2	$\cdots$	b_n	$\sum_{i=1}^{m} a_i - \sum_{j=1}^{n} b_j$	

2. 总供应量小于总需求量的情况

对于总供应量小于总需求量的问题，即 $\sum_{i=1}^{m} a_i < \sum_{j=1}^{n} b_j$ 的情况，可增加一个假想的生产地 A_{m+1}，其产量为 $a_{m+1} = \sum_{j=1}^{n} b_j - \sum_{i=1}^{m} a_i$，其相应的运费为 $c_{m+1,j} = 0$ $(j=1,2,\cdots,n)$。上述产销不平衡问题就可以转化为产销平衡的问题，其数学模型为

$$\min z = \sum_{i=1}^{m+1} \sum_{j=1}^{n} c_{ij} x_{ij}$$

$$\begin{cases} \sum_{j=1}^{n} x_{ij} = a_i (i=1,2,\cdots,m,m+1) \\ \sum_{i=1}^{m+1} x_{ij} = b_j (j=1,2,\cdots,n) \\ x_{ij} \geqslant 0 (i=1,2,\cdots,m,m+1; j=1,2,\cdots,n) \end{cases} \quad (4-8)$$

模型（4-8）对应的运输表见表 4-21。

表 4-21 模型（4-8）对应的运输表

生产地	需求地				供应量
	B_1	B_2	...	B_n	
A_1	c_{11} x_{11}	c_{12} x_{12}		c_{1n} x_{1n}	a_1
A_2	c_{21} x_{21}	c_{22} x_{22}		c_{2n} x_{2n}	a_2
⋮					⋮
A_m	c_{m1} x_{m1}	c_{m2} x_{m2}		c_{mn} x_{mn}	a_m
A_{m+1}	0 $x_{m+1,1}$	0 $x_{m+1,2}$		0 $x_{m+1,n}$	$\sum_{j=1}^{n} b_j - \sum_{i=1}^{m} a_i$
需求量	b_1	b_2	...	b_n	

【例 4-2】 设有三个化肥厂 A、B、C 供应四个地区 Ⅰ、Ⅱ、Ⅲ、Ⅳ的农用化肥。假定等量的化肥在这些地区使用效果相同。各化肥厂年产量、各地区年需求量及从各化肥厂到各地区运送单位化肥的运费如表 4-22 所示。试求出使总的运费最节省的化肥调拨方案。

解： 这是一个产销不平衡的运输问题，总年产量为 160 万吨，四个地区的年最低需求量为 110 万吨，年最高需求量为无限。根据现有产量，第Ⅳ个地区每年最多能分配到 60 万吨，这样最高需求为 210 万吨，大于产量。为了求得平衡，在产销平衡表中增加一个假想的化肥厂 D，其年产量为 50 万吨。由于各地区的需求量包含两部分，如地区Ⅰ，其中 30 万吨是最低需求量，故不能由假想化肥厂 D 供给，令相应运费为 M（任意大正数）；而另外 20 万吨

满足或不满足均可以，因此可以由假想化肥厂 D 供给，按前面讲的，令相应运费为 0。对凡是需求量分两种情况的地区，实际上可按照两个地区看待。这样可以写出这个问题的产销平衡表，如表 4-23 所示，以及单位运费表，如表 4-24 所示。

表 4-22　相关数据

化肥厂	地区				年产量 / 万吨
	I	II	III	IV	
A	16	13	22	17	50
B	14	13	19	15	60
C	19	20	23	—	50
年最低需求量 / 万吨	30	70	0	10	—
年最高需求量 / 万吨	50	70	30	不限	

表 4-23　产销平衡表

化肥厂	地区						年产量 / 万吨
	I′	I″	II	III	IV′	IV″	
A							50
B							60
C							50
D							50
销量 / 万吨	30	20	70	30	10	50	

表 4-24　单位运费表

化肥厂	地区					
	I′	I″	II	III	IV′	IV″
A	16	16	13	22	17	17
B	14	14	13	19	15	15
C	19	19	20	23	M	M
D	M	0	M	0	M	0

将表 4-23 与表 4-24 写成运输表形式，并用伏格尔法求初始基本可行解，计算过程如表 4-25 所示。

表 4-25 计算过程

生产地	需求地						供应量	行罚数							
	I′	I″	II	III	IV′	IV″		1	2	3	4	5	6	7	8
A	16	16	13 50	22	17	17	~~50~~	3	3	3					
B	14 0	14 20	13	19 10	15	15 30	~~60~~	1	1	1	1	1	1	1	
C	19 30	19 20	20	23	M	M	~~50~~	0	0	0	0	0	0	0	0
D	M	0	M	0 30	M 20	0	~~50~~	0	0						
需求量	30	20	70	30	10	50									
列罚数 1	2	14	0	19	2	15									
2	2	14	0		2	15									
3	2	2	0		2	2									
4	5	5	7		M–15	M–15									
5	5	5	7			M–15									
6	5	5	7												
7	0	0													
8		0													

增加一个列位势和一个行位势，令 $u_4 = 0$，并计算位势，如表 4-26 所示。

表 4-26 计算结果

生产地	需求地						供应量	u_i
	I′	I″	II	III	IV′	IV″		
A	16 2	16 2	13	22 7	17 2	17 2	50	15
B	14 0	14	13	19 4	15	15	60	15
C	19	19	20 2	23 3	M M–20	M M–20	50	20
D	M M+1	0 1	M M+2	0	M M	0	50	0
需求量	30	20	70	30	10	50		
v_j	−1	−1	−2	0	0	0		

由表 4-26 可以看出，所有非基变量的检验数均为非负，故这个解是最优解。此时总运费为

$$\min z = \sum_{i=1}^{4}\sum_{j=1}^{6} c_{ij} x_{ij}$$
$$= 50\times13 + 0\times14 + 20\times13 + 10\times15 + 30\times15 + 30\times19 + 20\times19 + 30\times0 + 20\times0 = 2460$$

对于此解而言，因 (B, I') 的检验数 $\sigma_{21} = 0$，故此运输问题有无穷多个最优解。

【第 4 章习题】

第 5 章

目 标 规 划

学习目标

1. 理解目标约束中的正、负偏差变量；
2. 理解目标的优先因子和权系数；
3. 掌握目标规划数学建模方法及其步骤；
4. 掌握目标规划的图解法和单纯形法；
5. 掌握目标规划的对偶单纯形法。

目标规划（Goal Programming，GP）是在线性规划的基础上，为适应经济管理中多目标决策的需要而逐步发展起来的一个运筹学分支，是实行目标管理这种现代化管理技术的一个有效工具。

目标规划的有关概念和模型最早在 1961 年由美国学者查恩斯和库伯在他们合著的《管理模型和线性规划的工业应用》一书中提出，之后这种模型又先后经尤吉·艾吉里等人不断完善改进，1976 年，伊格尼乔发表了《目标规划及其扩展》一书，系统归纳总结了目标规划的理论和方法。目前研究较多的有线性目标规划、非线性目标规划、线性整数目标规划和 0-1 目标规划等。本章主要讨论线性目标规划，简称目标规划。

5.1 目标规划的数学模型

5.1.1 问题的提出

虽然应用线性规划可以处理许多线性系统的最优化问题，但是，线性规划作为一种决策工具，在解决实际问题时，还存在一定的局限性。

第一，线性规划是在一组线性约束条件下，寻求某一个目标（如产量、利润或成本等）的最优值。而我们在实际问题中往往要考虑多个目标的决策问题。例如核电站的设计问题，传统的单目标规划只允许设定一个目标，那么单一目标选择什么？是使整个核电站建设费用最低，安全运行的可靠性最高，电能输出最大，还是对周围环境的影响最小？显然，上述目标都很重要，且又可能互相矛盾。若系统设计只选取一个目标，如建设费用最低，可能很容易就能达到，但这种选择将牺牲其他方面的利益，如降低安全运行的可靠性或对周围环境造成严重破坏。这是一个多目标决策问题，普通的线性规划是无法有效解决这个问题的。

第二，线性规划问题最优解存在的前提条件是可行域为非空集，否则，线性规划问题无解。然而在实际问题中，有时可能出现资源条件满足不了管理目标的要求的情况，此时，仅做无解的结论是没有意义的。

第三，线性规划问题中的约束条件是不分主次、同等重要的，是一律要满足的"绝对约束"，而在实际问题中，多个目标和多个约束条件并不一定是同等重要的，而是有轻重缓急和主次之分的。

第四，线性规划问题的最优解可以说是绝对意义下的最优，但很多实际问题只需（或只能）找出满意解就可以。例如核电站设计问题。

以上的局限性，限制了线性规划的应用范围。目标规划就是在对如何解决以上问题的研究中应运而生的，它能更确切地描述和解决经济管理中的许多实际问题。目前，目标规划的理论和方法已经在经济计划、生产管理经营、市场分析、财务管理等方面得到广泛的应用。

【例 5-1】 F 公司每周需要根据表 5-1 确定产品 A、B、C 的产量，以获取最大的利润。

表 5-1 产品有关数据

	A	B	C	限量
原材料/（千克/件）	8	4	5	320
设备工时（小时/件）	2	2	1	100
利润/（元/件）	5	4	2	

根据第 2 章内容，设产品 A、B、C 的产量分别为 x_1, x_2, x_3，建立线性规划模型为

$$\max z = 5x_1 + 4x_2 + 2x_3$$

$$\text{s.t.} \begin{cases} 8x_1 + 4x_2 + 5x_3 \leq 320 \\ 2x_1 + 2x_2 + x_3 \leq 100 \\ x_1, x_2, x_3 \geq 0 \end{cases}$$

解之得最优生产计划为 $x_1 = 30$ 件，$x_2 = 20$ 件，$x_3 = 0$ 件，利润为 $z_{\max} = 230$ 元。

本问题的求解目标是唯一的，即利润最大化。但现实问题中往往会有多个目标，比如把例 5-1 变成例 5-2。

【例 5-2】 在满足例 5-1 资源约束的前提下，按优先顺序满足以下的目标：

(1) 利润最好不少于 200 元；
(2) 产品 B 为产品 A 的补充件，其产量最好低于产品 A 的一半；
(3) 产品 C 为战略性产品，其产量最好不低于 5 件；
(4) 设备工时最好全部使用完且不超量；
(5) 原材料比较稀缺，最好至少有 10 千克的剩余。

试问，F 公司应如何安排生产计划，才能够尽可能达成以上的经营目标？

解：问题的线性规划模型变为以下不等式组。

原有资源约束：

$$\begin{cases} 8x_1 + 4x_2 + 5x_3 \leq 320 \\ 2x_1 + 2x_2 + x_3 \leq 100 \\ x_1, x_2, x_3 \geq 0 \end{cases} \quad (5\text{-}1)$$

新增的按优先顺序的 5 个目标约束：

$$\begin{cases} 5x_1 + 4x_2 + 2x_3 \geq 200 \\ x_1 - 2x_2 \geq 0 \\ x_3 \geq 5 \\ 2x_1 + 2x_2 + x_3 = 100 \\ 8x_1 + 4x_2 + 5x_3 \leq 310 \end{cases} \quad (5\text{-}2)$$

满足式 (5-1) 和式 (5-2) 的解，就是本问题的解。但按照线性规划问题的求解方法计算，无解。而在实际背景下，该问题显然是有解的。

实际上，本问题前 3 个优先级的目标是可以完全达成的，第 (4)、(5) 个目标虽然无法完全达成，但是是允许妥协的，即只需要在前 3 个目标达成的基础上，尽可能满足即可。

问题出在建模的方式上。

以上模型将 5 个原本有优先顺序的、允许妥协的目标变成了必须同时严格达成的目标。因此，一个在现实中有解的多目标决策问题，以线性规划的思路建模可能就无解了。

目标规划正是针对这类线性规划无法解决的实际问题提出的。下面介绍如何用目标规划来解决这样的问题，为此，先介绍目标规划的几个基本概念。

5.1.2 目标规划的基本概念

1. 目标值和偏差变量

目标规划通过引入目标值和正、负偏差变量，可以将目标函数转化为目标约束。

所谓目标值是指预先给定的某个目标的一个期望值，如例 5-2 中，计划最少利润 200 元就是目标的期望值，实现值或决策值是指当决策变量 $x_j(j=1,2,\cdots,n)$ 确定以后，目标函数的对应值。显然，决策值与目标值之间会有一定的差异，这种差异用偏差变量（事先无法确定的未知量）来表示，正偏差变量表示决策值超过目标值的数量，记为 d^+；负偏差变量表示决策值未达到目标值的数量，记为 d^-，显然 $d^+, d^- \geq 0$。因为在一次决策中，决策值不可能既超过目标值，同时又未达到目标值。

在例 5-2 中，如果某个满足了约束条件，即式 (5-1) 的决策为 $x_1=25, x_2=13, x_3=5$，则第 (1) 个目标的实现值为 $5x_1+4x_2+2x_3=187$，未达到目标值 200，如果用 d_1^+ 和 d_1^- 表示该目标的正、负偏差变量，有 $d_1^+=0$ 和 $d_1^-=13$；对于第 (2) 个目标，其实现值为 $x_1-2x_2=-1$，没有达到目标值 0，如果用 d_2^+ 和 d_2^- 表示该目标的正、负偏差量，有 $d_2^+=0$ 和 $d_2^-=1$；同理，对于第 (3) 个目标，因为实现值等于目标值 5，有 $d_3^+=0$ 和 $d_3^-=0$。

2. 绝对约束和目标约束

绝对约束是指必须严格满足的等式约束和不等式约束。绝对约束是刚性约束，也是硬约束，它的满足与否，决定了解的可行性。例如线性规划问题的所有约束条件，不能满足这些约束条件的解称为非可行解。显然，绝对约束中，不会含有偏差变量，如原材料约束 $8x_1+4x_2+5x_3 \leq 320$ 和 $2x_1+2x_2+x_3 \leq 100$。

目标约束是目标规划特有的，可把约束右端看作要追求的目标值，在达到此目标值时允许发生正偏差或负偏差，即允许某些目标的决策值与目标值存在偏差。因此在这些约束中加入正、负偏差变量，它们是软约束（柔性约束）。线性规划问题的目标函数在给定目标值和加入正、负偏差变量后，可变换为目标约束，也可根据问题的需要将绝对约束变换为目标约束。

由偏差变量的定义可知，如果某目标的正、负偏差变量用 d_i^+ 和 d_i^- 表示，一定会有"目标表达式 = 目标值 $-d_i^- + d_i^+$"，为了符合线性规划问题右端仅保留常数的表达习惯，此式又可写成"目标表达式 $+d_i^- - d_i^+ =$ 目标值"，这就是软约束的表达式。

例如，对例 5-2 中的第 (1) 个目标，其软约束为

$$5x_1 + 4x_2 + 2x_3 + d_1^- - d_1^+ = 200$$

同理，对于第 (2)、(3) 个目标，其软约束分别为

$$x_1 - 2x_2 + d_2^- - d_2^+ = 0 \text{ 和 } x_3 + d_3^- - d_3^+ = 5$$

3. 优先因子（优先等级）与权系数（权重）

在一个多目标决策问题中，要找出使所有目标达到最优的解是很不容易的，在有些情况下，这样的解根本不存在（当这些目标互相矛盾时）。而在实际问题中，这些目标是有主次之分或轻重缓急的不同的。凡要求放在第一位达到的目标赋予优先因子 P_1，次级的目标赋予优先因子 P_2，依此类推，并规定 $P_k \gg P_{k+1}, k=1,2,\cdots,K$，表示 P_k 级目标比 P_{k+1} 级目标有更大的优先权，即首先保证 P_1 级目标的实现，这时可不考虑次级目标；而 P_2 级目标是在实现 P_1 级目标的基础上考虑的，依此类推。若要区别具有相同优先因子的两个目标的差别，可分别赋予它们不同的权系数 w_j，优先等级的划分，以及同一优先等级下多个目标的权系数的设定，没有普适性的规则，而应根据决策者的需求、偏好和具体情况来确定。在不同的问题背景或决策者偏好下，同一个目标的优先等级或其在某个优先等级中的权系数都可能有不同的设定。

4. 目标规划的目标函数

目标规划的目标函数（准则函数或达成函数），是由各目标约束的偏差变量及相应的优先因子和权系数构成的。由于目标规划追求的是尽可能接近各既定目标值，也就是使各有关偏差变量尽可能小，记为 $\min z = f(d^+, d^-)$，应用时，对应一个目标约束，有以下三种情况，但只能出现其中之一。

(1) 要求恰好达到目标值，即 $f(x_j) = g$，亦即正、负偏差变量都要尽可能小。这时决策值超过或低于目标值都是不被希望的，因此有达成函数

$$\min z = f(d^+ + d^-)$$

(2) 要求不超过目标值，即 $f(x_j) \leq g$，也就是允许达不到目标值，可理解为希望有负偏

差变量，不希望有正偏差变量。就是正偏差变量要尽可能小，因此有达成函数

$$\min z = f(d^+)$$

（3）要求不低于目标值，即 $f(x_j) \geq g$，也就是允许超过目标值，可理解为希望有正偏差变量，不希望有负偏差变量。就是负偏差变量要尽可能小，因此有达成函数

$$\min z = f(d^-)$$

结合软约束与达成函数，就可以写出每个目标的目标表达式。

例如，对例 5-2 中的第（1）个目标，其软约束为

$$5x_1 + 4x_2 + 2x_3 + d_1^- - d_1^+ = 200$$

该目标的表述等价于希望不要有负偏差变量或希望负偏差变量尽可能小，因此，其达成函数为

$$\min d_1^-$$

同理，第（2）个目标的表达式为

$$\min d_2^-$$
$$x_1 - 2x_2 + d_2^- - d_2^+ = 0$$

第（4）个目标的表达式为

$$\min(d_4^- + d_4^+)$$
$$2x_1 + 2x_2 + x_3 + d_4^- - d_4^+ = 100$$

根据上述概念，将例 5-2 的五个目标分别定为五个优先等级 P_1, P_2, P_3, P_4, P_5（本问题不包含一个优先等级中有多个目标的情况），最终可将例 5-2 的目标规划模型写成如下形式。

$$\min Z = P_1 d_1^- + P_2 d_2^- + P_3 d_3^- + P_4(d_4^- + d_4^+) + P_5 d_5^-$$

$$\text{s.t.} \begin{cases} 8x_1 + 4x_2 + 5x_3 \leq 320 \\ 2x_1 + 2x_2 + x_3 \leq 100 \\ 5x_1 + 4x_2 + 2x_3 + d_1^- - d_1^+ = 200 \\ x_1 - 2x_2 + d_2^- - d_2^+ = 0 \\ x_3 + d_3^- - d_3^+ = 5 \\ 2x_1 + 2x_2 + x_3 + d_4^- - d_4^+ = 100 \\ 8x_1 + 4x_2 + 5x_3 + d_5^- - d_5^+ = 310 \\ x_1, x_2, x_3, d_i^+, d_i^- \geq 0 \ (i = 1, \cdots, 5) \end{cases}$$

其中，整个问题的达成函数除可以写成上述和的形式外，还可写成集合的形式，如 $\min \{P_1 d_1^-, P_2 d_2^-, P_3 d_3^-, P_4(d_4^- + d_4^+), P_5 d_5^+\}$。

5. 满意解

目标规划问题的求解是分级进行的，首先求满足 P_1 级目标的解，然后在保证 P_1 级目标不被破坏的前提下再求满足 P_2 级目标的解，依此类推。总之，是在不破坏上一级目标的前提下，实现下一级目标的最优。因此，这样最后求出的解就不是通常意义下的最优解，称为满意解。之所以称为满意解，是因为对于这种解来说，前面的目标是可以保证全部实现或部分

实现的，后面的目标就不一定能保证全部实现或部分实现，有些可能就不能实现。

满意解这一概念的提出是对最优化概念的一个突破。显然它更切合实际，更便于运用。

5.1.3 目标规划的数学模型及建模步骤

1. 目标规划的数学模型

有了对目标规划的几个基本概念的介绍，下面通过实例来建立目标规划的数学模型。

综合以上分析，对于一个有 K 个目标，$L(L \leq K)$ 个优先等级的目标规划问题，其数学模型的一般表达形式为

$$\min Z = \sum_{l=1}^{L} \left\{ P_l \cdot \sum \left[w_{lk} \cdot f(d_k^-, d_k^+) \right] \right\} (k=1,2,\cdots,K) \tag{5-3}$$

$$\begin{cases} \sum_{j=1}^{n} a_{ij} x_j \leq (=, \geq) b_i \ (i=1,2,\cdots,m) & (5\text{-}4) \\ \sum_{j=1}^{n} c_{kj} x_j + d_k^- - d_k^+ = g_k \ (k=1,2,\cdots,K) & (5\text{-}5) \\ x_j \geq 0, d_k^+, d_k^- \geq 0 \ (j=1,2,\cdots,n; k=1,2,\cdots,K) & (5\text{-}6) \end{cases}$$

其中，式 (5-3) 为整个问题的达成函数，$f(d_k^-, d_k^+)$ 为第 k 个目标函数的达成函数，依决策者对决策值的期望是高于、低于或是等于目标值 g_k 而取 d_k^-, d_k^+ 或 $d_k^- + d_k^+$，对于同属于 l 优先等级下的多目标，用 w_{lk} 表示各目标的权系数；式 (5-4) 为绝对约束；式 (5-5) 为软约束；式 (5-6) 是决策变量、偏差变量的非负约束。

2. 目标规划的建模步骤

根据例 5-2，可以总结出目标规划的建模步骤。

(1) 设定问题的决策变量；

(2) 列出问题的绝对约束；

(3) 根据决策者的需求和偏好，设定各个目标的优先等级，当有多个目标同属于一个优先等级时，还需根据约定设定各个目标的权系数，然后写出各个目标的软约束和各优先等级的达成函数；

(4) 用优先因子和权系数为各个目标的达成函数加权，写出整个问题的达成函数；

(5) 写出决策变量与偏差变量的非负约束。

【例 5-3】 电子产品生产企业 HF 公司通过采购半成品生产 A、B、C 三种型号的手机。这三种型号的手机在同一生产线上生产，每台手机的生产工时消耗分别为 5 分钟、7 分钟、12 分钟，利润分别为每台 140 元、210 元、384 元。生产线正常生产工时为 250 小时/月，加班满负荷生产工时为 400 小时/月。

HF 公司的决策者提出的月经营目标按优先等级排序为：

(1) 尽可能充分利用生产线的正常生产工时，工时不够用时可以加班；

(2) 希望 A、B、C 型号手机的产量至少分别达到 700 台、750 台、500 台，根据单位生产工时的利润比例设定权系数；

(3) 加班生产工时最好不超过 40 小时/月；

(4) 希望A、B、C型号手机的产量尽可能分别超过月销售量预测的最低水平——800台、900台、550台，根据单位生产工时的利润比例设定权系数。

问：各产品应生产多少才能达成上述月经营目标？建立本问题的目标规划数学模型。

解：设A、B、C的产量分别为x_1, x_2, x_3。P_2与P_4下各有三个目标，其权系数比例为：$\frac{140}{5} : \frac{210}{7} : \frac{384}{12} = 14:15:16$，本问题的绝对约束为$5x_1 + 7x_2 + 12x_3 \leq 24000$（时间单位为分钟）。

$$\min Z = P_1 d_1^- + P_2(14d_2^- + 15d_3^- + 16d_4^-) + P_3 d_5^+ + P_4(14d_6^- + 15d_7^- + 16d_8^-)$$

$$\text{s.t.} \begin{cases} 5x_1 + 7x_2 + 12x_3 \leq 24000 \\ 5x_1 + 7x_2 + 12x_3 + d_1^- - d_1^+ = 15000 \\ x_1 + d_2^- - d_2^+ = 700 \\ x_2 + d_3^- - d_3^+ = 750 \\ x_3 + d_4^- - d_4^+ = 500 \\ 5x_1 + 7x_2 + 12x_3 + d_5^- - d_5^+ = 17400 \\ x_1 + d_6^- - d_6^+ = 800 \\ x_2 + d_7^- - d_7^+ = 900 \\ x_3 + d_8^- - d_8^+ = 550 \\ x_1, x_2, x_3, d_i^+, d_i^- \geq 0 (i=1,\cdots,8) \end{cases}$$

【例5-4】 SD公司下属三个工厂生产某种产品来满足四个地区的需求，各工厂的产量、各地区的需求量，以及从各工厂到各地区的单位产品运费如表5-2所示。

表5-2 信息表

	地区1	地区2	地区3	地区4	产量
工厂1	4	3	5	7	250
工厂2	3	4	3	6	200
工厂3	5	4	3	4	400
需求量	100	200	400	300	

如果仅要求总运费最小，在将该问题转化为产销平衡问题后，用求解运输问题的表上作业法计算得最低总运费为2750元。但是考虑到各地区的不同情况和运输中可能存在的问题，该公司在确定最后运输方案时还需考虑其他几个目标，按重要程度依次为：

(1) P_1：地区3为重点销售地区，其需求应优先全部满足；

(2) P_2：运往地区2的产品中，工厂1的产品不少于80件；

(3) P_3：为平衡各地需求，每个地区用户需求的满足率应不低于90%；

(4) P_4：由于交通条件的限制，应尽量避免将产品从工厂2运输至地区2；

(5) P_5：尽可能减少总运费。

问：该公司应如何安排运输，以实现上述目标？建立该问题的目标规划数学模型。

解：这是一个多目标问题，运输问题的线性规划建模与求解是针对单目标的，因此不适用于本例。

(1) 设 x_{ij} 表示从工厂 $i(i=1\sim3)$ 到地区 $j(j=1\sim4)$ 的运输量，这里隐含了两个绝对约束，一是工厂 $i(i=1\sim3)$ 的供应量不能超过产量，二是在地区 $j(j=1\sim4)$ 的销售量不能超过需求量。

(2) 题目中已经给出了五个优先等级，其中 P_3 下有四个目标（未指定各目标的权重），P_5 下的目标"尽可能减少总运费"未给定目标值，可以以原最低总运费 2750 元为目标值，而其达成函数应以减少与原最低总运费之间的正偏差变量为目的（由于上述目标的引入必定会使得总运费高于原最低总运费）。实际上，在未给定原最低总运费时，也可以以 0 为目标值。

(3) 设 c_{ij} 表示从工厂 i 到地区 j 的单位产品运费。

(4) P_4 的目标一定不会出现 $d_7^->0$ 的情况，否则没有实际意义。因为运输量 x_{22} 不可能小于 0。

(5) 根据前面的分析，P_5 的目标也一定不会出现 $d_8^->0$ 的情况。

因此，在建立模型时，可将偏差变量 d_7^- 和 d_8^- 去掉，即使不去掉，也不会影响模型的求解结果。

综上，本问题的完整目标规划数学模型为

$$\min Z = P_1 d_1^- + P_2 d_2^- + P_3(d_3^- + d_4^- + d_5^- + d_6^-) + P_4 d_7^+ + P_5 d_8^+$$

$$\text{s.t.} \begin{cases} x_{11} + x_{12} + x_{13} + x_{14} \leq 250 \\ x_{21} + x_{22} + x_{23} + x_{24} \leq 200 \\ x_{31} + x_{32} + x_{33} + x_{34} \leq 400 \\ x_{11} + x_{21} + x_{31} \leq 100 \\ x_{12} + x_{22} + x_{32} \leq 200 \\ x_{13} + x_{23} + x_{33} \leq 400 \\ x_{14} + x_{24} + x_{34} \leq 300 \\ x_{13} + x_{23} + x_{33} + d_1^- - d_1^+ = 400 \\ x_{12} + d_2^- - d_2^+ = 80 \\ x_{11} + x_{21} + x_{31} + d_3^- - d_3^+ = 90 \\ x_{12} + x_{22} + x_{32} + d_4^- - d_4^+ = 180 \\ x_{13} + x_{23} + x_{33} + d_5^- - d_5^+ = 360 \\ x_{14} + x_{24} + x_{34} + d_6^- - d_6^+ = 270 \\ x_{22} + d_7^- - d_7^+ = 0 \\ \sum_{i=1}^{3} \sum_{j=1}^{4} c_{ij} x_{ij} + d_8^- - d_8^+ = 2750 \\ x_{ij}, d_k^+, d_k^- \geq 0 \; (i=1,2,3; j=1,2,3,4; k=1,\cdots,8) \end{cases}$$

5.2 目标规划的图解法

和线性规划问题一样，图解法可用于有两个决策变量的目标规划问题，其操作简便，原理一目了然，并且有助于我们理解一般目标规划问题的求解原理和过程。

用图解法求解目标规划问题时，先在由决策变量 x_1, x_2 构成的平面直角坐标系的第一象限内画出各约束条件。绝对约束条件的作图与线性规划问题相同，画约束条件时，先令$d_i^+, d_i^- = 0$，作相应的直线，然后在这直线旁标上d_i^-, d_i^+增大的方向，在此基础上再按照优先级从高到低的顺序，逐个考虑各个目标约束。一般地，若优先因子P_j对应的解空间为R_j，则优先因子P_{j+1}对应的解空间只能在R_j中考虑，即$R_{j+1} \subseteq R_j$。若$R_j \neq \varnothing$，而$R_{j+1} = \varnothing$，则R_j中的解为目标规划问题的满意解，它只能保证满足$P_1, P_2 \cdots, P_j$级目标，而不保证其后的各级目标能够实现。

【例 5-5】 用图解法求解目标规划问题。

$$\min Z = P_1 d_1^+ + P_2 d_2^+ + P_3 d_3^-$$

$$\text{s.t.} \begin{cases} x_1 + x_2 \leq 4 & (1) \\ -x_1 + 4x_2 + d_1^- - d_1^+ = 8 & (2) \\ x_1 + d_2^- - d_2^+ = 3 & (3) \\ 2x_1 + 4x_2 + d_3^- - d_3^+ = 4 & (4) \\ x_1, x_2, d_i^-, d_i^+ \geq 0 (i=1,2,3) \end{cases}$$

解：由于决策变量非负，解空间必在第一象限内。首先画出绝对约束式 (1) 的边界线$x_1 + x_2 = 4$，得到解空间R_0，即图 5-1 中的三角形OAB。

对于P_1优先等级目标，去掉软约束式 (2) 中的偏差变量，得到$-x_1 + 4x_2 = 8$，画出这条直线；该目标的达成函数为$\min d_1^+$，在该直线上用箭头表示出d_1^+增大的方向。这表明在直线$-x_1 + 4x_2 = 8$上以及直线右下方（箭头相反的方向），都有$d_1^+ = 0$，其在OAB内的部分为$OAFG$（如图 5-2 所示），即解空间R_1为四边形$OAFG$。

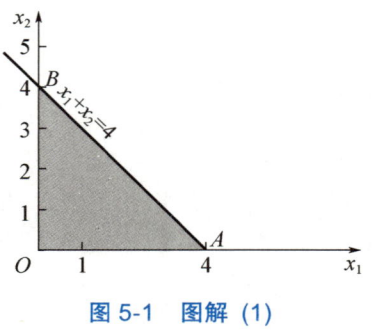

图 5-1 图解 (1)

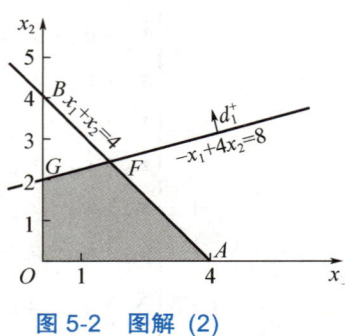

图 5-2 图解 (2)

同理，对于P_2优先等级目标，去掉软约束式 (3) 中的偏差变量，画出$x_1 = 3$；要得到$\min d_2^+$，用箭头表示出d_2^+增大的方向。此时的解空间R_2为图 5-3 中的五边形$ODEFG$。

继续，画出P_3优先等级目标对应的直线$2x_1 + 4x_2 = 4$，标出使d_3^-增大的方向，在$ODEFG$内找到此时的解空间R_3，为图 5-4 中的六边形$CDEFGH$。

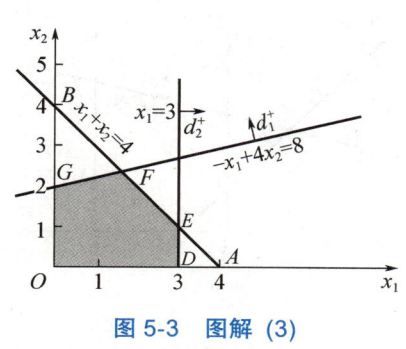
图 5-3　图解 (3)

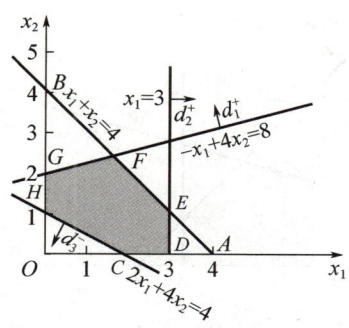
图 5-4　图解 (4)

所有的目标都已经处理完，解空间 $CDEFGH$（图 5-4 中的阴影区域）就是本问题的满意解。显然，在这个区域内的所有点，都能使得达成函数取值为 0，所有的目标都能达成。

在更多的实际问题中，有些优先级的目标是无法完全满足的，此时的满意解可能是一条线段或者一个点。为方便对比，在例 5-5 的约束式 (4) 前加入两个优先级的目标。得到以下问题。

【例 5-6】　用图解法求解下述目标规划问题。

$$\min Z = P_1 d_1^+ + P_2 d_2^+ + P_3 d_3^- + P_4 d_4^- + P_5 d_5^-$$

$$\text{s.t.} \begin{cases} x_1 + x_2 \leqslant 4 & (1) \\ -x_1 + 4x_2 + d_1^- - d_1^+ = 8 & (2) \\ x_1 + d_2^- - d_2^+ = 3 & (3) \\ x_1 + d_3^- - d_3^+ = 6 & (4) \\ 5x_2 + d_4^- - d_4^+ = 26 & (5) \\ 2x_1 + 4x_2 + d_5^- - d_5^+ = 4 & (6) \\ x_1, x_2, d_i^-, d_i^+ \geqslant 0 (i = 1,2,3,4,5) \end{cases}$$

解：本例的绝对约束、前两个优先等级 (P_1, P_2) 与例 5-5 一样，在处理完 P_2 时，解空间 R_2 与例 5-5 一样，为图 5-5 中的五边形 $ODEFG$。

对于 P_3 优先等级目标，去掉其软约束式 (4) 中的偏差变量，画出 $x_1 = 6$；要求 $\min d_3^-$，用箭头表示出 d_3^- 增大的方向，如图 5-6 所示。观察发现，满足 $d_3^- = 0$ 的区域在 $x_1 = 6$ 的右侧，与上一优先等级的解空间 $ODEFG$ 无交集，表明该目标无法完全实现。但是，可以尽可能减小此目标实现时的偏差量 d_3^-：在 $ODEFG$ 内，使 d_3^- 取值最小的区域为线段 DE。这样，解空间 R_3 为线段 DE。

同理，对于 P_4 优先等级目标，画出直线 $5x_2 = 26$，并标出其达成函数要求取最小值的 d_4^- 增大的方向，如图 5-7 所示。因为使得 $d_4^- = 0$ 的区域与 R_3（线段 DE）无交集，所以这个目标也无法完全实现，而线段 DE 内使 d_4^- 取值最小的部分显然为点 E，即此时的解空间 R_4 收缩到点 E。

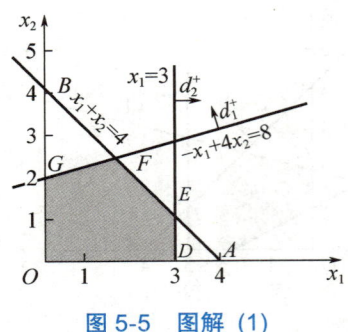

图 5-5　图解 (1)

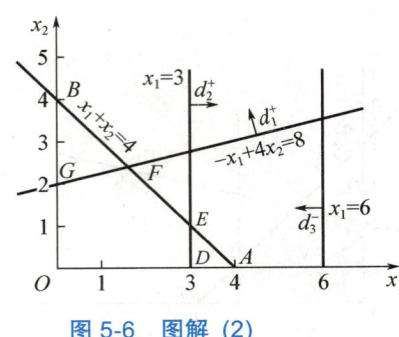

图 5-6　图解 (2)

至此，已经求解出问题的满意解：点E为直线$x_1+x_2=4$与$x_1=3$的交点：$x_1=3, x_2=1$。即使考虑P_5优先等级的目标，其满意解也只能是点E，如图 5-8 所示，否则就会破坏前面优先等级目标的实现。所以，在用图解法求解有两个决策变量的目标规划问题时，若问题的解空间收缩到一个点，该点就是问题的满意解，无需再考虑尚未处理的目标。

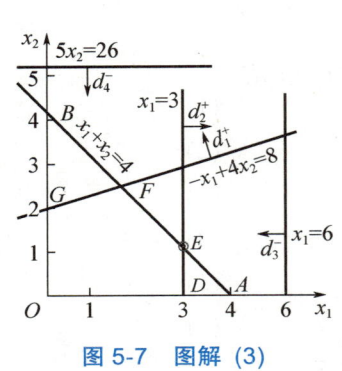

图 5-7　图解 (3)

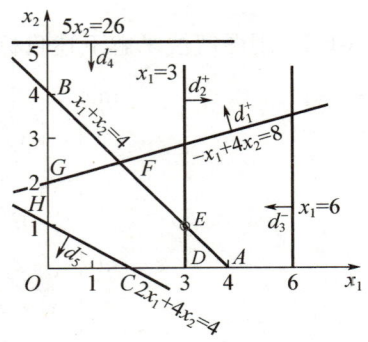

图 5-8　图解 (4)

例 5-5 和例 5-6 介绍的是用图解法求解各优先等级中只包含一个目标的问题。应用图解法求解只有两个决策变量且一个优先等级P_l下有多个目标的目标规划模型时，确定P_l优先等级的解空间R_l的过程就会变得比较复杂。

将例 5-6 问题模型中的第 (1)、(2) 个目标，第 (3)、(4) 个目标分别合并到一个优先等级下，各赋予权系数，并去掉原P_5级目标，得到以下问题。

【例 5-7】 用图解法求解下述目标规划问题。

$$\min Z = P_1(d_1^- + 5d_2^+) + P_2(3d_3^- + 2d_4^-)$$

$$\text{s.t.} \begin{cases} x_1 + x_2 \leqslant 4 & (1) \\ -x_1 + 4x_2 + d_1^- - d_1^+ = 8 & (2) \\ x_1 + d_2^- - d_2^+ = 3 & (3) \\ x_1 + d_3^- - d_3^+ = 6 & (4) \\ 5x_2 + d_4^- - d_4^+ = 26 & (5) \\ x_1, x_2, d_i^-, d_i^+ \geqslant 0 (i=1,2,3,4) \end{cases}$$

解：本例的绝对约束式（1）与例 5-5 一样，在处理完绝对约束之后，解空间 R_0 为图 5-9 中的三角形 OAB。

在优先等级 P_1 下有两个目标，需要一起考虑，分别去掉软约束式（2）、（3）中的偏差变量并画出其代表的直线 $-x_1+4x_2=8$ 和 $x_1=3$，并分别标出 d_1^+ 和 d_2^+ 增大的方向，如图 5-10 所示。要同时满足优先等级 P_1 的两个目标，必须在 $ODHG$ 与 R_0（OAB）的交集 $ODEFG$ 内，这样就得到了满足优先等级 P_1 的解空间 R_1，为 $ODEFG$。在 R_1 内必有 $d_1^+=d_2^+=0$，那么无论这两个目标的权系数是多少，优先等级 P_1 都可以在 R_1 内完全实现。这说明，当同一优先等级下有多个目标，而且这些目标可以同时完全实现时，权系数没有意义，问题很容易解决。

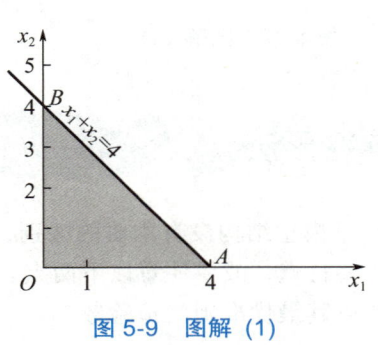

图 5-9　图解（1）

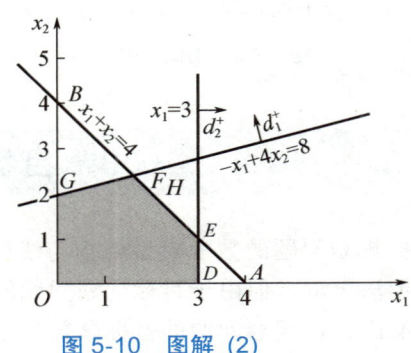

图 5-10　图解（2）

继续求解，在优先等级 P_2 下有两个目标，分别去掉软约束式（4）、（5）中的偏差变量并画出其代表的直线 $x_1=6$ 和 $5x_2=26$，并分别标出 d_3^- 和 d_4^- 增大的方向，如图 5-11 所示。

根据图 5-11，优先等级 P_2 下的两个目标都无法完全达成，d_3^- 和 d_4^- 都大于零，但在 $ODEFG$ 内应能找到某个解空间 R_2 能使得 $3d_3^-+2d_4^-$ 尽可能小。由于问题的特殊性——d_3^- 和 d_4^- 都大于零，那么，一定有 $d_3^+=d_4^+=0$，则问题模型中的约束式（4）和（5）可改写为 $x_1+d_3^-=6$ 和 $5x_2+d_4^-=26$。用 x_1 和 x_2 来表示 d_3^- 和 d_4^-，则有 $d_3^-=6-x_1$，$d_4^-=26-5x_2$。然后，将 d_3^- 和 d_4^- 代入 P_2 的达成函数，得到

$$\min(3d_3^-+2d_4^-)=\min[70-(3x_1+10x_2)] \tag{5-7}$$

去掉式（5-7）中的常数部分，该达成函数可以变为一个最大化问题 $\max W=3x_1+10x_2$。或者说，寻找 R_2 的问题可以转化成一个线性规划问题：在 $ODEFG$ 中寻找使得目标函数 $\max W=3x_1+10x_2$ 取得最优解的问题。由于只有两个决策变量，这个问题的解可以用图解法找到。

如图 5-12 所示，该线性规划问题的最优解在 F 点达到，即直线 $x_1+x_2=4$ 与 $-x_1+4x_2=8$ 的交点，其坐标为 $x_1=\dfrac{8}{5},x_2=\dfrac{12}{5}$。这样，整个问题求解完毕。

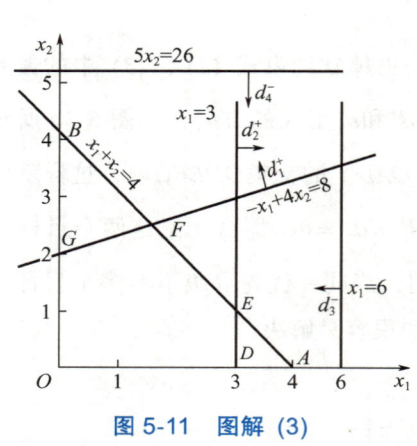
图 5-11 图解 (3)

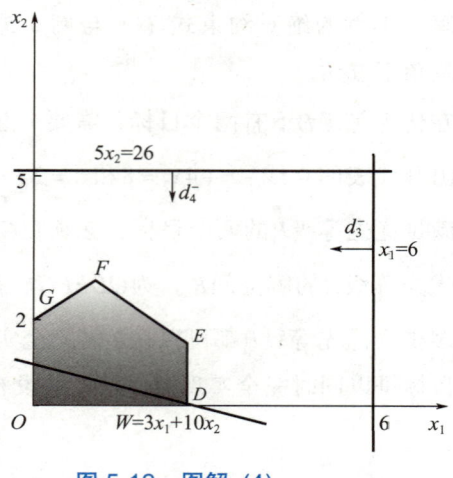
图 5-12 图解 (4)

5.3 目标规划的单纯形法

目标规划问题的数学模型结构与线性规划问题的数学模型结构没有本质的区别，所以可用单纯形法求解。但由于目标规划问题的数学模型有一些特点，故要注意以下两点。

(1) 因目标规划问题的目标函数都是求极小值，所以其最优准则为检验数

$$\sigma_j = c_j - z_j \geqslant 0 \ (j = 1, 2, \cdots, n)$$

(2) 因非基变量的检验数是各优先因子的线性组合，即

$$\sigma_j = c_j - \sum_{k=1}^{K} a_{kj} P_k \ (j = 1, 2, \cdots, n)$$

所以在判别各检验数的正负及大小时，必须注意 $P_1 \gg P_2 \gg \cdots \gg P_K$，设

$$i = \min\{k \mid a_{ki} \neq 0, k = 1, 2, \cdots, K\}$$

即 σ_j 的正负由 a_{ij} 的正负决定。

目标规划的单纯形法与一般线性规划单纯形法的求解过程大体相同，只不过因为目标规划是多个目标，且多个目标须按优先等级的次序实现，所以两者计算步骤略有区别。

解目标规划问题的单纯形法的计算步骤如下所示。

(1) 建立目标规划模型的初始单纯形表，在表中将检验数行按优先因子个数分别列成 K 行，设 $k=1$。

(2) 检验第 k 行检验数中是否存在负数。

若有负数，且有些负数对应的前 $k-1$ 行的检验数为零，则取这些负数中的最小者对应的变量为进基变量，转步骤 (3)，否则，即当这些负数对应的前 $k-1$ 行的检验数中都有大于零的数时，说明这些负数对应的检验数已为正数，转步骤 (5)。

若无负数，说明在前 k 行中非零检验数对应的变量不需要进基变量了，转步骤 (5)。

(3) 按最小比值原则确定出基变量，当存在两个或两个以上相同的最小比值时，选取具

有较高优先等级的变量为出基变量。

(4) 按单纯形法进行基变换运算，建立新的单纯形表，转步骤 (2)。

(5) 当 $k = K$ 时，计算结束，表中的解即为满意解，否则设 $k = k+1$，转步骤 (2)。

【例 5-8】 用目标规划的单纯形法求解如下目标规划模型。

$$\min Z = P_1 d_1^- + P_2(d_2^- + d_2^+) + P_3(3d_3^- + 5d_4^-)$$

$$\text{s.t.} \begin{cases} 5x_1 + 4x_2 + d_1^- - d_1^+ = 20 \\ 4x_1 + 3x_2 + d_2^- - d_2^+ = 24 \\ x_1 + d_3^- - d_3^+ = 3 \\ -x_1 + x_2 + d_4^- - d_4^+ = 2 \\ x_1, x_2, d_i^-, d_i^+ \geq 0 \ (i = 1,2,3,4) \end{cases}$$

解：取 $d_1^-, d_2^-, d_3^-, d_4^-$ 为初始基变量，建立初始单纯形表，见表5-3（Ⅰ），检查检验数 P_1 行中有 $-5, -4$ 两个负数，取 $\min\{-5,-4\} = -5$ 所对应的变量 x_1 为进基变量，通过计算最小比值，确定 d_3^- 为出基变量，进行基变换运算，得表5-3（Ⅱ），检查检验数 P_1 行中有 $-5, -4$ 两个负数，取 $\min\{-5,-4\} = -5$ 所对应的变量 d_3^+ 为进基变量，通过计算最小比值，确定 d_1^- 为出基变量，进行基变换运算，得表5-3（Ⅲ），这时，检验数 P_1 行中没有负数，所以检查检验数 P_2 行，依此反复运算，得表5-3（Ⅵ），此时，检验数 P_1, P_2 行中已没有负数，P_3 行中有一个负数 $-\frac{3}{7}$，而与它同列的 P_2 行上已有正检验数。因此，若将该负数对应的变量作为进基变量，则必破坏 P_2 行的非负性，故不能再改进了，已得满意解。

决策变量：$x_1^* = \frac{18}{7}, x_2^* = \frac{32}{7}$，偏差变量：$d_1^+ = \frac{78}{7}, d_3^- = \frac{3}{7}$，其余 d_i^-, d_i^+ 为零。此时，P_1, P_2 级目标已实现，P_3 级目标未能全部实现。

表 5-3 计算过程

序号	$c_j \rightarrow$			0	0	P_1	0	P_2	P_2	$3P_3$	0	$5P_3$	0
	C_B	X_B	b	x_1	x_2	d_1^-	d_1^+	d_2^-	d_2^+	d_3^-	d_3^+	d_4^-	d_4^+
Ⅰ	P_1	d_1^-	20	5	4	1	−1	0	0	0	0	0	0
	P_2	d_2^-	24	4	3	0	0	1	−1	0	0	0	0
	$3P_3$	d_3^-	3	[1]	0	0	0	0	0	1	−1	0	0
	$5P_3$	d_4^-	2	−1	1	0	0	0	0	0	0	1	−1
	检	P_1		−5	−4	0	1	0	0	0	0	0	0
	验	P_2		−4	−3	0	0	0	2	0	0	0	0
	数	P_3		2	−5	0	0	0	0	0	3	0	5

续表

序号	C_B	X_B	$c_j \rightarrow$	0	0	P_1	0	P_2	P_2	$3P_3$	0	$5P_3$	0
			b	x_1	x_2	d_1^-	d_1^+	d_2^-	d_2^+	d_3^-	d_3^+	d_4^-	d_4^+
II	P_1	d_1^-	5	0	4	1	−1	0	0	−5	[5]	0	0
	P_2	d_2^-	12	0	3	0	0	1	−1	−4	4	0	0
	0	x_1	3	1	0	0	0	0	0	1	−1	0	0
	$5P_3$	d_4^-	5	0	1	0	0	0	0	1	−1	1	−1
	检验数	P_1		0	−4	0	1	0	0	5	−5	0	0
		P_2		0	−3	0	0	0	2	4	−4	0	0
		P_3		0	−5	0	0	0	0	−2	5	0	5
III	0	d_3^+	1	0	4/5	1/5	−1/5	0	0	−1	1	0	0
	P_2	d_2^-	8	0	−1/5	−4/5	[4/5]	1	−1	0	0	0	0
	0	x_1	4	1	4/5	1/5	−1/5	0	0	0	0	0	0
	$5P_3$	d_4^-	6	0	9/5	1/5	−1/5	0	0	0	0	1	−1
	检验数	P_1		0	0	1	0	0	0	0	0	0	0
		P_2		0	1/5	4/5	−4/5	0	2	0	0	0	0
		P_3		0	−9	−1	1	0	0	3	0	0	5
IV	0	d_3^+	3	0	[3/4]	0	0	1/4	−1/4	−1	1	0	0
	0	d_1^+	10	0	−1/4	−1	1	5/4	−5/4	0	0	0	0
	0	x_1	6	1	3/4	0	0	1/4	−1/4	0	0	0	0
	$5P_3$	d_4^-	8	0	7/4	0	0	1/4	−1/4	0	0	1	−1
	检验数	P_1		0	0	1	0	0	0	0	0	0	0
		P_2		0	0	0	0	1	1	0	0	0	0
		P_3		0	−35/4	0	0	−5/4	5/4	3	0	0	5
V	0	x_2	4	0	1	0	0	1/3	−1/3	−4/3	4/3	0	0
	0	d_1^+	11	0	0	−1	1	4/3	−4/3	−1/3	1/3	0	0
	0	x_1	3	1	0	0	0	0	0	1	−1	0	0
	$5P_3$	d_4^-	1	0	0	0	0	−1/3	1/3	[7/3]	−7/3	1	−1

续表

序号	$c_j \to$			0	0	P_1	0	P_2	P_2	$3P_3$	0	$5P_3$	0
	C_B	X_B	b	x_1	x_2	d_1^-	d_1^+	d_2^-	d_2^+	d_3^-	d_3^+	d_4^-	d_4^+
V	检验数	P_1		0	0	1	0	0	0	0	0	0	0
		P_2		0	0	0	0	1	1	0	0	0	0
		P_3		0	0	0	0	5/3	−5/3	−26/3	35/3	0	5
VI	0	x_2	32/7	0	1	0	0	1/7	−1/7	0	0	4/7	−4/7
	0	d_1^+	78/7	0	0	−1	1	9/7	−9/7	0	0	1/7	−1/7
	0	x_1	18/7	1	0	0	0	1/7	−1/7	0	0	−3/7	3/7
	$3P_3$	d_3^-	3/7	0	0	0	0	−1/7	1/7	1	−1	3/7	−3/7
	检验数	P_1		0	0	1	0	0	0	0	0	0	0
		P_2		0	0	0	0	1	1	0	0	0	0
		P_3		0	0	0	0	3/7	−3/7	0	3	26/7	9/7

【例 5-9】 已知一个生产计划的线性规划模型为

$$\max z = 30x_1 + 12x_2$$

$$\text{s.t.} \begin{cases} 2x_1 + x_2 \leq 140 \\ x_1 \leq 60 \\ x_2 \leq 100 \\ x_1, x_2 \geq 0 \end{cases}$$

其中，目标函数为总利润，三个约束条件分别为甲、乙、丙三种资源限制，x_1, x_2 为产品 A、B 的产量，现有下列目标。

(1) P_1：要求总利润必须超过 2500 元；

(2) P_2：考虑到产品 A、B 受市场的影响，为避免产品积压，其生产量分别不要超过 60 和 100 单位。

试建立目标规划模型，并用目标规划单纯形法求解。

解：由于产品 A 与 B 的单位利润比为 2.5∶1，分别以它们为权系数，得目标规划模型为

$$\min Z = P_1 d_1^- + P_2(2.5 d_3^+ + d_4^+)$$

$$\text{s.t.} \begin{cases} 30x_1 + 12x_2 + d_1^- - d_1^+ = 2500 \\ 2x_1 + x_2 + d_2^- - d_2^+ = 140 \\ x_1 + d_3^- - d_3^+ = 60 \\ x_2 + d_4^- - d_4^+ = 100 \\ x_1, x_2, d_i^-, d_i^+ \geq 0 (i = 1, 2, 3, 4) \end{cases}$$

取 $d_1^-, d_2^-, d_3^-, d_4^-$ 为初始基变量，建立初始单纯形表，见表 5-4（Ⅰ），检查检验数 P_1 行中有 −30，−12 两个负数，取 $\min\{-30,-12\}=-30$ 所对应的变量 x_1 为进基变量，通过计算最小比值，确定 d_3^- 为出基变量，进行基变换运算得表 5-4（Ⅱ），依此反复运算，最终得表 5-4（Ⅴ），此时检验数 P_1, P_2 行中已没有负数，说明已得到满意解，即 $x_1^*=60, x_2^*=\dfrac{175}{3}, d_2^+=\dfrac{115}{3}, d_4^-=\dfrac{125}{3}$，其余为零。

代入原问题知 P_1, P_2 级目标都已实现，丙资源尚余 $\dfrac{125}{3}$ 单位，而甲资源还缺 $\dfrac{115}{3}$ 单位，这对实际生产计划很有指导价值，但该问题若用线性规划方法求解，结论只是无解，这充分说明用目标规划方法解决问题更为灵活，更为有效。

表 5-4 计算结果

序号	C_B	X_B	b	$c_j \to$ 0 x_1	0 x_2	P_1 d_1^-	0 d_1^+	0 d_2^-	0 d_2^+	0 d_3^-	$2.5P_2$ d_3^+	0 d_4^-	P_2 d_4^+
Ⅰ	P_1	d_1^-	2500	30	12	1	−1	0	0	0	0	0	0
	0	d_2^-	140	2	1	0	0	1	−1	0	0	0	0
	0	d_3^-	60	[1]	0	0	0	0	0	1	−1	0	0
	0	d_4^-	100	0	1	0	0	0	0	0	0	1	−1
	检验数	P_1		−30	−12	0	1	0	0	0	0	0	0
		P_2		0	0	0	0	0	0	0	2.5	0	1
Ⅱ	P_1	d_1^-	700	0	12	1	−1	0	0	−30	30	0	0
	0	d_2^-	20	0	1	0	0	1	−1	−2	[2]	0	0
	0	x_1	60	1	0	0	0	0	0	1	−1	0	0
	0	d_4^-	100	0	1	0	0	0	0	0	0	1	−1
	检验数	P_1		0	−12	0	1	0	0	30	−30	0	0
		P_2		0	0	0	0	0	0	0	2.5	0	1
Ⅲ	P_1	d_1^-	400	0	−3	1	−1	−15	[15]	0	0	0	0
	$2.5P_2$	d_3^+	10	0	1/2	0	0	1/2	−1/2	−1	1	0	0
	0	x_1	70	1	1/2	0	0	1/2	−1/2	0	0	0	0
	0	d_4^-	100	0	1	0	0	0	0	0	0	1	−1
	检验数	P_1		0	3	0	1	15	−15	0	0	0	0
		P_2		0	−5/4	0	0	−5/4	5/4	5/2	0	0	1

续表

序号	$c_j \to$			0	0	P_1	0	0	0	0	$2.5P_2$	0	P_2
	C_B	X_B	b	x_1	x_2	d_1^-	d_1^+	d_2^-	d_2^+	d_3^-	d_3^+	d_4^-	d_4^+
Ⅳ	0	d_2^+	80/3	0	−1/5	1/15	−1/15	−1	1	0	0	0	0
	$2.5P_2$	d_3^+	70/3	0	[2/5]	1/30	−1/30	0	0	−1	1	0	0
	0	x_1	250/3	1	2/5	1/30	−1/30	0	0	0	0	0	0
	0	d_4^-	100	0	1	0	0	0	0	0	0	1	−1
	检验数	P_1		0	0	1	0	0	0	0	0	0	0
		P_2		0	−1	−1/12	1/12	0	0	5/2	0	0	1
Ⅴ	0	d_2^+	115/3	0	0	1/12	−1/12	−1	1	−1/2	1/2	0	0
	0	x_2	175/3	0	1	1/12	−1/12	0	0	−5/2	5/2	0	0
	0	x_1	60	1	0	0	0	0	0	1	0	0	0
	0	d_4^-	125/3	0	0	−1/12	1/12	0	0	5/2	−5/2	1	−1
	检验数	P_1		0	0	1	0	0	0	0	0	0	0
		P_2		0	0	0	0	0	0	5/2	0	0	1

5.4 目标规划的对偶单纯形法

在线性规划理论中,对偶问题、对偶理论和对偶单纯形法有着极为重要的地位,同样,目标规划问题也存在对偶问题和对偶单纯形法。目标规划理论中的对偶单纯形法不仅是一种求解目标规划问题的方法,在参数目标规划和目标规划的灵敏度分析中也起着重要的作用。

与线性规划问题一样,在目标规划单纯形法的迭代过程中如果出现最优性条件满足,而可行性条件不满足的情况,就可以采用目标规划理论中的对偶单纯形法求解。这里所讲的最优性条件是指:在目标规划单纯形法迭代表中,每一个非基变量的最高目标等级的那个检验数都是正数。这里所讲的可行性条件与线性规划问题中的完全一样,即在解这一列中不出现负数。

5.4.1 目标规划对偶单纯形法的计算步骤

(1) 检查目标规划单纯形表,如果检验数满足最优性条件,当前解满足可行性条件,则已得到问题的满意解;如果检验数满足最优性条件,但当前解不满足可行性条件,则可以采用对偶单纯形法。

(2) 根据可行性条件,确定出基变量。选择出基变量的原则与线性规划对偶单纯形法是一样的,即选择为负值的变量为出基变量。如果有两个以上的变量为负值,则选择值最小的或绝对值最大的变量为出基变量，从而确定主元行。

(3) 根据最优性条件，确定进基变量。在这里，进基变量的选择比线性规划的对偶单纯形法要麻烦一些。因为这时不再是从一行检验数中进行选择，而是从若干行检验数中选择，而且还要结合目标要求的优先等级来考虑进基变量，选择进基变量的规则如下。

① 确定了出基变量以后，在主元行中找出所有可能进基的变量（主元行中为负值的元素对应的变量）。

② 检查每一个可能进基的变量的检验数，选择它们当中最高等级非零检验数对应的优先等级中具有最低优先等级的检验数所对应的变量为进基变量，从而确定主元列。

(4) 根据主元行和主元列，确定主元素并进行迭代，得到新的单纯形表。

以上步骤如此重复进行，当同时满足最优性条件和可行性条件时，就得到了问题的满意解。

5.4.2 算法举例

【例 5-10】 假设某目标规划问题的单纯形表如表 5-5 所示。

表 5-5 单纯形表

$c_j \rightarrow$			0	0	0	$2P_1$	0	$3P_1$	P_2	0	0	P_3
C_B	X_B	b	x_1	x_2	d_1^-	d_1^+	d_2^-	d_2^+	d_3^-	d_3^+	d_4^-	d_4^+
0	x_2	-2	0	1	0	-1	$[-1]$	1	0	0	0	0
0	x_1	12	1	0	0	0	1	-1	0	0	0	0
P_2	d_3^-	2	0	0	-3	3	-2	2	1	-1	0	0
0	d_4^-	2	0	0	-1	1	0	0	0	0	1	-1
检验数	P_1		0	0	0	2	0	3	0	0	0	0
	P_2		0	0	3	-3	2	-2	0	1	0	0
	P_3		0	0	0	0	0	0	0	0	0	1

由于在 **b** 列存在负值，即 $x_2 = -2$，所以该单纯形表对应的解不可行。又由于检验数满足最优性条件，所以可以用对偶单纯形法继续求解。

首先选择 x_2 为出基变量，则第一行为主元行。再来寻找进基变量：按照对偶单纯形法的求解规则，选择其中比值最小的元素对应的变量为进基变量。主元行中为负值的元素有两个，分别对应变量 d_1^+ 和 d_2^-。变量 d_1^+ 的最高等级非零检验数对应的优先等级是 P_1 级，而变量 d_2^- 的最高等级非零检验数对应的优先等级是 P_2 级，故选择这两个变量中最高等级非零检验数对应的优先等级中等级较低的变量 d_2^- 为进基变量。

以 x_2 为出基变量，d_2^- 为进基变量，用对偶单纯形法继续求解，求解过程如表 5-6 所示。

表 5-6 求解过程

$c_j \rightarrow$			0	0	0	$2P_1$	0	$3P_1$	P_2	0	0	P_3
C_B	X_B	b	x_1	x_2	d_1^-	d_1^+	d_2^-	d_2^+	d_3^-	d_3^+	d_4^-	d_4^+
0	d_2^-	2	0	−1	0	1	1	−1	0	0	0	0
0	x_1	10	1	1	0	−1	0	0	0	0	0	0
P_2	d_3^-	6	0	−2	−3	5	0	0	1	−1	0	0
0	d_4^-	2	0	0	−1	1	0	0	0	0	1	−1
检验数	P_1		0	0	0	2	0	3	0	0	0	0
	P_2		0	2	3	−5	0	0	0	1	0	0
	P_3		0	0	0	0	0	0	0	0	0	1

从表 5-6 可以看出,已经得到了满意解。

在用对偶单纯形法迭代的过程中,可能会遇到这样的情况,即在可能进基的变量中,有两个或两个以上变量的检验数对应的优先等级是一样的,那么该如何确定进基变量呢?我们仍然结合例题来讨论。

【例 5-11】 假设某目标规划问题的单纯形表如表 5-7 所示。

表 5-7 单纯形表

$c_j \rightarrow$			0	0	P_1	$3P_2$	P_2	P_3
C_B	X_B	b	x_1	x_2	d_1^-	d_1^+	d_2^-	d_2^+
$3P_2$	d_1^+	−4	−1	[−2]	−1	1	0	0
P_2	d_2^-	0	0	1	0	0	1	0
P_3	d_2^+	1	1	−1	0	0	0	1
检验数	P_1		0	0	1	0	0	0
	P_2		3	5	3	0	0	0
	P_3		−1	1	0	0	0	0

由于在 b 列中存在负值,即 $d_1^+ = -4$,所以该单纯形表对应的解不可行。又由于检验数满足最优性条件,所以可以用对偶单纯形法继续求解。

首先选择 d_1^+ 为出基变量,则第一行为主元行。再来寻找进基变量:按照对偶单纯形法的求解规则,在主元行中找出所有可能进基的变量,即主元行中为负值的元素对应的变量,分别对应变量 x_1、x_2 和 d_1^-。

检查这 3 个可能进基的变量的检验数,变量 d_1^- 的最高等级非零检验数对应的优先等级是

P_1 级,而变量 x_1 和 x_2 的最高等级非零检验数对应的优先等级是 P_2 级,故应该在 x_1 和 x_2 这两个变量中再做选择。

由于

$$\min\left\{\frac{3}{-(-1)}, \frac{5}{-(-2)}\right\} = \frac{5}{2}$$

故选择 x_2 为进基变量,从而第二列为主元列,−2 为主元素。

以 x_2 为进基变量,d_1^+ 为出基变量,用对偶单纯形法继续求解,求解过程如表 5-8 所示。

表 5-8 求解过程

序号	$c_j \rightarrow$			0	0	P_1	$3P_2$	P_2	P_3
	C_B	X_B	b	x_1	x_2	d_1^-	d_1^+	d_2^-	d_2^+
I	0	x_2	2	1/2	1	1/2	−1/2	0	0
	P_2	d_2^-	−2	[−1/2]	0	−1/2	1/2	1	0
	P_3	d_2^+	3	3/2	0	1/2	−1/2	0	1
	检验数	P_1		0	0	1	0	0	0
		P_2		1/2	0	1/2	5/2	0	0
		P_3		−3/2	0	−1/2	1/2	0	0
II	0	x_2	0	0	1	0	0	1	0
	0	x_1	4	1	0	1	−1	−2	0
	P_3	d_2^+	−3	0	0	[−1]	1	3	1
	检验数	P_1		0	0	1	0	0	0
		P_2		0	0	0	3	1	0
		P_3		0	0	1	−1	−3	0
III	0	x_2	0	0	1	0	0	1	0
	0	x_1	1	1	0	0	0	1	1
	P_1	d_1^-	3	0	0	1	−1	−3	−1
	检验数	P_1		0	0	0	1	3	1
		P_2		0	0	0	3	1	0
		P_3		0	0	0	0	0	1

在表 5-8 的第一个单纯形表(I)中,得到的解仍然不满足可行性条件,故仍需继续迭代。此时,以 d_2^- 为出基变量,可能的进基变量有 x_1 与 d_1^-,由于变量 d_1^- 的最高等级非零检验数对应的优先等级是 P_1 级,而变量 x_1 的最高等级非零检验数对应的优先等级是 P_2 级,故选择这

两个变量中最高等级非零检验数对应的优先等级中级别较低的变量x_1作为进基变量,从而第一列为主元列,$-\frac{1}{2}$为主元素。

在表5-8的第二个单纯形表(Ⅱ)中,得到的解仍然不满足可行性条件,故仍需继续迭代。此时,以d_2^+为出基变量,可能的进基变量只有d_1^-,故选择变量d_1^-为进基变量,从而第三列为主元列,-1为主元素。

又经过一次迭代,在表5-8的第三个单纯形表(Ⅲ)中,最优性条件和可行性条件都得到了满足,从而得到了该问题的满意解。

在前面两节中,我们讨论了目标规划问题的两种求解方法:单纯形法和对偶单纯形法,其他的求解方法还有多阶段目标规划方法、顺序目标规划方法、目标规划改进单纯形法等。这些方法都能够很好地求出目标规划问题的解,且有着各自的特点和适用范围。这些方法不仅为我们提供了求解目标规划问题的方法,而且能使我们更深刻地理解目标规划问题求解方法的特点,便于我们根据问题灵活应用各种方法。

5.5 目标规划的灵敏度分析

目标规划的一个最主要的作用就是可以对各种资源的投入情况、约束条件、既定目标、目标优先等级及权系数等进行组合、变换,以及模拟分析,以选择最佳的决策方案。目标规划的作用,主要通过其灵敏度分析来具体体现。从某种意义上来说,目标规划的灵敏度分析比线性规划的灵敏度分析更为重要,因为目标规划本身所解决的各类问题,更切合实际,更有意义,对工作更有指导作用和实际价值。这与党的二十大精神所提及的坚持问题导向的观念高度契合。

5.5.1 目标规划的灵敏度分析内容

目标规划的灵敏度分析与线性规划的灵敏度分析类似,研究的内容主要包括以下几点。
(1) 约束条件(包括绝对约束和目标约束)右端常数发生变化时对原来满意解的影响。
(2) 目标函数中各偏差变量的优先等级或权系数发生变化时对原来满意解的影响。
(3) 约束条件中变量的系数发生变化时对原来满意解的影响。
(4) 增加新的变量时对原来满意解的影响。
(5) 增加新的约束(或目标)时对原来满意解的影响。
以上各种变化,可能会产生以下结果。
(1) 满意解保持不变,即满意解对应的基矩阵及基变量相应的取值都保持不变。
(2) 满意解对应的基矩阵不变,但基变量相应的取值发生变化。
(3) 满意解对应的基矩阵和基变量相应的取值都发生变化。
根据线性规划的有关理论,我们可得出以下结论。
(1) 约束条件(绝对约束和目标约束)右端常数的变化,只影响原问题的可行性。
(2) 目标函数中偏差变量优先等级及权系数的变化,只影响原问题的最优性。
(3) 约束条件中非基变量系数的变化,只影响原问题的最优性。

在以下的讨论中，我们以线性规划的灵敏度分析理论为基础，进一步将线性规划的灵敏度分析方法推广到目标规划中，进行目标规划的灵敏度分析。

为便于讨论，我们引进目标规划灵敏度分析有关的符号，它与线性规划灵敏度分析的有关符号极为相似。

将目标规划问题的标准形式记为

$$\min Z = C_B X_B + C_N X_N$$

$$\text{s.t.} \begin{cases} BX_B + NX_N = b \\ X_B, X_N \geq 0 \end{cases}$$

5.5.2 分析举例

【例 5-12】某厂生产 A、B 两种产品，单位产品需要的加工工时分别为 1 小时和 2 小时，单位利润分别为 200 元与 100 元，现提出如下目标。

(1) 每天的加工工时不超过 8 小时。
(2) 争取使每天生产的产品 A 和产品 B 的总利润不低于 1000 元。
(3) 每天生产的产品 A 和产品 B 的总产量至少为 6 个单位。

试建立该问题的目标规划模型，并用单纯形法求出满意解。

解：设 x_1 与 x_2 分别为产品 A 和产品 B 的日产量，Z 为总的偏差量，则该问题的数学模型如下所示。

$$\min Z = P_1 d_1^+ + P_2 d_2^- + P_3 d_3^-$$

$$\text{s.t.} \begin{cases} x_1 + 2x_2 + d_1^- - d_1^+ = 8 \\ 2x_1 + x_2 + d_2^- - d_2^+ = 10 \\ x_1 + x_2 + d_3^- - d_3^+ = 6 \\ x_1, x_2, d_i^-, d_i^+ \geq 0 \ (i = 1, 2, 3) \end{cases}$$

用单纯形法求解的计算过程如表 5-9 所示。

表 5-9 计算过程

	$c_j \rightarrow$		0	0	0	P_1	P_2	0	P_3	0
C_B	X_B	b	x_1	x_2	d_1^-	d_1^+	d_2^-	d_2^+	d_3^-	d_3^+
0	d_1^-	8	1	2	1	−1	0	0	0	0
P_2	d_2^-	10	[2]	1	0	0	1	−1	0	0
P_3	d_3^-	6	1	1	0	0	0	0	1	−1
检验数	P_1		0	0	0	1	0	0	0	0
	P_2		−2	−1	0	0	0	1	0	0
	P_3		−1	−1	0	0	0	0	0	1
0	d_1^-	3	0	3/2	1	−1	−1/2	1/2	0	0

续表

$c_j \rightarrow$			0	0	0	P_1	P_2	0	P_3	0
C_B	X_B	b	x_1	x_2	d_1^-	d_1^+	d_2^-	d_2^+	d_3^-	d_3^+
0	x_1	5	1	1/2	0	0	1/2	−1/2	0	0
P_3	d_3^-	1	0	[1/2]	0	0	−1/2	1/2	1	−1
检验数	P_1		0	0	0	1	0	0	0	0
	P_2		0	0	0	0	1	0	0	0
	P_3		0	−1/2	0	0	1/2	−1/2	0	1
0	d_1^-	0	0	0	1	−1	1	−1	−3	3
0	x_1	4	1	0	0	0	1	−1	−1	1
0	x_2	2	0	1	0	0	−1	1	2	−2
检验数	P_1		0	0	0	1	0	0	0	0
	P_2		0	0	0	0	1	0	0	0
	P_3		0	0	0	0	0	0	1	0

经过迭代，得到满意解（方案 1）为 $X^* = (4,2)^T$，总利润为 1000 元。且有：$d_1^+ = d_2^- = d_3^- = 0$，即各级目标均完全实现。又由 $d_1^- = 0$ 可知，8 个加工工时全部用完。

1. 约束条件右端常数的变化

【例 5-13】 基于例 5-12 的条件，根据市场情况，管理者需要了解以下情况。

(1) 若要求每天的生产总利润比现在提高 20%，原来的满意解有什么变化？

(2) 若要求每天生产的产品 A 和产品 B 的总产量至少为 8 个单位，原来的满意解有什么变化？

解： (1) 由表 5-9，可得

$$B^{-1}b = \begin{bmatrix} 1 & 1 & -3 \\ 0 & 1 & -1 \\ 0 & -1 & 2 \end{bmatrix} \begin{bmatrix} 8 \\ 12 \\ 6 \end{bmatrix} = \begin{bmatrix} 2 \\ 6 \\ 0 \end{bmatrix}$$

由此可知，解的可行性不变，从而基矩阵不变。但满意解（方案 2）变为 $X^* = (6,0)^T$，总利润为 1200 元。

又由于此时 $d_1^- = 2$，可知，有 2 个加工工时的剩余，即只需要 6 个加工工时就可以达到目标要求了，且总利润比原来还高出 200 元。显然，若不强调两种产品都必须生产的话，方案 2 优于方案 1。

(2) 由

$$B^{-1}b = \begin{bmatrix} 1 & 1 & -3 \\ 0 & 1 & -1 \\ 0 & -1 & 2 \end{bmatrix} \begin{bmatrix} 8 \\ 10 \\ 8 \end{bmatrix} = \begin{bmatrix} -6 \\ 2 \\ 6 \end{bmatrix}$$

可知，原来的满意解不再可行，将表 5-9 最终表中的常数列改为 $\boldsymbol{B}^{-1}\boldsymbol{b}$，用对偶单纯形法继续迭代，如表 5-10 所示。

经过迭代，得到新的满意解（方案 3）为 $\boldsymbol{X}^* = (8,0)^T$，总利润为 1600 元。同时，由 $d_2^+ = 6$ 可知，方案 3 超额完成了利润指标要求。

由于 $d_1^+ = d_2^- = d_3^- = 0$，故各级目标均完全实现。

将方案 3 与方案 1 相比可知，同样是用了 8 个工时，采用不同的生产方案，就会得到不同的总利润。同样，若不强调两种产品都必须生产的话，方案 3 优于方案 1。

表 5-10 计算过程

c_B	$c_j \rightarrow$ X_B	b	0 x_1	0 x_2	0 d_1^-	P_1 d_1^+	P_2 d_2^-	0 d_2^+	P_3 d_3^-	0 d_3^+
0	d_1^-	−6	0	0	1	−1	1	−1	[−3]	3
0	x_1	2	1	0	0	0	1	−1	−1	1
0	x_2	6	0	1	0	0	−1	1	2	−2
检验数	P_1		0	0	0	1	0	0	0	0
	P_2		0	0	0	0	1	0	0	0
	P_3		0	0	0	0	0	0	1	0
P_3	d_3^-	2	0	0	−1/3	1/3	−1/3	[1/3]	1	−1
0	x_1	4	1	0	−1/3	1/3	2/3	−2/3	0	0
0	x_2	2	0	1	2/3	−2/3	−1/3	1/3	0	0
检验数	P_1		0	0	0	1	0	0	0	0
	P_2		0	0	0	0	1	0	0	0
	P_3		0	0	1/3	−1/3	1/3	−1/3	0	1
0	d_2^+	6	0	0	−1	1	−1	1	3	−3
0	x_1	8	1	0	−1	1	0	0	2	−2
0	x_2	0	0	1	1	−1	0	0	−1	1
检验数	P_1		0	0	0	1	0	0	0	0
	P_2		0	0	0	0	1	0	0	0
	P_3		0	0	0	0	0	0	1	0

2. 目标函数中优先等级或权系数的变化

【例 5-14】 如果在例 5-12 中,管理者将目标要求改为:既要充分利用每天 8 小时的加工工时,又不能超出这一时间。那么,原来的满意解有什么变化?

解: 这时,目标函数变为

$$\min Z = P_1(d_1^- + d_1^+) + P_2 d_2^- + P_3 d_3^-$$

由于基变量的优先等级发生了变化,所以会影响所有变量的检验数,此时要重新计算新的检验数。将表 5-9 的 $\boldsymbol{C}_B = (0,0,0)$ 变为 $\boldsymbol{C}_B' = (P_1,0,0)$,此时检验数

$$\sigma_N' = \boldsymbol{C}_N - \boldsymbol{C}_B \boldsymbol{B}^{-1} \boldsymbol{N} = (P_1, P_2, 0, P_3, 0) - (P_1, 0, 0) \begin{bmatrix} 1 & 1 & -3 \\ 0 & 1 & -1 \\ 0 & -1 & 2 \end{bmatrix} \begin{bmatrix} -1 & 0 & 0 & 0 & 0 \\ 0 & 1 & -1 & 0 & 0 \\ 0 & 0 & 0 & 1 & -1 \end{bmatrix}$$

$$= (P_1, P_2, 0, P_3, 0) - (-P_1, P_1, -P_1, -3P_1, 3P_1) = (2P_1, -P_1 + P_2, P_1, 3P_1 + P_3, -3P_1)$$

由于存在为负值的检验数,所以原来的满意解发生变化。将表 5-9 最终表中的检验数改为新的检验数,用单纯形法继续迭代,如表 5-11 所示。

表 5-11 计算过程

C_B	X_B	$c_j \to$ b	0 x_1	0 x_2	P_1 d_1^-	P_1 d_1^+	P_2 d_2^-	0 d_2^+	P_3 d_3^-	0 d_3^+
P_1	d_1^-	0	0	0	1	−1	1	−1	−3	[3]
0	x_1	4	1	0	0	0	1	−1	−1	1
0	x_2	2	0	1	0	0	−1	1	2	−2
检验数	P_1	0	0	0	0	2	−1	1	3	−3
	P_2	0	0	0	0	0	1	0	0	0
	P_3	0	0	0	0	0	0	0	1	0
0	d_3^+	0	0	0	1/3	−1/3	1/3	−1/3	−1	1
0	x_1	4	1	0	−1/3	1/3	2/3	−2/3	0	0
0	x_2	2	0	1	2/3	−2/3	−1/3	1/3	0	0
检验数	P_1	0	0	0	1	1	0	0	0	0
	P_2	0	0	0	0	0	1	0	0	0
	P_3	0	0	0	0	0	0	0	1	0

经过迭代,基变量变了,但满意解没有变,仍然为 $\boldsymbol{X}^* = (4,2)^T$,总利润为 1000 元。且有 $d_1^- = d_1^+ = d_2^- = d_3^- = 0$,即各级目标均完全实现。

3. 增加新的约束条件（或目标）时的变化

【**例 5-15**】 在例 5-12 中，管理者根据市场情况，重新调整生产方案，要求产品 A 的产量不超过产品 B 的产量，且将其作为第 4 个优先等级的目标要求，那么原来的满意解会发生什么样的变化？

解：这相当于在原来的模型中增加了新的约束条件：

$$x_1 - x_2 + d_4^- - d_4^+ = 0$$

且目标函数变为

$$\min Z = P_1 d_1^+ + P_2 d_2^- + P_3 d_3^- + P_4 d_4^+$$

则原来的模型变为

$$\min Z = P_1 d_1^+ + P_2 d_2^- + P_3 d_3^- + P_4 d_4^+$$

$$\text{s.t.} \begin{cases} x_1 + 2x_2 + d_1^- - d_1^+ = 8 \\ 2x_1 + x_2 + d_2^- - d_2^+ = 10 \\ x_1 + x_2 + d_3^- - d_3^+ = 6 \\ x_1 - x_2 + d_4^- - d_4^+ = 0 \\ x_1, x_2, d_i^-, d_i^+ \geq 0 (i = 1, 2, 3, 4) \end{cases}$$

这时，原来模型中的目标函数与系数矩阵同时发生了变化，将新的约束条件加在表 5-9 的最终表中，并将基矩阵变换成单位矩阵，这时 **b** 列中出现负值，故用对偶单纯形法继续迭代，如表 5-12 所示。

表 5-12 计算过程

C_B	X_B	b	$c_j \rightarrow$ 0 x_1	0 x_2	0 d_1^-	P_1 d_1^+	P_2 d_2^-	0 d_2^+	P_3 d_3^-	0 d_3^+	0 d_4^-	P_4 d_4^+
0	d_1^-	0	0	0	1	−1	1	−1	−3	3	0	0
0	x_1	4	1	0	0	0	1	−1	−1	1	0	0
0	x_2	2	0	1	0	0	−1	1	2	−2	0	0
0	d_4^-	0	1	−1	0	0	0	0	0	0	1	−1
0	d_1^-	0	0	0	1	−1	1	−1	−3	3	0	0
0	x_1	4	1	0	0	0	1	−1	−1	1	0	0
0	x_2	2	0	1	0	0	−1	1	2	−2	0	0
0	d_4^-	−2	0	0	0	0	−2	2	3	−3	1	[−1]

续表

C_B	X_B	b	x_1	x_2	d_1^-	d_1^+	d_2^-	d_2^+	d_3^-	d_3^+	d_4^-	d_4^+
		$c_j \rightarrow$	0	0	0	P_1	P_2	0	P_3	0	0	P_4
检验数	P_1		0	0	0	1	0	0	0	0	0	0
	P_2		0	0	0	0	1	0	0	0	0	0
	P_3		0	0	0	0	0	0	1	0	0	0
	P_4		0	0	0	0	0	0	0	0	0	1
0	d_1^-	0	0	0	1	−1	1	−1	−3	[3]	0	0
0	x_1	4	1	0	0	0	1	−1	−1	1	0	0
0	x_2	2	0	1	0	0	−1	1	2	−2	0	0
P_4	d_4^+	2	0	0	0	0	2	−2	−3	3	−1	1
检验数	P_1		0	0	1	0	0	0	0	0	0	0
	P_2		0	0	0	0	1	0	0	0	0	0
	P_3		0	0	0	0	0	0	1	0	0	0
	P_4		0	0	0	0	−2	2	3	−3	1	0
0	d_3^+	0	0	0	1/3	−1/3	1/3	−1/3	−1	1	0	0
0	x_1	4	1	0	−1/3	1/3	2/3	−2/3	0	0	0	0
0	x_2	2	0	1	2/3	−2/3	−1/3	1/3	0	0	0	0
P_4	d_4^+	2	0	0	−1	1	1	−1	0	0	−1	1
检验数	P_1		0	0	0	1	0	0	0	0	0	0
	P_2		0	0	0	0	1	0	0	0	0	0
	P_3		0	0	0	0	0	0	1	0	0	0
	P_4		0	0	1	−1	−1	1	0	0	1	0

经过迭代，得到新的满意解仍然为 $X^* = (4,2)^T$，总利润为 1000 元，且有 $d_1^+ = d_2^- = d_3^- = 0, d_4^+ = 2$，故 P_1, P_2, P_3 这三级目标得到了实现，但 P_4 级目标没有实现。

4. 增加新的变量时的变化

【例 5-16】 在例 5-12 中，根据市场调查，工厂的管理者决定生产一种新产品 C，单位产品 C 所需加工工时为 1 小时，单位利润为 200 元，要求每天生产这 3 种产品的总利润不低于 1400 元。此时，应如何修改原来的生产计划，使之满足管理者提出的目标要求？

解：这个题目系数改变较多，问题变得稍微有点复杂。

(1) 增加新的产品 C，相当于在原来的模型中增加了一个新的变量，记为 x_3。

(2) 要求生产产品的总利润不低于 1400 元，故 b 列也发生了变化。原来的模型变为

$$\min Z = P_1 d_1^+ + P_2 d_2^- + P_3 d_3^-$$

$$\text{s.t.} \begin{cases} x_1 + 2x_2 + x_3 + d_1^- - d_1^+ = 8 \\ 2x_1 + x_2 + 2x_3 + d_2^- - d_2^+ = 14 \\ x_1 + x_2 + d_3^- - d_3^+ = 6 \\ x_1, x_2, x_3, d_i^-, d_i^+ \geq 0 \ (i=1,2,3) \end{cases}$$

首先用 $\boldsymbol{B}^{-1}$ 乘以新增加的产品 C 的系数列向量，即

$$\boldsymbol{B}^{-1}\boldsymbol{P}_{x_3} = \begin{bmatrix} 1 & 1 & -3 \\ 0 & 1 & -1 \\ 0 & -1 & 2 \end{bmatrix} \begin{bmatrix} 1 \\ 2 \\ 0 \end{bmatrix} = \begin{bmatrix} 3 \\ 2 \\ -2 \end{bmatrix}$$

将其加在表 5-9 的最终表的最右列，又由于

$$\boldsymbol{B}^{-1}\boldsymbol{b} = \begin{bmatrix} 1 & 1 & -3 \\ 0 & 1 & -1 \\ 0 & -1 & 2 \end{bmatrix} \begin{bmatrix} 8 \\ 14 \\ 6 \end{bmatrix} = \begin{bmatrix} 4 \\ 8 \\ -2 \end{bmatrix}$$

将上述变化反映在表 5-9 中，用对偶单纯形法继续迭代，计算过程如表 5-13 所示。

表 5-13 计算过程

C_B	X_B	$c_j \rightarrow$ b	0 x_1	0 x_2	0 d_1^-	P_1 d_1^+	P_2 d_2^-	0 d_2^+	P_3 d_3^-	0 d_3^+	0 x_3
0	d_1^-	4	0	0	1	−1	1	−1	−3	3	3
0	x_1	8	1	0	0	0	1	−1	−1	1	2
0	x_2	−2	0	1	0	0	[−1]	1	2	−2	−2
检验数	P_1		0	0	0	1	0	0	0	0	0
检验数	P_2		0	0	0	0	1	0	0	0	0
检验数	P_3		0	0	0	0	0	0	1	0	0
0	d_1^-	2	0	1	1	−1	0	0	−1	1	1
0	x_1	6	1	1	0	0	0	0	1	−1	0
P_2	d_2^-	2	0	−1	0	0	1	−1	−2	2	[2]
检验数	P_1		0	0	0	1	0	0	0	0	0
检验数	P_2		0	1	0	0	0	1	2	−2	−2
检验数	P_3		0	0	0	0	0	0	1	0	0
0	d_1^-	1	0	3/2	1	−1	−1/2	1/2	0	0	0
0	x_1	6	1	1	0	0	0	0	1	−1	0
0	x_3	1	0	−1/2	0	0	1/2	−1/2	−1	1	1

续表

C_B	X_B	b	x_1	x_2	d_1^-	d_1^+	d_2^-	d_2^+	d_3^-	d_3^+	x_3
	$c_j \rightarrow$		0	0	0	P_1	P_2	0	P_3	0	0
检验数	P_1		0	0	0	1	0	0	0	0	0
	P_2		0	0	0	0	1	0	0	0	0
	P_3		0	0	0	0	0	0	1	0	0

经过迭代，得到新的满意解为 $X^* = (6,0,1)^T$，总利润为 1400 元，且有 $d_1^+ = d_2^- = d_3^- = 0$，即各级目标均完全实现。

在上文中，我们是通过一个简单的例子，来说明目标规划灵敏度分析的原理和方法的。在实际应用中，我们可以借助计算机来完成上述计算。

从上述讨论中，我们可以看到，在实际的管理工作中，利用目标规划方法对各种资源的投入、约束条件、既定目标、目标优先等级及权系数等进行灵敏度分析，比线性规划方法更为方便、灵活。

【第 5 章习题】

第 6 章

整 数 规 划

学习目标

1. 理解整数规划的基本概念与分类;
2. 了解整数规划问题的建模与应用;
3. 掌握求解整数规划问题的分支定界法、割平面法;
4. 理解求解 0-1 整数规划的隐枚举法。

6.1 整数规划概述

6.1.1 整数规划的基本概念

整数规划是数学规划的一个重要分支,有些线性规划问题要求部分或全部决策变量的取值必须是整数,否则原问题就会失去意义,这样的规划问题就称为整数线性规划 (Integer Linear Programming, ILP) 问题,简称整数规划 (Integer Programming, IP) 问题。不考虑整数条件,由余下的目标函数和约束条件构成的规划问题称为该整数线性规划问题的松弛问题。整数线性规划问题可以看作对决策变量进行整数约束的一种线性规划问题的特殊形式,因此,可以认为,整数线性规划问题一般要比相应的线性规划问题约束得更紧。

整数线性规划数学模型的一般形式可以分为下列几种类型。

(1) 纯整数线性规划 (Pure Integer Linear Programming, PILP):指全部决策变量都必须取整数值的整数线性规划。有时,也称为全整数规划。

(2) 混合整数线性规划 (Mixed Integer Linear Programming, MILP):指决策变量中有一部分必须取整数值,另一部分可以不取整数值的整数线性规划。

(3) 0-1 整数线性规划 (0-1 Integer Linear Programming, 0-1 ILP):指决策变量只能取值为 0 或 1 的整数线性规划。

本章仅讨论整数线性规划。后文提到的整数规划,都是指整数线性规划。

在学习整数规划的过程中,需要将重点集中在以下三点:应用、理论和计算。为了说明整数规划在实际中的广泛应用,本章首先介绍相关的数学模型,然后给出整数规划的两种经典算法:分支定界法与割平面法,在这两种方法中,分支定界法更加有效。本章的最后还将介绍一些特殊的整数规划问题（0-1 整数规划问题、指派问题等）的解法。

6.1.2 整数规划的数学模型

整数规划是在 20 世纪 60 年代发展起来的规划论中的一个分支，前面所介绍的线性规划数学模型中的决策变量在非负条件下的取值范围是连续的，大多数情况下，最优解表现为分数或小数，但是对于某些具体问题，变量只有取非负整数才有意义。例如，一家运输公司决定购买多少辆汽车，一家机械生产厂家决定购买多少台设备，一家宾馆准备配备几名保安，以及布料裁剪衣物的件数，等等，都只能取离散的整数值，含有分数或小数的解是不合要求的。对于这类问题，如果按一般的线性规划数学模型求解，结果很可能会远远偏离最优解，甚至变得不是可行解。特别是在考虑一些规模较大的工程时，更不能采取这种做法。因此，有必要进一步研究整数规划数学模型的建立和解法。

1. 整数规划数学模型的一般形式

人们对整数规划感兴趣，不仅是因为整数规划可以解决规划问题中变量取整数值的问题，更因为有些实际问题的解必须满足一些特殊的约束条件，其中包括逻辑条件和顺序要求等，诸如项目的取舍、资金额度的把握等关键问题。此时，我们往往需要引进取"是"（用"1"表示）和"非"（用"0"表示）为变量值的逻辑变量（又称 0-1 变量）。所以说，整数规划在分析研究管理方面的问题时有着非常重要的意义和作用，很多管理问题无法归结为线性规划的数学模型，但却可以通过设置逻辑变量建立整数规划的数学模型。整数规划数学模型的一般形式为

$$\max(\text{或}\min)z = \sum_{j=1}^{n} c_j x_j$$

$$\begin{cases} \sum_{j=1}^{n} a_{ij} x_j \leqslant (=, \geqslant) b_i (i=1,2,\cdots,m) \\ x_j \geqslant 0 (j=1,2,\cdots,n) \\ x_1, x_2, \cdots, x_n \text{ 中部分或全部取整数} \end{cases}$$

【例 6-1】 某单位有 5 个拟选择投资的项目，其所需投资额与期望收益如表 6-1 所示。由于各项目之间有一定联系，A、C、E 之间必须选择一项且仅需选择一项；B 和 D 之间必须且只需选择一项；又由于 C 和 D 两项目密切相关，C 的实施必须以 D 的实施为前提条件，该单位共筹集资金 15 万元，问应该选择哪些项目投资，才能使期望收益最大？

表 6-1 项目所需投资额与期望收益

项目	所需投资额 / 万元	期望收益 / 万元
A	6	10
B	4	8
C	2	7
D	4	6
E	5	9

解：设决策变量为

$$x_j = \begin{cases} 0, \text{表示项目} j \text{ 不被选中} \\ 1, \text{表示项目} j \text{ 被选中} \end{cases} (j=1,2,3,4,5, \text{分别代表A、B、C、D、E})$$

目标函数为使期望收益最大，即 $\max z = 10x_1 + 8x_2 + 7x_3 + 6x_4 + 9x_5$。

约束条件包括：

① 投资额限制条件，$6x_1 + 4x_2 + 2x_3 + 4x_4 + 5x_5 \leq 15$；

② 项目A、C、E之间必须且只需选择一项，$x_1 + x_3 + x_5 = 1$；

③ 项目B和D之间必须且只需选择一项，$x_2 + x_4 = 1$；

④ 项目C的实施要以项目D的实施为前提条件，$x_3 \leq x_4$。

归纳起来，其数学模型为

$$\max z = 10x_1 + 8x_2 + 7x_3 + 6x_4 + 9x_5$$

$$\begin{cases} 6x_1 + 4x_2 + 2x_3 + 4x_4 + 5x_5 \leq 15 \\ x_1 + x_3 + x_5 = 1 \\ x_2 + x_4 = 1 \\ x_3 \leq x_4 \\ x_j = 0 \text{ 或 } 1 (j=1,2,3,4,5) \end{cases}$$

【例 6-2】 某个中型百货商场对售货人员（周工资，即单位费用为 700 元）的人数需求经统计如表 6-2 所示。

表 6-2　某个中型百货商场对售货人员的人数需求

星期	一	二	三	四	五	六	日
人数需求	12	15	12	14	16	18	19

为了保证售货人员得到充分休息，规定售货人员每周连续工作 5 天，休息 2 天。问应如何安排售货人员的工作时间，使得售货人员的总周工资（总费用）最少？

解：每个人的休息时间为连续的 2 天时间；每天安排的售货人员数不得低于需求人数，但可以超过需求人数。

对条件进行分析。不可变因素：人数需求、休息时间、单位费用；可变因素：安排的人数、每人工作的时间、总费用。依此确定方案、变量、约束条件、目标函数。

方案：确定每天工作的人数，由于连续休息 2 天，确定每个人开始休息的时间就等于知道工作的时间，因而确定每天开始休息的人数就知道每天开始工作的人数，从而求出每天工作的人数。

变量：每天开始休息的人数 $x_i (i=1,2,\cdots,7)$。

约束条件：

① 每人休息时间为 2 天，自然满足；

② 每天工作人数不低于需求人数，第 i 天工作的人数就是从第 $i-2$ 天往前数 5 天内开始休息的人数，因此有约束

$$\begin{cases} x_2 + x_3 + x_4 + x_5 + x_6 \geq 12 \\ x_3 + x_4 + x_5 + x_6 + x_7 \geq 15 \\ x_1 + x_4 + x_5 + x_6 + x_7 \geq 12 \\ x_1 + x_2 + x_5 + x_6 + x_7 \geq 14 \\ x_1 + x_2 + x_3 + x_6 + x_7 \geq 16 \\ x_1 + x_2 + x_3 + x_4 + x_7 \geq 18 \\ x_1 + x_2 + x_3 + x_4 + x_5 \geq 19 \end{cases}$$

③ 变量非负，且均为整数。

目标函数：总费用最小，总费用与所配的总售货人数成正比。由于每个人必然在且仅在某一天开始休息，所以总费用为

$$\min z = 700 \sum_{i=1}^{7} x_i$$

总的模型如下所示。

$$\min z = 700 \sum_{i=1}^{7} x_i$$

$$\text{s.t.} \begin{cases} x_2 + x_3 + x_4 + x_5 + x_6 \geq 12 \\ x_3 + x_4 + x_5 + x_6 + x_7 \geq 15 \\ x_1 + x_4 + x_5 + x_6 + x_7 \geq 12 \\ x_1 + x_2 + x_5 + x_6 + x_7 \geq 14 \\ x_1 + x_2 + x_3 + x_6 + x_7 \geq 16 \\ x_1 + x_2 + x_3 + x_4 + x_7 \geq 18 \\ x_1 + x_2 + x_3 + x_4 + x_5 \geq 19 \\ x_i \geq 0 (i=1,2,\cdots,7), \text{且均为整数} \end{cases}$$

【例 6-3】 一个登山队员，需要携带的物品有：食品、氧气、冰镐、绳索、帐篷、照相器材、通信器材等。每种物品的质量及重要性系数如表 6-3 所示。设登山队员可携带的最大质量为 25 千克，试选择该队员所应携带的物品。

表 6-3 每种物品的质量及重要性系数

序号	1	2	3	4	5	6	7
物品	食品	氧气	冰镐	绳索	帐篷	照相器材	通信器材
质量/千克	5	5	2	6	12	2	4
重要性系数	20	15	18	14	8	4	10

解： 引入 0-1 变量 x_i，若 $x_i = 1$，表示应携带物品 i；若 $x_i = 0$，表示不应携带物品 i。因此模型可表达为

$$\max z = 20x_1 + 15x_2 + 18x_3 + 14x_4 + 8x_5 + 4x_6 + 10x_7$$

$$\begin{cases} 5x_1 + 5x_2 + 2x_3 + 6x_4 + 12x_5 + 2x_6 + 4x_7 \leq 25 \\ x_i = 0 \text{或} 1 (i = 1, 2, \cdots, 7) \end{cases}$$

【例 6-4】 试引入 0-1 变量将下列各题分别表达为一般线性约束条件。

(1) $x_1 + x_2 \leq 6$ 或 $4x_1 + 6x_2 \geq 10$ 或 $2x_1 + 4x_2 \leq 20$；

(2) 若 $x_1 \leq 5$，则 $x_2 \geq 0$，否则 $x_2 \leq 8$；

(3) x 取值 0，1，3，5，7。

解：(1) 三组约束只有一组起作用。

$$\begin{cases} x_1 + x_2 \leq 6 + y_1 M \\ 4x_1 + 6x_2 \geq 10 - y_2 M \\ 2x_1 + 4x_2 \leq 20 + y_3 M \\ y_1 + y_2 + y_3 = 2 \\ y_j = 0 \text{或} 1 (j = 1, 2, 3) \end{cases} \quad \text{或} \quad \begin{cases} x_1 + x_2 \leq 6 + (1 - y_1) M \\ 4x_1 + 6x_2 \geq 10 - (1 - y_2) M \\ 2x_1 + 4x_2 \leq 20 + (1 - y_3) M \\ y_1 + y_2 + y_3 = 1 \\ y_j = 0 \text{或} 1 (j = 1, 2, 3) \end{cases}$$

如果要求至少一个条件满足，则将 $y_1 + y_2 + y_3 = 2$ 改为 $y_1 + y_2 + y_3 \leq 2$，将 $y_1 + y_2 + y_3 = 1$ 改为 $y_1 + y_2 + y_3 \geq 1$。

(2) 两组约束只有一组起作用。

$$\begin{cases} x_1 \leq 5 + yM \\ x_1 > 5 - (1 - y)M \\ x_2 \geq -yM \\ x_2 \leq 8 + (1 - y)M \\ y = 0 \text{或} 1 \end{cases}$$

(3) 右端常数是 5 个值中的 1 个。

$$\begin{cases} x = y_1 + 3y_2 + 5y_3 + 7y_4 \\ y_1 + y_2 + y_3 + y_4 \leq 1 \\ y_j = 0 \text{或} 1 (j = 1, 2, 3, 4) \end{cases}$$

2. 整数规划解的特点

从解的特点来说，整数规划问题与其松弛问题之间既有密切的联系，又有本质的区别。

松弛问题作为一个线性规划问题，其可行解的集合是一个凸集，任意两个可行解的凸组合仍为可行解。整数规划问题的可行解集合是它的松弛问题可行解集合的一个子集，任意两个可行解的凸组合不一定满足整数约束条件，因而不一定为可行解。由于整数规划问题的可行解一定也是它的松弛问题的可行解（反之则不一定），所以整数规划问题最优解的目标函数值不会优于其松弛问题最优解的目标函数值。

在一般情况下，松弛问题的最优解不会刚好满足变量的整数约束条件，因而一般不是整数规划问题的可行解，自然就不是整数规划问题的最优解。此时，若对松弛问题的这个最优解中不符合整数要求的分量简单地取整，所得到的解不一定是整数规划问题的最优解，甚至也不一定是整数规划问题的可行解。

【例 6-5】 考虑下面的整数规划问题。

$$\max z = 6x_1 + 4x_2$$

$$\begin{cases} 2x_1 + 4x_2 \leq 13 \\ 2x_1 + x_2 \leq 7 \\ x_1, x_2 \geq 0, \text{且均为整数} \end{cases}$$

解：如果不考虑 x_1、x_2 取整数的约束，则是上式的松弛问题，线性规划问题的可行域如图 6-1 中的阴影部分所示。

若不考虑整数约束条件，用单纯形法求得该整数规划问题所对应的松弛问题最优解为 A 点，坐标为 (2.5,2)，目标函数值为 23。由于 $x_1 = 2.5$ 时，它不满足整数约束条件，而如果采用舍入取整的方法，取 $x_1 = 3$，则整数解为 (3,2)，不能满足两个约束条件，从而是该整数规划问题的非可行解；如果取 $x_1 = 2$，则整数解为 (2,2)，对应的目标函数值为 20，尽管此解是该整数规划问题的可行解，但不是最优解。实际上，该整数规划问题的最优解为 (3,1)，其对应的目标函数值为 22。

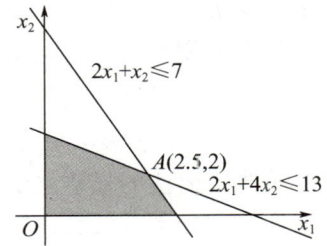

图 6-1　线性规划问题的可行域

由此可见，整数规划问题的可行解是离散的、可数的点集，它是相应的松弛问题的可行集的子集，整数规划问题对应的松弛问题的可行集是凸集，而整数规划问题的可行集不一定为凸集。在求目标函数最大化（或最小化）问题时，整数规划问题的松弛问题的最优解对应的目标函数值要大于或等于（或小于或等于）该整数规划问题的最优解对应的目标函数值，即整数规划问题的最优解不优于相应的线性规划问题的最优解。下面分别讨论求解整数规划问题的分支定界法和割平面法。

6.2　整数规划问题的解法

混合整数规划问题一般有无限多个可行解，即使是纯整数规划问题，随着问题规模的扩大，其可行解的规模也将急剧增大。因此通过枚举全部可行解，并从中筛选出最优解的算法计算量太大，无实际应用价值。那么，能否在合理剖分可行域的同时，只需检验部分整数解，便可求得整数规划问题的最优解呢？实践证明这是可行的，因此如何巧妙地构造枚举过程是必须研究的问题，目前用得较多的是将完全枚举法变成部分枚举法。分支定界法 (Branch And Bound Method，BABM) 就是一种隐枚举法或部分枚举法。由于这种方法灵活且便于计算机求解，所以目前已成为求解整数规划问题的重要方法之一，可用于求解纯整数规划和混合整数规划问题。

6.2.1　分支定界法

1. 分支定界法的基本思想

分支定界法主要是以通过"巧妙"的枚举法求整数规划问题的可行解的思想为依据设计的。分支定界法是将问题的可行域进行分解，逐一核查每一可行域子集，判断它是否包含最优解的方法。其基本思想可形象地描述为：假如你正在寻找某座城市内从所在大学 A 到该城市内最大书店 B 的最短路线，可以选择的路线有很多条，其中有一些路线经过站点 C，而另外一些路线则不经过。经过站点 C 的路线会大大加长路途距离，因此，这样的路线不会成为最短路线。所以，就可以忽略这些路线，而考察其他路线，直到寻找到最短路线。

分支定界法的具体做法可概述为：从不考虑变量的整数约束条件的相应的松弛问题出发，如果其最优解不符合整数约束条件，就将原问题分解成几个问题（分支问题），通过不断增加新的约束条件（由整数要求引出的条件）来压缩原来的可行域，逐步逼近整数最优解。

整数规划问题是在其松弛问题的基础上，添加了整数约束条件，故而其可行解范围要缩小。这说明，整数规划问题的最优解不会更优于其松弛问题的最优解。

2. 分支定界法求解整数规划问题的步骤

分支定界法的求解主要包括分支和定界两个关键步骤。

所谓"分支"就是在处理整数规划问题时，逐步加入对各变量的整数约束。先求解整数规划问题相应的松弛问题，若其最优解不符合整数条件，即假设 $x_i = b_i$ 不符合整数条件，就构造两个新的约束条件：$x_i \leq [b_i]$ 和 $x_i \geq [b_i]+1$，分别将其并入原整数规划问题，从而形成两个分支，这两个分支的可行域中包含原整数规划问题的所有可行解。此时相应的松弛问题中满足 $[b_i] < x_i < [b_i]+1$ 的区域被切掉了，切掉区域不含整数规划问题的任何可行解。在形成的两个分支中，每个分支都增加了约束条件，这样就缩小了可行域。根据需要，各个分支问题可以类似地产生自己的分支，如此不断继续，从而通过分支迭代求出原整数规划问题的最优解。

所谓"定界"就是在分支过程中，若某个分支问题所对应的松弛问题恰巧获得满足整数约束的最优解，那么它的目标值就是整数规划的目标函数值的一个"界限"，可作为衡量和处理其他分支的一个依据。对于那些相应的松弛问题最优解的目标函数值比上述"界限"还差的分支问题，就可以将它剔除不加考虑。如果在后面的分支过程中出现更好的"界限"，则用它来取代原来的"界限"。如此可逐步逼近原整数规划问题的最优解。

"分支"为求解整数规划问题的最优解创造了条件，而"定界"则可提高搜索的效率。下面通过一个极大化问题来介绍分支定界法的算法步骤，为了更加直观，以二维变量为例，结合图解法进行讨论。

【例 6-6】 求下列整数规划问题的最优解。

$$\max Z = 4x_1 + 3x_2$$

$$\text{s.t.} \begin{cases} 1.2x_1 + 0.8x_2 \leq 10 \\ 2x_1 + 2.5x_2 \leq 25 \\ x_1, x_2 \geq 0, \text{且均为整数} \end{cases}$$

解：先求解对应的松弛问题（记为 LP_0）。

$$\max Z = 4x_1 + 3x_2$$

$$LP_0 : \begin{cases} 1.2x_1 + 0.8x_2 \leq 10 \\ 2x_1 + 2.5x_2 \leq 25 \\ x_1, x_2 \geq 0 \end{cases}$$

用图解法得到最优解 $X = (3.57, 7.14)^T$, $Z_0 = 35.7$, 如图 6-2 所示。

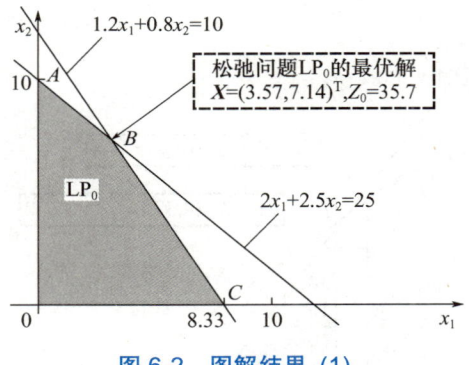

图 6-2　图解结果 (1)

由于 x_1 和 x_2 均不是整数,故任选一个进行分支。如先选 x_1,则有 $x_1 \leq 3$ 和 $x_1 \geq 4$,将两个新得到的分支分别并入 LP_0,得 LP_1 与 LP_2。

$$LP_1: \begin{cases} \max Z = 4x_1 + 3x_2 \\ 1.2x_1 + 0.8x_2 \leq 10 \\ 2x_1 + 2.5x_2 \leq 25 \\ x_1 \leq 3 \\ x_1, x_2 \geq 0 \end{cases} \qquad LP_2: \begin{cases} \max Z = 4x_1 + 3x_2 \\ 1.2x_1 + 0.8x_2 \leq 10 \\ 2x_1 + 2.5x_2 \leq 25 \\ x_1 \geq 4 \\ x_1, x_2 \geq 0 \end{cases}$$

图解结果如图 6-3 所示,由于目标函数是求极大值,$Z_2 > Z_1$,故选较大分支 LP_2 进行分支。此时增加新的约束 $x_2 \leq 6$ 与 $x_2 \geq 7$,分别并入 LP_2,形成两个新分支,即 LP_2 的后继问题 LP_{21} 和 LP_{22}。由图 6-4 可以看出,由于 LP_{22} 的可行域为空集,所以只需考虑后继问题 LP_{21}。

$$LP_{21}: \begin{cases} \max Z = 4x_1 + 3x_2 \\ 1.2x_1 + 0.8x_2 \leq 10 \\ 2x_1 + 2.5x_2 \leq 25 \\ x_1 \geq 4, \ x_2 \leq 6 \\ x_1, x_2 \geq 0 \end{cases} \qquad LP_{22}: \begin{cases} \max Z = 4x_1 + 3x_2 \\ 1.2x_1 + 0.8x_2 \leq 10 \\ 2x_1 + 2.5x_2 \leq 25 \\ x_1 \geq 4, \ x_2 \geq 7 \\ x_1, x_2 \geq 0 \end{cases}$$

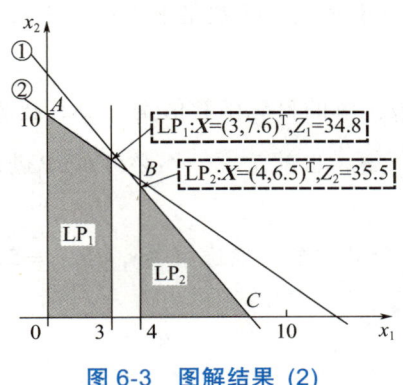

图 6-3　图解结果 (2)

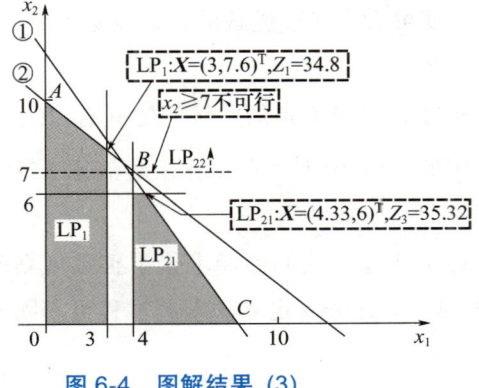

图 6-4　图解结果 (3)

用图解法求解LP_{21}，如图 6-5 所示。最优解为$x_1=4.33, x_2=6, Z_3=35.32$。

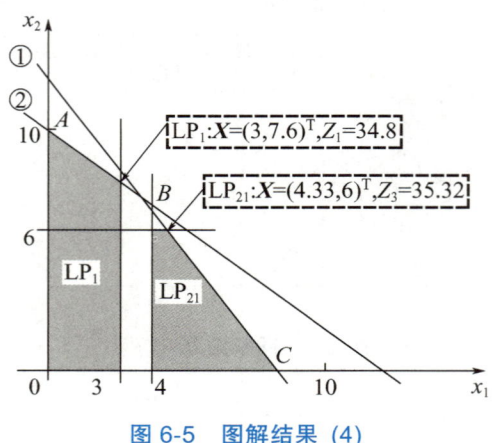

图 6-5　图解结果（4）

对于原整数规划问题 IP 来说，至少还剩两个分支：后继问题LP_1和LP_{21}。因为LP_{21}的最优解目标函数值比LP_1的大，所以优先考虑对LP_{21}进行分支。两个新的约束条件为$x_1 \leq 4$和$x_1 \geq 5$，于是形成了LP_{21}的两个后继问题LP_{211}和LP_{212}。

$$LP_{211}: \begin{cases} \max Z = 4x_1 + 3x_2 \\ 1.2x_1 + 0.8x_2 \leq 10 \\ 2x_1 + 2.5x_2 \leq 25 \\ x_1 \geq 4, \ x_2 \leq 6, \ x_1 \leq 4 \\ x_1, x_2 \geq 0 \end{cases} \qquad LP_{212}: \begin{cases} \max Z = 4x_1 + 3x_2 \\ 1.2x_1 + 0.8x_2 \leq 10 \\ 2x_1 + 2.5x_2 \leq 25 \\ x_1 \geq 5, \ x_2 \leq 6 \\ x_1, x_2 \geq 0 \end{cases}$$

其中LP_{211}的可行域在$x_1=4$这条线上。LP_{211}的最优解是$x_1=4, x_2=6$，即图 6-6 中的点E，$Z_4=34$；LP_{212}的最优解是$x_1=5, x_2=5$，即图 6-6 中点D，$Z_5=35$。这两个解都是 IP 的可行解，但 35>34。至此，可以肯定两点：第一，在LP_{211}和LP_{212}中不可能存在比D点和E点更好的 IP 的可行解，因此不必再在它们中继续搜索；第二，既然点D是 IP 的可行解，那么目标函数值$Z_5=35$就可看作 IP 最优解的目标函数值的一个界限（对于极大化问题是下界；对于极小化问题是上界）。

现在，尚未检查的后继问题只有LP_1了。但LP_1的最优解的目标函数值是 34.8，比界限 35 小。因此，LP_1中不存在目标函数值比 35 大的 IP 的可行解，也就是说，不必再对LP_1进行分支搜索了。

综上所述，我们已经求得了整数规划问题 IP 的一个最优解。最优解为$x_1=5, x_2=5$，最优值为 35。上述分支定界法求解过程可用图 6-7 来表示。

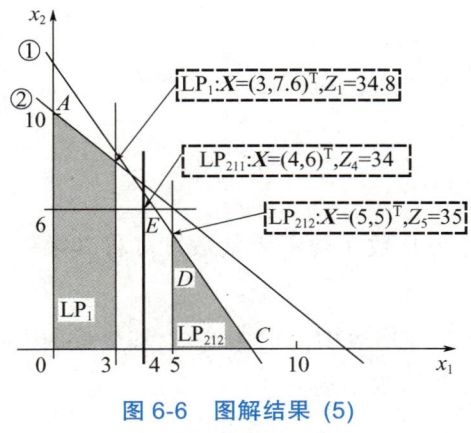

图 6-6 图解结果 (5)

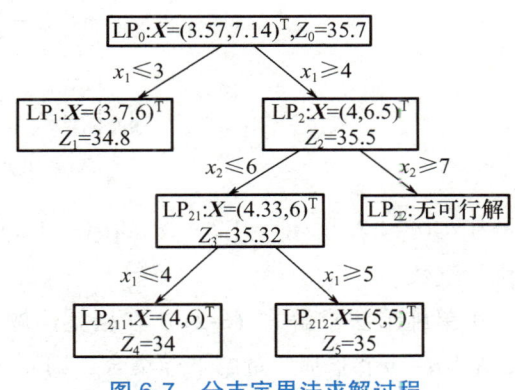

图 6-7 分支定界法求解过程

6.2.2 割平面法

割平面法（Cutting Plane Method，CPM）是由美国学者高莫瑞（R. E. Gomory）于 1958 年提出的一种方法。求解整数规划问题的割平面法有多种类型，但它们的基本思想是相同的，以下我们只介绍其基本方法，即 Gomory 割平面法。它在理论上是重要的，被认为是整数规划的核心部分。割平面法从总的思路来看，和分支定界法类似，它也是在求解整数规划相应的松弛问题的基础上，不断增加新的约束条件，在被压缩的可行域上通过求解一系列松弛问题最终得到原问题的整数最优解。但是在割平面法中，新约束条件的求法与分支定界法不同。

1. 割平面法的基本思想

对于整数规划问题，先不考虑其整数约束条件，用单纯形法求解对应的松弛问题。由于整数规划问题的可行域是由对应的松弛问题的可行域内的全部整数点所组成的，所以若松弛问题的最优解是可行域内的整数点，则此解就是整数规划问题的最优解；若松弛问题的最优解的分量不全为整数，则设法构造一个特定的线性约束条件（在几何术语上称为割平面条件）并入松弛问题，得到缩小的可行域，在图形上犹如切割掉了可行域（凸的）中的某一部分边缘区域，且这个非整数最优解恰好在被割掉的区域内，而原整数规划问题的任何一个整数可行解都未被割掉，同时新增加的割平面还必须穿过至少一个可行或者不可行的整数点（这是对割平面的基本要求），此时缩小后的可行域的凸性不变。如此重复这个过程，逐步切割可行域，直到得到一个使目标函数达到最优的整数点恰好出现在新可行域的顶点上为止。

2. 割平面条件的生成方法

设整数规划问题为

$$\max Z = \sum_{j=1}^{n} c_j x_j$$
$$\text{s.t.} \begin{cases} \sum_{j=1}^{n} a_{ij} x_j = b_i (i=1,2,\cdots,m) \\ x_j \geq 0 (j=1,2,\cdots,n), \text{且均为整数} \end{cases} \quad (6-1)$$

对应的松弛问题为

$$\max Z = \sum_{j=1}^{n} c_j x_j$$
$$\text{s.t.} \begin{cases} \sum_{j=1}^{n} a_{ij} x_j = b_i (i=1,2,\cdots,m) \\ x_j \geq 0 (j=1,2,\cdots,n) \end{cases} \tag{6-2}$$

设其中 $a_{ij}(i=1,2,\cdots,m; j=1,2,\cdots,n)$ 和 $b_i(i=1,2,\cdots,m)$ 皆为整数（若不为整数，可将其乘一个倍数化为整数）。

用单纯形法求解式 (6-2) 。在松弛问题的最优单纯形表中，记 Q 为 m 个基变量的下标集合，K 为 $n-m$ 个非基变量的下标集合，则 m 个约束方程可表示为

$$x_i + \sum_{j \in K} \bar{a}_{ij} x_j = \bar{b}_i (i \in Q) \tag{6-3}$$

而对应的最优解为 $\boldsymbol{X}^* = (x_1^*, x_2^*, \cdots, x_n^*)^{\mathrm{T}}$，其中

$$x_j^* = \begin{cases} \bar{b}_j, j \in Q \\ 0, j \in K \end{cases}$$

若 $\bar{b}_j (j \in Q)$ 皆为整数，则 $\boldsymbol{X}^*$ 满足整数解要求，因而就是纯整数规划问题的最优解；若 $\bar{b}_j (j \in Q)$ 不全为整数，则 $\boldsymbol{X}^*$ 不满足整数解要求，因而就不是纯整数规划问题的可行解，自然也不是原整数规划问题的最优解。

用割平面法解整数规划问题时，若松弛问题的最优解 $\boldsymbol{X}^*$ 不满足整数要求，则从 $\boldsymbol{X}^*$ 的非整数分量中选取一个，用以构造一个线性约束条件，将其加入原松弛问题中，形成一个新的线性规划问题，然后求解之。若新的最优解满足整数要求，则它就是整数规划问题的最优解；否则，重复上述步骤，直到获得整数最优解为止。

为最终获得整数最优解，每次增加的线性约束条件应当具备两个基本性质：其一是获得的不符合整数要求的最优解不满足该线性约束条件，从而不可能在以后的解中再出现；其二是凡整数可行解均满足该线性约束条件，因而整数最优解始终被保留在每次形成的线性规划可行域中。

为此，若 $\bar{b}_{i_0}(i_0 \in Q)$ 不是整数，在式 (6-3) 中对应的约束方程为

$$x_{i_0} + \sum_{j \in K} \bar{a}_{i_0,j} x_j = \bar{b}_{i_0} \tag{6-4}$$

其中，x_{i_0} 和 $x_j (j \in K)$ 按式 (6-1) 应为整数；$\bar{b}_{i_0}$ 按假设不是整数；$\bar{a}_{i_0,j}(j \in K)$ 可能是整数，也可能不是整数。分解 $\bar{a}_{i_0,j}$ 和 $\bar{b}_{i_0}$ 为两部分：一部分是不超过该数的最大整数，另一部分是余下的小数，即

$$\bar{a}_{i_0,j} = N_{i_0,j} + f_{i_0,j}, \ N_{i_0,j} \leq \bar{a}_{i_0,j} \text{且为整数}, \ 0 \leq f_{i_0,j} < 1 \ (j \in K) \tag{6-5}$$

$$\bar{b}_{i_0} = N_{i_0} + f_{i_0}, \ N_{i_0} \leq \bar{b}_{i_0} \text{且为整数}, \ 0 < f_{i_0} < 1 \tag{6-6}$$

把式 (6-5) 和式 (6-6) 代入式 (6-4)，移项后得

$$x_{i_0} + \sum_{j \in K} N_{i_0,j} x_j - N_{i_0} = f_{i_0} - \sum_{j \in K} f_{i_0,j} x_j \tag{6-7}$$

式 (6-7) 中，左边是一个整数，右边是一个小于 1 的数，因此有 $f_{i_0} - \sum_{j \in K} f_{i_0,j} x_j \leq 0$，即

$$\sum_{j \in K} (-f_{i_0,j}) x_j \leq -f_{i_0} \tag{6-8}$$

现在，来考察现行约束条件式 (6-8) 的性质。

(1) 由于式 (6-8) 中 $j \in K$，所以，如将 X^* 代入，各 x_j 作为非基变量皆为 0，因而有 $0 \leq -f_{i_0}$，这和式 (6-6) 矛盾。由此可见，X^* 不满足式 (6-8)。

(2) 满足式 (6-1) 中约束条件的任何一个整数可行解 X 一定也满足式 (6-3)，式 (6-4) 是式 (6-3) 的一个表达式，当然也满足。因而 X 必定满足式 (6-7) 和式 (6-8)。由此可知，任何整数可行解一定能满足式 (6-8)。

综上所述，现行约束条件式 (6-8) 具备上述两个基本性质。将式 (6-1) 的结构性约束合并，构成一个新的线性规划问题。记 R 为原松弛问题可行域，R' 为新的松弛问题可行域。从几何意义上看，式 (6-8) 实际上对 R 做了一次"切割"，在留下的 R' 中，保留了整数规划问题的所有整数可行解，但不符合整数要求的 X^* 被"切割"掉了。随着"切割"过程的不断继续，整数规划问题最优解最终有机会成为某个线性规划问题可行域的顶点，从而作为该线性规划问题的最优解被解得。

3. 割平面法的求解步骤

(1) 将整数规划问题的松弛问题进行标准化，并用单纯形法求出其最优解；
(2) 若最优解全为整数，则达到最优，否则转下一步；
(3) 从最优单纯形表中选择具有最大小数部分的非整数分量所在行构造割平面约束条件，将其变成割平面方程；
(4) 将新约束方程（割平面方程）加入最后一个单纯形表，并用对偶单纯形法求解；
(5) 如求出的解仍为非整数解，则重复步骤 (3)、步骤 (4)，直至求出整数最优解。

【例 6-7】 用割平面法求解纯整数规划问题。

$$\max Z = x_1 + x_2$$

$$\text{s.t.} \begin{cases} 2x_1 + x_2 \leq 6 \\ 4x_1 + 5x_2 \leq 20 \\ x_1, x_2 \geq 0, \text{且均取整数} \end{cases}$$

解：不考虑整数约束，先引入松弛变量 x_3, x_4，将问题化为标准形式，用单纯形法进行求解，得最终单纯形表如表 6-4 所示。

表 6-4 最终单纯形表

	$c_j \to$		1	1	0	0
C_B	X_B	b	x_1	x_2	x_3	x_4
1	x_1	5/3	1	0	5/6	-1/6
1	x_2	8/3	0	1	-2/3	1/3
	$c_j - z_j$		0	0	-1/6	-1/6

由于表 6-4 中 b 列的两行中各分数均为 2/3，故任一行均可产生割平面约束条件。如选第一行，按照式 (6-8)，割平面约束为

$$-\frac{5}{6}x_3 - \frac{5}{6}x_4 \leqslant -\frac{2}{3}$$

引入松弛变量 x_5，得割平面方程

$$-\frac{5}{6}x_3 - \frac{5}{6}x_4 + x_5 = -\frac{2}{3}$$

将上面的割平面方程并入表 6-4，然后用对偶单纯形法求解，得表 6-5。

表 6-5　计算过程（1）

$c_j \rightarrow$			1	1	0	0	0
C_B	X_B	b	x_1	x_2	x_3	x_4	x_5
1	x_1	5/3	1	0	5/6	−1/6	0
1	x_2	8/3	0	1	−2/3	1/3	0
0	x_5	−2/3	0	0	[−5/6]	−5/6	1
	$c_j - z_j$		0	0	−1/6	−1/6	0
1	x_1	1	1	0	0	−1	1
1	x_2	16/5	0	1	0	1	−4/5
0	x_3	4/5	0	0	1	1	−6/5
	$c_j - z_j$		0	0	0	0	−1/5

由于 x_2 不是整数解，且 b 列各分数中 $x_3 = \frac{4}{5}$ 有最大小数部分 $\frac{4}{5}$，故从该行产生割平面约束条件。按照式 (6-8)，割平面约束为

$$-\frac{4}{5}x_5 \leqslant -\frac{4}{5}$$

引入松弛变量 x_6，得割平面方程为

$$-\frac{4}{5}x_5 + x_6 = -\frac{4}{5}$$

将上面的割平面方程并入表 6-5，然后用对偶单纯形法求解，得表 6-6。

表 6-6　计算过程（2）

$c_j \rightarrow$			4	0	3	0	0	0
C_B	X_B	b	x_1	x_2	x_3	x_4	x_5	x_6
1	x_1	1	1	0	0	−1	1	0
1	x_2	16/5	0	1	0	1	−4/5	0
0	x_3	4/5	0	0	1	1	−6/5	0
0	x_6	−4/5	0	0	0	0	[−4/5]	1
	$c_j - z_j$		0	0	0	0	−1/5	0

续表

C_B	X_B	b	x_1	x_2	x_3	x_4	x_5	x_6
$c_j \rightarrow$			4	0	3	0	0	0
1	x_1	0	1	0	0	-1	0	5/4
1	x_2	4	0	1	0	1	0	-1
0	x_3	2	0	0	1	1	0	-3/2
0	x_5	1	0	0	0	0	1	-5/4
$c_j - z_j$			0	0	0	0	0	-1/4

表 6-6 给出的最优解 $(x_1, x_2, x_3, x_4, x_5, x_6)^\mathrm{T} = (0, 4, 2, 0, 1, 0)^\mathrm{T}$ 已满足整数要求,因而,原整数规划问题的最优解为 $x_1 = 0, x_2 = 4, \max Z = 4$。

6.3　0-1 整数规划

6.3.1　0-1 整数规划概述

在整数规划问题中,整数决策变量常常只用来指明一项可能的方案究竟是采用还是不采用,这里的整数变量 x_i 仅可取 0 和 1 两个值,这时的变量 x_i 称为 0-1 变量。当整数规划问题的所有决策变量都是 0-1 变量时,则称它为 0-1 整数规划问题。x_i 仅可取 0 或 1 这个条件可由约束条件"$x_i = 0$ 或 1"来表示;或者可用不等式约束"$x_i \geq 0$,$x_i \leq 1$ 且取整数"代替,因此它也与一般整数规划问题的约束条件在形式上一致,所以说 0-1 整数规划是整数规划中的特殊情形,特殊性仅在于变量是 0-1 变量。

0-1 整数规划可以说是整数规划在实际应用中最活跃的部分,这是因为实际问题中存在大量的决策问题,决策者希望能回答诸如:要不要开展一个特定研究项目与发展项目,要不要在一处特定场地建一个新工厂等问题。回答这类问题就可以借助 0-1 变量。由于"0"在数学上的特性可以很好地代表"无"或"否",而"1"则可以很好地代表"有"或"是",所以 0-1 变量就可以量化地描述诸如开与关、是与否、取与舍、有与无等现象,它反映了离散变量间的逻辑关系。另外,引入 0-1 变量后,许多复杂的、困难的问题就变得相对简单,它可以反映约束条件的互斥关系,也可以把各种本来需要分别加以讨论的问题统一在一个问题模型中研究。因此,0-1 整数规划有着广泛的应用背景。

1. 选址问题

【例 6-8】 某公司拟在市内 A、B、C 三个区建立销售点。经考察,有 10 个位置(点) $S_i(i = 1, 2, \cdots, 10)$ 可以选择。规定 A 区在 S_1 至 S_4 四个点中至多选两个;B 区在 S_5 至 S_7 三个点中至少选一个;C 区在 S_8 至 S_{10} 三个点中至少选一个。如果选择 S_i 点,建设投资为 v_i 万元,每年可获得利润估计为 p_i 万元,但总投资不能超过 V 万元。问:如何选择销售点的位置可使年利润最大？

解：引入 0-1 变量 x_i，令

$$x_i = \begin{cases} 1, & \text{当 } S_i \text{ 点被选中} \\ 0, & \text{当 } S_i \text{ 点没被选中} \end{cases} (i=1,2,\cdots,10)$$

此问题可用下列模型来表示

$$\max Z = \sum_{i=1}^{10} p_i x_i$$

$$\text{s.t.} \begin{cases} \sum_{i=1}^{10} v_i x_i \leq V \\ \sum_{i=1}^{4} x_i \leq 2 \\ \sum_{i=5}^{7} x_i \geq 1 \\ \sum_{i=8}^{10} x_i \geq 1 \\ x_i = 0 \text{或} 1 (i=1,2,\cdots,10) \end{cases}$$

2. 相互排斥的约束条件

如果有 m 个相互排斥的约束条件（$\leq$ 型）$\sum_{j=1}^{n} a_{ij} x_j \leq b_i (i=1,2,\cdots,m)$。为了保证这 m 个约束条件只有 k 个起作用，可以引入 m 个 0-1 变量 y_i 和一个充分大的常数 M。构造下面这一组约束条件即可符合上述要求。

$$\begin{cases} \sum_{j=1}^{n} a_{ij} x_j \leq b_i + y_i M \\ \sum_{i=1}^{m} y_i = m - k \\ y_i = 0 \text{或} 1 (i=1,2,\cdots,m) \end{cases}$$

式中，$y_i = 1$ 表示第 i 个约束不起作用，$y_i = 0$ 表示第 i 个约束起作用。当约束条件是"$\geq$"符号时右端常数项应为 $b_i - y_i M$。

在经济管理的实践中，人们经常通过引入 0-1 变量来使问题简化，为解决实际问题提供方便。

【例 6-9】 某服装公司能够生产 3 种服装：衬衣、短裤和长裤。每种服装的生产都要求公司具有适当类型的机器。生产每种服装所需的机器将按下列费用租用：衬衣机器每周 200 元、短裤机器每周 150 元、长裤机器每周 100 元。每种服装的生产还需表 6-7 所示数量的布料和劳动时间，每种服装的售价和单位可变成本也列在表 6-7 中。每周可利用的劳动时间为 150 小时、布料为 160 平方米。试建立一个可以使该公司每周利润最大的整数规划模型。

表 6-7 每种服装相关信息

服装类型	劳动时间/小时	布料/平方米	售价/元	单位可变成本/元
衬衣	3	4	12	6
短裤	2	3	8	4
长裤	6	4	15	8

解：设 x_i 为第 i 种服装的周产量。

$$y_i = \begin{cases} 1, & \text{生产第 } i \text{ 种服装} \\ 0, & \text{不生产第 } i \text{ 种服装} \end{cases}$$

$$\max Z = 6x_1 + 4x_2 + 7x_3 - 200y_1 - 150y_2 - 100y_3$$

$$\text{s.t.} \begin{cases} 3x_1 + 2x_2 + 6x_3 \leq 150 \\ 4x_1 + 3x_2 + 4x_3 \leq 160 \\ x_i \leq My_i (i=1,2,3) \\ x_i \geq 0 \text{ 且为整数}; y_i = 0 \text{ 或 } 1(i=1,2,3) \end{cases}$$

其中，第 3 个约束条件保证当 $x_i > 0$ 时，$y_i = 1$，即若生产第 i 种服装，则必然发生租用第 i 种服装生产机器的费用。

3. 二选一约束条件

有下列两个约束条件。

$$f(x_1, x_2, \cdots, x_n) \leq 0, \quad g(x_1, x_2, \cdots, x_n) \leq 0$$

若我们希望保证至少满足两个约束条件中的一个，则可以引入一个 0-1 变量 y 和一个正数 M，这样，下面的两个约束条件就能保证至少满足以上两个约束条件中的一个。

$$f(x_1, x_2, \cdots, x_n) \leq My, \quad g(x_1, x_2, \cdots, x_n) \leq M(1-y)$$

通常，M 是一个足够大的正数（M 必须足够大，才能保证 $f \leq M$ 和 $g \leq M$ 对于满足问题中其他约束条件的 x_i 的所有值都成立）。

4. 集合覆盖问题

【**例 6-10**】（设施位置集合覆盖问题）某城市有 6 个行政区，这个城市必须确定在什么地方修建消防站。在保证至少有一个消防站在每个行政区的 15 分钟（行驶时间）路程内的情况下，该城市希望修建的消防站越少越好。表 6-8 给出了在该城市的各行政区之间行驶需要的时间。建立一个整数规划模型，告诉该城市应当修建多少消防站及它们所在的位置。

表 6-8 在该城市的各行政区之间行驶需要的时间 （单位：分钟）

	行政区 1	行政区 2	行政区 3	行政区 4	行政区 5	行政区 6
行政区 1	0	10	20	30	30	20
行政区 2	10	0	25	35	20	10

续表

	行政区 1	行政区 2	行政区 3	行政区 4	行政区 5	行政区 6
行政区 3	20	25	0	15	30	20
行政区 4	30	35	15	0	15	25
行政区 5	30	20	30	15	0	14
行政区 6	20	10	20	25	14	0

解：表 6-8 说明了哪些位置可以在 15 分钟内到达每个行政区。对于每个行政区，该城市都必须确定是否在那里修建消防站。假设

$$x_i = \begin{cases} 1, & \text{在行政区 } i \text{ 修建消防站} \\ 0, & \text{不在行政区 } i \text{ 修建消防站} \end{cases}$$

表 6-9 说明了在给定行政区 15 分钟路程内的行政区。

表 6-9　15 分钟路程内的行政区

	行政区 1	行政区 2	行政区 3	行政区 4	行政区 5	行政区 6
15 分钟路程内的行政区	1、2	1、2、6	3、4	3、4、5	4、5、6	2、5、6

目标函数：

$$\min Z = \sum_{i=1}^{6} x_i$$

约束条件：从表 6-9 可知，行政区 1 和行政区 2 至少需修建 1 个消防站，行政区 1、2、6 三者中至少建 1 个消防站，其他行政区间有类似的约束。总体来说，有以下的约束条件：

$$\begin{cases} x_1 + x_2 \geq 1 \\ x_1 + x_2 + x_6 \geq 1 \\ x_3 + x_4 \geq 1 \\ x_3 + x_4 + x_5 \geq 1 \\ x_4 + x_5 + x_6 \geq 1 \\ x_2 + x_5 + x_6 \geq 1 \\ x_i = 0 \text{ 或} 1 \end{cases}$$

在集合覆盖问题中，给定集合（称之为集合 1）中的每个成员必须被某个集合（称之为集合 2）中的一个可接受成员"覆盖"。

集合覆盖问题的目标是使覆盖集合 1 中所有成员所需要的集合 2 中的成员数量最少。在例 6-10 中，集合 1 是该城市中的每个行政区，集合 2 是消防站所在行政区的集合。例如，行政区 2 的消防站覆盖行政区 1、2 和 6，行政区 4 的消防站覆盖行政区 3、4、5。

集合覆盖问题在航空乘务员调度、行政区划、航班调度和车辆行程安排等方面有许多应用。

5. 假设约束条件

在许多应用中会出现下列情况：我们希望保证，如果满足约束条件 $f(x_1, x_2, \cdots, x_n) > 0$，那么必须满足约束条件 $g(x_1, x_2, \cdots, x_n) \geq 0$。如果没有满足约束条件 $f(x_1, x_2, \cdots, x_n) > 0$，那么可以满足也可以不满足约束条件 $g(x_1, x_2, \cdots, x_n) \geq 0$。简言之，我们希望 $f(x_1, x_2, \cdots, x_n) > 0$ 意味着 $g(x_1, x_2, \cdots, x_n) \geq 0$。为了确保这一点，我们将在表述中加入下列约束条件。

$$-g(x_1, x_2, \cdots, x_n) \leq My, \quad f(x_1, x_2, \cdots, x_n) \leq M(1-y), \quad y=0 \text{ 或 } 1$$

通常，M 是一个足够大的正数（M 必须足够大，才能保证 $f \leq M$ 和 $g \leq M$ 对于满足问题中其他约束条件的 x_i 的所有值都成立）。

例如，如果所有 x_{ij} 都必须等于 0 或 1，且限制条件为：如果 $x_{11}=1$，那么 $x_{21}=x_{31}=x_{41}=0$。那么我们就可以把它转化为：如果 $x_{11}>0$，那么 $x_{21}+x_{31}+x_{41} \leq 0$ 或 $-x_{21}-x_{31}-x_{41} \geq 0$。

定义 $f=x_{11}, g=-x_{21}-x_{31}-x_{41}$，则可以用下面的约束条件表示原约束。

$$\begin{cases} x_{21}+x_{31}+x_{41} \leq My \\ x_{11} \leq M(1-y) \\ y=0 \text{ 或 } 1 \end{cases}$$

由于 f 和 $-g$ 永远都不会超过 3，所以我们可以选择 $M=3$，然后把下列约束条件添加到原始问题表述中。

$$\begin{cases} x_{21}+x_{31}+x_{41} \leq 3y \\ x_{11} \leq 3(1-y) \\ y=0 \text{ 或 } 1 \end{cases}$$

6. 整数规划和分段线性函数

分段线性函数不是线性函数，所以人们可能认为不能使用线性规划方法求解涉及这些函数的最优化问题。但是，利用 0-1 变量，可以把分段线性函数表示成线性函数形式。

假设一个分段线性函数 $f(x)$ 有间断点 $b_1, b_2, \cdots, b_n$。对于某个 $k(k=1, 2, \cdots, n-1)$，有 $b_k \leq x \leq b_{k+1}$，因此对于某个数 $z_k (0 \leq z_k \leq 1)$，可以把 x 记作 $x=z_k b_k + (1-z_k) b_{k+1}$。

由于当 $b_k \leq x \leq b_{k+1}$ 时，$f(x)$ 是线性的，所以我们可以把 $f(x)$ 写成

$$f(x) = z_k f(b_k) + (1-z_k) f(b_{k+1})$$

下面，我们介绍利用线性约束条件和 0-1 变量表示分段线性函数的方法。

(1) 第一步：在最优化问题中出现 $f(x)$ 的地方，用 $z_1 f(b_1) + z_2 f(b_2) + \cdots + z_n f(b_n)$ 代替 $f(x)$。

(2) 第二步：在最优化问题中添加下列约束条件。

$$\begin{cases} z_1 \leq y_1 \\ z_2 \leq y_1 + y_2 \\ z_3 \leq y_2 + y_3 \\ \quad \vdots \\ z_{n-1} \leq y_{n-2} + y_{n-1} \\ z_n \leq y_{n-1} \\ \sum_{i=1}^{n-1} y_i = 1 \\ \sum_{i=1}^{n} z_i = 1 \\ x = \sum_{i=1}^{n-1} z_i b_i \\ y_i = 0 \text{或} 1 (i=1,2,\cdots,n-1) \\ z_i \geq 0 (i=1,2,\cdots,n) \end{cases}$$

【例 6-11】（具有分段线性函数的整数规划问题）某石油公司利用两种石油（石油 1 和石油 2）生产两种汽油（汽油 1 和汽油 2）。每升汽油 1 至少含有 50% 的石油 1，每升汽油 2 至少含有 60% 的石油 1。每升汽油 1 的售价是 12 美分、每升汽油 2 的售价为 14 美分。目前有 500 升石油 1 和 1000 升石油 2。可以按下列价格最多购买 1500 升石油 1：第一批 500 升，每升 25 美分；下一批 500 升，每升 20 美分；再下一批 500 升，每升 15 美分。表述一个可以使公司利润最大的整数规划方法。

解：设 x 为石油 1 的购买数量，x_{ij} 为用石油 i 生产的汽油 j 的数量，则公司的利润为

$$Z = 12(x_{11} + x_{21}) + 14(x_{12} + x_{22}) - c(x)$$

$$c(x) = \begin{cases} 25x & (0 \leq x \leq 500) \\ 20x + 2500 & (500 < x \leq 1000) \\ 15x + 7500 & (1000 < x \leq 1500) \end{cases}$$

由于 $c(x)$ 的间断点是 0、500、1000 和 1500，所以我们可以按下列步骤将其线性化。

(1) 第一步：用 $c(x) = z_1 c(0) + z_2 c(500) + z_3 c(1000) + z_4 c(1500)$ 代替原 $c(x)$。

(2) 第二步：添加下列约束条件。

$$\begin{cases} x = 0 z_1 + 500 z_2 + 1000 z_3 + 1500 z_4 \\ z_1 \leq y_1 \\ z_2 \leq y_1 + y_2 \\ z_3 \leq y_2 + y_3 \\ z_4 \leq y_3 \\ z_1 + z_2 + z_3 + z_4 = 1 \\ y_1 + y_2 + y_3 = 1 \\ y_1, y_2, y_3 = 0 \text{或} 1 \\ z_1, z_2, z_3, z_4 \geq 0 \end{cases}$$

目标函数：$\max Z = 12(x_{11} + x_{21}) + 14(x_{12} + x_{22}) - c(x)$。

约束条件：除了第二步所建立的约束条件外，其他的约束条件还有以下几个。

(1) 公司最多可以使用 $x+500$ 升的石油 1：$x_{11}+x_{12} \leqslant x+500$。

(2) 公司最多可以使用 1000 升的石油 2：$x_{21}+x_{22} \leqslant 1000$。

(3) 汽油 1 至少必须含有 50% 的石油 1：$x_{11}/(x_{11}+x_{21}) \geqslant 0.5$。

(4) 汽油 2 至少必须含有 60% 的石油 1：$x_{12}/(x_{12}+x_{22}) \geqslant 0.6$。

如果某模型目标函数或约束条件中含有非线性函数，我们可以先将此非线性函数分段线性化，然后采用以上的方法，将模型变成线性模型。

6.3.2　0-1 整数规划的求解方法

求解 0-1 整数规划问题，最容易想到的方法就是穷枚举法，即检查变量取值为 0 或 1 的每种组合是否符合约束条件，然后再比较目标函数值，看是否已经求得最优解。但当变量个数 n 很大时，需要检查的变量的取值组合为 2^n 个。由此可见，只有变量较少时，穷枚举法才是比较有效的一种算法，因此，有必要介绍一种新的算法——隐枚举法。

1. 隐枚举法

隐枚举法的基本思路不同于穷枚举法，它不需要逐一算出所有变量组合，而是通过添加过滤条件进行分析、判断，然后排除一些不可能成为最优解的变量组合，这样能大大减少计算量。

2. 隐枚举法的步骤

(1) 第一步：重排 x_i 的顺序。当问题是求极大值时，使目标函数中 x_i 的系数是递增（不减）的；当问题是求极小值时，使目标函数中 x_i 的系数是递减（不增）的。

(2) 第二步：当问题是求极大值时，将目标函数所有可能的取值按照从大到小的顺序排列（对于求极小值的问题则按照从小到大的顺序排列），并按此顺序排列对应的变量取值组合；对于这组排列好的变量取值组合，从第一个组合开始，判断该组合是否满足所有的约束条件，若全部满足，则该组合为最优解，停止检验；否则检验下一个组合，直到有一个组合满足全部的约束条件为止。

【例 6-12】 用隐枚举法求解以下问题。

$$\max Z = 4x_1 + 2x_2 + 5x_3 - x_4$$

$$\text{s.t.} \begin{cases} x_1 + 2x_2 + x_3 + 2x_4 \leqslant 4 \\ 7x_1 + 3x_3 - 4x_4 \leqslant 8 \\ 11x_1 - 6x_2 + 3x_4 \geqslant 3 \\ x_j = 0 \text{ 或 } 1 (j = 1, 2, \cdots, 4) \end{cases}$$

解法一：

(1) 先通过观察法找到一个可行解：$\boldsymbol{x}_0 = (1,0,0,0)^T$，此时目标函数值为 $Z_0 = 4$，由于问题是求极大值，故可将 4 作为该 0-1 整数规划问题的下界（求最小值问题则为上界），于是，可增加一个约束条件：

$$4x_1 + 2x_2 + 5x_3 - x_4 \geqslant 4$$

此约束条件也称为过滤条件，这样，原问题就变成了如下形式。

$$\max Z = 4x_1 + 2x_2 + 5x_3 - x_4$$

$$\text{s.t.} \begin{cases} 4x_1 + 2x_2 + 5x_3 - x_4 \geqslant 4 & (6\text{-}9) \\ x_1 + 2x_2 + x_3 + 2x_4 \leqslant 4 & (6\text{-}10) \\ 7x_1 + 3x_3 - 4x_4 \leqslant 8 & (6\text{-}11) \\ 11x_1 - 6x_2 + 3x_4 \geqslant 3 & (6\text{-}12) \\ x_j = 0 \text{或} 1 (j = 1, 2, \cdots, 4) \end{cases}$$

将目标函数按变量系数从小到大的顺序排列为

$$\max Z = -x_4 + 2x_2 + 4x_1 + 5x_3$$

（2）列出变量取值为 0 或 1 的所有组合，共 $2^4 = 16$ 个，并将变量组合按照 (x_4, x_2, x_1, x_3) 的顺序列出，以便较快找出最优解。将约束条件按顺序排好，计算过程如表 6-10 所示，然后分别将这些变量的组合解依次代入约束条件的左侧，求出数值，看是否符合不等式条件，如不符合某一条件，同行的其他条件就不必再检查，从而减少了运算次数。符合约束条件的打"√"，否则打"×"。

表 6-10 计算过程

x_j	式 (6-9)	式 (6-10)	式 (6-11)	式 (6-12)	Z
(0,0,0,0)	×				
(0,0,0,1)	×				
(0,0,1,0)	√	√	√	×	
(0,1,0,0)	×				
(1,0,0,0)	√	√	√	√	4
(0,0,1,1)	√	√	√		4
(0,1,0,1)	×				
(0,1,1,0)	√	√	√	×	
(1,0,0,1)	×				
(1,0,1,0)	√	√	×		
(1,1,0,0)	√	√	√	√	6
(0,1,1,1)	√	×			
(1,0,1,1)	√	√	√	√	8
(1,1,0,1)	√	×			
(1,1,1,0)	√	√	×		
(1,1,1,1)	√	×			

当某一变量的组合解代入后符合所有约束条件,且代入变量值后的目标函数值大于(求最小值问题则为小于)过滤条件式 (6-9) 右边的值,则立即修改过滤条件式 (6-9),使该目标函数值为新的过滤条件式 (6-9) 右边的值。例如 (1,1,0,0) 使得目标函数值为 6,大于式 (6-9) 右边的值 4,因此修改原过滤条件式 (6-9) 为

$$4x_1 + 2x_2 + 5x_3 - x_4 \geq 6$$

(3) 根据求出的目标函数值,确定最优解。由表 6-10 可知,该整数规划的最优解为 $x^* = (1,0,1,1)^T$,此时,最优目标函数值为 $Z^* = 8$。

解法二:

(1) 变换目标函数和约束方程组。

统一价值系数 c_j 的符号:在求极大值时,统一转化为负号;求极小值时,统一转化为正号。

在不满足上述要求时,用 $x_j = 1 - \bar{x}_j$ 进行变换。按 $|c_j|$ 值从小到大排列决策变量项。变换结果如下所示。

$$\max Z = 11 - (x_4 + 2\bar{x}_2 + 4\bar{x}_1 + 5\bar{x}_3)$$

$$\text{s.t.} \begin{cases} 2x_4 - 2\bar{x}_2 - \bar{x}_1 - \bar{x}_3 \leq 0 & (6\text{-}13) \\ -4x_4 - 7\bar{x}_1 - 3\bar{x}_3 \leq -2 & (6\text{-}14) \\ 3x_4 + 6\bar{x}_2 - 11\bar{x}_1 \geq -2 & (6\text{-}15) \\ x_j = 0 \text{ 或 } 1 (j = 1, 2, \cdots, 4) \end{cases}$$

(2) 用目标函数值探索法求最优解。以 $Z_0 = 11$ 为上界,逐步向下进行搜索,直至获得可行解,该可行解即最优解,搜索过程见表 6-11。该 0–1 整数规划问题的最优解为 $x_1 = 1 - \bar{x}_1 = 1, x_2 = 1 - \bar{x}_2 = 0, x_3 = 1 - \bar{x}_3 = 1, x_4 = 1$,即 $x^* = (x_1, x_2, x_3, x_4)^T = (1,0,1,1)^T$,此时,最优目标函数值为 $Z^* = 8$。

表 6-11 搜索过程

$\sum|c_j|$	Z	组合解				是否满足条件			是否为可行解
		x_4	$\bar{x}_2$	$\bar{x}_1$	$\bar{x}_3$	式 (6-13)	式 (6-14)	式 (6-15)	
0	11	0	0	0	0	√	×		否
2	10	1	0	0	0	×			否
3	9	0	1	0	0	√	×		否
4	8	1	1	0	0	√	√	√	是

6.4 指派问题

指派问题也称分配或配置问题，是资源合理配置或最优匹配问题。指派问题通常划分为标准指派问题和非标准指派问题。

6.4.1 指派问题的引入

现实生活中有各种性质的指派问题。例如，有若干项工作需要分配给若干人（或部门）来完成；有若干项合同需要选择若干个投标者来承包；有若干个班级需要安排在若干教室上课；等等。诸如此类的问题，它们的基本要求是在满足特定的指派要求的条件下，使指派方案的总体效果最佳。

【例 6-13】 某商业公司计划开办 5 家商店。为了尽早建成营业，商业公司决定由 5 家建筑公司分别承建这 5 家商店。已知建筑公司$A_i(i=1,2,3,4,5)$对商店$B_j(j=1,2,3,4,5)$的建造费用报价为c_{ij}，见表 6-12。商业公司应当怎样给 5 家建筑公司分派建造任务，才能使总的建造费用最少？

表 6-12 建造费用报价 （单位：万元）

建筑公司	商店				
	B_1	B_2	B_3	B_4	B_5
A_1	10	5	7	5	7
A_2	6	7	4	4	4
A_3	5	15	10	12	7
A_4	13	12	4	4	8
A_5	2	8	5	8	7

解：该指派问题是安排建筑公司承建商店，其决策变量为

$$x_{ij} = \begin{cases} 0, \text{不指派建筑公司}A_i\text{承建商店}B_j \\ 1, \text{指派建筑公司}A_i\text{承建商店}B_j \end{cases} (i,j=1,2,3,4,5)$$

该问题的数学模型为

$$\min Z = \sum_{i=1}^{5}\sum_{j=1}^{5} c_{ij} x_{ij}$$

$$\text{s.t.} \begin{cases} \sum_{i=1}^{5} x_{ij} = 1 (j=1,2,3,4,5) \\ \sum_{j=1}^{5} x_{ij} = 1 (i=1,2,3,4,5) \\ x_{ij} = 0\text{或}1 (i,j=1,2,3,4,5) \end{cases}$$

显然指派问题与运输问题类似，例 6-13 的指派平衡表见表 6-13。

表 6-13 指派平衡表

建筑公司	商店					任务数
	B_1	B_2	B_3	B_4	B_5	
A_1	10 x_{11}	5 x_{12}	7 x_{13}	5 x_{14}	7 x_{15}	1
A_2	6 x_{21}	7 x_{22}	4 x_{23}	4 x_{24}	4 x_{25}	1
A_3	5 x_{31}	15 x_{32}	10 x_{33}	12 x_{34}	7 x_{35}	1
A_4	13 x_{41}	12 x_{42}	4 x_{43}	4 x_{44}	8 x_{45}	1
A_5	2 x_{51}	8 x_{52}	5 x_{53}	8 x_{54}	7 x_{55}	1
建筑公司数量	1	1	1	1	1	

6.4.2 指派问题的数学模型

下面给出指派问题的一般数学模型。

$$\min Z = \sum_{i=1}^{n}\sum_{j=1}^{n} c_{ij} x_{ij}$$

$$\text{s.t.} \begin{cases} \sum_{i=1}^{n} x_{ij} = 1 \,(j=1,2,\cdots,n) \\ \sum_{j=1}^{n} x_{ij} = 1 \,(i=1,2,\cdots,n) \\ x_{ij} = 0 \text{ 或 } 1 \,(i,j=1,2,\cdots,n) \end{cases}$$

从例 6-13 可以看出，指派问题既是 0−1 整数规划问题的特例，也是运输问题的特例。当然可以用 0−1 整数规划问题或运输问题的解法去求解例 6-13，然而这样是不合算的，就如用单纯形法去求解运输问题不合算一样。针对指派问题的特殊性，我们有更简便的方法。

指派问题具有这样的性质：若将系数矩阵 $C=(c_{ij})_{n\times n}$ 的一行（列）各元素分别加上或减去一个常数 k，得到新系数矩阵 $(b_{ij})_{n\times n}$，那么以 $(b_{ij})_{n\times n}$ 为系数矩阵的指派问题与原问题具有相同的最优解，但最优目标函数值与原问题的最优目标函数值相差一个常数 k。

利用这个性质，可将原系数矩阵变换为含有很多 0 元素的新系数矩阵，而最优解保持不变。指派问题的目标函数一般是求最小值，因此，在系数矩阵 $(b_{ij})_{n\times n}$ 中，应关注位于不同行、不同列的 0 元素（或者称为独立的 0 元素）。若能在系数矩阵 $(b_{ij})_{n\times n}$ 中找出 n 个独立的 0 元素，则令解矩阵 $(x_{ij})_{n\times n}$ 中对应这 n 个独立的 0 元素的变量取值为 1，将其代入目标函数中，即

可得到 Z 的值，它一定最小。这就是以 $(b_{ij})_{n\times n}$ 为系数矩阵的指派问题的最优解，也就得到了原问题的最优解。

1955 年，库恩提出了指派问题的解法，他引用了匈牙利数学家康尼格一个关于矩阵中 0 元素的定理：系数矩阵中独立 0 元素的最多个数等于能覆盖所有 0 元素的最少直线数，这个解法称为匈牙利法。匈牙利法的基本解题步骤如下所示。

(1) 第一步：变换指派问题的系数矩阵，使各行各列中都有 0 元素。

① 从系数矩阵的每行元素中减去该行的最小元素。

② 再从所得系数矩阵的每列元素中减去该列的最小元素。

需要注意的是，若某行（列）已有 0 元素，则不需要再减了。

(2) 第二步：进行试指派，以寻求最优解。按以下步骤进行。

经第一步变换后，系数矩阵中每行每列中都已有 0 元素，但需要找出 n 个独立的 0 元素。如能找出，则令这些独立的 0 元素对应的解矩阵 (x_{ij}) 中的元素为 1，其余为 0，这就得到了最优解。具体步骤如下所示。

① 从只有一个 0 元素的行（列）开始，给这个 0 元素加圈，记作 ◎，这表示对该行只有一种任务可指派，然后划去 ◎ 所在列（行）的其他 0 元素，记作 ∅，这表示该列（行）所代表的任务已指派完。

② 给只有一个 0 元素的列（行）的 0 元素加圈，记作 ◎，然后划去 ◎ 所在行（列）的 0 元素，记作 ∅。

③ 反复进行①、②步骤，直到所有 0 元素都已加圈和划掉为止。

④ 若仍有没有加圈或划掉的 0 元素，且同行（列）的 0 元素至少有两个，则从所剩 0 元素最少的行（列）开始，比较这行各 0 元素所在列（行）中 0 元素的数目，对 0 元素少的那列（行）的这个 0 元素加圈（表示选择性多的应该先满足选择性少的），然后划掉同行同列的其他 0 元素。可反复进行，直到所有 0 元素都已加圈或划掉为止。

⑤ 若 ◎ 元素的数目 m 等于矩阵的阶数 n，那么该指派问题的最优解已得到；若 $m<n$，则转入下一步。

(3) 第三步：作最少的直线覆盖所有 0 元素，以确定该系数矩阵中能找到的最多的独立 0 元素。为此按以下步骤进行：

① 对没有 ◎ 的行打"√"；

② 在已打"√"的行中，对 ∅ 所在的列打"√"；

③ 在已打"√"的列中，对 ◎ 所在的行打"√"；

④ 重复②和③，直到再也不能找出可以打"√"的行或列为止；

⑤ 对没有打"√"的行画一条横虚线，对打"√"的列画一条垂虚线，这样就得到了覆盖所有 0 元素的最少直线数目的直线集合。

(4) 第四步：继续变换系数矩阵。方法是在未被直线覆盖的元素中找出一个最小元素。在未被直线覆盖的元素所在行（列）中，将各元素都减去这一最小元素。这样，在未被直线覆盖的元素中，势必会出现 0 元素，但同时却又使已被直线覆盖的元素中出现负元素。为了消除负元素，只要对它们所在列（行）中各元素都加上这一最小元素即可。返回第二步。

当指派问题的系数矩阵，经过变换得到了同行和同列中都有两个或两个以上 0 元素时，可以任选一行（列）中某一个 0 元素，再划去同行（列）的其他 0 元素。这时会出现多重解。下面通过例 6-14 来具体说明匈牙利法的解题步骤。

【例 6-14】 求解例 6-13。

解：(1) 将系数矩阵每行减去各自的最小值，根据题意，例 6-13 指派问题的系数矩阵变化情况如下：

$$\boldsymbol{C}^{(0)} = \begin{bmatrix} 10 & 5 & 7 & 5 & 7 \\ 6 & 7 & 4 & 4 & 4 \\ 5 & 15 & 10 & 12 & 7 \\ 13 & 12 & 4 & 4 & 8 \\ 2 & 8 & 5 & 8 & 7 \end{bmatrix} \rightarrow \begin{bmatrix} 5 & 0 & 2 & 0 & 2 \\ 2 & 3 & 0 & 0 & 0 \\ 0 & 10 & 5 & 7 & 2 \\ 9 & 8 & 0 & 0 & 4 \\ 0 & 6 & 3 & 6 & 5 \end{bmatrix} = \boldsymbol{C}^{(1)}$$

(2) 系数矩阵 $\boldsymbol{C}^{(1)}$ 中每行与每列均有 0 元素，因此进行初次试指派，得 $\boldsymbol{C}^{(2)}$。

$$\boldsymbol{C}^{(2)} = \begin{bmatrix} 5 & ◎ & 2 & ∅ & 2 \\ 2 & 3 & ◎ & ∅ & ∅ \\ ◎ & 10 & 5 & 7 & 2 \\ 9 & 8 & ∅ & ◎ & 4 \\ ∅ & 6 & 3 & 6 & 5 \end{bmatrix}$$

由于只有 4 个独立 0 元素，少于系数矩阵阶数 $n=5$，故需要确定能覆盖所有 0 元素的最少直线数目的直线集合。

$$\boldsymbol{C}^{(2)} = \begin{bmatrix} 5 & ◎ & 2 & ∅ & 2 \\ 2 & 3 & ◎ & ∅ & ∅ \\ ◎ & 10 & 5 & 7 & 2 \\ 9 & 8 & ∅ & ◎ & 4 \\ ∅ & 6 & 3 & 6 & 5 \end{bmatrix} \begin{matrix} \\ \\ \checkmark \\ \\ \checkmark \end{matrix}$$
$$\checkmark$$

(3) 为了使 $\boldsymbol{C}^{(2)}$ 中未被直线所覆盖的元素中出现 0 元素，将第三行和第五行中各元素都减去未被直线覆盖的元素中的最小元素 2。但这样一来，第一列中出现了负元素。为了消除负元素，再对第一列各元素分别加上 2，即

$$\boldsymbol{C}^{(2)} = \begin{bmatrix} 5 & 0 & 2 & 0 & 2 \\ 2 & 3 & 0 & 0 & 0 \\ -2 & 8 & 3 & 5 & 0 \\ 9 & 8 & 0 & 0 & 4 \\ -2 & 4 & 1 & 4 & 3 \end{bmatrix} \rightarrow \begin{bmatrix} 7 & 0 & 2 & 0 & 2 \\ 4 & 3 & 0 & 0 & 0 \\ 0 & 8 & 3 & 5 & 0 \\ 11 & 8 & 0 & 0 & 4 \\ 0 & 4 & 1 & 4 & 3 \end{bmatrix} = \boldsymbol{C}^{(3)}$$

(4) 将系数矩阵 $\boldsymbol{C}^{(3)}$ 进行加圈。

$$\boldsymbol{C}^{(3)} = \begin{bmatrix} 7 & ◎ & 2 & ∅ & 2 \\ 4 & 3 & ∅ & ◎ & ∅ \\ ∅ & 8 & 3 & 5 & ◎ \\ 11 & 8 & ◎ & ∅ & 4 \\ ◎ & 4 & 1 & 4 & 3 \end{bmatrix}$$

$\boldsymbol{C}^{(3)}$ 中已有 5 个独立 0 元素，故可确定指派问题的最优指派方案。本例的最优解为

$$\begin{bmatrix} 0 & 1 & 0 & 0 & 0 \\ 0 & 0 & 0 & 1 & 0 \\ 0 & 0 & 0 & 0 & 1 \\ 0 & 0 & 1 & 0 & 0 \\ 1 & 0 & 0 & 0 & 0 \end{bmatrix}$$

也就是说，最优指派方案是让 A_1 承建 B_2，让 A_2 承建 B_4，让 A_3 承建 B_5，让 A_4 承建 B_3，让 A_5 承建 B_1。这样安排能使总的建造费用最少，为 5+4+7+4+2=22 万元。

在前面已经指出，当指派问题的系数矩阵，经过变换得到了同行和同列中都有两个或两个以上 0 元素时会出现多重解。本例还可得到另一指派方案，即将 (4) 中第二行第三列的 0 元素圈起来，这样第四行第四列的 0 元素也就自然被圈起来了，从而形成一组新的最优解。

$$C^{(3)} = \begin{bmatrix} 7 & ⓪ & 2 & \emptyset & 2 \\ 4 & 3 & ⓪ & \emptyset & \emptyset \\ \emptyset & 8 & 3 & 5 & ⓪ \\ 11 & 8 & \emptyset & ⓪ & 4 \\ ⓪ & 4 & 1 & 4 & 3 \end{bmatrix}$$

也就是说，最优指派方案是让 A_1 承建 B_2，让 A_2 承建 B_3，让 A_3 承建 B_5，让 A_4 承建 B_4，让 A_5 承建 B_1。这样安排能使总的建造费用最少，为 5+4+7+4+2=22 万元。

【第 6 章习题】

第 7 章

非线性规划

学习目标

1. 理解并掌握非线性规划问题的基本概念、数学模型与原理;
2. 掌握非线性规划问题的数学建模方法及图解法;
3. 理解凸函数与凸规划的性质;
4. 熟练掌握一维搜索方法;
5. 掌握无约束极值的求解方法与约束极值的求解方法;
6. 掌握分式规划与二次规划方法。

在科学管理和其他领域中,很多实际问题可归结为线性规划问题。但也有很多问题,其目标函数和(或)约束条件很难用线性函数表达。前面讨论的线性规划,其目标函数和约束条件都是决策变量的线性函数。如果目标函数或约束条件中含有决策变量的非线性函数,就称为非线性规划(Non-linear Programming,NLP)。非线性规划与线性规划一样,也是运筹学的一个极为重要的分支,它在最优设计、管理科学、系统控制等方面得到了越来越广泛的应用。

非线性规划数学模型的建立与线性规划数学模型的建立类似,但是非线性规划问题的求解却至今都是一个研究难题。虽然开发了很多求解非线性规划问题的算法,但是目前还没有适用于求解所有非线性规划问题的一般算法,每种方法都有自己特定的适用范围。本章重点介绍非线性规划的基本理论和常用的具有代表性的算法。

7.1 非线性规划的数学模型

7.1.1 问题的提出

【例 7-1】 某公司准备建一个临时混凝土搅拌站,向各工地供应混凝土,现需确定搅拌站建在什么位置,才能使它向各工地供应混凝土的总费用最低。

下面,我们来分析这个例子,并为其建立数学模型。

解:设有 n 个工地,第 i 个工地的混凝土需求量为 $q_i(i=1,2,\cdots,n)$,单位混凝土每千米的运费为 α(单位:元/吨)。工地与搅拌站的位置及距离如图 7-1 所示。

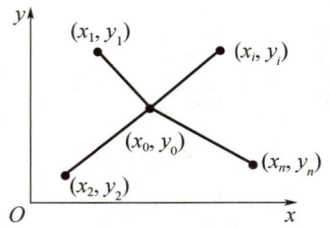

图 7-1　工地与搅拌站的位置及距离

如图 7-1 所示，设搅拌站位置的坐标为(x_0, y_0)，各工地位置的坐标为(x_i, y_i)，则第i个工地与搅拌站的距离可用两点间的距离公式求得，为

$$d_i = \sqrt{(x_0 - x_i)^2 + (y_0 - y_i)^2}$$

搅拌站向第i个工地供应混凝土的运费为$c_i = \alpha q_i d_i$；搅拌站向各工地供应混凝土的总费用为

$$C = \sum_{i=1}^{n} c_i = \alpha \sum_{i=1}^{n} q_i d_i = \alpha \sum_{i=1}^{n} q_i \sqrt{(x_0 - x_i)^2 + (y_0 - y_i)^2}$$

综上可知，例 7-1 有以下数学模型。

$$\min C = \min \alpha \sum_{i=1}^{n} q_i \sqrt{(x_0 - x_i)^2 + (y_0 - y_i)^2}$$

【例 7-2】 某公司经营两种产品，第一种产品每件售价 20 元，第二种产品每件售价 35 元。根据统计，售出一件第一种产品所需的平均服务时间是$1 + 0.25x_1$小时，其中x_1是第一种产品的售出数量；售出一件第二种产品所需的平均服务时间是 1.5 小时。已知该公司在这段时间内的总服务时间为 650 小时，试决定使其营业额最大的营业计划。

解： 设该公司计划经营第一种产品x_1件，第二种产品x_2件。根据题意，其目标函数为

$$\max f(\boldsymbol{X}) = 20x_1 + 35x_2$$

由于服务时间有限制，该计划必须满足

$$(1 + 0.25x_1)x_1 + 1.5x_2 \leq 650$$

此外，这个问题还应满足$x_1 \geq 0$，$x_2 \geq 0$。因此本问题的数学模型为

$$\max f(\boldsymbol{X}) = 20x_1 + 35x_2$$
$$\text{s.t.} \begin{cases} x_1 + 0.25x_1^2 + 1.5x_2 \leq 650 \\ x_1 \geq 0, \ x_2 \geq 0 \end{cases}$$

7.1.2　数学模型

非线性规划问题的数学模型常表示为以下形式。

$$\min f(\boldsymbol{X}) \tag{7-1}$$
$$\text{s.t.} \begin{cases} h_i(\boldsymbol{X}) = 0 \ (i = 1, 2, \cdots, m) \\ g_j(\boldsymbol{X}) \geq 0 \ (j = 1, 2, \cdots, l) \end{cases} \tag{7-2} \tag{7-3}$$

式中，自变量 $\boldsymbol{X} = (x_1, x_2, \cdots, x_n)^{\mathrm{T}}$ 是 n 维欧氏空间 E^n 中的向量（点）。

(1) 目标函数。由于有 $\max f(\boldsymbol{X}) = -\min[-f(\boldsymbol{X})]$，当目标函数为求最大值时，只需将其按该式化为求最小值即可。

(2) 不等号问题。当某约束条件是"$\leqslant$"的形式时，仅需用"-1"乘该式的两端，就可将这个约束变为"$\geqslant$"的形式。

(3) 约束条件。如果约束条件为等式约束，如 $h_i(\boldsymbol{X}) = 0$，则可将其化为两个等价的不等式，即

$$\text{s.t.} \begin{cases} h_i(\boldsymbol{X}) \geqslant 0 \\ -h_i(\boldsymbol{X}) \geqslant 0 \end{cases}$$

由以上可知，非线性规划问题的数学模型也可写成以下形式：

$$\min f(\boldsymbol{X}) \tag{7-4}$$

$$g_j(\boldsymbol{X}) \geqslant 0 \ (j = 1, 2, \cdots, l) \tag{7-5}$$

7.1.3 非线性规划问题的图解法

与求解线性规划问题相似，当非线性规划问题只有两个自变量时，也可以通过在平面上作图的方法求解。

【例 7-3】 考虑以下非线性规划问题。

$$\min f(\boldsymbol{X}) = (x_1 - 2)^2 + (x_2 - 1)^2$$

$$\text{s.t.} \begin{cases} x_1 + x_2^2 - 5x_2 = 0 \\ x_1 + x_2 - 5 \geqslant 0 \\ x_1, x_2 \geqslant 0 \end{cases}$$

目标函数 $f(\boldsymbol{X})$ 是旋转抛物面，约束条件是一个平面和一个抛物柱面所围部分。虽然它们的图形都可以画出来，但使用起来并不方便，所以常将它们表示在某一个平面上。若令 $f(\boldsymbol{X}) = C$（C 为常数）表示相等的目标函数值的集合（一般它表示一条曲线或一张曲面），则通常称其为等值线或等值面。例如，令 $f(\boldsymbol{X}) = 4$ 或者 20，便可得到两条圆形等值线，如图 7-2 所示。半径越大的等值线，其上的点对应的目标函数值越大。由图 7-2 可知，该问题的可行域是抛物线段 ABCD。

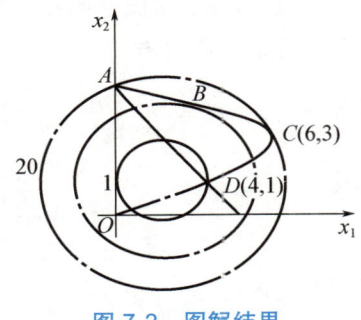

图 7-2 图解结果

在此例中，我们令动点从 A 点出发沿抛物线段 ABCD 移动，当动点从 A 点移动到 B 点时，目标函数值减小。当动点从 B 点移动到 C 点时，目标函数值增大。由此可知，在可行域 ABC 这一范围内，B 点的目标函数值最小，即 B 点是一个极小值点。而当动点从 C 点移动到 D 点时，目标函数值又逐渐减小，且在 D 点的目标函数值最小。这里，点 B 只是部分可行域上的极小值点，称为局部极小点（或相对极小点），对应的目标函数值称为局部极小值（或相对极小值）。而 D 点则是整个可行域上的极小值点，称为全局极小点（或最小值点）或绝对极小点，对应的目标函数值称为全局极小值（或最小值）或绝对极小值。

此例中，约束条件自然对最优解是有影响的。若不考虑约束条件，便是无约束问题，它的最优解为 $X^* = (2,1)^T$，最优值为 $f(X^*) = 0$。

7.1.4 非线性规划极值问题

1. 局部极值和全局极值

由于线性规划的目标函数为线性函数，可行域为凸集，所以求出的最优解就是整个可行域上的全局最优解。非线性规划却不然，有时求出的某个解虽是一部分可行域上的极值点，却并不一定是整个可行域上的全局最优解。

设 $f(X)$ 为定义在 n 维欧氏空间 E^n 的某一区域 R 上的 n 元函数，其中 $X = (x_1, x_2, \cdots, x_n)^T$。对于 $X^* \in R$，如果存在某个 $\varepsilon > 0$，使所有与 X^* 的距离小于 ε 的 $X \in R$（$X \in R$ 且 $\|X - X^*\| < \varepsilon$）均满足不等式 $f(X) \geq f(X^*)$，则称 X^* 为 $f(X)$ 在 R 上的局部极小点（或相对极小点），$f(X^*)$ 为局部极小值（或相对极小值）。若对于所有不等于 X^* 且与 X^* 的距离小于 ε 的 $X \in R$ 均满足不等式 $f(X) > f(X^*)$，则称 X^* 为 $f(X)$ 在 R 上的严格局部极小点，$f(X^*)$ 为严格局部极小值。

若点 $X^* \in R$，而对所有 $X \in R$ 都有 $f(X) \geq f(X^*)$，则称 X^* 为 $f(X)$ 在 R 上的全局极小点，$f(X^*)$ 为全局极小值。若对于所有 $X \in R$ 且 $X \neq X^*$，都有 $f(X) > f(X^*)$，则称 X^* 为 $f(X)$ 在 R 上的严格全局极小点，$f(X^*)$ 为严格全局极小值。

如将上述不等式反向调转，即可得到相应的极大点和极大值的定义。下面仅就极小点和极小值加以说明，而且主要研究局部极小问题。

2. 极值点存在的条件

定理 7-1（必要条件）

设 R 是 n 维欧氏空间 E^n 上的某一开集，$f(X)$ 在 R 上有一阶连续偏导数，且在点 $X^* \in R$ 取得局部极值，则必有

$$\frac{\partial f(X^*)}{\partial x_1} = \frac{\partial f(X^*)}{\partial x_2} = \cdots = \frac{\partial f(X^*)}{\partial x_n} = 0 \tag{7-6}$$

或

$$\nabla f(X^*) = 0 \tag{7-7}$$

其中，

$$\nabla f(X^*) = \left(\frac{\partial f(X^*)}{\partial x_1}, \frac{\partial f(X^*)}{\partial x_2}, \cdots, \frac{\partial f(X^*)}{\partial x_n} \right)^T \tag{7-8}$$

为函数 $f(X)$ 在点 X^* 处的梯度。

由数学分析知道，$\nabla f(X)$ 的方向为 $f(X)$ 的等值面（等值线）的法线（在点 X 处）方向，沿这个方向函数值增长最快。

满足式 (7-6) 或式 (7-7) 的点称为平稳点或驻点，在区域内部，极值点必为平稳点，但平稳点不一定是极值点。

定理 7-2 （充分条件）

设 R 是 n 维欧氏空间 E^n 上的某一开集，$f(X)$ 在 R 上有二阶连续偏导数，$X^* \in R$，若 $\nabla f(X^*) = 0$ 且对任何非零向量 $Z \in E^n$ 有

$$Z^T H(X^*) Z > 0 \tag{7-9}$$

则 X^* 为 $f(X)$ 的严格局部极小点。此处 $H(X^*)$ 为 $f(X)$ 在点 X^* 处的二阶偏导数矩阵，其通常被称为海塞矩阵。

$$H(X^*) = \begin{bmatrix} \dfrac{\partial^2 f(X^*)}{\partial x_1^2} & \dfrac{\partial^2 f(X^*)}{\partial x_1 \partial x_2} & \cdots & \dfrac{\partial^2 f(X^*)}{\partial x_1 \partial x_n} \\ \dfrac{\partial^2 f(X^*)}{\partial x_2 \partial x_1} & \dfrac{\partial^2 f(X^*)}{\partial x_2^2} & \cdots & \dfrac{\partial^2 f(X^*)}{\partial x_2 \partial x_n} \\ \vdots & \vdots & & \vdots \\ \dfrac{\partial^2 f(X^*)}{\partial x_n \partial x_1} & \dfrac{\partial^2 f(X^*)}{\partial x_n \partial x_2} & \cdots & \dfrac{\partial^2 f(X^*)}{\partial x_n \partial x_n} \end{bmatrix} \tag{7-10}$$

需要指出以下两点。

(1) 若将 $H(X^*)$ 正定改为负定，定理 7-2 就变成了 X^* 为 $f(X)$ 的严格局部极大点的充分条件。

(2) 定理 7-2 中的充分条件，即式 (7-9) 并不是必要的。如 $f(x) = x^6$，它的极小点是 $x^* = 0$，但 $f''(x^*) = 0$，这不满足式 (7-9)。

二次型是 $X = (x_1, x_2, \cdots, x_n)^T$ 的二次齐次函数，它在研究非线性规划的最优化问题时具有重要作用。现考虑二次型 $Z^T H Z$。若对于任意 $Z \neq 0$（Z 的元素不全为零），二次型 $Z^T H Z$ 的值总是正的，即 $Z^T H Z > 0$，则称该二次型是正定的；若对于任意 $Z \neq 0$，总有 $Z^T H Z \geq 0$，则称该二次型为半正定；若对于任意 $Z \neq 0$，总有 $Z^T H Z < 0$，则称该二次型为负定；若对于任意 $Z \neq 0$，总有 $Z^T H Z \leq 0$，则称该二次型为半负定。如果对某些 $Z \neq 0$，$Z^T H Z > 0$，而对另一些 $Z \neq 0$，$Z^T H Z < 0$，即该二次型既非正定，也非负定，则称其是不定的。由线性代数可知，二次型 $Z^T H Z$ 为正定的充要条件，是它的矩阵 H 的左上角各阶主子式都大于零；而它为负定的充要条件，是它的矩阵 H 的左上角各阶主子式依次负正相间。

【**例 7-4**】 讨论函数 $f(X) = 2x_1^2 - x_1 x_2 + x_2^2 - 7x_2$ 是否存在极值点。

解：求出函数的驻点。

$$\frac{\partial f(X)}{\partial x_1} = 4x_1 - x_2 = 0$$

$$\frac{\partial f(X)}{\partial x_2} = -x_1 + 2x_2 - 7 = 0$$

联立两式，得驻点 $X = (1, 4)^T$。

由定理 7-2，可知

$$\frac{\partial^2 f(\boldsymbol{X})}{\partial x_1^2}=4, \frac{\partial^2 f(\boldsymbol{X})}{\partial x_2^2}=2$$

$$\frac{\partial^2 f(\boldsymbol{X})}{\partial x_1 \partial x_2}=\frac{\partial^2 f(\boldsymbol{X})}{\partial x_2 \partial x_1}=-1$$

$$|\boldsymbol{H}|=\begin{vmatrix} 4 & -1 \\ -1 & 2 \end{vmatrix}=7>0$$

因此，其海塞矩阵是正定的，所以 $\boldsymbol{X}=(1,4)^{\mathrm{T}}$ 为极小点。

7.2　凸函数与凸规划

7.2.1　凸函数及其性质

1. 凸函数

设 $f(\boldsymbol{X})$ 为定义在 n 维欧式空间 E^n 中的某个凸集 R 上的函数，若对任意的 $\alpha \in (0,1)$ 及 R 中任意两点 $\boldsymbol{X}^{(1)}$ 和 $\boldsymbol{X}^{(2)}$，恒有

$$f(\alpha \boldsymbol{X}^{(1)}+(1-\alpha)\boldsymbol{X}^{(2)}) \leqslant \alpha f(\boldsymbol{X}^{(1)})+(1-\alpha)f(\boldsymbol{X}^{(2)}) \tag{7-11}$$

成立，则称 $f(\boldsymbol{X})$ 为 R 上的凸函数，或称 $f(\boldsymbol{X})$ 在 R 上是凸的。

若对任意的 $\alpha \in (0,1)$ 及 R 中任意两点 $\boldsymbol{X}^{(1)} \neq \boldsymbol{X}^{(2)}$，恒有

$$f(\alpha \boldsymbol{X}^{(1)}+(1-\alpha)\boldsymbol{X}^{(2)}) < \alpha f(\boldsymbol{X}^{(1)})+(1-\alpha)f(\boldsymbol{X}^{(2)}) \tag{7-12}$$

成立，则称 $f(\boldsymbol{X})$ 为 R 上的严格凸函数，或称 $f(\boldsymbol{X})$ 在 R 上是严格凸的。

若 $f(\boldsymbol{X})$ 是 R 上的（严格）凸函数，则称 $-f(\boldsymbol{X})$ 是 R 上的（严格）凹函数，或称 $-f(\boldsymbol{X})$ 在 R 上是（严格）凹的。实际上，我们也可以仿照以上定义来定义凹函数，只要令式(7-11)和式(7-12)的不等号反向即可。

图 7-3 所示的凸函数曲线（图 7-4 所示的凹函数曲线）上任意两点间的连线总在函数曲线的上（下）方。

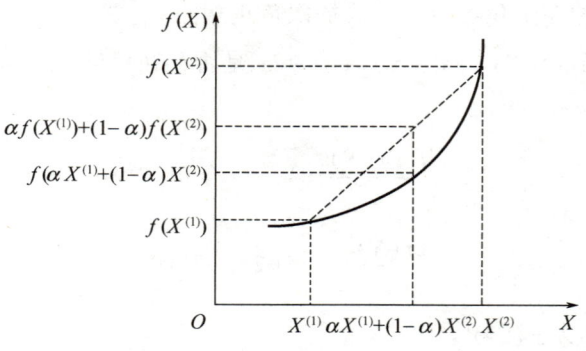

图 7-3　凸函数曲线

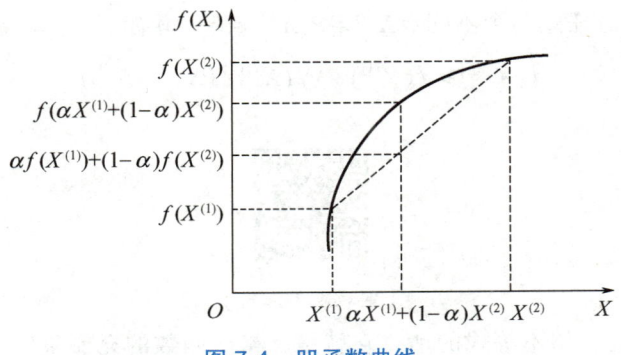

图 7-4　凹函数曲线

由凸（凹）函数的定义，可知线性函数既是凸函数，也是凹函数。

2. 凸函数的性质

根据凸函数的定义，易证凸函数有如下几个基本性质。

性质 1　设 $f(X)$ 是凸集 R 上的凸函数，$\alpha \geq 0$ 且为实数，则 $\alpha f(X)$ 也是 R 上的凸函数。

性质 2　设 $f_1(X)$ 和 $f_2(X)$ 均为凸集 R 上的凸函数，则 $f(X) = f_1(X) + f_2(X)$ 也是 R 上的凸函数。

【性质 2 证明】

由以上两个性质可立刻推得：有限个凸函数的非负线性组合仍为凸函数，即性质 3。

性质 3　设 $f_1(X), \cdots, f_m(X)$ 均为凸集 R 上的凸函数，且 $\alpha_i \geq 0 (i=1,2,\cdots,m)$，则线性组合 $\alpha_1 f_1(X) + \alpha_2 f_2(X) + \cdots + \alpha_m f_m(X)$ 也是 R 上的凸函数。

性质 4　设 $f(X)$ 是凸集 R 上的凸函数，对任一实数 α，集合 $S_\alpha = \{X \mid X \in R, f(X) \leq \alpha\}$ 是凸集（S_α 称为水平集）。

【性质 4 证明】

3. 凸函数的判定

一个函数是否为凸函数，可根据其定义来判断。但如果该函数是可微的，则可利用下述定理来判断。

定理 7-3　（函数凸性的一阶条件）

设 R 为 n 维欧氏空间 E^n 上的开凸集，$f(X)$ 在 R 上具有一阶连续偏导数，则 $f(X)$ 为 R 上的凸

函数的充要条件是，对任意两个不同点 $X^{(1)} \in R, X^{(2)} \in R$，恒有

$$f(X^{(2)}) \geq f(X^{(1)}) + \nabla f(X^{(1)})^{\mathrm{T}}(X^{(2)} - X^{(1)}) \tag{7-13}$$

【定理 7-3 证明】

如果式 (7-13) 为严格不等式的话，它就是严格凸函数的充要条件。

凸函数的定义——式 (7-11) 本质上是说凸函数上两点间的线性插值不低于这个函数的值；而定理 7-3 则是说，基于某点导数的线性近似值不高于这个函数的值，如图 7-5 所示。

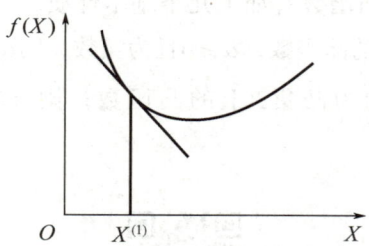

图 7-5　某点导数的线性近似值与函数值的关系

定理 7-4　（函数凸性的二阶条件）

设 R 为 n 维欧氏空间 E^n 上的开凸集，$f(X)$ 在 R 上具有二阶连续偏导数，则 $f(X)$ 为 R 上的凸函数的充要条件是，$f(X)$ 的海塞矩阵 $H(X)$ 在 R 上是半正定的。

【定理 7-4 证明】

如果对于一切 $X \in R$，$f(X)$ 的海塞矩阵 $H(X)$ 都是正定的，则 $f(X)$ 为 R 上的严格凸函数。对于凹函数，也可以得到与上述类似的结论。

【例 7-5】　试证明 $f(X) = 10x_1^2 - 6x_1 + 4x_2^2 - 8x_2$ 为凸函数。

【例 7-5 证明】

【例 7-6】　试证明 $f(X) = -x_1^2 - x_2^2$ 为凹函数。

【例 7-6 证明】

4. 凸函数的极值

前文已指出，函数的局部极小值并不一定等于它的最小值，前者只反映了函数的局部性质。而最优化的目的，往往是求函数在整个域中的最小值（或最大值）。为此，必须将所得的全部极小值进行比较（有时需考虑边界值），以便从中选出最小值。然而，对于定义在凸集上的凸函数来说，则用不着进行这种麻烦的工作，它的极小值就等于最小值。

定理 7-5 若 $f(X)$ 是凸集 $R \in E^n$ 上的凸函数，则它的任一局部极小点就是它在 R 上的全局极小点，而且它的极小点集为一个凸集。

【定理 7-5 证明】

定理 7-6 设 $f(X)$ 在凸集 $R \in E^n$ 上可微且为凸函数，存在点 $X^* \in R$ 满足

$$\nabla f(X^*)^\mathrm{T}(X - X^*) \geq 0 \tag{7-14}$$

则 X^* 是 $f(X)$ 在 R 上的全局极小点；若 $f(X)$ 为可微的严格凸函数，则 $\nabla f(X^*) = 0$，即 X^* 是 $f(X)$ 的唯一全局极小点。

【定理 7-6 证明】

7.2.2 凸规划及其性质

考虑如下所示的非线性规划问题。

$$\min f(X)$$
$$\text{s.t.} \begin{cases} h_i(X) = 0 (i = 1, 2, \cdots, m) \\ g_j(X) \geq 0 (j = 1, 2, \cdots, l) \end{cases}$$

这里 $X \in R$，约束 R 可表示为

$$R = \{X \mid g_j(X) \geq 0 (j = 1, 2, \cdots, l); h_i(X) = 0 (i = 1, 2, \cdots, m)\}$$

若 $f(X)$ 为凸函数，$g_j(X)(j = 1, 2, \cdots, l)$ 为凹函数，或说 $-g_j(X)$ 为凸函数，则称以上非线性规划问题为凸规划问题。

凸规划是一类比较简单，而且具有重要理论意义的非线性规划。前面已经指出，凸规划的可行域为凸集，其局部极小点就是全局极小点，而且局部极小点的全体构成一个凸集。当凸规划的目标函数为严格凸函数时，其全局极小点唯一。线性规划也属于凸规划。

【例 7-7】 试分析以下非线性规划问题。

$$\min f(\boldsymbol{X}) = x_1^2 + x_2^2 - 4x_1 + 4$$
$$\begin{cases} g_1(\boldsymbol{X}) = x_1 - x_2 + 2 \geq 0 \\ g_2(\boldsymbol{X}) = -x_1^2 + x_2 - 1 \geq 0 \\ x_1, x_2 \geq 0 \end{cases}$$

解：$f(\boldsymbol{X})$ 与 $g_2(\boldsymbol{X})$ 的海塞矩阵的行列式分别是

$$|\boldsymbol{H}_f| = \begin{vmatrix} \dfrac{\partial^2 f(\boldsymbol{X})}{\partial x_1^2} & \dfrac{\partial^2 f(\boldsymbol{X})}{\partial x_1 \partial x_2} \\ \dfrac{\partial^2 f(\boldsymbol{X})}{\partial x_2 \partial x_1} & \dfrac{\partial^2 f(\boldsymbol{X})}{\partial x_2^2} \end{vmatrix} = \begin{vmatrix} 2 & 0 \\ 0 & 2 \end{vmatrix} = 4 > 0$$

和

$$|\boldsymbol{H}_{g_2}| = \begin{vmatrix} \dfrac{\partial^2 g_2(\boldsymbol{X})}{\partial x_1^2} & \dfrac{\partial^2 g_2(\boldsymbol{X})}{\partial x_1 \partial x_2} \\ \dfrac{\partial^2 g_2(\boldsymbol{X})}{\partial x_2 \partial x_1} & \dfrac{\partial^2 g_2(\boldsymbol{X})}{\partial x_2^2} \end{vmatrix} = \begin{vmatrix} -2 & 0 \\ 0 & 2 \end{vmatrix} = 0$$

故知 $f(\boldsymbol{X})$ 为严格凸函数，$g_2(\boldsymbol{X})$ 为凹函数，由于其他约束条件均为线性函数，所以这是一个凸规划，图解结果见图 7-6。C 点为其最优点，此时 $\boldsymbol{X}^* = (0.58, 1.34)^\mathrm{T}$，目标函数的最优值为 $f(\boldsymbol{X}^*) \approx 3.8$。

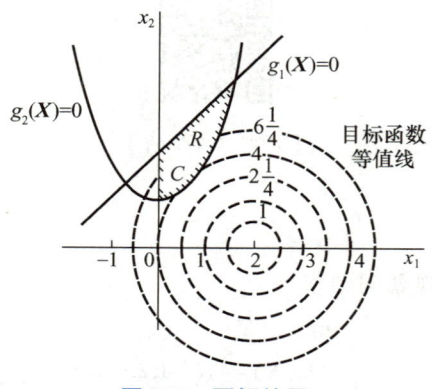

图 7-6 图解结果

7.3 一维搜索方法

所谓一维搜索（又称线性搜索），就是指单变量函数非线性规划问题的最优化算法，即沿某一已知方向求目标函数的极值点，它是多变量函数非线性规划问题最优化的基础。当用迭代法求函数的极小点时，常常用到一维搜索方法。一维搜索方法有很多，根据求解问题的不同原则，可以将算法分成两类：精确一维搜索和非精确一维搜索。由于篇幅所限，这里只介绍两种方法：斐波那契法和 0.618 法（黄金分割法），这两种方法属于直接法，仅需计算函数值，不必计算函数的导数。

7.3.1 斐波那契法

函数的计算次数越多，搜索区间就缩得越小，就越接近函数的极小点，即搜索区间的缩短率（缩短后的搜索区间长度与原搜索区间长度之比）与函数的计算次数有关。

设 $y = f(x)$ 是区间 $[a_0, b_0]$ 上的下单峰函数，则它有唯一极小点 x^*。若在此区间内任取两点 a_1 和 b_1，$a_1 < b_1$，并计算函数值 $f(a_1)$ 与 $f(b_1)$，则可能会出现以下两种情形：

(1) $f(a_1) < f(b_1)$，这时极小点 x^* 必在区间 $[a_0, b_1]$ 内，如图 7-7 所示；

(2) $f(a_1) \geqslant f(b_1)$，这时极小点 x^* 必在区间 $[a_1, b_0]$ 内，如图 7-8 所示。

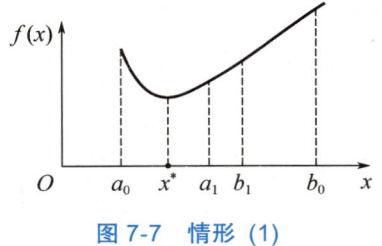

图 7-7 情形 (1)

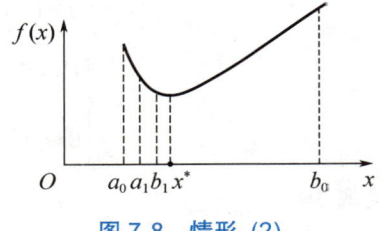

图 7-8 情形 (2)

这说明，只要在区间 $[a_0, b_0]$ 内取两个不同点，算出它们的函数值并加以比较，就可以把区间 $[a_0, b_0]$ 缩小成 $[a_0, b_1]$ 或 $[a_1, b_0]$（缩小后的区间仍需包含极小点）。如果要继续缩小区间 $[a_0, b_1]$ 或 $[a_1, b_0]$，就只需在上述区间内再取一点算出其函数值，并与 $f(a_1)$ 或 $f(b_1)$ 加以比较即可。只要缩小后的区间包含极小点 x^*，则区间缩小得越小，就越接近函数的极小点，但计算函数值的次数也就越多。为使单峰区间的长度尽快缩短，设 $l = b_0 - a_0$，给定 $\rho \in \left(0, \dfrac{1}{2}\right)$，根据图 7-9，$b_1 - a_0 = (1-\rho)l$，$b_0 - b_1 = \rho l$，而区间 $[b_1, b_0]$ 的长度与区间 $[a_0, b_1]$ 的长度之比等于 $[a_0, b_1]$ 与 $[a_0, b_0]$ 的比例。

$$\frac{\rho_n}{1-\rho_n} = 1 - \rho_{n+1} \tag{7-15}$$

图 7-9 说明图

设 $F_0 = F_1 = 1$，$F_{n+1} = F_{n-1} + F_n$ $(n = 1, 2, \cdots, m-1)$，$\{F_n\}$ 称为斐波那契数列，F_n 称为第 n 个斐波

那契数，$\frac{F_{n-1}}{F_n}$ 称为斐波那契分数。据此，可计算出 F_n 的值，如表 7-1 所示。

表 7-1 F_n 的值

n	0	1	2	3	4	5	6	7	8	9	10	11	12
F_n	1	1	2	3	5	8	13	21	34	55	89	144	233

斐波那契法的基本思想是在每次迭代中使用不同的步长。

$$1-\rho_n, 0 \leqslant \rho_n \leqslant \frac{1}{2} \ (n=1,2,\cdots,m)$$

由式 (7-15)，则有

$$\rho_{n+1} = 1 - \frac{\rho_n}{1-\rho_n} \ (n=1,2,\cdots,m-1)$$

为了以最快速度求得最优解，可考虑如下优化问题。

$$\min(1-\rho_1)(1-\rho_2)\cdots(1-\rho_m)$$

$$\begin{cases} \rho_{n+1} = 1 - \dfrac{\rho_n}{1-\rho_n} \ (n=1,2,\cdots,m-1) \\ 0 \leqslant \rho_n \leqslant \dfrac{1}{2} \ (n=1,2,\cdots,m) \end{cases} \tag{7-16}$$

得到最优解为

$$\rho_n = 1 - \frac{F_{m-n+1}}{1-F_{m-n+2}} \ (n=1,2,\cdots,m)$$

【例 7-8】 试用斐波那契法求函数 $f(t)=t^2-t+2$ 在区间 $[-1,3]$ 上的近似极小点和极小值，要求缩短后的区间长度不大于原区间长度的 8%。

【例 7-8 计算过程】

7.3.2 0.618 法

当用斐波那契法以 n 个试点来缩短某一区间时，区间长度的第一次缩短率为 $\frac{F_{n-1}}{F_n}$，其后各次分别为 $\frac{F_{n-2}}{F_{n-1}}, \frac{F_{n-3}}{F_{n-2}}, \cdots, \frac{F_1}{F_2}$。现将以上数列分为奇数项 $\frac{F_{2k-1}}{F_{2k}}$ 和偶数项 $\frac{F_{2k}}{F_{2k+1}}$，可以证明，这两个数列收敛于同一个极限 0.6180339887418948。

以不变的区间缩短率 0.618 代替斐波那契法每次不同的缩短率，就得到了 0.618 法，也称黄金分割法。可以把 0.618 法看成斐波那契法的近似方法，它比较容易实现，效果也很好，因而更容易被人们所接受。

用 0.618 法时，计算 n 个试点的函数值时可以把原区间 $[a_0, b_0]$ 连续缩短 $n-1$ 次，由于每次的缩短率均为 0.618，故最后的区间长度为
$$b_{n-1} - a_{n-1} = (b_0 - a_0) 0.618^{n-1}$$

0.618 法是一种等速对称消去区间的方法，每次的试点均取在区间相对长度的 0.618 和 0.382 处。

【**例 7-9**】 用 0.618 法求函数 $f(t) = 4t^2 - 6t - 3$ 在区间 $[0,1]$ 上的近似极小点和极小值，要求缩短后的区间长度不大于原区间长度的 8%。

【例 7-9 计算过程】

7.4 无约束极值的求解方法

考虑非线性无约束优化问题，如下所示。
$$\min f(\boldsymbol{X}) \quad (\boldsymbol{X} \in E^n)$$

前面已经讨论过，求解此无约束优化问题，可以求出平稳点及不可导点。令 $\nabla f(\boldsymbol{X}^*) = 0$，求出平稳点。若 $\nabla^2 f(\boldsymbol{X}^*)$ 是正定的，则 $\boldsymbol{X}^*$ 是非线性规划问题的严格局部最优解；若 $f(\boldsymbol{X})$ 在 E^n 上是凸函数，则是整体最优解。

在求解 $\nabla f(\boldsymbol{X}^*) = 0$ 这个 n 维方程组比较困难时，可以用最优化算法——迭代法。本节将只介绍梯度法和共轭梯度法。这些算法就是用不同的方法来选择搜索方向 $\boldsymbol{p}^{(k)}$ 的。当然 $\boldsymbol{p}^{(k)}$ 必须是下降方向。

定理 7-7 设 $f: E^n \to R$，且 f 在点 $\overline{\boldsymbol{X}}$ 处可微，若存在 $\boldsymbol{p} \in E^n$，使 $\nabla f(\overline{\boldsymbol{X}})^\mathrm{T} \boldsymbol{p} < 0$，则向量 $\boldsymbol{p}$ 是 $f(\boldsymbol{X})$ 在点 $\overline{\boldsymbol{X}}$ 处的下降方向。

【定理 7-7 证明】

7.4.1 梯度法

梯度法又称最速下降法，选择负梯度方向作为目标函数值下降的方向，是比较古老的一种算法，其他方法大多是它的变形，或是受它的启发得到的，因此它是最优化方法的基础。

由泰勒展开式知：

$$f(X^{(k)}) - f(X^{(k)} + \lambda p^{(k)}) = -\lambda \nabla f(X^{(k)})^T p^{(k)} + o(\|\lambda p^{(k)}\|)$$

当略去 λ 的高阶无穷小项，取 $p^{(k)} = -\nabla f(X^{(k)})$ 时，目标函数值下降最快。而 $\nabla f(X^{(k)})$ 为 $f(X)$ 在 $X^{(k)}$ 处的梯度，所以下降方向 $p^{(k)}$ 取负梯度方向时，目标函数值下降最快。

梯度法的迭代步骤如下所示。

(1) 取初始点 $X^{(0)}$，终止误差 $\varepsilon > 0$，$k := 0$（":=" 表示 "定义为"）。

(2) 计算 $p^{(k)} = -\nabla f(X^{(k)})$。

(3) 若 $\|p^{(k)}\| \leq \varepsilon$，则迭代停止，点 $X^{(k)}$ 为近似最优解。否则转到步骤 (4)。

(4) 求 λ_k，使 $f(X^{(k)} + \lambda_k p^{(k)}) = \min_{\lambda \geq 0} f(X^{(k)} + \lambda p^{(k)})$。

(5) 令 $X^{(k+1)} = X^{(k)} + \lambda_k p^{(k)}$，$k := k+1$，返回步骤 (2)。

【例 7-10】 用梯度法计算函数 $f(X) = (x_1 - 1)^2 + (x_2 - 1)^2$ 的极小点，取初始点 $X^{(0)} = (0,0)^T$，终止误差 $\varepsilon = 5\%$。

解：由于

$$\nabla f(X) = \begin{bmatrix} 2x_1 - 2 \\ 2x_2 - 2 \end{bmatrix}$$

所以 $\nabla f(X)$ 在 $X^{(0)} = (0,0)^T$ 处有 $\nabla f(X^{(0)}) = (-2,-2)^T$。

$$\|\nabla f(X^{(0)})\| = \sqrt{(-2)^2 + (-2)^2} = 2\sqrt{2} > \varepsilon$$

同时有

$$X^{(1)} = X^{(0)} - \lambda \nabla f(X^{(0)}) = \begin{bmatrix} 0 \\ 0 \end{bmatrix} - \lambda \begin{bmatrix} -2 \\ -2 \end{bmatrix} = \begin{bmatrix} 2\lambda \\ 2\lambda \end{bmatrix} \tag{7-17}$$

$$\min_{\lambda \geq 0} f(X^{(k)} + \lambda p^{(k)}) = \min_{\lambda \geq 0} f(X^{(k)} - \lambda \nabla f(X^{(k)}))$$

所以将 $X^{(1)}$ 代入目标函数可得

$$\min_{\lambda \geq 0} f(X^{(k)} + \lambda p^{(k)}) = \min_{\lambda \geq 0} f(X^{(0)} - \lambda \nabla f(X^{(0)})) = (2\lambda - 1)^2 + (2\lambda - 1)^2 = 2(2\lambda - 1)^2 = f(X^{(1)})$$

令 $\dfrac{\mathrm{d}f(X^{(1)})}{\mathrm{d}\lambda} = 0$，即有 $\lambda = \dfrac{1}{2}$，将 $\lambda = \dfrac{1}{2}$ 代入式 (7-17) 可得 $X^{(1)} = \begin{bmatrix} 2\lambda \\ 2\lambda \end{bmatrix} = \begin{bmatrix} 1 \\ 1 \end{bmatrix}$。

函数 $f(X)$ 在 $X^{(1)}$ 处的梯度为 $\nabla f(X^{(1)}) = [2(1-1), 2(1-1)]^T = (0,0)^T$，由于 $\|\nabla f(X^{(1)})\| = 0 < \varepsilon = 5\%$，故 $X^{(1)}$ 为极小点，迭代停止，极小值为 0。

7.4.2 共轭梯度法

在梯度法的每一步迭代中，迭代方向的选择不依赖过去的信息，收敛的速度有时较慢。而共轭梯度法在确定搜索方向时用了上一阶段的梯度信息，其迭代步骤如下所示。

(1) 取初始点 $X^{(0)}$ 和终止误差 $\varepsilon > 0$，初始搜索方向为负梯度方向 $p^{(0)} = -\nabla f(X^{(0)})$，初始迭

代步长为λ_0，使得$f(X^{(0)} + \lambda_0 p^{(0)}) = \min_{\lambda \geq 0} f(X^{(0)} + \lambda p^{(0)})$。

(2) 若$\|\nabla f(X^{(k)})\| \leq \varepsilon$，则停止迭代；否则，按下面公式计算在点$X^{(k)}$处的搜索方向。

$$\beta_k = \frac{\|\nabla f(X^{(k)})\|^2}{\|\nabla f(X^{(k-1)})\|^2} (k=1,2,\cdots,n)$$

$$p^{(k)} = -\nabla f(X^{(k)}) + \beta_k p^{(k-1)} (k=1,2,\cdots,n)$$

(3) 计算点$X^{(k)}$的步长λ_k，使得$f(X^{(k)} + \lambda_k p^{(k)}) = \min_{\lambda \geq 0} f(X^{(k)} + \lambda p^{(k)})$。

(4) 令$X^{(k+1)} = X^{(k)} + \lambda_k p^{(k)}$，并转到步骤（2）。

【**例 7-11**】 用共轭梯度法求函数$f(X) = x_1^2 + x_2^2 - x_1 x_2 - 10 x_1 - 4 x_2 + 60$的极小点和极小值。设初始点为$X^{(0)} = (0,0)^T$，终止误差$\varepsilon = 5\%$。

解：函数$f(X)$的梯度为$\nabla f(X) = (2x_1 - x_2 - 10, 2x_2 - x_1 - 4)^T$，将点$X^{(0)} = (0,0)^T$代入$\nabla f(X)$，有$\nabla f(X) = (2x_1 - x_2 - 10, 2x_2 - x_1 - 4)^T = (-10, -4)^T$，$p^{(0)} = (10, 4)^T$，则有

$$X^{(0)} + \lambda_0 p^{(0)} = (10\lambda_0, 4\lambda_0)^T$$

$$\begin{aligned}\min_{\lambda \geq 0} f(X^{(0)} + \lambda p^{(0)}) &= (10\lambda_0)^2 + (4\lambda_0)^2 - 10\lambda_0 \times 4\lambda_0 - 10 \times 10\lambda_0 - 4 \times 4\lambda_0 + 60 \\ &= 76\lambda_0^2 - 116\lambda_0 + 60\end{aligned} \tag{7-18}$$

对式(7-18)求一阶导数，并令其为0，则$2 \times 76 \lambda_0 - 116 = 0$，由此求得单变量极值问题的最优解为$\lambda_0 \approx 0.76315789$，所以$X^{(1)} = X^{(0)} + \lambda_0 p^{(0)} = (7.6315789, 3.05263156)^T \approx (7.6316, 3.0526)^T$，计算函数$f(X)$在$X^{(1)}$处的梯度$\nabla f(X^{(1)}) \approx (2.2105, -5.5263)^T$，搜索方向为

$$\beta_1 = \frac{\|\nabla f(X^{(1)})\|^2}{\|\nabla f(X^{(0)})\|^2} = \frac{(2.2105)^2 + (-5.5263)^2}{(-10)^2 + (-4)^2} \approx \frac{35.4263}{116} \approx 0.3054$$

$$p^{(1)} = -\nabla f(X^{(1)}) + \beta_1 p^{(0)} = \begin{bmatrix} -2.2105 \\ 5.5263 \end{bmatrix} + 0.3054 \begin{bmatrix} 10 \\ 4 \end{bmatrix} = \begin{bmatrix} 0.8435 \\ 6.7479 \end{bmatrix}$$

$$X^{(2)} = X^{(1)} + \lambda_1 p^{(1)} = \begin{bmatrix} 7.6316 \\ 3.0526 \end{bmatrix} + \lambda_1 \begin{bmatrix} 0.8435 \\ 6.7476 \end{bmatrix} = \begin{bmatrix} 7.6316 + 0.8435\lambda_1 \\ 3.0526 + 6.7476\lambda_1 \end{bmatrix}$$

将$X^{(2)}$代入目标函数，解

$$\min_{\lambda \geq 0} f(X^{(1)} + \lambda p^{(1)}) = \min_{\lambda \geq 0} f(7.6316 + 0.8435\lambda_1, 3.0526 + 6.7476\lambda_1)$$

从而求得$\lambda_1 \approx 0.4368$，因此

$$X^{(2)} = X^{(1)} + \lambda_1 p^{(1)} = \begin{bmatrix} 7.6316 \\ 3.0526 \end{bmatrix} + 0.4368 \begin{bmatrix} 0.8435 \\ 6.7476 \end{bmatrix} \approx \begin{bmatrix} 8.00004 \\ 5.99995 \end{bmatrix}$$

由于函数$f(X)$在$X^{(2)}$处的梯度$\nabla f(X^{(2)}) = (0.00013, -0.00014)^T$，$\|\nabla f(X^{(2)})\| \approx 0.00019 \leq \varepsilon = 5\%$，所

以 $X^{(2)}$ 是极小点，迭代停止，极小值为 $f(X^{(2)}) \approx 8$。

7.5 约束极值的求解方法

考虑带约束条件的非线性规划问题，如下所示。

$$\min f(X) \\ g_j(X) \geq 0 (j=1,2,\cdots,l) \tag{7-19}$$

设 $X^{(0)}$ 是非线性规划问题的一个可行解，它必然满足所有约束。对于某一不等式约束条件 $g_j(X) \geq 0$，$X^{(0)}$ 有两种可能：一是 $g_j(X^{(0)}) > 0$，此时，点 $X^{(0)}$ 不处于由该约束条件形成的可行域的边界上，因而该约束条件对 $X^{(0)}$ 点的微小摄动不起限制作用，称该约束条件是 $X^{(0)}$ 点的不起作用约束（或无效约束）；二是 $g_j(X^{(0)}) = 0$，此时，点 $X^{(0)}$ 处于由该约束条件形成的可行域的边界上，因而该约束条件对 $X^{(0)}$ 点的摄动起到了某种限制作用，称该约束条件是 $X^{(0)}$ 点的起作用约束（或有效约束）。显然，等式约束对所有可行解来说都是起作用约束。

定理 7-8 （库恩－塔克条件）设 X^* 是式 (7-19) 的局部最优解，函数 $f(X)$ 和 $g_j(X)$ $(j=1,2,\cdots,l)$ 在点 X^* 处有一阶连续偏导数，且 X^* 与在点 X^* 处所有起作用约束对应的约束函数的梯度线性无关，则存在不全为零的实数 $\gamma_1, \gamma_2, \cdots, \gamma_l$，使得下式成立。

$$\begin{cases} \nabla f(X^*) - \sum_{i=1}^{l} \gamma_j \nabla g_j(X^*) = 0 \\ \gamma_j g_j(X^*) = 0 (j=1,2,\cdots,l) \\ \gamma_j \geq 0 (j=1,2,\cdots,l) \end{cases} \tag{7-20}$$

式 (7-20) 简称为 K-T 条件，满足该条件的点（当然也满足非线性规划问题的所有约束条件）称为库恩－塔克点（或 K-T 点）。

现考虑一般非线性规划问题的 K-T 条件。

$$\min f(X) \\ \text{s.t.} \begin{cases} h_i(X) = 0 (i=1,2,\cdots m) \\ g_j(X) \geq 0 (j=1,2,\cdots,l) \end{cases} \tag{7-21}$$

以 $h_i(X) \geq 0, -h_i(X) \geq 0$ 来代替式 (7-21) 中的 $h_i(X) = 0$，于是，可由式 (7-20) 得到非线性规划问题式 (7-21) 的 K-T 条件：若 X^* 是式 (7-21) 的局部最优解，且与在点 X^* 处所有起作用约束对应的约束函数的梯度线性无关，则存在向量 $\Lambda^* = (\lambda_1^*, \lambda_2^*, \cdots, \lambda_m^*)^T$ 和 $\Gamma^* = (\gamma_1^*, \gamma_2^*, \cdots, \gamma_l^*)^T$，使下列 K-T 条件成立。

$$\begin{cases} \nabla f(\boldsymbol{X}^*) - \sum_{i=1}^{m}\lambda_i^*\nabla h_i(\boldsymbol{X}^*) - \sum_{j=1}^{l}\gamma_j^*\nabla g_j(\boldsymbol{X}^*) = 0 \\ \gamma_j^* g_j(\boldsymbol{X}^*) = 0 (j=1,2,\cdots,l) \\ \gamma_j^* \geq 0 (j=1,2,\cdots,l) \end{cases} \quad (7\text{-}22)$$

式中，$\lambda_1^*, \lambda_2^*, \cdots, \lambda_m^*$ 和 $\gamma_1^*, \gamma_2^*, \cdots, \gamma_l^*$ 称为广义拉格朗日乘子。

K–T 条件是非线性规划领域中非常重要的理论成果之一，是确定某点为局部最优解的必要条件。只要是局部最优解，且与在该点处所有起作用约束对应的约束函数的梯度线性无关，就满足 K–T 条件。但是，一般而言，K–T 条件并不是充分条件，即满足 K–T 条件的点不一定是局部最优解。定理 7-9 将说明，对于凸规划来说，K–T 条件既是局部最优解存在的必要条件，也是充分条件。

定理 7-9 设 $f(\boldsymbol{X})$，$h_i(\boldsymbol{X})$ ($i=1,2,\cdots,m$)，$g_j(\boldsymbol{X})$ ($j=1,2,\cdots,l$) 在 $\boldsymbol{X}^*$ 点连续可微，且 $f(\boldsymbol{X})$，$g_j(\boldsymbol{X})$ ($j=1,2,\cdots,l$) 是凸函数，$h_i(\boldsymbol{X})$ ($i=1,2,\cdots,m$) 是线性函数，若 $\boldsymbol{X}^*$ 是非线性规划问题式 (7-21) 的 K–T 点，则 $\boldsymbol{X}^*$ 是其全局最优解。

【例 7-12】 用 K–T 条件解以下非线性规划问题。

$$\min f(x) = (x-3)^2$$
$$0 \leq x \leq 5$$

解：先将该非线性规划问题写成以下形式。

$$\min f(x) = (x-3)^2$$
$$\text{s.t.} \begin{cases} g_1(x) = x \geq 0 \\ g_2(x) = 5-x \geq 0 \end{cases}$$

写出其目标函数和约束函数的梯度：

$$\nabla f(x) = 2(x-3), \nabla g_1(x) = 1, \nabla g_2(x) = -1$$

对上述约束条件分别引入广义拉格朗日乘子，设 K–T 点为 x^*，则可以得到该问题的 K–T 条件为

$$\begin{cases} 2(x^*-3) - \gamma_1^* + \gamma_2^* = 0 \\ \gamma_1^* x^* = 0 \\ \gamma_2^*(5-x^*) = 0 \\ \gamma_1^*, \gamma_2^* \geq 0 \end{cases}$$

为解上述方程组，考虑以下几种情形。

(1) 令 $\gamma_1^* \neq 0, \gamma_2^* \neq 0$，无解。

(2) 令 $\gamma_1^* \neq 0, \gamma_2^* = 0$，解之，得 $x^* = 0$，$\gamma_1^* = -6$，不是 K–T 点。

(3) 令 $\gamma_1^* = 0, \gamma_2^* \neq 0$，解之，得 $x^* = 5$，$\gamma_2^* = -4$，不是 K–T 点。

(4) 令 $\gamma_1^* = \gamma_2^* = 0$，解之，得 $x^* = 3$，是 K–T 点，其目标函数值 $f(x^*) = 0$。

该非线性规划问题为凸规划，故 $x^* = 3$ 就是其全局极小点。该点是可行域的内点，它也可直接由梯度等于零的条件求出。

【例 7-13】 用 K–T 条件解以下非线性规划问题。

$$\min f(\boldsymbol{X}) = (x_1 - 2)^2 + (x_2 - 3)^2$$
$$\text{s.t.} \begin{cases} (2 - x_1)^3 \geq x_2 \\ 2x_1 - x_2 = 1 \end{cases}$$

解：先将该非线性规划问题写成以下形式

$$\min f(\boldsymbol{X}) = (x_1 - 2)^2 + (x_2 - 3)^2$$
$$\text{s.t.} \begin{cases} g(\boldsymbol{X}) = (2 - x_1)^3 - x_2 \geq 0 \\ h(\boldsymbol{X}) = 2x_1 - x_2 - 1 = 0 \end{cases}$$

写出其目标函数和约束函数的梯度：

$$\nabla f(\boldsymbol{X}) = (2(x_1 - 2), 2(x_2 - 3))^\text{T}, \nabla g(\boldsymbol{X}) = (-3(x_1 - 2)^2, -1)^\text{T}, \nabla h(\boldsymbol{X}) = (2, -1)^\text{T}$$

令 $\boldsymbol{X}^* = (x_1^*, x_2^*)^\text{T}$ 为全局最优解，则 $\boldsymbol{X}^*$ 满足 K–T 条件。

$$\begin{cases} 2(x_1^* - 2) - 2\lambda + 3\gamma(x_1^* - 2)^2 = 0 & (1) \\ 2(x_2^* - 3) + \lambda + \gamma = 0 & (2) \\ \gamma[(2 - x_1^*)^3 - x_2^*] = 0 \ (\gamma \geq 0) & (3) \\ (2 - x_1^*)^3 - x_2^* \geq 0 & (4) \\ 2x_1^* - x_2^* - 1 = 0 & (5) \end{cases}$$

为解上述方程组，考虑以下两种情形。

(1) 令 $\gamma = 0$，由方程组的第 (1)、(2) 和 (5) 式可得 $\boldsymbol{X}^* = (x_1^*, x_2^*)^\text{T} = (2, 3)^\text{T}, \lambda = 0$，但这组解不满足第 (4) 式，故方程组无解。

(2) 令 $\gamma \neq 0$，解之，得 $\boldsymbol{X}^* = (x_1^*, x_2^*)^\text{T} = (1, 1)^\text{T}, \gamma = \lambda = 2$，$\boldsymbol{X}^* = (1, 1)^\text{T}$ 为 K–T 点。

该非线性规划问题为凸规划问题，故 $\boldsymbol{X}^* = (1, 1)^\text{T}$ 就是其全局极小点，即全局最优解，其目标函数值为 $f(\boldsymbol{X}^*) = 5$。

7.6 分式规划与二次规划

本节介绍两类特殊的非线性规划：分式规划和二次规划。这两类规划都有其各自的特殊性，通过适当的处理，都能转化为线性规划的形式。

7.6.1 分式规划

如果一个非线性规划问题的目标函数是分式函数，而分子函数、分母函数和所有约束条件全为线性函数，则称这类非线性规划问题为线性分式规划问题。在不致歧义的情况下，也可简称为分式规划问题。对这类规划问题，可采用查恩斯–库珀变换方法，将分式规划问题转化成线性规划问题，即只需通过简单的变量代换，就可将它转化成线性规划问题，从而方便地求出其解。下面举例加以说明。

【例 7-14】 求解下述分式规划问题。

$$\max f(\boldsymbol{X}) = \frac{2x_1 + 3x_2 - 2}{3x_1 + x_2 + 2}$$

$$\text{s.t.} \begin{cases} x_1 - x_2 \leqslant 4 \\ 2x_1 + x_2 \leqslant 6 \\ x_1 \leqslant 2 \\ x_1, x_2 \geqslant 0 \end{cases}$$

解：令

$$\lambda = \frac{1}{3x_1 + x_2 + 2}, y_1 = x_1\lambda, y_2 = x_2\lambda$$

由于 $x_1, x_2 \geqslant 0$，故有 $\lambda > 0$，从而有 $y_1 \geqslant 0, y_2 \geqslant 0$。于是，可以将 $f(\boldsymbol{X})$ 化为

$$f(\boldsymbol{X}) = 2x_1\lambda + 3x_2\lambda - 2\lambda = 2y_1 + 3y_2 - 2\lambda$$

又因为

$$x_1 = \frac{y_1}{\lambda}, x_2 = \frac{y_2}{\lambda}$$

则有

$$\max f(\boldsymbol{X}) = 2y_1 + 3y_2 - 2\lambda$$

$$\text{s.t.} \begin{cases} y_1 - y_2 - 4\lambda \leqslant 0 \\ 2y_1 + y_2 - 6\lambda \leqslant 0 \\ y_1 - 2\lambda \leqslant 0 \\ 3y_1 + y_2 + 2\lambda = 1 \\ y_1, y_2 \geqslant 0; \lambda > 0 \end{cases}$$

解得：$y_1^* = 0, y_2^* = \frac{3}{4}, \lambda^* = \frac{1}{8}$。

从而可得原问题的最优解为 $\boldsymbol{X}^* = (x_1^*, x_2^*)^\mathrm{T} = (0, 6)^\mathrm{T}$，此解就是全局最优解，其目标函数值为 $f(\boldsymbol{X}^*) = 2$。

【例 7-15】 求解下述分式规划问题。

$$\max f(\boldsymbol{X}) = \frac{2x_1 - x_2 + 1}{x_1 - 2x_2 + 2}$$

$$\text{s.t.} \begin{cases} 3x_1 - x_2 \leqslant 2 \\ -x_1 + 2x_2 \leqslant 1 \\ x_1, x_2 \geqslant 0 \end{cases}$$

解：此例与例 7-14 的不同之处在于无法确定目标函数分母的正负情况，故可令

$$\lambda = \pm \frac{1}{x_1 - 2x_2 + 2}, y_1 = x_1\lambda, y_2 = x_2\lambda$$

这样，就可将原问题化为两个线性规划问题，分别如下。

$$\max f(X) = 2y_1 - y_2 + \lambda$$
$$LP_1: \quad \text{s.t.} \begin{cases} 3y_1 - y_2 - 2\lambda \leq 0 \\ -y_1 + 2y_2 - \lambda \leq 0 \\ y_1 - 2y_2 + 2\lambda = 1 \\ y_1, y_2 \geq 0, \lambda > 0 \end{cases}$$

$$\max f(X) = -2y_1 + y_2 - \lambda$$
$$LP_2: \quad \text{s.t.} \begin{cases} 3y_1 - y_2 - 2\lambda \leq 0 \\ -y_1 + 2y_2 - \lambda \leq 0 \\ y_1 - 2y_2 + 2\lambda = 1 \\ y_1, y_2 \geq 0, \lambda > 0 \end{cases}$$

针对 LP_1 进行求解可知，LP_1 的解为 $y_1^* = y_2^* = \lambda^* = 1$，从而可得原问题的最优解为 $X^* = (x_1^*, x_2^*)^T = (1,1)^T$，此解就是全局最优解，其目标函数值 $f(X^*) = 2$。

针对 LP_2 进行求解可知，LP_2 无可行解。

7.6.2 二次规划

若非线性规划问题的目标函数为二次函数，而约束条件全为线性函数，则称之为二次规划问题。运用 K-T 条件，可以将其构造成线性规划问题的形式，并且在一定的条件下可用单纯形法解之，从而得到二次规划问题的最优解。下面举例加以说明。

【例 7-16】 求解下述二次规划问题。

$$\max f(X) = 2x_1 + 4x_2 - x_1^2 - x_2^2$$
$$\text{s.t.} \begin{cases} x_1 + 2x_2 \leq 4 \\ x_1, x_2 \geq 0 \end{cases} \tag{7-23}$$

解：将其化为标准形式，可得

$$\min -f(X) = x_1^2 + x_2^2 - 2x_1 - 4x_2$$
$$\text{s.t.} \begin{cases} g_1(X) = x_1 \geq 0 \\ g_2(X) = x_2 \geq 0 \\ g_3(X) = 4 - x_1 - 2x_2 \geq 0 \end{cases}$$

由 K-T 条件

$$(X^*) - \sum_{i=1}^{m} \lambda_i^*(X^*) - \sum_{j=1}^{l} \gamma_j^*(X^*) = 0$$

即

$$(X^*) = \sum_{i=1}^{m} \lambda_i^*(X^*) + \sum_{j=1}^{l} \gamma_j^*(X^*)$$

可知，有

$$\begin{bmatrix} 2x_1 - 2 \\ 2x_2 - 4 \end{bmatrix} = \gamma_1 \begin{bmatrix} 1 \\ 0 \end{bmatrix} + \gamma_2 \begin{bmatrix} 0 \\ 1 \end{bmatrix} + \gamma_3 \begin{bmatrix} -1 \\ -2 \end{bmatrix}$$

即
$$\begin{cases} 2x_1 - \gamma_1 + \gamma_3 = 2 \\ 2x_2 - \gamma_2 + 2\gamma_3 = 4 \end{cases} \tag{7-24}$$

给式 (7-23) 中的第一个约束条件加上松弛变量 x_3，得到
$$x_1 + 2x_2 + x_3 = 4 \tag{7-25}$$

由此可得
$$x_3 = 4 - x_1 - 2x_2 = g_3(\boldsymbol{X}) \tag{7-26}$$

再对二次规划问题运用 K-T 条件 $\gamma_j^* g_j(\boldsymbol{X}^*) = 0 (j = 1, 2, \cdots, l)$，并考虑式 (7-26)，可得
$$\gamma_j x_j = 0 (j = 1, 2, 3) \tag{7-27}$$

又由 K-T 条件 $\gamma_j^* \geq 0\ (j = 1, 2, \cdots, l)$，有
$$\gamma_j^* \geq 0\ (j = 1, 2, 3) \tag{7-28}$$

由二次规划，还有
$$x_j \geq 0 (j = 1, 2, 3) \tag{7-29}$$

联立求解式 (7-24) 和式 (7-25) 并随时注意运用条件式 (7-27) ～式 (7-29)，若能求得同时满足式 (7-24) ～式 (7-29) 的解，则它就是二次规划问题的 K-T 点。

因本例目标函数 $f(\boldsymbol{X})$ 严格凸，则所得 K-T 点必为该二次规划问题的最优解。具体求解过程如下所示。

联立式 (7-24) 和式 (7-25)，从中解出 x_1, x_2, x_3，得

$$\begin{cases} x_1 = 1 + \dfrac{1}{2}\gamma_1 - \dfrac{1}{2}\gamma_3 \\ x_2 = 2 + \dfrac{1}{2}\gamma_2 - \gamma_3 \\ x_3 = -1 - \dfrac{1}{2}\gamma_1 - \gamma_2 + \dfrac{5}{2}\gamma_3 \end{cases} \tag{7-30}$$

同时，目标函数等价于
$$-f(\boldsymbol{X}) = x_1^2 + x_2^2 - 2x_1 - 4x_2 = (x_1 - 1)^2 + (x_2 - 2)^2 - 5 \tag{7-31}$$

由式 (7-31) 可知，若 $\boldsymbol{X}^{(0)} = (x_1, x_2)^{\mathrm{T}} = (0, 0)^{\mathrm{T}}$，$\boldsymbol{X}^{(1)} = (x_1, x_2)^{\mathrm{T}} = (1, 1)^{\mathrm{T}}$，则 $-f(\boldsymbol{X}^{(0)}) > -f(\boldsymbol{X}^{(1)})$，因此有 $x_1 > 0, x_2 > 0$；由式 (7-27) 可知，此时必然有 $\gamma_1 = \gamma_2 = 0$。于是，式 (7-30) 就可简化为

$$\begin{cases} x_1 = 1 - \dfrac{1}{2}\gamma_3 \\ x_2 = 2 - \gamma_3 \\ x_3 = -1 + \dfrac{5}{2}\gamma_3 \end{cases} \tag{7-32}$$

由式 (7-29) 可知，$x_3 \geq 0$，由式 (7-33) 中的第三个式子可得 $\gamma_3 \geq \dfrac{2}{5} > 0$。

由式 (7-27) 可知，$x_3 = 0$，此时 $\gamma_3 = \dfrac{2}{5}$。

由式 (7-32) 可得 $\boldsymbol{X}^* = (x_1^*, x_2^*)^\mathrm{T} = \left(\dfrac{4}{5}, \dfrac{8}{5}\right)^\mathrm{T}$ 就是全局最优解，其目标函数值 $f(\boldsymbol{X}^*) = \dfrac{24}{5}$。

本例较简单且较特殊，采用解方程组的方法尚能奏效。一般来说，采用该法不易求得问题的解。

为了便于求解，可以给式 (7-24) 中的两个式子分别引入一个人工变量 x_4, x_5，并按线性规划两阶段法的思想，构造一个人工线性规划问题，如下所示。

$$\max Z = -x_4 - x_5$$

$$\begin{cases} 2x_1 - \gamma_1 + \gamma_3 + x_4 = 2 \\ 2x_2 - \gamma_2 + 2\gamma_3 + x_5 = 4 \\ x_1 + 2x_2 + x_3 = 4 \\ x_1 \sim x_5 \geq 0, \gamma_1 \sim \gamma_3 \geq 0 \end{cases}$$

从而可用单纯形法解之。

但应特别注意，因为由式 (7-27) 有 $\gamma_j x_j = 0 (j = 1,2,3)$，所以 γ_j 和 x_j 不能同时为正，或者说 γ_j 和 x_j 不能同时充当人工线性规划问题任一基本可行解的基变量。为此，必须给出单纯形法的一个附加规则：在每个迭代单纯形表中，若 x_j（或 γ_j）是基变量，则不能选其互补变量 γ_j（或 x_j）为进基变量，除非用 γ_j（或 x_j）去替换基变量 x_j（或 γ_j）。

按此规则，用单纯形法求解上述人工线性规划问题，具体迭代过程如表 7-2 所示。

表 7-2 具体迭代过程

序号	C_B	X_B	b	x_1	x_2	x_3	r_1	r_2	r_3	x_4	x_5
		c_j		0	0	0	0	0	0	−1	−1
I	−1	x_4	2	[2]	0	0	−1	0	1	1	0
	−1	x_5	4	0	2	0	0	−1	2	0	1
	0	x_3	4	1	2	1	0	0	0	0	0
		$c_j - z_j$		2	2	0	−1	−1	3	0	0
II	0	x_1	1	1	0	0	−1/2	0	1/2	1/2	0
	−1	x_5	4	0	2	0	0	−1	2	0	1
	0	x_3	3	0	[2]	1	1/2	0	−1/2	−1/2	0
		$c_j - z_j$		0	2	0	0	−1	2	−1	0

续表

序号	c_j			0	0	0	0	0	0	-1	-1
	C_B	X_B	b	x_1	x_2	x_3	r_1	r_2	r_3	x_4	x_5
Ⅲ	0	x_1	1	1	0	0	-1/2	0	1/2	1/2	0
	-1	x_5	1	0	0	-1	-1/2	-1	[5/2]	1/2	1
	0	x_2	3/2	0	1	1/2	1/4	0	-1/4	-1/4	0
	$c_j - z_j$			0	0	-1	-1/2	-1	5/2	-1/2	0
Ⅳ	0	x_1	4/5	1	0	1/5	-2/5	1/5	0	2/5	-1/5
	0	r_3	2/5	0	0	-2/5	-1/5	-2/5	1	1/5	2/5
	0	x_2	8/5	0	1	2/5	1/5	-1/10	0	-1/5	1/10
	$c_j - z_j$			0	0	0	0	0	0	-1	-1

在初始单纯形表（Ⅰ）中，按单纯形法的最大检验数规则应选r_3为进基变量，而按附加规则，这时只能用r_3替换x_3，但因位于r_3列、x_3行的数字为0，不能参与比较，故无法作为主元素，故不可能用r_3替换x_3。这时按附加规则，只能选次大检验数2所对应的非基变量x_1或者x_2作为进基变量。

由表7-2的最优单纯形表（Ⅳ）可见，最优解同前面解方程组所得结果一致。

需指出的是，有附加规则的单纯形法，并非对任何二次规划问题都能奏效，但无论是求极小值还是求极大值的二次规划问题，其目标函数只要是严格凸（或凹）函数，则采用此法，就能求出最优解。

【第7章习题】

第 8 章

动态规划

> **学习目标**
> 1. 理解动态规划的基本概念；
> 2. 了解动态规划的最优性原理和基本方法；
> 3. 理解动态规划的状态无后效性；
> 4. 掌握动态规划逆序求解思路和递推算法；
> 5. 掌握动态规划的模型及其应用。

动态规划 (Dynamic Programming, DP) 是运筹学的一个重要分支，它是解决多阶段决策问题的一种数学方法，产生于 20 世纪 50 年代，是由美国数学家贝尔曼等人建立和发展起来的。他们根据多阶段决策问题的特点，把多阶段决策问题转换为一系列互相联系的单阶段决策问题，然后逐一加以解决。党的二十大报告强调的"实现第二个百年奋斗目标"在某种程度上就体现了动态规划的思想。贝尔曼提出了这类问题的"最优化原理"，研究了许多实际问题，从而创建了解决最优化问题的一类新方法——动态规划。

8.1 动态规划的基本概念与方法

在经济管理决策中，有些管理决策问题可以按时间顺序或空间顺序划分成相互联系的多个阶段，呈现出明显的阶段性，在每一个阶段都需要作出决策，从而使整个过程达到最好的活动效果。而每个阶段的决策不是任意确定的，它依赖于各阶段面临的状态，又影响着未来的状态发展。于是可把这类管理决策问题分解成几个相互联系的阶段，每个阶段面临一个子决策问题。这样原有问题的求解就转化为几个简单的子决策问题的逐个求解，当每个阶段的子决策问题确定后，这些子决策问题就组成了一个决策序列，每个阶段的子决策一旦确定，整个决策过程也随之确定，此类可以被看作一个前后关联，且具有明显阶段性特征的决策过程的决策问题就称为多阶段决策问题，如图 8-1 所示。

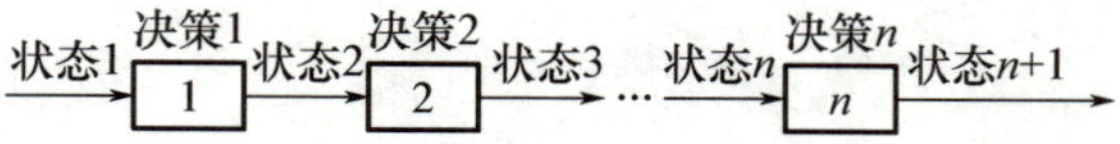

状态1 →[决策1 / 1]→ 状态2 →[决策2 / 2]→ 状态3 → ... → 状态n →[决策n / n]→ 状态$n+1$

图 8-1 多阶段决策问题

多阶段决策问题一般可以按顺序划分阶段。决策依赖于当前的状态，又随即影响未来的状态,决策序列就是在变化的状态中产生的,同时,从可行方案中选择最优或满意的方案的过程也具有一定的"动态"含义,所以这种解决多阶段决策问题的方法称为动态规划法。但是,一些与时间没有关系的静态规划(如线性规划、非线性规划等)问题,只要人为地引入"时间"因素,也可看作多阶段决策问题,即可用动态规划法来处理。动态规划法在企业管理中有重要的作用,例如,企业的生产物流问题可以按物流环节分为物料供应、生产制造、分销零售等阶段;物流运输配送的最短路线问题,可以按空间顺序划分阶段。

8.1.1 动态规划的基本概念

下面通过一个简单实例来说明动态规划的基本概念。

【例 8-1】 给定一个运输网络,如图 8-2 所示。位于城市 A_0 的某食品公司要把一批货物发送至位于城市 A_4 的公司,途中可经过的城市有 A_1、B_1、C_1、A_2、B_2、C_2、A_3、B_3 8 个城市,图中箭线上方的数字表示两城市之间的距离,试求一条从 A_0 到 A_4 的运输线路,使总距离为最短。

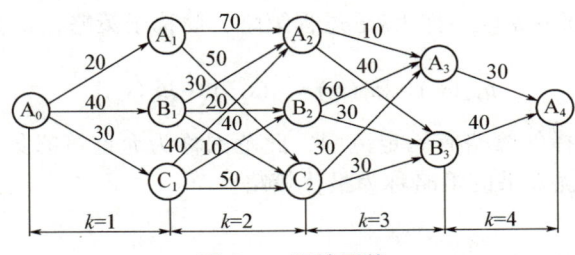

图 8-2 运输网络

这是一个多阶段决策问题,如图 8-2 所示,运输网络按空间顺序可以分为 4 个阶段。每个阶段选取的路线不同(代表决策不同),相应地,从 A_0 到 A_4 就有一系列不同的运输路线。

1. 阶段变量

给定一个多阶段过程,可以将其恰当地分为若干个相互联系的阶段,以便能按一定的次序去求解。描述阶段的变量称为阶段变量,常用 k 表示。

阶段编号可以是顺序编号,令初始阶段为 1,由前向后逐渐增大;也可以是逆序编号,令最后一个阶段为 1,由后向前逐渐增大。本书采用顺序编号。对于例 8-1,可以将其划分为 4 个阶段,而且每个阶段都要进行一次决策,选择下一站的城市。

2. 状态变量

状态表示某阶段的出发位置。它既是某阶段过程演变的起点,又是前一阶段决策的结果。例 8-1 中,第一阶段有一种状态,即 A_0 点,第二阶段有 3 种状态,即点集合 $\{A_1,B_1,C_1\}$,一般第 k 阶段的状态就是第 k 阶段所有起点的集合。描述状态的变量称为状态变量。第 k 阶段的状态变量,记为 s_k。

状态变量的选取因具体问题而异,但必须始终注意,选取的状态变量必须满足无后效性,即若某阶段的状态给定,则过程的未来发展不受该阶段以前各阶段状态的影响。

3. 决策变量

决策表示当过程处于某个阶段的某个状态时,可以作出不同的决定(或选择),从而确定下个阶段的状态，这种决定称为决策。描述决策的变量称为决策变量，常用$u_k(s_k)$表示处于状态s_k时的决策变量，它是状态变量的函数。例如，在图 8-2 中，$B_1 \to A_2$，记为$u_2(B_1) = A_2$。

决策变量可取值的全体，称为允许决策集合。常用$D_k(s_k)$表示状态s_k的允许决策集合。例如，在图 8-2 中：

$$D_2(B_1) = \{A_2, B_2, C_2\}, \quad D_2(A_1) = \{A_2, C_2\}$$

4. 过程策略

由在全过程的各个阶段上作出的决策组成的全体称为全过程策略，记为$P_{1,n}$。即

$$P_{1,n} = \{u_1(s_1), u_2(s_2), \cdots, u_n(s_n)\}$$

由过程的第k阶段开始到终止状态为止的过程，称为问题的后子过程（或k子过程）。其决策函数序列$\{u_k(s_k), u_{k+1}(s_{k+1}), \cdots, u_n(s_n)\}$称为$k$子过程策略，简称子策略，记为$p_{k,n}(s_k)$，即

$$p_{k,n}(s_k) = \{u_k(s_k), u_{k+1}(s_{k+1}), \cdots, u_n(s_n)\}$$

在实际问题中，可供选择的策略有一定范围，此范围称为允许策略集合，用P表示。从允许策略集合中找出达到最优效果的策略称为最优策略。

5. 状态转移方程

通过状态转移方程可以确定过程由一个状态到另一个状态的演变过程，描述了由k阶段到$k+1$阶段的状态转移规律，记为$s_{k+1} = T_k(s_k, u_k)$。

6. 阶段指标函数、过程指标函数和最优指标函数值

(1) 阶段指标函数。

阶段指标函数是用来衡量所实现过程优劣程度的一种数量指标函数。它是定义在全过程和所有后子过程上的确定的数量函数，常用v_k表示。即

$$v_k = v_k[s_k(i), u_k(s_k(i))]$$

由例 8-1 可知，对于阶段中的不同状态，采取不同的决策，其运输费用也不同，因此，阶段指标函数是特定状态变量和相应决策变量的函数。

(2) 过程指标函数。

从第k阶段的状态s_k出发到最后阶段结束，将各阶段效益综合起来反映后子过程效益的函数，称为过程指标函数，记为$V_{k,n}$。显然，$V_{k,n}$的大小取决于从第k阶段到最后阶段所采取的子策略，即

$$V_{k,n} = V_{k,n}(s_k, u_k, s_{k+1}, u_{k+1}, \cdots, s_{n+1})(k=1,2\cdots,n)$$

根据实际问题的性质，过程指标函数$V_{k,n}$可以是各阶段指标的和或积，以及其他函数形式。管理决策问题的过程指标函数一般是各阶段指标的和。

过程指标函数是它所包含的各阶段的阶段指标函数之和，即

$$V_{k,n} = \sum_{j=k}^{n} v_j(s_j, u_j) \tag{8-1}$$

过程指标函数具有可加性，其中，$v_j(s_j, u_j)$表示第j阶段的过程指标函数，因此，式(8-1)可写成：

$$V_{k,n} = v_k(s_k, u_k) + V_{k+1,n}(s_{k+1}, u_{k+1}, \cdots, s_{n+1})$$

由于给定了过程的初始状态及策略，所以过程指标函数也随之确定，过程指标函数是初始状态和策略的函数，记为

$$V_{k,n}[s_k, p_{k,n}(s_k)]$$

其中，$p_{k,n}(s_k)$为子策略。

因此，式(8-2)也可写成

$$V_{k,n}[s_k, p_{k,n}(s_k)] = v_k(s_k, u_k) + V_{k+1,n}[s_{k+1}, p_{k+1,n}(s_{k+1})]$$

(3) 最优指标函数值。

从状态s_k出发，选取最优策略后得到的指标函数值称为最优指标函数值，记为$f_k(s_k)$，即

$$f_k(s_k) = \text{opt} V_{k,n}(s_k, u_k, \cdots, s_{n+1}) = \underset{u_k \in D_k(s_k)}{\text{opt}} [v_k(s_k, u_k) + f_{k+1}(s_{k+1})] \quad (k = n, n-1, \cdots, 1)$$

其中，opt是Optimization的缩写，表示最优化，根据数量指标的具体含义可以取max或min。

8.1.2 动态规划的最优性原理及基本方法

1. 最优性原理

最优策略具有这样的性质：无论过去的状态和决策如何，对未来的决策所形成的状态而言，余下的各决策必须构成最优策略。简而言之，一个最优策略的子策略总是最优的。这是动态规划的理论基础。

在例8-1中，如果$A_0 \to B_1 \to A_2 \to B_3 \to A_4$是由$A_0$到$A_4$的最短路线，则$B_1 \to A_2 \to B_3 \to A_4$一定是由$B_1$到$A_4$的最短路线。

2. 逆序解法与顺序解法

动态规划有两种基本方法：逆序解法（后向动态规划法）和顺序解法（前向动态规划法）。

逆序解法，指的是寻优的方向与多阶段决策过程的实际行进方向相反，即从最后一阶段开始计算，逐段前推；计算前一阶段要用到后一阶段的计算结果；第一阶段的计算结果就是全过程的最优结果。

顺序解法，指的是寻优的方向与多阶段决策过程的实际行进方向相同，即从第一阶段开

始计算，逐段后推；计算后一阶段要用到前一阶段的计算结果；最后一阶段的计算结果就是全过程的最优结果。

在使用上述两种方法求解时，除了求解的行进方向不同，还要在建模时注意以下区别。

(1) 状态转移方程不同。

逆序解法中第k阶段的输入状态变量为s_k，决策变量为u_k，输出状态变量为s_{k+1}，即第$k+1$阶段的状态变量，所以状态转移方程为$s_{k+1}=T_k(s_k,u_k)$，阶段指标函数为$v_k(s_k,u_k)$。

顺序解法中第k阶段的输入状态变量为s_{k+1}，决策变量为u_k，输出状态变量为s_k，所以状态转移方程为$s_k=T_k(s_{k+1},u_k)$，阶段指标函数为$v_k(s_{k+1},u_k)$。

(2) 最优指标函数值的定义不同。

逆序解法中，最优指标函数值$f_k(s_k)$表示第k阶段从状态s_k出发到终点的后子过程最优效益值。$f_1(s_1)$是整体最优指标函数值。

顺序解法中，最优指标函数值$f_k(s_{k+1})$表示第k阶段从起点到状态s_{k+1}的前子过程最优效益值。$f_n(s_{n+1})$是整体最优指标函数值。

(3) 基本方程形式不同。

① 当过程指标函数为阶段指标的和形式时，逆序解法中，$V_{k,n}=\sum_{j=k}^{n}v_j(s_j,u_j)$，则基本方程为

$$\begin{cases} f_k(s_k)=\underset{u_k\in D_k}{\mathrm{opt}}[v_k(s_k,u_k)+f_{k+1}(s_{k+1})](k=n,n-1,\cdots,1) \\ f_{n+1}(s_{n+1})=0 \end{cases}$$

其中，$f_{n+1}(s_{n+1})=0$为边界条件，即第n阶段结束后，第$n+1$阶段不会产生任何效果。

顺序解法中，$V_{1,k}=\sum_{j=1}^{k}v_j(s_{j+1},u_j)$，则基本方程为

$$\begin{cases} f_k(s_{k+1})=\underset{u_k\in D_k}{\mathrm{opt}}[v_k(s_{k+1},u_k)+f_{k-1}(s_k)](k=1,2,\cdots,n) \\ f_0(s_1)=0 \end{cases}$$

② 当过程指标函数为阶段指标的积形式时，逆序解法中，$V_{k,n}=\prod_{j=k}^{n}v_j(s_j,u_j)$，则基本方程为

$$\begin{cases} f_k(s_k)=\underset{u_k\in D_k}{\mathrm{opt}}[v_k(s_k,u_k)\times f_{k+1}(s_{k+1})](k=n,n-1,\cdots,1) \\ f_{n+1}(s_{n+1})=1 \end{cases}$$

其中，$f_{n+1}(s_{n+1})=1$为边界条件，即第n阶段结束后，第$n+1$阶段不会产生任何效果。

顺序解法中，$V_{1,k}=\prod_{j=k}^{n}v_j(s_{j+1},u_j)$，则基本方程为

$$\begin{cases} f_k(s_{k+1}) = \underset{u_k \in D_k}{\text{opt}} \left[v_k(s_{k+1}, u_k) \times f_{k-1}(s_k) \right] (k=1,2,\cdots,n) \\ f_0(s_1) = 1 \end{cases}$$

以上两种方法在具体的求解过程中，都是将原问题转化为一系列单个问题进行求解。但是，两种方法各有优势，一般地，当初始状态给定时，用逆序解法比较方便；当终止状态给定时，用顺序解法比较方便。

8.2 动态规划的模型建立与求解步骤

8.2.1 动态规划的模型建立

建立实际问题的动态规划模型时，关键是要分析实际问题的特点能否满足动态规划模型的基本要求。下面就其中几个关键要点说明如下。

(1) 所研究的问题必须能够分成几个相互联系的阶段，而且每一个阶段都必须具有需要进行决策的问题。

如在例 8-1 中，问题的阶段性是很明显的，在每一个阶段都有选择继续走哪条路线的决策问题。而在很多其他类型的决策问题中，问题的阶段性可能并不明显，这时要仔细地识别。例如资源分配问题，这一类问题的基本模式是，现有一定数量的资源（如资金、原材料、设备、劳动力等）要分配给 m 个（$m>1$）下属企业（或工厂、个人）。由于各企业的人员素质、生产能力、销售情况、成本与质量水平等情况不同，各企业获得一定数量的资源后，产生的效益也不同。现在的问题是，如何合理地分配这些资源，使该资源发挥的总效益最大。在这类问题中，时间的阶段性并不显著，但在考虑建立动态规划模型时，可以依据分配的先后次序人为地使分配过程具有阶段性。例如先考虑分配给第一个企业的数量，再依次考虑分配给其他企业的数量。显然，在每一个分配阶段都有一个分配给该企业多少资源的决策问题。

(2) 在每一个阶段都必须有若干个与该阶段相关的状态，识别每一个阶段的状态是建立动态规划模型的关键内容。

在一般情况下，状态是指所研究系统在该阶段可能处于的情况或条件。状态的选取必须注意以下几个要点。

① 在所研究问题的各阶段，都能直接或间接确定状态变量的数值。

例如，在选择最优运输路线的例 8-1 中，每一阶段的状态是运输主体（人或汽车）在各阶段可能到达的不同城市，这是可以直接确定的。在一般情况下，建模时总是从与决策有关的条件中，或是从问题的约束条件中去选择状态变量，并通过现阶段的决策，使当前状态转移成下一阶段的某个状态，或者说能够给出状态转移方程 $s_{k+1} = T_k(s_k, u_k)$。

而在前面提到的资源分配问题中，状态应当取各阶段可能被分配的资源数量。假设该资源是 5 台先进的设备，现在有 4 个企业提出申请，那么在考虑分配给第一个企业的台数时，可能的分配量就是 0、1、2、3、4、5，即状态变量 $s_1 = (0,1,2,3,4,5)$。第一个企业分配完毕后，再考虑第二个企业的分配问题时，如果给第一个企业分配的设备台数为 0，则第二个企业获得设备台数的可能性（状态变量）仍然是$s_2 = (0,1,2,3,4,5)$。如果给第一个企业分配的设备台数为 1，那么分配给第二个企业的设备台数只能是 0、1、2、3、4。依此类推，故有状态转移公式$s_{k+1} = s_k - u_k(s_k)$。

② 状态的无后效性。所谓状态的无后效性，是指以第 k 阶段的状态 s_k 为出发点的后子过程的最优策略应与 s_k 之前的过程无关。也就是说，若某阶段的状态 s_k 一旦给定，其后子过程就是一个与 s_k 前子过程无关的独立过程。这一点并不是每个实际问题都能满足的。例如著名的旅行推销员问题——有 n 个城市，要求一个推销员从某城市出发去推销产品，每个城市至少要去一次，最后回到原来的出发城市，而走的路线最短。对于这个问题就不能再以城市的位置作为状态变量，因为它不满足无后效性的要求。

(3) 具有明确的过程指标函数 $V_{k,n}$，阶段指标值 $d_k(s_k, u_k)$ 可以计算，能正确列出最优指标函数值 $f_k(s_k)$ 的递推公式和边界条件。

8.2.2 动态规划的求解步骤

先将问题合理划分阶段，设阶段总数为 m，给定边界条件 $f_{m+1}(s_{m+1})$；然后从最后一个阶段的优化开始，逐步向前一阶段推进，直到第一阶段。在每一个阶段都进行如下的步骤。

(1) 列出本阶段所有可能的状态变量 s_k。

(2) 对每一个状态变量 s_k，列出可能的决策变量 $u_k(s_k)$。

注意：状态变量应满足可知性和无后效性。可知性是指过程的各阶段状态变量的取值，都能直接或间接确定。通常选择随递推关系累计的量或按某种规律变化的量作为状态变量。

(3) 计算每一对 s_k、$u_k(s_k)$ 的本阶段指标值 $d_k(s_k, u_k)$。

(4) 利用状态转移方程 $s_{k+1} = T_k(s_k, u_k)$，求出每对 s_k、$u_k(s_k)$ 的 s_{k+1}。

(5) 计算每一对 s_k、$u_k(s_k)$ 的指标值 $d_k(s_k, u_k) + f_{k+1}(s_{k+1})$。

(6) 将第（5）步中各指标值进行比较，取最优者（最大值或最小值）为从本阶段 s_k 状态开始的后子过程的最优指标函数值 $f_k(s_k)$，相应的决策变量 $u_k(s_k)$ 为本阶段以 s_k 为起始状态变量的最优决策变量 $u_k^*(s_k^*)$。

(7) 在第一阶段的最优决策变量 $u_1^*(s_1^*)$ 确定之后，第一阶段的最优状态变量 s_1^* 即可确定，然后根据状态转移方程 $s_{k+1}^* = T_k(s_k^*, u_k^*)$ 确定下一阶段的最优状态变量 s_{k+1}^*。这样，最优策略所经过的各阶段最优状态变量 s_k^* 即可逐次得到，从而确定了最优策略的状态变化路线。

8.2.3 动态规划模型的分类

状态转移的演进过程可能是确定的，也可能是随机的；决策变量的取值要求可能是离散取值，也可能是连续取值。据此可对动态规划模型进行分类，如表 8-1 所示。

表 8-1　动态规划模型的分类

决策变量的取值要求	状态转移的演进过程	
	确定过程	随机过程
离散取值	离散确定型	离散随机型
连续取值	连续确定型	连续随机型

注意：如果状态转移的演进过程是随机的，则需要借助概率论中有关期望的概念和性质进行计算，它是一个随机规划问题。

8.3　逆序解法递推过程

根据例 8-1，我们可将运输网络划分为 4 个阶段，而且还很容易找到满足无后效性要求的状态，并很容易看出过程指标函数 $V_{k,n}$ 是加法合成关系，所以递推方程为

$$\begin{cases} f_k(s_k) = \underset{u_k \in D_k}{\text{opt}} \left[v_k(s_k, u_k) + f_{k+1}(s_{k+1}) \right] (k = 4,3,2,1) \\ f_5(s_5) = 0 \end{cases}$$

现在用逆序解法求解例 8-1。

1. 逆序标号

(1) 从终点开始标号，给 A_4 标上 $(A_4, 0)$，其中，前一个标号是路径标识，后一个标号是路长，如图 8-3 所示。

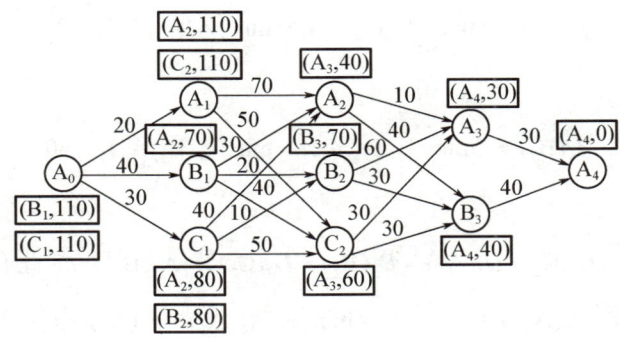

图 8-3　标号后的运输网络

(2) 给第四阶段的状态 A_3、B_3 标号，分别寻求各个中转城市到 A_4 的最短路长。显然，如果从 A_3 出发，最短路长为 30；如果从 B_3 出发，最短路长为 40。因此，给中转城市 A_3 标上 $(A_4, 30)$，给 B_3 标上 $(A_4, 40)$。

(3) 给第三阶段的状态 A_2、B_2、C_2 标号，分别寻求 A_2、B_2、C_2 到中转城市再到 A_4 的最短路长。如果从 A_2 出发，最短路长为 $\min\{10+30, 40+40\} = 40$；如果从 B_2 出发，最短路长为 $\min\{60+30, 30+40\} = 70$；如果从 C_2 出发，最短路长为 $\min\{30+30, 30+40\} = 60$。因此，给

A_2、B_2、C_2分别标上$(A_3,40),(B_3,70),(A_3,60)$。

(4) 给第二阶段的A_1、B_1、C_1标号,分别寻求A_1、B_1、C_1到A_2、B_2、C_2,再到A_3、B_3,之后到A_4的最短路长。如果从A_1出发,最短路长为$\min\{70+40, 50+60\}=110$;如果从B_1出发,最短路长为$\min\{30+40, 20+70, 40+60\}=70$;如果从$C_1$出发,则最短路长为$\min\{40+40, 10+70, 50+60\}=80$。因此,给$A_1$标上$(A_2,110)$或$(C_2,110)$,给$B_1$标上$(A_2,70)$,给$C_1$标上$(A_2,80)$或$(B_2,80)$。

(5) 给第一阶段的A_0标号,分别寻求A_0到A_1、B_1、C_1,再到A_2、B_2、C_2,再到A_3、B_3,之后到A_4的最短路长。最短路长为$\min\{20+110, 40+70, 30+80\}=110$,因此,给$A_0$标上$(B_1,110)$或$(C_1,110)$。

最短路径为 $A_0 \to B_1 \to A_2 \to A_3 \to A_4$ 或 $A_0 \to C_1 \to A_2 \to A_3 \to A_4$ 或 $A_0 \to C_1 \to B_2 \to B_3 \to A_4$,组成最佳策略。

2. 递推算法

当$k=4$时

$$f_4(s_4) = \underset{u_4 \in D_4}{\text{opt}} \{v_4(s_4, u_4(s_4)) + f_5(s_5)\}$$

其中,$s_4 = A_3, B_3$;$D_4(A_3) = \{A_4\}$;$D_4(B_3) = \{A_4\}$。

由于$f_5(s_5) = 0$,因此有

$$f_4(A_3) = \min_{u_4 \in D_4(A_3)} \{v_4(s_4, u_4)\} = \min\{v_4(A_3, A_4)\} = 30$$

最优决策:$A_3 \to A_4$;

$$f_4(B_3) = \min_{u_4 \in D_4(B_3)} \{v_4(s_4, u_4)\} = \min\{v_4(B_3, A_4)\} = 40$$

最优决策:$B_3 \to A_4$。

当$k=3$时,$s_3 = A_2, B_2, C_2$;$D_3(A_2) = D_3(B_2) = D_3(C_2) = \{A_3, B_3\}$。因此有

$$f_3(A_2) = \min_{u_3 \in D_3(A_2)} \{v_3(A_2, u_3) + f_4(s_4)\} = \min\{v_3(A_2, A_3) + f_4(A_3), v_3(A_2, B_3) + f_4(B_3)\}$$
$$= \min\{10+30, 40+40\} = 40$$

最优决策:$A_2 \to A_3$;

$$f_3(B_2) = \min_{u_3 \in D_3(B_2)} \{v_3(B_2, u_3) + f_4(s_4)\} = \min\{v_3(B_2, A_3) + f_4(A_3), v_3(B_2, B_3) + f_4(B_3)\}$$
$$= \min\{60+30, 30+40\} = 70$$

最优决策:$B_2 \to B_3$;

$$f_3(C_2) = \min_{u_3 \in D_3(C_2)} \{v_3(C_2, u_3) + f_4(s_4)\} = \min\{v_3(C_2, A_3) + f_4(A_3), v_3(C_2, B_3) + f_4(B_3)\}$$
$$= \min(30+30, 30+40) = 60$$

最优决策：$C_2 \to A_3$。

当 $k=2$ 时，$s_2 = A_1, B_1, C_1$；$D_2(A_1) = \{A_2, C_2\}$，$D_2(B_1) = D_2(C_1) = \{A_2, B_2, C_2\}$。因此有

$$f_2(A_1) = \min_{u_2 \in D_2(A_1)} \{v_2(A_1, u_2) + f_3(s_3)\} = \min\{v_2(A_1, A_2) + f_3(A_2), v_2(A_1, C_2) + f_3(C_2)\}$$
$$= \min\{70 + 40, 50 + 60\} = 110$$

最优决策：$A_1 \to A_2, A_1 \to C_2$；

$$f_2(B_1) = \min_{u_2 \in D_2(B_1)} \{v_2(B_1, u_2) + f_3(s_3)\}$$
$$= \min\{v_2(B_1, A_2) + f_3(A_2), v_2(B_1, B_2) + f_3(B_2), v_2(B_1, C_2) + f_3(C_2)\}$$
$$= \min\{30 + 40, 20 + 70, 40 + 60\} = 70$$

最优决策：$B_1 \to A_2$；

$$f_2(C_1) = \min_{u_2 \in D_2(C_1)} \{v_2(C_2, u_2) + f_3(s_3)\}$$
$$= \min\{v_2(C_1, A_2) + f_3(A_2), v_2(C_1, B_2) + f_3(B_2), v_2(C_1, C_2) + f_3(C_2)\}$$
$$= \min\{40 + 40, 10 + 70, 50 + 60\} = 80$$

最优决策：$C_1 \to A_2, C_1 \to B_2$。

当 $k=1$ 时，$s_1 = A_0; D_1(A_0) = \{A_1, B_1, C_1\}$。因此有

$$f_1(A_0) = \min_{u_1 \in D_1(A_0)} \{v_1(A_0, u_1) + f_2(s_2)\}$$
$$= \min\{v_1(A_0, A_1) + f_2(A_1), v_1(A_0, B_1) + f_2(B_1), v_1(A_0, C_1) + f_2(C_1)\}$$
$$= \min\{20 + 110, 40 + 70, 30 + 80\} = 110$$

最优决策：$A_0 \to B_1, A_0 \to C_1$。

所以 $A_0 \to A_4$ 的最短距离为 110，最短路径为 $A_0 \to B_1 \to A_2 \to A_3 \to A_4$ 或 $A_0 \to C_1 \to A_2 \to A_3 \to A_4$ 或 $A_0 \to C_1 \to B_2 \to B_3 \to A_4$。

动态规划问题一般用逆序解法求解，或者说寻优方向是逆序而行的。

【例 8-2】 利用动态规划的顺序解法求解下述问题。

$$\max F(u) = 4u_1^2 - u_2^2 + 2u_3^2 + 12$$
$$\text{s.t.} \begin{cases} 3u_1 + 2u_2 + u_3 \leq 9 \\ u_1, u_2, u_3 \geq 0 \end{cases}$$

解：按问题中变量的个数分为三个阶段。设状态变量为 s_0, s_1, s_2, s_3，并记 $s_3 \leq 9$；取 u_1, u_2, u_3 为各阶段的决策变量；各阶段过程指标函数按加法方式结合。

令最优指标函数值 $f_k(s_k)$ 表示第 k 阶段的结束状态，为从第一阶段到第 k 阶段的最优策略的指标函数值。

设

$$3u_1 = s_1, s_1 + 2u_2 = s_2, s_2 + u_3 = s_3$$

则有

$$u_1 = \frac{s_1}{3}, 0 \leq u_2 \leq \frac{s_2}{2}, 0 \leq u_3 \leq s_3$$

用顺序解法，从前向后依次有以下计算步骤。

当 $k=1$ 时，有

$$f_1(s_1) = \max_{u_1 = \frac{s_1}{3}}(4u_1^2) = \frac{4s_1^2}{9}, u_1^* = \frac{s_1}{3}$$

当 $k=2$ 时，有

$$f_2(s_2) = \max_{0 \leq u_2 \leq \frac{s_2}{2}}[-u_2^2 + f_1(s_1)] = \max_{0 \leq u_2 \leq \frac{s_2}{2}}\left[-u_2^2 + \frac{4}{9}(s_2 - 2u_2)^2\right]$$

令

$$h_2(u_2) = -u_2^2 + \frac{4}{9}(s_2 - 2u_2)^2$$

由 $\dfrac{\mathrm{d}h_2}{\mathrm{d}u_2} = \dfrac{14}{9}u_2 - \dfrac{16}{9}s_2 = 0$，解得 $u_2 = \dfrac{8}{7}s_2$，由于该点不在允许决策集合内，所以最大值所在的点不可能为该点，无须验证。因此，$h_2(u_2)$ 的最大值所在的点必在两个端点上选取。计算两个端点的函数值，有

$$h_2(0) = \frac{4}{9}s_2^2, h_2\left(\frac{s_2}{2}\right) = -\frac{s_2^2}{4}$$

因此，$h_2(u_2)$ 的最大值所在的点在 $u_2 = 0$ 处选取。因此有 $f_2(s_2) = \dfrac{4}{9}s_2^2, u_2^* = 0$。

当 $k=3$ 时，有

$$f_3(s_3) = \max_{0 \leq u_3 \leq s_3}[2u_3^2 + 12 + f_2(s_2)]$$

$$= \max_{0 \leq u_3 \leq s_3}\left[2u_3^2 + 12 + \frac{4}{9}s_2^2\right]$$

$$= \max_{0 \leq u_3 \leq s_3}\left[2u_3^2 + 12 + \frac{4}{9}(s_3 - u_3)^2\right]$$

令

$$h_3(u_3) = 2u_3^2 + 12 + \frac{4}{9}(s_3 - u_3)^2$$

由 $\dfrac{\mathrm{d}h_3}{\mathrm{d}u_3} = \dfrac{44}{9}u_3 - \dfrac{8}{9}s_3 = 0$，解得 $u_3 = \dfrac{2}{11}s_3$，又 $\dfrac{\mathrm{d}^2 h_3}{\mathrm{d}u_3^2} = \dfrac{44}{9} > 0$，所以 $u_3 = \dfrac{2}{11}s_3$ 为极小值点，由此可得，函数 $h_3(u_3)$ 的最大值所在的点必在两个端点上选取。计算两个端点的函数值，有

$$h_3(0) = \frac{4}{9}s_3^2 + 12, h_3(s_3) = 2s_3^2 + 12$$

因此，$h_3(u_3)$ 的最大值所在的点在 $u_3 = s_3$ 处选取。由此可知 $f_3(s_3) = 2s_3^2 + 12, u_3^* = s_3$。

由于 s_3 未知，故须再对 s_3 求一次极值，即

$$\max_{0 \leq s_3 \leq 9} f_3(s_3) = \max_{0 \leq s_3 \leq 9}(2s_3^2 + 12)$$

显然，当 $s_3 = 9$ 时，$f_3(s_3)$ 达到最大值，即

$$f_3(9) = 2 \times 9^2 + 12 = 174$$

再按计算的顺序反推算，可以求得最优解和最优值

$$u_1^* = 0, u_2^* = 0, u_3^* = 9, \max F(u) = f_3(9) = 174$$

8.4　动态规划的应用

8.4.1　资源连续分配问题

在资源分配问题中，还有一种要考虑资源回收利用的问题，这类问题中的决策变量为连续值，故称为资源连续分配问题。资源连续分配问题一般叙述如下。

设有数量为 s_1 的某种资源，可用于生产 A 和 B 两种产品。第一年，若以数量 u_1 的资源投入生产 A，剩下的资源数量 $s_1 - u_1$ 投入生产 B，则可得收入为 $g(u_1) + h(s_1 - u_1)$，其中 $g(u_1)$ 和 $h(s_1 - u_1)$ 为已知函数，且 $g(0) = h(0) = 0$。这种资源在投入生产 A 和 B 两种产品后，年终还可回收再投入生产。设用于 A 和 B 两种产品的资源的年终回收率分别为 $0 < a < 1$ 和 $0 < b < 1$，则在第一年生产后，回收的资源数量合计为 $s_2 = au_1 + b(s_1 - u_1)$。第二年再将资源数量 s_2 中的 u_2 和 $s_2 - u_2$ 分别投入生产 A 和 B 两种产品，则第二年又可得收入为 $g(u_2) + h(s_2 - u_2)$。如此继续生产 n 年，试问，应当如何决定每年投入生产 A 的资源数量 $u_1, u_2, \cdots, u_n$，才能使得总收入最大。

此问题的数学模型可以写为以下形式。

$$\max z = g(u_1) + h(s_1 - u_1) + g(u_2) + h(s_2 - u_2) + \cdots + g(u_n) + h(s_n - u_n)$$

$$\begin{cases} s_2 = au_1 + b(s_1 - u_1) \\ s_3 = au_2 + b(s_2 - u_2) \\ \vdots \quad \vdots \quad \vdots \\ s_{i+1} = au_i + b(s_i - u_i) \\ 0 \leq u_i \leq s_i (i = 1, 2, \cdots, n) \end{cases}$$

下面用动态规划的方法来处理：设 s_k 为状态变量，表示在第 k 阶段（第 k 年）可投入生产 A 和 B 两种产品的资源数量。u_k 为决策变量，表示在第 k 阶段（第 k 年）用于生产 A 的资源数量，则 $s_k - u_k$ 为在第 k 阶段（第 k 年）用于生产 B 的资源数量。状态转移方程为

$$s_{k+1} = au_k + b(s_k - u_k)$$

最优指标函数值 $f_k(s_k)$ 表示从第 k 阶段至第 n 阶段对资源 s_k 采取最优分配方案进行生产后所得到的最大总收入。因此可以写出动态规划的逆推关系式为

$$\begin{cases} f_n(s_n) = \max_{0 \leq u_n \leq s_n} \{g(u_n) + h(s_n - u_n)\} \\ f_k(s_k) = \max_{0 \leq u_k \leq s_k} \{g(u_k) + h(s_k - u_k) + f_{k+1}[au_k + b(s_k - u_k)]\} (k = n-1, n-1, \cdots, 1) \end{cases}$$

最后求出的$f_1(s_1)$即为所求问题的最大总收入。

【例 8-3】 设有 1000 台机器生产 A、B 两种产品，用 Y 台机器生产 A 产品，可获得收入 $5Y$，用 Y 台机器生产 B 产品，可获得收入 $4Y$。一年后，生产 A 产品的机器完好率为 0.8，生产 B 产品的机器完好率为 0.9，问五年内应如何安排机器生产 A、B 两种产品，使得总收入最大？

解： 设 s_k 为第 k 年年初完好的机器台数（第 $k-1$ 年年末完好的机器台数），u_k 为第 k 年年初安排生产 A 产品的机器台数（生产 B 产品的机器台数为 $s_k - u_k$），则允许决策集合为

$$D_k(s_k) = \{u_k | 0 \leq u_k \leq s_k\}$$

状态转移方程为

$$s_{k+1} = 0.8u_k + 0.9(s_k - u_k) = 0.9s_k - 0.1u_k$$

基本方程为

$$\begin{cases} f_k(s_k) = \max_{u_k \in D_k(s_k)} [v_k(s_k, u_k) + f_{k+1}(s_{k+1})] \\ \qquad\quad = \max_{u_k \in D_k(s_k)} [5u_k + 4(s_k - u_k) + f_{k+1}(s_{k+1})] (k = 5,4,3,2,1) \\ f_6(s_6) = 0 \end{cases}$$

其中，$s_{k+1} = 0.9s_k - 0.1u_k$。

当 $k = 5$ 时

$$f_5(s_5) = \max_{0 \leq u_5 \leq s_5} [5u_5 + 4(s_5 - u_5) + f_6(s_6)] = \max_{0 \leq u_5 \leq s_5} (4s_5 + u_5) = 5s_5$$

最优决策 $u_5^* = s_5$，即第五年所有机器都用于生产 A 产品。

当 $k = 4$ 时

$$f_4(s_4) = \max_{0 \leq u_4 \leq s_4} [5u_4 + 4(s_4 - u_4) + f_5(s_5)] = \max_{0 \leq u_4 \leq s_4} [4s_4 + u_4 + 5s_5]$$
$$= \max_{0 \leq u_4 \leq s_4} [4s_4 + u_4 + 5(0.9s_4 - 0.1u_4)] = \max_{0 \leq u_4 \leq s_4} (8.5s_4 + 0.5u_4) = 9s_4$$

最优决策 $u_4^* = s_4$，即第四年所有机器都用于生产 A 产品。

当 $k = 3$ 时

$$f_3(s_3) = \max_{0 \leq u_3 \leq s_3} [5u_3 + 4(s_3 - u_3) + f_4(s_4)] = \max_{0 \leq u_3 \leq s_3} (4s_3 + u_3 + 9s_4)$$
$$= \max_{0 \leq u_3 \leq s_3} [4s_3 + u_3 + 9(0.9s_3 - 0.1u_3)] = \max_{0 \leq u_3 \leq s_3} (12.1s_3 + 0.1u_3) = 12.2s_3$$

最优决策 $u_3^* = s_3$，即第三年所有机器都用于生产 A 产品。

当 $k = 2$ 时

$$f_2(s_2) = \max_{0 \leq u_2 \leq s_2} [5u_2 + 4(s_2 - u_2) + f_3(s_3)] = \max_{0 \leq u_2 \leq s_2} (4s_2 + u_2 + 12.2s_3)$$
$$= \max_{0 \leq u_2 \leq s_2} (14.98s_2 - 0.22u_2) = 14.98s_2$$

最优决策 $u_2^* = 0$，即第二年所有机器都用于生产B产品。

当 $k = 1$ 时

$$f_1(s_1) = \max_{0 \leq u_1 \leq s_1}[5u_1 + 4(s_1 - u_1) + f_2(s_2)] = \max_{0 \leq u_1 \leq s_1}(4s_1 + u_1 + 14.98s_2)$$
$$= \max_{0 \leq u_1 \leq s_1}(17.482s_1 - 0.498u_1) = 17.482s_1$$

最优决策 $u_1^* = 0$，即第一年所有机器都用于生产B产品。

因此，最优策略 $\boldsymbol{P}^* = (u_1^* = 0, u_2^* = 0, u_3^* = s_3, u_4^* = s_4, u_5^* = s_5)$。由题意知：$s_1 = 1000$，$s_2 = 0.9s_1 - 0.1u_1 = 900$，$s_3 = 0.9s_2 - 0.1u_2 = 810$，$s_4 = 0.9s_3 - 0.1u_3 = 0.8s_3 = 648$，$s_5 = 0.9s_4 - 0.1u_4 = 0.8s_4 = 518.4$。最优策略 $\boldsymbol{P}^* = (0, 0, 810, 648, 518.4)$，最大总收入为 17482。

8.4.2 生产计划问题

设某公司要对某种产品制订一项 n 阶段的生产计划。已知该产品的库存量为 0，每阶段生产该产品的数量有上限限制；每阶段社会对该产品的需求量已知，公司保证供应；在第 n 阶段结束时，终结库存量为 0。问该公司应如何制订每个阶段的生产计划，从而使总成本最小。

设 d_k 为第 k 阶段社会对该产品的需求量，u_k 为第 k 阶段该产品的生产量，s_k 为第 k 阶段结束时的该产品库存量，则有 $s_k = s_{k-1} + u_k - d_k$。

设 $c_k(u_k)$ 表示第 k 阶段生产产品 u_k 数量时的生产成本，它包含生产准备成本 K 和产品成本 au_k（其中 a 是单位产品成本），即

$$c_k(u_k) = \begin{cases} 0 & (u_k = 0) \\ K + au_k & (0 < u_k \leq m) \end{cases}$$

其中，m 表示每阶段产品生产量的上限数。

设 $h_k(s_k)$ 表示第 k 阶段结束时产品库存所需的存储费用。

则上述问题的数学模型如下所示。

$$\min z = \sum_{k=1}^{n}[c_k(u_k) + h_k(s_k)]$$

$$\text{s.t.} \begin{cases} s_0 = s_n = 0 \\ s_k = \sum_{j=1}^{k}(u_j - d_j) \geq 0 (k = 2, 3, \cdots, n-1) \\ 0 < u_k \leq m (k = 1, 2, \cdots, n) \\ u_k \text{ 为整数}(k = 1, 2, \cdots, n) \end{cases}$$

用动态规划方法求解该问题，把它看成一个 n 阶段决策问题，令 s_k 为状态变量，它表示在第 k 阶段结束时的该产品库存量；u_k 为决策变量，表示第 k 阶段该产品的生产量；d_k 表示第 k 阶段社会对该产品的需求量。则状态转移方程为

$$s_k = s_{k-1} + u_k - d_k (k=1,2,\cdots,n)$$

令最优指标函数值 $f_k(s_k)$ 表示从第一阶段到第 k 阶段的最小总成本。

因此可写出顺推关系式，为

$$\begin{cases} f_k(s_k) = \min_{0 \leq u_k \leq \sigma_k} [c_k(u_k) + h_k(s_k) + f_{k-1}(s_{k-1})](k=1,2,\cdots,n) \\ f_0(s_0) = 0 \end{cases}$$

其中，$\sigma_k = \min\{s_k + d_k, m\}$。

从边界条件出发，利用上面的顺推关系式，对每个 k 计算出 $f_k(s_k)$ 中 s_k 在 0 至 $\min\left\{\sum_{j=k+1}^{n} d_j, m - d_k\right\}$ 之间的值，最后求出的 $f_n(0)$ 即为最小费用。

【例 8-4】 某工厂要对一种产品制订今后五个时期的生产计划，根据经验，已知今后五个时期的产品需求量如表 8-2 所示，假定该工厂生产每批产品的固定成本为 3，不生产就为 0；产品的单位成本为 1；每个时期生产量不超过 6 个单位；每个时期末没销售的产品需存储，单位存储费用为 0.5。还假设在第一个时期的初始库存和第五个时期末的终止库存都为 0。试问该工厂应如何安排各时期的生产，才能在满足市场需求的条件下，使总成本最小。

表 8-2 产品需求量

时期 k	1	2	3	4	5
需求量 d_k	2	3	2	4	3

解：设 d_k 为时期 k 对该产品的需求量；u_k 为决策变量，表示时期 k 该产品的生产量；s_k 为状态变量，表示时期 k 结束时的产品库存量。则状态转移方程为

$$s_k = s_{k-1} + u_k - d_k (k=1,2,\cdots,5)$$

设 $c_k(u_k)$ 表示时期 k 的生产成本，即

$$c_k(u_k) = \begin{cases} 0 & (u_k = 0) \\ 3 + u_k & (0 < u_k \leq 6) \end{cases}$$

设 $h_k(s_k)$ 表示在时期 k 结束时，库存所需的存储费用，$h_k(s_k) = 0.5 s_k$；$f_k(s_k) = c_k(u_k) + h_k(s_k)$ 表示从时期 1 到时期 k 的最小总成本。因而可写出如下数学模型。

$$\min z = \sum_{k=1}^{5} [c_k(u_k) + h_k(s_k)]$$

$$\text{s.t.} \begin{cases} s_0 = s_5 = 0 \\ s_k = \sum_{j=1}^{k} (u_j - d_j) \geq 0 (k=2,3,4) \\ 0 < u_k \leq 6 (k=1,2,\cdots,5) \\ u_k \text{为整数} (k=1,2,\cdots,5) \end{cases}$$

动态规划顺推关系式为

$$\begin{cases} f_k(s_k) = \min_{0 \leqslant u_k \leqslant \sigma_k}[c_k(u_k) + h_k(s_k) + f_{k-1}(s_{k-1})] (k=1,2,\cdots,5) \\ f_0(s_0) = 0 \end{cases}$$

其中，$\sigma_k = \min\{s_k + d_k, 6\}$。

当 $k=1$ 时，有

$$f_1(s_1) = \min_{u_1 = \min(s_1+2, 6)}[c_1(u_1) + h_1(s_1) + f_0(s_0)] = \min_{u_1 = \min(s_1+2, 6)}[c_1(u_1) + h_1(s_1)]$$

对 s_1 在 0 到 $\min\left\{\sum_{j=2}^{5} d_j, 6 - d_1\right\} = \min\{12, 4\} = 4$ 之间的值，分别进行计算：

① $s_1 = 0$ 时，$f_1(0) = 3 + u_1 + 0.5 \times 0 = 5$，解得 $u_1 = 2$；
② $s_1 = 1$ 时，$f_1(1) = 3 + u_1 + 0.5 \times 1 = 6.5$，解得 $u_1 = 3$；
③ $s_1 = 2$ 时，$f_1(2) = 3 + u_1 + 0.5 \times 2 = 8$，解得 $u_1 = 4$；
④ $s_1 = 3$ 时，$f_1(3) = 3 + u_1 + 0.5 \times 3 = 9.5$，解得 $u_1 = 5$；
⑤ $s_1 = 4$ 时，$f_1(4) = 3 + u_1 + 0.5 \times 4 = 11$，解得 $u_1 = 6$。

当 $k=2$ 时，有

$$f_2(s_2) = \min_{0 \leqslant u_2 \leqslant \sigma_2}[c_2(u_2) + h_2(s_2) + f_1(s_2 + 3 - u_2)]$$

其中，$\sigma_2 = \min\{s_2 + 3, 6\}$。

对 s_2 在 0 到 $\min\left\{\sum_{j=3}^{5} d_j, 6 - d_2\right\} = \min\{9, 3\} = 3$ 之间的值，分别进行计算：

① $s_2 = 0$ 时，有

$$f_2(s_2) = f_2(0) = \min_{0 \leqslant u_2 \leqslant 3}[c_2(u_2) + h_2(s_2) + f_1(s_2 + 3 - u_2)]$$

$$= \min\begin{bmatrix} c_2(0) + h_2(0) + f_1(3) \\ c_2(1) + h_2(0) + f_1(2) \\ c_2(2) + h_2(0) + f_1(1) \\ c_2(3) + h_2(0) + f_1(0) \end{bmatrix} = \min\begin{bmatrix} (0+0) + 0 + 9.5 \\ (3+1) + 0 + 8 \\ (3+2) + 0 + 6.5 \\ (3+3) + 0 + 5 \end{bmatrix} = 9.5$$

解得：$u_2 = 0$。

② $s_2 = 1$ 时，$f_2(1) = \min_{0 \leqslant u_2 \leqslant 4}[c_2(u_2) + h_2(s_2) + f_1(s_2 + 3 - u_2)] = 11.5$，解得 $u_2 = 0$。

③ $s_2 = 2$ 时，$f_2(2) = \min_{0 \leqslant u_2 \leqslant 5}[c_2(u_2) + h_2(s_2) + f_1(s_2 + 3 - u_2)] = 14$，解得 $u_2 = 5$。

④ $s_2 = 3$ 时，$f_2(3) = \min_{0 \leqslant u_2 \leqslant 6}[c_2(u_2) + h_2(s_2) + f_1(s_2 + 3 - u_2)] = 14$，解得 $u_2 = 6$。

注意：在计算 $f_2(2)$ 与 $f_2(3)$ 时，由于每个时期的最大生产量为 6 个单位，因此，$f_1(5)$ 与 $f_1(6)$ 是没有意义的，所以取 $f_1(5) = f_1(6) = \infty$，其余类推。

当 $k=3$ 时，有

$$f_3(s_3) = \min_{0 \leq u_3 \leq \sigma_3}[c_3(u_3) + h_3(s_3) + f_2(s_3 + 2 - u_3)]$$

其中，$\sigma_3 = \min\{s_3 + 2, 6\}$。

对 s_3 在 0 到 $\min\left\{\sum_{j=4}^{5} d_j, 6 - d_3\right\} = \min\{7, 4\} = 4$ 之间的值分别进行计算：

$s_3 = 0$ 时，$f_3(0) = 14, u_3 = 0$；

$s_3 = 1$ 时，$f_3(1) = 16, u_3 = 0$ 或 $u_3 = 3$；

$s_3 = 2$ 时，$f_3(2) = 17.5, u_3 = 4$；

$s_3 = 3$ 时，$f_3(3) = 19, u_3 = 5$；

$s_3 = 4$ 时，$f_3(4) = 20.5, u_3 = 6$。

当 $k = 4$ 时，有

$$f_4(s_4) = \min_{0 \leq u_4 \leq \sigma_4}[c_4(u_4) + h_4(s_4) + f_3(s_4 + 4 - u_4)]$$

其中，$\sigma_4 = \min\{s_4 + 4, 6\}$。对 s_4 在 0 到 $\min\left\{\sum_{j=5}^{5} d_j, 6 - d_4\right\} = \min\{3, 2\} = 2$ 之间的值分别进行计算：

$s_4 = 0$ 时，$f_4(0) = 20.5, u_4 = 0$；

$s_4 = 1$ 时，$f_4(1) = 22.5, u_4 = 5$；

$s_4 = 2$ 时，$f_4(2) = 24, u_4 = 6$。

当 $k = 5$ 时，有

$$f_5(s_5) = \min_{0 \leq u_5 \leq \sigma_5}[c_5(u_5) + h_5(s_5) + f_4(s_5 + 3 - u_5)]$$

其中，$\sigma_5 = \min\{s_5 + 3, 6\}$。由于要求时期 5 结束时的库存量为 0，故有 $s_5 = 0$。因此有

$$f_5(s_5) = \min_{0 \leq u_5 \leq 3}[c_5(u_5) + h_5(s_5) + f_4(s_5 + 3 - u_5)]$$

$$= \min\begin{bmatrix} c_5(0) + h_5(0) + f_4(3) \\ c_5(1) + h_5(0) + f_4(2) \\ c_5(2) + h_5(0) + f_4(1) \\ c_5(3) + h_5(0) + f_4(0) \end{bmatrix} = \min\begin{bmatrix} 0 + 0 + \infty \\ (3+1) + 0 + 24 \\ (3+2) + 0 + 22.5 \\ (3+3) + 0 + 20.5 \end{bmatrix} = 26.5$$

解得 $u_5 = 3$。

再按计算的顺序反推，即可找出每个时期的最优生产决策为

$$u_1 = 5, \quad u_2 = 0, \quad u_3 = 6, \quad u_4 = 0, \quad u_5 = 3$$

其相应的最小总成本为 26.5。

8.4.3 随机采购问题

【例 8-5】 某公司需要在未来四周内采购一批原料，估计在未来四周内该批原料的市场价格可能有 60、80、90 和 100 四种状态，各状态发生的概率分别为 0.2、0.3、0.3 和 0.2，试

求应以什么样的价格购入原料,才能使采购价格期望值最小?

解:下面用动态规划方法来处理该问题。

① 阶段变量:将每一周作为一个阶段,即阶段变量$k=1,2,3,4$。

② 决策变量:决策变量u_k表示第k周是否决定采购,$u_k=1$代表第k周决定采购,$u_k=0$代表第k周决定等待。

③ 状态变量:状态变量s_k代表第k周该批原料的市场价格。

④ 中间变量:y_k代表在第k周决定等待而在以后采购的最佳子策略的等待价格期望值。

⑤ 最优指标函数值:是否采购取决于目前市场价格与等待价格期望值的相对大小,如果前者大于后者,应决定等待;如果后者大于前者,则应决定采购,于是$f_k(s_k) = \min\{s_k, y_k\}$。

⑥ 边界条件:在第4周,因为没有继续等待的余地,所以$f_4(s_4) = s_4$,即

$$f_4(s_4 = 60) = 60; \quad f_4(s_4 = 80) = 80; \quad f_4(s_4 = 90) = 90; \quad f_4(s_4 = 100) = 100$$

$$y_k = E[f_{k+1}(s_{k+1})] = 0.2 f_{k+1}(60) + 0.3 f_{k+1}(80) + 0.3 f_{k+1}(90) + 0.2 f_{k+1}(100)$$

$$u_k = \begin{cases} 1, f_k(s_k) = s_k \\ 0, f_k(s_k) = y_k \end{cases}$$

当$k=4$时,只有一种选择,即

$$f_4(s_4 = 60) = 60; \quad f_4(s_4 = 80) = 80; \quad f_4(s_4 = 90) = 90; \quad f_4(s_4 = 100) = 100$$

当$k=3$时,有

$$y_3 = 0.2 f_4(60) + 0.3 f_4(80) + 0.3 f_4(90) + 0.2 f_4(100)$$
$$= 0.2 \times 60 + 0.3 \times 80 + 0.3 \times 90 + 0.2 \times 100 = 83$$

于是有

$$f_3(s_3) = \min\{s_3, y_3\} = \min\{s_3, 83\} = \begin{cases} 60, s_3 = 60 \\ 80, s_3 = 80 \\ 83, s_3 = 90 \\ 83, s_3 = 100 \end{cases}$$

即第三周的最佳采购策略为

$$u_3 = \begin{cases} 1, s_3 = 60, 80 \\ 0, s_3 = 90, 100 \end{cases}$$

当$k=2$时,有

$$y_2 = 0.2 f_3(60) + 0.3 f_3(80) + 0.3 f_3(90) + 0.2 f_3(100)$$
$$= 0.2 \times 60 + 0.3 \times 80 + 0.3 \times 83 + 0.2 \times 83 = 77.5$$

于是有

$$f_2(s_2) = \min\{s_2, y_2\} = \min\{s_2, 77.5\} = \begin{cases} 60, s_2 = 60 \\ 77.5, s_2 = 80 \\ 77.5, s_2 = 90 \\ 77.5, s_2 = 100 \end{cases}$$

即第二周的最佳采购策略为

$$u_2 = \begin{cases} 1, s_2 = 60 \\ 0, s_2 = 80, 90, 100 \end{cases}$$

当 $k=1$ 时，有

$$y_1 = 0.2 f_2(60) + 0.3 f_2(80) + 0.3 f_2(90) + 0.2 f_2(100)$$
$$= 0.2 \times 60 + 0.3 \times 77.5 + 0.3 \times 77.5 + 0.2 \times 77.5 = 74$$

于是有

$$f_1(s_1) = \min\{s_1, y_1\} = \min\{s_1, 74\} = \begin{cases} 60, s_1 = 60 \\ 74, s_1 = 80 \\ 74, s_1 = 90 \\ 74, s_1 = 100 \end{cases}$$

即第一周的最佳采购策略为

$$u_1 = \begin{cases} 1, s_1 = 60 \\ 0, s_1 = 80, 90, 100 \end{cases}$$

由以上的计算，可以看出最佳的采购策略为：第一周、第二周只有市场价格是 60 时才采购，否则就等待；第三周只要价格不超过 80 就采购，否则就继续等待；如果已经等待到了第四周，那么无论什么价格都要采购，别无选择。

8.4.4 设备负荷问题

合理分配设备，是生产运营中的基本任务，设备分配应既能使设备满负荷运行，又能考虑到设备的生产能力、磨损与故障规律等因素，使设备的使用与企业的生产计划相协调，且与设备的维护阶段相适应，以实现设备资源利用的最大化。

【例 8-6】 某公司拥有 100 台挖土设备，有两个班次作业方案可供选择。第一个方案：按一个班次作业，年收益为设备数 Q 的 5 倍，年损坏率 $\beta = 5\%$。第二个方案：按两个班次作业，年收益为设备数的 10 倍，年损坏率 $\alpha = 30\%$。要求制订一个五年计划，每年年初决定如何重新选择设备分配方案，使得五年内公司的总收益达到最高。

解：下面用动态规划方法来处理该问题。

① 阶段变量：每年为一个阶段，即阶段变量 $k = 1, 2, 3, 4, 5$。

② 状态变量：状态变量 s_k 表示第 k 年年初所拥有的完好设备台数，已知 $s_1 = 100$。

③ 决策变量：决策变量 u_k 表示第 k 年按两个班次作业的设备台数，则 $s_k - u_k$ 表示按一个班次作业的设备台数，允许决策集合 $D_k(s_k) = \{u_k | 0 \leq u_k \leq s_k\}$。

④ 状态转移方程：$s_{k+1} = (1-\alpha)u_k + (1-\beta)(s_k - u_k) = 0.95 s_k - 0.25 u_k$。

⑤ 阶段指标：阶段指标 $v_k(s_k, u_k)$ 表示第 k 年的年收益，即 $v_k(s_k, u_k) = 10 u_k + 5(s_k - u_k) = 5 s_k + 5 u_k$。

⑥ 最优指标函数值：最优指标函数值 $f_k(s_k)$ 为从第 k 年到第五年年末采用最优分配策略的

最优总收益。

⑦ 基本递推方程：

$$f_k(s_k) = \max_{u_k \in D_k(s_k)}[v_k(s_k, u_k) + f_{k+1}(s_{k+1})] = \max_{0 \le u_k \le s_k}[5s_k + 5u_k + f_{k+1}(0.95s_k - 0.25u_k)]$$

⑧ 边界条件：$f_6(s_6) = 0$。

当 $k = 5$ 时，有

$$f_5(s_5) = \max_{0 \le u_5 \le s_5}[v_5(s_5, u_5) + f_6(s_6)] = \max_{0 \le u_5 \le s_5}(5s_5 + 5u_5)$$

由于 $f_5(s_5)$ 是关于 u_5 的单增函数，故 $u_5^* = s_5$ 时，$f_5(s_5)$ 最大，$f_5(s_5) = 10s_5$。

当 $k = 4$ 时，有

$$f_4(s_4) = \max_{0 \le u_4 \le s_4}[v_4(s_4, u_4) + f_5(s_5)] = \max_{0 \le u_4 \le s_4}(5s_4 + 5u_4 + 10s_5)$$
$$= \max_{0 \le u_4 \le s_4}[5s_4 + 5u_4 + 10(0.95s_4 - 0.25u_4)] = \max_{0 \le u_4 \le s_4}(14.5s_4 + 2.5u_4)$$

由于 $f_4(s_4)$ 是关于 u_4 的单增函数，故 $u_4^* = s_4$ 时，$f_4(s_4)$ 最大，$f_4(s_4) = 17s_4$。

当 $k = 3$ 时，有

$$f_3(s_3) = \max_{0 \le u_3 \le s_3}[v_3(s_3, u_3) + f_4(s_4)] = \max_{0 \le u_3 \le s_3}(5s_3 + 5u_3 + 17s_4)$$
$$= \max_{0 \le u_3 \le s_3}[5s_3 + 5u_3 + 17(0.95s_3 - 0.25u_3)] = \max_{0 \le u_3 \le s_3}(21.15s_3 + 0.75u_3)$$

由于 $f_3(s_3)$ 是关于 u_3 的单增函数，故 $u_3^* = s_3$ 时，$f_3(s_3)$ 最大，$f_3(s_3) = 21.9s_3$。

当 $k = 2$ 时，有

$$f_2(s_2) = \max_{0 \le u_2 \le s_2}[v_2(s_2, u_2) + f_3(s_3)] = \max_{0 \le u_2 \le s_2}(5s_2 + 5u_2 + 21.9s_3)$$
$$= \max_{0 \le u_2 \le s_2}[5s_2 + 5u_2 + 21.9(0.95s_2 - 0.25u_2)] = \max_{0 \le u_2 \le s_2}(25.805s_2 - 0.475u_2)$$

由于 $f_2(s_2)$ 是关于 u_2 的单减函数，故 $u_2^* = 0$ 时，$f_2(s_2)$ 最大，$f_2(s_2) = 25.805s_2$。

当 $k = 1$ 时，有

$$f_1(s_1) = \max_{0 \le u_1 \le s_1}[v_1(s_1, u_1) + f_2(s_2)] = \max_{0 \le u_1 \le s_1}(5s_1 + 5u_1 + 25.805s_2)$$
$$= \max_{0 \le u_1 \le s_1}[5s_1 + 5u_1 + 25.805(0.95s_1 - 0.25u_1)] = \max_{0 \le u_1 \le s_1}(29.51475s_1 - 1.45125u_1)$$

由于 $f_1(s_1)$ 是关于 u_1 的单减函数，故 $u_1^* = 0$ 时，$f_1(s_1)$ 最大，$f_1(s_1) = 29.51475s_1$。由于 $s_1 = 100$，所以有 $f_1(s_1) = 29.51475s_1 = 29.51475 \times 100 = 2951.475$。

最优分配策略是前两年将设备全部按一个班次作业，后三年全部按两个班次作业。这样总收益可达到最大，即 2951.475。

根据状态转移方程可以预测每年年初完好的设备台数，如下：$s_1 = 100$，$u_1^* = 0$，则 $s_2 = 0.95s_1 - 0.25u_1 = 95$ 台；$u_2^* = 0$，则 $s_3 = 0.95s_2 - 0.25u_2 \approx 90$ 台；由 $u_3^* = s_3$，则 $s_4 = 0.95s_3 - 0.25u_3 = 63$ 台；由 $u_4^* = s_4$，则 $s_5 = 0.95s_4 - 0.25u_4 \approx 44$ 台；由 $u_5^* = s_5$，则 $s_6 = 0.95s_5 - 0.25u_5 \approx 30$ 台，即五年后完好设备只有 30 台。

若要求第五年年末完好设备不低于 70 台，由状态转移方程可知，$0.95s_5 - 0.25u_5 \geq 70$，即允许决策集合 $0 \leq u_5 \leq 3.8s_5 - 280$。当 $u_5^* = 3.8s_5 - 280$ 时，$f_5(s_5)$ 最大为 $5s_5 + 5u_5^* = 24s_5 - 1400$。递推求解，可得最优作业安排为前四年将设备全部按一个班次作业，第五年把完好设备的 35% 按两个班次作业，65% 按一个班次作业。

8.4.5 背包问题

有一个徒步旅行者，其可携带物品质量的限度为 a 千克，设有 n 种物品可供他选择装入包中。已知每种物品的质量及使用价值如表 8-3 所示，问此人应如何选择携带的物品（各几件），使总的使用价值最大？

表 8-3 物品的每件质量及使用价值

物品	1	2	...	j	...	n
每件质量 / 千克	a_1	a_2	...	a_j	...	a_n
每件使用价值	c_1	c_2	...	c_j	...	c_n

设 u_j 为第 j 种物品的携带数量（非负整数），则问题的数学模型如下所示。

$$\max z = \sum_{j=1}^{n} c_j u_j$$

$$\text{s.t.} \begin{cases} \sum_{j=1}^{n} a_j u_j \leq a \\ u_j \geq 0, \text{且为整数}(j=1,2,\cdots,n) \end{cases}$$

根据该类问题的背景，令 $f_k(y)$ 为从 k 种物品中选出的总质量不超过 y 千克的物品的最大使用价值 $(y \geq 0; k=1,2,\cdots,n)$。背包问题就是求 $f_n(a)$，其递推关系式为

$$f_k(y) = \max_{0 \leq u_k \leq \frac{y}{a_k}} [c_k u_k + f_{k-1}(y - a_k u_k)] (2 \leq k \leq n)$$

当 $k = 1$ 时，有

$$f_1(y) = c_1 \left[\frac{y}{a_1} \right], \quad u_1 = \left[\frac{y}{a_1} \right]$$

其中，$\left[\dfrac{y}{a_1} \right]$ 表示不超过 $\dfrac{y}{a_1}$ 的最大整数。

【例 8-7】 求表 8-4 中背包问题的最优解（$a = 5$）。

表 8-4 物品的每件质量及使用价值

物品	1	2	3
每件质量 / 千克	3	2	5
每件使用价值	8	5	12

解： 此问题的数学模型可表示为

$$\max z = 8u_1 + 5u_2 + 12u_3$$
$$\text{s.t.} \begin{cases} 3u_1 + 2u_2 + 5u_3 \leq 5 \\ u_1, u_2, u_3 \geq 0, \text{且为整数} \end{cases}$$

因为 $a = 5$，所以问题是求 $f_3(5)$。

$$f_3(5) = \max_{0 \leq u_3 \leq \frac{5}{a_3}} [12u_3 + f_2(5 - 5u_3)] = \max_{0 \leq u_3 \leq \frac{5}{5}} [12u_3 + f_2(5 - 5u_3)]$$

$$= \max_{u_3 = 0,1} [12u_3 + f_2(5 - 5u_3)] = \max \left\{ \underset{(u_3=0)}{0 + f_2(5)}, \underset{(u_3=1)}{12 + f_2(0)} \right\}$$

$$f_2(5) = \max_{0 \leq u_2 \leq \frac{5}{a_2}} [5u_2 + f_1(5 - 2u_2)] = \max_{0 \leq u_2 \leq \frac{5}{2}} [5u_2 + f_1(5 - 2u_2)]$$

$$= \max_{u_2 = 0,1,2} [5u_2 + f_1(5 - 2u_2)] = \max \left\{ \underset{(u_2=0)}{0 + f_1(5)}, \underset{(u_2=1)}{5 + f_1(3)}, \underset{(u_2=2)}{10 + f_1(1)} \right\}$$

$$f_2(0) = \max_{0 \leq u_2 \leq \frac{0}{a_2}} [5u_2 + f_1(0 - 2u_2)] = \max_{0 \leq u_2 \leq \frac{0}{2}} [5u_2 + f_1(0 - 2u_2)]$$

$$= \max_{u_2 = 0} [5u_2 + f_1(0 - 2u_2)] = \max \left[\underset{(u_2=0)}{0 + f_1(0)} \right] = f_1(0)$$

$$f_1(5) = c_1 u_1 = 8 \times \left[\frac{5}{3} \right] = 8 (u_1 = 1)$$

$$f_1(3) = c_1 u_1 = 8 \times \left[\frac{3}{3} \right] = 8 (u_1 = 1)$$

$$f_1(1) = c_1 u_1 = 8 \times \left[\frac{1}{3} \right] = 0 (u_1 = 0)$$

$$f_1(0) = c_1 u_1 = 8 \times \left[\frac{0}{3} \right] = 0 (u_1 = 0)$$

因此

$$f_2(5) = \max \left\{ \underset{(u_2=0)}{0 + f_1(5)}, \underset{(u_2=1)}{5 + f_1(3)}, \underset{(u_2=2)}{10 + f_1(1)} \right\} = \max\{8, 5+8, 10\} = 13 \quad (u_1=1, u_2=1)$$

$$f_2(0) = \max \left[\underset{(u_2=0)}{0 + f_1(0)} \right] = f_1(0) = 0 \quad (u_1=0, u_2=0)$$

最终得到

$$f_3(5) = \max \left\{ \underset{(u_3=0)}{0 + f_2(5)}, \underset{(u_3=1)}{12 + f_2(0)} \right\} = \max\{0+13, 12+0\} = 13 \quad (u_1=1, u_2=1, u_3=0)$$

所以，最优解为 $\boldsymbol{U}^* = (1,1,0)^\mathrm{T}$，最优值为 $z^* = 13$。

8.4.6 系统可靠性问题

系统可靠性问题可以描述为：设某种设备的工作系统由 n 个元件串联组成，若有一个元件失灵，整个系统就不能正常工作。为提高工作系统的可靠性，在每个元件上都装有备用元件，并且设计了备用元件的自动投入装置。显然，备用元件越多，整个工作系统的可靠性就越高。但是，备用元件越多，整个系统的成本、质量及体积均会相应加大。系统可靠性问题是研究在满足各种约束的条件下，如何选用备用元件数量，才能使整个工作系统的可靠性最高。

设某种设备的工作系统 $i(i=1,2,\cdots,n)$ 上装有 n_i 个备用元件时，其正常工作的概率为 $P_i(n_i)$。因此，整个工作系统的可靠性可用其正常工作的概率来衡量，即 $P=\prod_{i=1}^{n}P_i(n_i)$。

假设某种设备的工作系统装一个备用元件的费用为 c_i，其质量为 w_i。要求总费用不超过 C，总质量不超过 W，则此问题的数学模型如下所示。

$$\max P=\prod_{i=1}^{n}P_i(n_i)$$

$$\text{s.t.}\begin{cases}\sum_{i=1}^{n}c_in_i\leqslant C\\ \sum_{i=1}^{n}w_in_i\leqslant W\\ n_i\geqslant 0,\text{且为整数}(i=1,2,\cdots,n)\end{cases}$$

这是一个非线性整数规划问题。下面简要介绍利用动态规划的逆序算法求解此数学模型的思路。

由于数学模型中有两个约束条件（总费用和总质量），所以采用二维状态变量来表示。用 y_k 表示从第 k 个到第 n 个元件所允许使用的总费用；用 z_k 表示从第 k 个到第 n 个元件所允许的总质量。设决策变量 u_k 为工作系统 k 上安装的备用元件的数量。显然，状态转移方程为

$$\begin{cases}y_{k+1}=y_k-c_ku_k\\ z_{k+1}=z_k-w_ku_k\end{cases}(k=1,2,\cdots,n)$$

允许决策集合为

$$D_k(y_k,z_k)=\left\{u_k\middle| 0\leqslant u_k\leqslant\min\left\{\left[\frac{y_k}{c_k}\right],\left[\frac{z_k}{w_k}\right]\right\}\right\}$$

其中，$\left[\frac{y_k}{c_k}\right],\left[\frac{z_k}{w_k}\right]$ 分别表示取值不超过 $\frac{y_k}{c_k},\frac{z_k}{w_k}$ 的最大整数。

最优指标函数值 $f_k(y_k,z_k)$ 表示由状态 y_k 和 z_k 出发，由元件 k 到元件 n 组成的工作系统的最高可靠性。因此，动态规划基本方程为

$$\begin{cases} f_k(y_k,z_k) = \max_{u_k \in D_k(y_k,z_k)} \{P_k(u_k)f_{k+1}(y_k - c_k u_k, z_k - w_k u_k)\} \\ f_{k+1}(y_{k+1},z_{k+1}) = 1 (k=n,n-1,\cdots,1) \end{cases}$$

在此需要说明的是，在这个问题中，如果在其数学模型中增加体积限制的约束条件，则状态变量就是三维的，用 y_k, z_k, x_k 表示，而决策变量仍然是一维的。

【例 8-8】 某电子设备制造厂设计一种电子设备，由三种元件 A_1, A_2, A_3 并联组成，已知这三种元件的单价和可靠性如表 8-5 所示，现要求在设计中所使用元件的总费用不超过 105 元，电子设备中每种元件至少有一个。试问该厂应如何设计，才能使这种电子设备的可靠性达到最高（这里不考虑质量的限制）。

表 8-5 元件的单价和可靠性

元件	单价/元	可靠性
A_1	30	0.9
A_2	15	0.8
A_3	20	0.5

解：根据上面的一般问题，按三种元件的种类分为三个阶段，设状态变量 s_k 表示能容许用在元件 $A_k(k=1,2,3)$ 至元件 A_3 的总费用。设决策变量 u_k 表示在元件 A_k 上并联的数量，因为每种元件至少有一个，所以允许决策集合分别为

$$D_1(s_1) = \left\{u_1 \middle| 1 \leq u_1 \leq \left[\frac{105-35}{30}\right]\right\} = \{u_1 | 1 \leq u_1 \leq 2\}$$

$$D_2(s_2) = \left\{u_2 \middle| 1 \leq u_2 \leq \left[\frac{105-50}{15}\right]\right\} = \{u_2 | 1 \leq u_2 \leq 3\}$$

$$D_3(s_3) = \left\{u_3 \middle| 1 \leq u_3 \leq \left[\frac{105-45}{20}\right]\right\} = \{u_3 | 1 \leq u_3 \leq 3\}$$

设 a_k 为元件 A_k 的单价，则状态转移方程为

$$s_{k+1} = s_k - a_k u_k (k=1,2,3)$$

用 P_k 表示一个元件 A_k 正常工作的概率，则 $(1-P_k)^{u_k}$ 为 u_k 个元件 A_k 不正常工作的概率。因此 u_k 个元件 A_k 正常工作的概率为 $1-(1-P_k)^{u_k}$。

令最优指标函数值 $f_k(s_k)$ 表示从状态 s_k 开始，由元件 A_k 至元件 A_3 组成的工作系统的最高可靠性，则有

$$f_k(s_k) = \max_{u_k \in D_k(s_k)} \left[1-(1-P_k)^{u_k}\right] f_{k+1}(s_{k+1})$$

因此，动态规划基本方程如下所示。

$$\begin{cases} f_k(s_k) = \max_{u_k \in D_k(s_k)} \left[1-(1-P_k)^{u_k}\right] f_{k+1}(s_{k+1}) \\ s_{k+1} = s_k - a_k u_k \quad (k=3,2,1) \\ f_4(s_4) = 1 \end{cases}$$

这里，用逆序解法求解。

当 $k=3$ 时，有

$$f_3(s_3) = \max_{u_3 \in D_3(s_3)} \left[1-(1-P_3)^{u_3}\right] = \max_{1 \leq u_3 \leq 3}\left[1-(0.5)^{u_3}\right]$$

计算结果见表 8-6。

表 8-6 计算结果

s_3	$1-(0.5)^{u_3}$			$f_3(s_3)$	u_3^*
	$u_3=1$	$u_3=2$	$u_3=3$		
60	0.5	0.75	0.875	0.875	3
45	0.5	0.75		0.75	2
30	0.5			0.5	1

当 $k=2$ 时，有

$$f_2(s_2) = \max_{u_2 \in D_2(s_2)}\left[1-(1-P_2)^{u_2}\right] f_3(s_3) = \max_{1 \leq u_3 \leq 3}\left[1-(0.2)^{u_2}\right] f_3(s_2-15u_2)$$

计算结果见表 8-7。

表 8-7 计算结果

s_2	$[1-(0.2)^{u_2}]f_3(s_2-15u_2)$			$f_2(s_2)$	u_2^*
	$u_2=1$	$u_2=2$	$u_2=3$		
75	0.7	0.72	0.496	0.72	2
45	0.4			0.4	1

当 $k=1$ 时，由于

$$\begin{cases} f_1(s_1) = \max_{u_1 \in D_1(s_1)}\left[1-(1-P_1)^{u_1}\right] f_2(s_2) \\ D_1(s_1) = \{1,2\} \quad (s_1=105) \end{cases}$$

因此有

$$f_1(s_1) = \max_{1 \leq u_1 \leq 2}\left[1-(1-0.1)^{u_1}\right] f_2(s_1-30u_1)$$

计算结果见表 8-8。

表 8-8　计算结果

s_1	$[1-(1-0.1)^{u_1}]f_2(s_1-30u_1)$		$f_1(s_1)$	u_1^*
	$u_1=1$	$u_1=2$		
105	0.9×0.72=0.648	0.99×0.4=0.396	0.648	1

从而求得最优解为 $u_1^*=1, u_2^*=2, u_3^*=2$，即最优设计方案为：设置 1 个元件 A_1、2 个元件 A_2 和 2 个元件 A_3，其总费用最少为 100 元，可靠性最大为 0.648。

【第 8 章习题】

第 3 篇

图与网络技术

第9章

图与网络分析

> **学习目标**
>
> 1. 理解并掌握图的基本概念；
> 2. 掌握可行流、可行流的流量、最大流、割、割的容量、最小割、增广链的概念；
> 3. 熟练掌握求解最小树、最短路、最大流、最小费用最大流以及中国邮递员问题的方法。

图论是近几十年发展起来的一门应用十分广泛的运筹学分支，它已被广泛地应用于物理学、化学、控制论、信息论、管理科学、计算机科学等各个领域。由于其应用领域的广泛性，图论受到了社会各界的广泛重视。

图论思想的出现，可以追溯到1736年欧拉发表的《依据几何位置的解题方法》，该论文有效地解决了哥尼斯堡七桥问题。这是有记载的第一篇图论论文，欧拉被公认为图论的创始人。为使读者对图论思想有一个直观的认识，以对后续的学习有些帮助，在此先介绍几个在古典图论中具有重要影响的经典问题。

1. 欧拉回路问题

哥尼斯堡七桥问题：哥尼斯堡是一座城市，有一条河流经此城市，河中有两个孤岛，两岸与两岛之间有七座桥相连，如图9-1所示。当时那里的居民热衷于这样一个问题：从一个点出发，能否通过每座桥一次且仅通过一次，最后回到原来的出发点？

这个问题的提出虽是出自游戏，却有着重大的意义。由于欧拉率先解决了这一问题，故称其为欧拉回路问题。欧拉把图9-1抽象为图9-2，用A、B、C、D四点分别表示两岸和两岛，两点间的连线表示它们之间的桥。因此，哥尼斯堡七桥问题转化为这样一个问题：能否从A、B、C、D中任一点出发，通过每条线段一次且仅通过一次，最后回到原出发点？这样的路径是否存在？于是问题变得简洁多了。

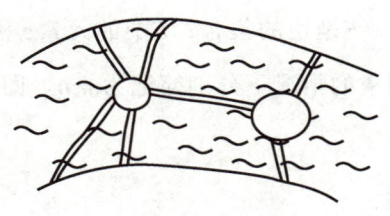

图9-1 七桥问题 (1)

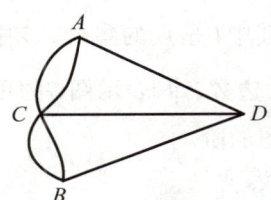

图9-2 七桥问题 (2)

欧拉证明了这样的路径是不存在的,因为图 9-2 中的每一个点都只与奇数条线段相关联,所以不可能不重复地一笔画出这个图。我们也可以这样来分析,对于开始的点,有一"去"就必然有一"回",一"去"一"回"构成偶数条关联边;对于中间的点,有一"来"就必然有一"去",一"来"一"去"也构成偶数条关联边;所以实现这样的路径要求图 9-2 中的每一个点都有偶数条关联边。显然,图 9-2 中的点不满足这样的要求,所以这样的路径不存在。

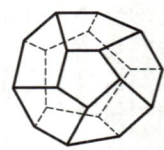

图 9-3 哈密顿回路

2. 哈密顿回路问题

哈密顿回路是由 19 世纪的英国数学家哈密顿提出的。如图 9-3 所示,给出一个正 12 面体,共有 20 个顶点表示 20 个城市,两点之间的连线表示两城市间的航线,要求从某个城市出发沿着棱线寻找一条经过每个城市一次而且仅经过一次,最后返回原来的出发地的周游世界线路(并不要求经过每条棱线)。因哈密顿提出了这一有趣的问题,故该问题被称为哈密顿回路问题。哈密顿回路问题在运筹学中有着重要的意义,寻找哈密顿回路中总距离最短的问题,就是著名的旅行商问题(货郎担问题)。

9.1 图与网络的基本概念

图论中的图,是对我们关注的对象以及对象之间某种性质的联系的一种抽象表示。在自然界和人类社会中,大量的事物以及事物之间存在关系,这些关系常可以用图形来描述。图论中的图比地图、天文图、电路图、分子结构图、几何图、数学分析图等现实抽象图更加抽象,因而也更具一般性,它是帮助人们认识和处理关注的对象之间关系的一种高度抽象和特别有效的工具。

图论所研究的图与平面几何所研究的图不同,图论只关心图中有多少个点,点与点之间有无连线,至于连线的方式是直线还是曲线,点与点的相对位置如何,都是无关紧要的。总之,图论中的图是反映对象之间关系的一种工具。图的理论与方法,就是从形形色色的具体的图以及与它们相关的实际问题中,抽象出共性的东西,找出其规律、性质、方法,再应用到要解决的实际问题中去。这充分体现了党的二十大精神所蕴含的系统观思想。

9.1.1 图及其分类

1. 图的定义

一个图是由点集 $V=\{v_i\}$ 和 V 中元素的无序对的一个集合 $E=\{e_k\}$ 所构成的二元组,记为 $G=(V,E)$,其中 V 是点的集合,V 中的元素 v_i 称为顶点,E 是边的集合,E 中的元素 e_k 称为边。$|E|$ 表示图 G 的边数,$|V|$ 表示图 G 的顶点数,在不引起混淆的情况下分别简记为 m,n。图中顶点的个数称为图的阶。

2. 图的分类

如果 V 和 E 都是有限集合,则称 G 为有限图,否则称 G 为无限图。本书只限于研究有限图。

只有顶点没有边的图称为空图，记为 $E=\phi$；只有一个顶点的图称为平凡图。

对于任一条属于 E 的边 (v_i,v_j)，如果其顶点无序，则是无向边，此时图 G 称为无向图。图 9-4 就是一个无向图。

$e_{ij}=\{v_i,v_j\}$ 表示 e_{ij} 链接 v_i 和 v_j，v_i 和 v_j 称为 e_{ij} 的顶点，称 v_i 或 v_j 与 e_{ij} 关联，v_i 和 v_j 是邻接的顶点。如果两条边有一个公共顶点，则称这两条边是邻接的。

在图 9-4 中：

$$V=\{v_1,v_2,v_3,v_4,v_5,v_6\},\ E=\{e_1,e_2,e_3,e_4,e_5,e_6,e_7,e_8,e_9,e_{10}\}$$

$$e_1=\{v_1,v_2\},\ e_2=\{v_1,v_2\},\ e_3=\{v_2,v_3\},\ e_4=\{v_3,v_4\},\ e_5=\{v_1,v_3\}$$

$$e_6=\{v_3,v_5\},\ e_7=\{v_3,v_5\},\ e_8=\{v_5,v_6\},\ e_9=\{v_6,v_6\},\ e_{10}=\{v_1,v_6\}$$

如果任一条属于 E 的边 (v_i,v_j) 的顶点有序，即 (v_i,v_j) 表示以 v_i 为始点，以 v_j 为终点的弧（或有向边），即如果一个图是由点和弧所构成的，就称它为有向图，记作

$$D=(V,A)$$

其中，V 表示有向图 D 的点集合，A 表示有向图 D 的弧集合。图 9-5 就是一个有向图。

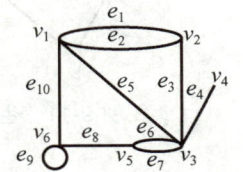

图 9-4　无向图（广义图）

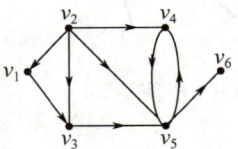

图 9-5　有向图

图 9-5 中：

$$V=\{v_1,v_2,v_3,v_4,v_5,v_6\}$$

$$A=\{(v_1,v_3),(v_2,v_1),(v_2,v_3),(v_2,v_4),(v_2,v_5),(v_3,v_5),(v_4,v_5),(v_5,v_4),(v_5,v_6)\}$$

若一条边的两个顶点是相同的，那么就称这条边为环（自回路），如图 9-4 中的 e_9。

如果两个顶点之间存在不止一条边，则称之为多重边，如图 9-4 中的 e_6,e_7。

按环和多重边不同，可将图分为以下几类。

简单图：无环也无多重边的图称为简单图，如图 9-6 所示。

多重图：无环而有多重边的图称为多重图，如图 9-7 所示。

广义图：有环且有多重边的图称为广义图（伪图），如图 9-4 所示。

完全图：每一对顶点间都有边相连的无向简单图称为完全图，如图 9-6 所示。

有向完全图：有向完全图则是指任意两个顶点之间有且仅有一条有向边的简单图，如图 9-8 所示。

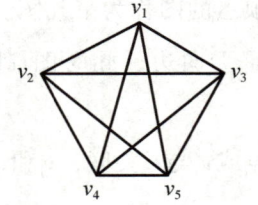
图 9-6 简单图（完全图）

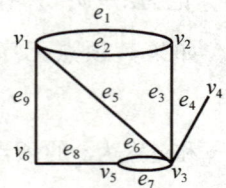
图 9-7 多重图

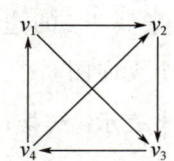
图 9-8 有向完全图

给定图 $G=(V,E)$，若 E' 是 E 的子集，V' 是 V 的子集，且 E' 中的边仅与 V' 中的顶点相关联，则称 $G'=(V',E')$ 是 G 的一个子图。若 $V'=V$，则称 G' 为 G 的生成子图（支撑子图）。例如，图 9-9 是原图，图 9-10 是图 9-9 的子图，图 9-11 是图 9-9 的生成子图，由此可见，一个图的子图，未必就是其生成子图。

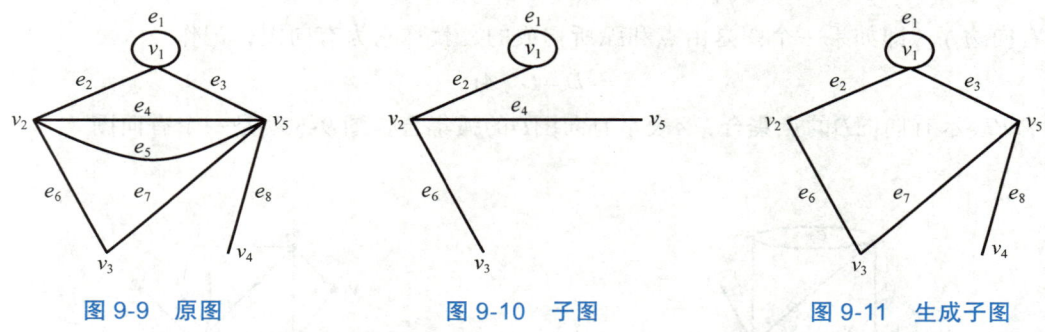

图 9-9 原图　　　　图 9-10 子图　　　　图 9-11 生成子图

设图 $G=(V,E)$ 的任意一条边 (v_i,v_j) 均有一个数 w_{ij} 与之对应，则称 w_{ij} 为边 (v_i,v_j) 的权，称这样的图为赋权图。这种点或边带有某种数量指标的图也称网络（或权图）。例如，现实生活中各种管道的铺设、线路的安排等问题，不但需要反应研究对象的相互关系，而且要求有一数量指标与这一关系相对应。这类需要反应一定数量关系的问题，用图论的方法来求解，就需借助赋权图。

网络又可进一步分类，每一条边都是无向边的网络称为无向网络；若每一条边都是弧，则称为有向网络；若既有无向边，又有弧，则称为混合网络。

9.1.2 顶点的次

在图 $G=(V,E)$ 中，与顶点 v_i 相关联的边的个数称为顶点 v_i 的次，有时也称为顶点 v_i 的度，记作 $d(v_i)$。在图 9-4 中，$d(v_1)=4$，$d(v_4)=1$，$d(v_6)=4$（环算一条边，但要计两次）。次为奇数的顶点称为奇点，如图 9-4 中的 v_2 和 v_5；次为"1"的顶点称为悬挂点，如图 9-4 中的 v_4，悬挂点唯一的关联边称为悬挂边；次为偶数的顶点称为偶点，如图 9-4 中的 v_1；次为"0"的顶点称为孤立点。

定理 9-1　任何图中，顶点次数的总和等于边数的 2 倍。

【定理 9-1 证明】

定理 9-2 任何图中，次为奇数的顶点必为偶数个。

【定理 9-2 证明】

在有向图中，以 v_i 为始点的边数称为顶点 v_i 的出次，用 $d^+(v_i)$ 表示；以 v_i 为终点的边数称为顶点 v_i 的入次，用 $d^-(v_i)$ 表示。顶点 v_i 的出次与入次之和就是该点的次。同时，容易证明，在有向图中，所有顶点的入次之和等于所有顶点的出次之和。

9.1.3 链与圈

在无向图 $G(V,E)$ 中，假设 $v_{i_0}, v_{i_1}, \cdots, v_{i_{k-1}}, v_{i_k} \in V$，$e_{i_1}, e_{i_2}, \cdots, e_{i_k} \in E$。若有 $e_{i_t} = (v_{i_{t-1}}, v_{i_t})$ ($t = 1, \cdots, k$)，即对任意 $t = 1, \cdots, k$ 都有 $v_{i_{t-1}}$ 与 v_{i_t} 相邻，则称顶点、边的交替序列 $u = (v_{i_0}, e_{i_1}, v_{i_1}, e_{i_2}, \cdots, v_{i_{k-1}}, e_{i_k}, v_{i_k})$ 是一条从 v_{i_0} 到 v_{i_k} 的链，且链长为 k；称 v_{i_0} 为链 u 的始点，v_{i_k} 为链 u 的终点。若有 $v_{i_0} = v_{i_k}$，则称 u 为闭链，否则称 u 为开链。

若链 u 中的边全都不同，则称 u 为简单链；若顶点也全都不同，则称 u 为初等链。

在一条闭链 u 中，若各边全都不同，则称 u 为圈；若其余各顶点也全都不同，即圈中既无重复点也无重复边，则称 u 为初等圈。

但需注意，形如 $u = (v_k, v_l, v_k)$ 的不是圈，而仅为二重边，圈应为初等闭链，且至少含有 3 个不同顶点。

例如，在图 9-4 中：$u_1 = (v_1, e_1, v_2, e_3, v_3, e_4, v_4)$ 是一条初等开链；$u_2 = (v_1, e_1, v_2, e_3, v_3, e_5, v_1, e_{10}, v_6, e_8, v_5)$ 是一条简单开链，因为其中 v_1 重复出现，所以 u_2 不是初等链；$u_3 = (v_1, e_1, v_2, e_3, v_3, e_5, v_1)$ 是一个圈；$u_4 = (v_3, e_6, v_5, e_7, v_3, e_5, v_1, e_1, v_2, e_3, v_3)$ 是一条简单闭链，因为除了始点、终点是 v_3 外，中间还有一点 v_3 重复出现，因而 u_4 是一个圈，但不是一个初等圈。

9.1.4 基础图与路

若将有向图 $D = (V, A)$ 中各弧 $a = (v_i, v_j)$ 的方向都去掉，即都用相应的无向边 $e = (v_i, v_j)$ 取代，所得到的无向图称为该有向图 D 的基础图，记为 $G(D)$。这样，上述的所有概念及其定义，若适用于基础图 $G(D)$，则也适用于有向图 D。

例如，在图 9-12 中，$u_1 = (v_4, e_3, v_3, e_5, v_1, e_1, v_2)$ 是该基础图的一条初等开链，则图 9-13 中与它相对应的 $u_1' = (v_4, a_3, v_3, a_5, v_1, a_1, v_2)$ 也是该有向图 D 的一条初等开链。

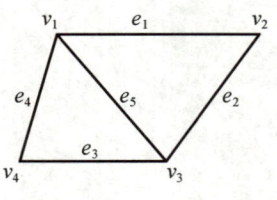

图 9-12 基础图

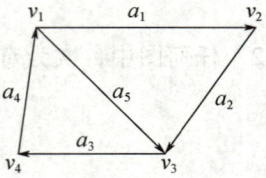

图 9-13 有向图

设顶点和边的交替序列 $u = (v_{i_0}, a_{i_1}, v_{i_1}, a_{i_2}, \cdots, v_{i_{k-1}}, a_{i_k}, v_{i_k})$ 是有向图 $D(V, A)$ 的一条链，若有 $a_{i_t} = (v_{i_{t-1}}, v_{i_t})(t = 1, \cdots, k)$，即链 u 上各弧 a_{i_t} 的方向全都与链 u 的方向一致，则称链 u 是有向图 D 的一条从 v_{i_0} 到 v_{i_k} 的路；若有 $v_{i_0} = v_{i_k}$，则称链 u 为回路，否则称链 u 为开路。

对无向图 G 而言，链就是路，闭链就是回路，开链就是开路，链与路是一回事。但对有向图 D 而言，路肯定是链，链却未必是路，二者并非一回事。

例如，在图 9-13 中，u_1' 是该有向图 D 的一条链，但不是 D 的路。而 $u_2' = (v_4, a_4, v_1, a_1, v_2)$ 则是该有向图 D 的一条路。

9.1.5 连通图

在一个图中，若任意两个顶点之间都至少存在一条链，则称该图为连通图，否则为不连通图。任何一个不连通图都可以分为若干个连通子图，每一个连通子图称为原图的一个分图。

例如，图 9-14 为不连通图，图 9-15 与图 9-16 就是它的两个连通子图。

图 9-14 不连通图　　　图 9-15 连通子图 (1)　　　图 9-16 连通子图 (2)

9.1.6 图的矩阵表示

假设赋权图 $G = (V, E)$ 中的边 (v_i, v_j) 有权 w_{ij}，构造矩阵 $A = (a_{ij})_{n \times n}$，其中：

$$a_{ij} = \begin{cases} w_{ij}, (v_i, v_j) \in E \\ 0, (v_i, v_j) \notin E \end{cases} \tag{9-1}$$

则称矩阵 A 为 G 的权矩阵。

【例 9-1】 写出图 9-17 所示的赋权图的权矩阵。

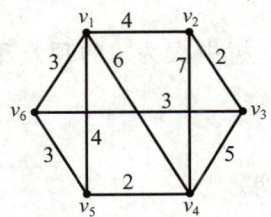

图 9-17 赋权图

解：图 9-17 所示的赋权图的权矩阵为

$$A = \begin{matrix} v_1 \\ v_2 \\ v_3 \\ v_4 \\ v_5 \\ v_6 \end{matrix} \begin{bmatrix} 0 & 4 & 0 & 6 & 4 & 3 \\ 4 & 0 & 2 & 7 & 0 & 0 \\ 0 & 2 & 0 & 5 & 0 & 3 \\ 6 & 7 & 5 & 0 & 2 & 0 \\ 4 & 0 & 0 & 2 & 0 & 3 \\ 3 & 0 & 3 & 0 & 3 & 0 \end{bmatrix} \\ \, v_1 \; v_2 \; v_3 \; v_4 \; v_5 \; v_6$$

若在图 $G=(V,E)$ 中，$|V|=n$，构造一个矩阵 $A=(a_{ij})_{n\times n}$，a_{ij} 满足以下条件，则称 A 为 G 的邻接矩阵。

$$a_{ij} = \begin{cases} 1, (v_i, v_j) \in E \\ 0, \text{其他} \end{cases} \tag{9-2}$$

【例 9-2】 写出图 9-17 所示的赋权图的邻接矩阵。

解：图 9-17 所示的赋权图的邻接矩阵为

$$B = \begin{matrix} v_1 \\ v_2 \\ v_3 \\ v_4 \\ v_5 \\ v_6 \end{matrix} \begin{bmatrix} 0 & 1 & 0 & 1 & 1 & 1 \\ 1 & 0 & 1 & 1 & 0 & 0 \\ 0 & 1 & 0 & 1 & 0 & 1 \\ 1 & 1 & 1 & 0 & 1 & 0 \\ 1 & 0 & 0 & 1 & 0 & 1 \\ 1 & 0 & 1 & 0 & 1 & 0 \end{bmatrix} \\ \, v_1 \; v_2 \; v_3 \; v_4 \; v_5 \; v_6$$

当 G 为无向图时，邻接矩阵为对称矩阵。

9.2 最小树问题

树是图论中比较活跃的领域，在各个学科中都有广泛的应用。本节重点介绍树的概念与性质、最小支撑树的几种生成方法，以及根树及其应用。

9.2.1 树的概念与性质

1. 树的概念

连通且无圈的无向图称为树。树中次为1的顶点称为树叶，次大于1的顶点称为分枝点。

2. 树的性质

树的性质可用下面的定理来说明。

定理 9-3 在图 $T=(V,E)$ 中，$|V|=n$，$|E|=m$，则下列几个说法是等价的。

① T 是一个树；
② T 无圈，且 $m=n-1$；
③ T 连通，且 $m=n-1$；
④ T 无圈，但每增加一条新边即得唯一一个圈；
⑤ T 连通，但舍去任一条边就不连通；
⑥ T 中任意两个顶点，有唯一链相连。

定理 9-3 结合具体的树的图形很容易理解，故证明略。

根据上述性质，可以推断出：对于由若干顶点组成的图而言，树是其中含边最少的连通图。

3. 图的支撑树

如果图 $G=(V,E)$ 的生成子图 $T=(V,E')$ 是一个树，则称树 T 为图 G 的支撑树。

根据支撑树的定义，如果树 T 为图 G 的支撑树，则树 T 的顶点数等于图 G 的顶点数，且其边数等于顶点数减去 1。

定理 9-4 图 G 有支撑树的充要条件是 G 是连通的。

【定理 9-4 证明】

9.2.2 最小支撑树

赋权图中，一个支撑树 T 所有边的权的总和为 $\sum_{e_i \in T} W(e_i)$，称为支撑树的权。具有最小权的支撑树，称为最小支撑树，简称最小树。

由支撑树的定义可知，一个图可能会有很多个支撑树，用枚举法从大量支撑树中选取最小树，显然是不合理甚至是不可能的，所以必须另谋算法，下面介绍最小树的两种主要生成方法：避圈法和破圈法。

1. 避圈法

避圈法，又称克鲁斯卡尔算法，具体步骤如下所示。

(1) 先从图的始点 v_0 开始，选取与始点相连的权最小的边。

(2) 观察与已选取边的另一顶点 v_j 相连的后续各顶点所形成的边，选取与 v_j 相连的权最小的边，若发现 v_j 与后续相连顶点 v_k 所形成的边 e_{jk} 的权，大于前已选取的顶点 v_i 与 v_k 所形成的边 e_{ik} 的权，则选取边 e_{ik}，原则是后选取的边与已选取的边不构成圈。

(3) 重复步骤 (2)，直至取足 $m = n-1$ 条边为止。

【例 9-3】 图 9-18 中的顶点 S、A、B、C、D、E、F、G 分别代表 8 个村镇，它们之间的连线代表各村镇间的道路情况，连线旁的数字（权）代表各村镇间的距离。现要求沿道路架设电线，使上述村镇全部通电，应如何架设才能使总的电线长度最短？

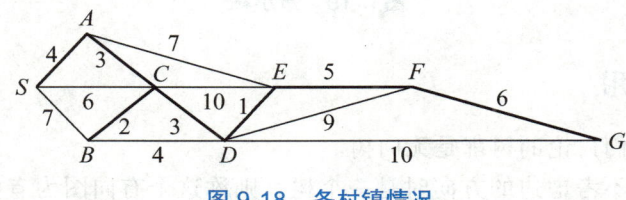

图 9-18　各村镇情况

解：(1) 在图 9-18 中，始点是 S，与其相连的后续各顶点所形成的边分别为 SA，SB，SC，最小权为 $\min\{4,7,6\} = 4$，选取边 SA；

(2) 与 A 相连的后续各顶点所形成的边分别为 AC，AE，最小权为 $\min\{3,7\} = 3$，选取边为 AC；

(3) 与 C 相连的后续各顶点所形成的边分别为 CB, CD, CE，最小权为 $\min\{2,3,10\} = 2$，且边 CB 的权小于边 SB 的权，故选取边 CB；

(4) 与 B 相连的后续顶点 D 所形成的边为 BD，其权大于前已选取的顶点 C 与 D 所形成的边 CD 的权，故选取边 CD；

(5) 与 D 相连的后续各顶点所形成的边分别为 DE, DF, DG，最小权为 $\min\{1,9,10\} = 1$，边 DE 的权小于边 CE、边 AE 的权，故选取边 DE；

(6) 与 E 相连的后续顶点 F 所形成的边为 EF，其权小于前已选取的顶点 D 与 F 所形成的边 DF 的权，则选取边 EF；

(7) 与 F 相连的后续顶点 G 所形成的边为 FG，其权小于前已选取的顶点 D 与 G 所形成的边 DG 的权，则选取边 FG。

电线的架设路线如图 9-18 加粗部分所示。

2. 破圈法

利用破圈法生成最小树，就是在图中任取一个圈，从圈中去掉一条边，对余下的图重复该步骤，直至整个图不含圈为止。

【例 9-4】 利用破圈法求例 9-3 中的问题。

解：因要使 8 个村镇全部通电，所以 S、A、B、C、D、E、F、G 各顶点之间必须连通；此外，图中不能存在回路，否则从回路中去掉一条边仍然连通，即含有回路的路径一定不是最短线路。故架设长度最短的线路就是从图 9-18 中寻找一个最小树。

用破圈法生成最小树时，从图 9-18 中任取一回路，如 DFGD，去掉权最大的边 DG，得到一个部分图；继续在部分图任取一回路，如 DEFD，去掉权最大的边 DF，得到另一个部分图。依此类推，最终得如图 9-19 所示的最小树。

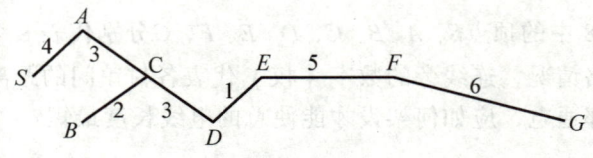

图 9-19　最小树

9.2.3　根树及其应用

到现在为止，我们讨论的树都是无向树。

若一个有向图在不考虑边的方向时是一个树，则称这个有向图为有向树。有向树中的根树在计算机科学、决策论领域有重要应用。

若有向树 T 中恰有一个顶点入次为 0，且其余各顶点入次均为 1，则称 T 为根树（又称外向树）。

根树中入次为 0 的顶点称为根；出次为 0 的顶点称为叶；入次为 0、出次大于 0 的顶点称为内点；又将内点和根统称为分枝点。由根到某一顶点 v_i 的道路长度（设每边长度为 1），称为 v_i 的层次。

图 9-20 所示的树是根树，其中 v_1 为根，v_1, v_2, v_3, v_5, v_8 为分枝点，其余各顶点为叶，顶点 v_2, v_3 的层次为 1，顶点 v_{10}, v_{11} 的层次为 4。

在根树中，若每个顶点的出次小于或等于 m，称这个树为 m 叉树。若每个顶点的出次恰好等于 m 或 0，则称这个树为完全 m 叉树。

例如，图 9-20 为完全二叉树，图 9-21 为三叉树。

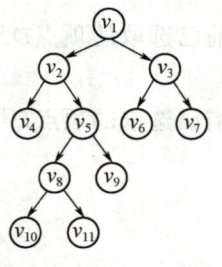

图 9-20　完全二叉树

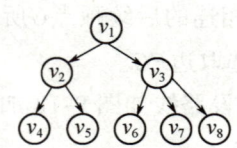

图 9-21　三叉树

在实际问题中常讨论叶上带权的二叉树。令有 s 个叶的二叉树 T 各叶的权分别为 p_i，根到各叶的距离（叶的层次）为 $l_i (i = 1, \cdots, s)$，这样二叉树 T 的总权为

$$m(T) = \sum_{i=1}^{s} p_i l_i \tag{9-3}$$

满足总权最小条件的二叉树称为最优二叉树。霍夫曼给出了一个求最优二叉树的算法，算法步骤如下所示。

(1) 将 s 个叶按权由小至大排序，为不失一般性，设 $p_1 \leqslant p_2 \leqslant \cdots \leqslant p_s$。

(2) 将两个具有最小权的叶合并成一个分枝点，其权为 $p_1 + p_2$，将新的分枝点作为一个叶。若 $s=1$，停止，否则转步骤 (1)。

【例 9-5】 $s=6$，各叶的权分别为 4，3，3，2，2，1，求最优二叉树。

解：该树构造结果见图 9-22。总权为
$$1 \times 4 + 2 \times 4 + 2 \times 3 + 4 \times 2 + 3 \times 2 + 3 \times 2 = 38$$

除了图 9-22 这种形式外，还有诸如图 9-23 及图 9-24 等其他形式，可以看出，最优二叉树形式不唯一。

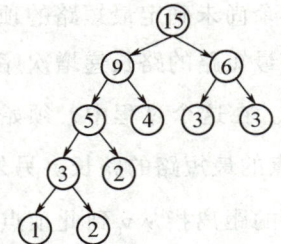

图 9-22　最优二叉树 (1)

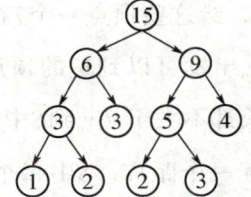

图 9-23　最优二叉树 (2)

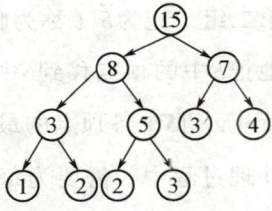

图 9-24　最优二叉树 (3)

图 9-23 中总权为 $1 \times 3 + 2 \times 3 + 3 \times 2 + 2 \times 3 + 3 \times 3 + 4 \times 2 = 38$。

图 9-24 中总权为 $1 \times 3 + 2 \times 3 + 2 \times 3 + 3 \times 3 + 3 \times 2 + 4 \times 2 = 38$。

可以证明此算法得到的树为最优二叉树，其直观意义是，从根到叶的距离依权的递减而增加，因此总权最小。最优二叉树在很多领域有广泛应用。

9.3　最短路问题

9.3.1　问题的提出

设赋权有向图 $D(V, A)$ 有两个指定顶点 v_s, v_t。在从 v_s 到 v_t 的所有路中，若能找到一条路，使得该路所有弧权（可以是时间、距离或费用）的和最小，则称这条路为从 v_s 到 v_t 的最短路。该问题称为最短路问题。最短路问题是网络优化中的基本问题，在交通运输、设备更新、线路设计等方面有着广泛应用。

在动态规划中，最短路问题可由贝尔曼最优化原理及其推理方程求解。在阶段明确的情况下，逆向逐段优化嵌套推进，这是一种反向搜索法；在阶段不明确的情况下，可用函数迭代法逐步正向搜索。这些算法都是依据同一个原理建立的，即若 $\{v_1, v_2, \cdots, v_n\}$ 是从 v_1 到 v_n 的最

短路，则 $\{v_1, v_2, \cdots, v_{n-1}\}$ 也必然是从 v_1 到 v_{n-1} 的最短路。

下面介绍求解最短路问题的一种简便、有效的算法——迪杰斯特拉算法。

9.3.2 迪杰斯特拉算法

迪杰斯特拉提出的求最短路的算法是用给节点标号的方法来逐步标记从起点到各顶点的最短路及其距离，被公认为是目前较好的一种算法，该算法称为迪杰斯特拉算法或双标号法。所谓双标号，就是对图中的顶点 v_i 赋予两个标号 $(v_i, P(v_j))$。第一个标号 v_i 表示在从起点 v_s 到终点 v_j 的最短路上，v_j 的前面一个相邻顶点，用来表示路径，从而可对终点进行反向追踪，找到从 v_s 到 v_j 的最短路；第二个标号 $P(v_j)$ 表示从起点 v_s 到终点 v_j 的最短距离。

1. 迪杰斯特拉算法的基本思想

对图 $D(V, A, W)$，指定某顶点 v_0 把图的顶点集合 V 分成两组，已经求出最短路的顶点集合为第一组，记为 S（称为永久标号集，给这些顶点一个 P 标号）；其余尚未确定最短路的顶点为第二组，记为 $\overline{S}$（称为临时标号集，给这些顶点一个 T 标号）。按最短路的路长递增次序逐个地把 $\overline{S}$ 中的顶点移到 S 中，直至从 v_0 出发可以到达的顶点都在 S 中。在这个过程中，须始终保持从 v_0 到 S 中各顶点的最短路的路长都不大于从 v_0 到 $\overline{S}$ 中的任何顶点的最短路的路长。另外，在处理过程中，需要为每个顶点保存一个距离。S 中每个顶点保存的距离指从 v_0 到此顶点的最短路的路长；$\overline{S}$ 中每个顶点保存的距离是指从 v_0 到此顶点的只包括以 S 中的顶点为中间顶点的那部分还不完整的最短路的路长。

迪杰斯特拉算法适用于每条弧的权为非负实数的情况。如果权有负的，则最短路问题可采用动态规划中不定期最短路问题的解法（如函数迭代法）来求解，需要明确的是，有向图中的权 w_{ij} 一般不等于 w_{ji}。

2. 迪杰斯特拉算法的具体步骤

设 $T(v_j)$ 表示 v_j 点的 T 标号，即起点 v_0 到 v_j 的临时最短距离；$P(v_i)$ 表示 v_i 点的 P 标号，即起点 v_0 到 v_i 的最短距离。

(1) 给 v_0 一个 P 标号，$P(v_0) = 0$，其余各顶点均给一个 T 标号，$T(v_j) = +\infty$。

(2) 若 v_i 点为刚得到 P 标号的顶点，考虑这样的点 v_j：$(v_i, v_j) \in E$，且 v_j 为 T 标号的顶点。将 v_j 的 T 标号更改为

$$T(v_j) = \min[T(v_j), P(v_i) + w_{ij}] \tag{9-4}$$

(3) 比较所有为 T 标号的顶点，把 T 标号最小者改为 P 标号，即 $P(\overline{v}_i) = \min\left[T(v_j)\right]$。当存在两个以上最小者时，可同时将两个 T 标号最小者改为 P 标号。若全部顶点均为 P 标号，则停止。否则用 $\overline{v}_i$ 代 v_i 转回步骤 (2)。

经过上述一个循环之后，可求出从节点v_0到节点v_n的最短路及其距离，从而使一个节点v_n被赋予双标号。若图中共有n个节点，则最多计算$n-1$次循环，即可得到最后结果。

【例9-6】 一个石油流向的管网如图9-25所示，v_1代表石油开采地，v_7代表石油汇集站，$v_2 \sim v_6$代表管线经过的地点，线旁的数字表示管线的长度，现在要从v_1调运石油到v_7，怎么设置管线可使路径最短？

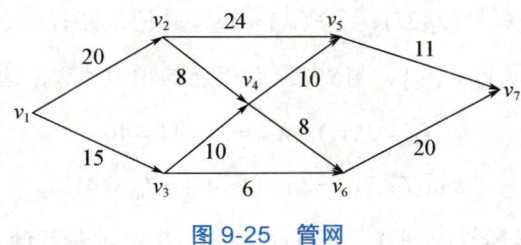

图9-25 管网

解：具体步骤如下所示。

(1) 首先给v_1一个P标号，$S=\{v_1\}$，$P(v_1)=0$，并给其余所有顶点一个T标号，且

$$T(v_i) = +\infty \quad (i=2,3,\cdots,7)$$

(2) 这时，与S中顶点相连的顶点有v_2, v_3，这样有

$$T_{12} = P(v_1) + w_{12} = 0 + 20 = 20$$

$$T_{13} = P(v_1) + w_{13} = 0 + 15 = 15$$

$$\min\{T_{12}, T_{13}\} = T_{13} = 15$$

赋予边(v_1, v_3)的终点v_3以双标号$(v_1, 15)$，令$P(v_3)=15$，并记录路径(v_1, v_3)。

(3) 这时，$S=\{v_1, v_3\}$，与S中顶点相连的顶点有v_2, v_4, v_6，这样有

$$T_{34} = P(v_3) + w_{34} = 15 + 10 = 25$$

$$T_{36} = P(v_3) + w_{36} = 15 + 6 = 21$$

$$\min\{T_{34}, T_{36}, T_{12}\} = \min\{25, 21, 20\} = T_{12} = 20$$

赋予边(v_1, v_2)的终点v_2以双标号$(v_1, 20)$，令$P(v_2)=20$，并记录路径(v_1, v_2)。

(4) 这时，$S=\{v_1, v_2, v_3\}$，与S中顶点相连的顶点有v_4, v_5, v_6，这样有

$$T_{24} = P(v_2) + w_{24} = 20 + 8 = 28$$

$$T_{25} = P(v_2) + w_{25} = 20 + 24 = 44$$

$$\min\{T_{24}, T_{25}, T_{34}, T_{36}\} = \min\{28, 44, 25, 21\} = T_{36} = 21$$

赋予边(v_3, v_6)的终点v_6以双标号$(v_3, 21)$，令$P(v_6)=21$，并记录路径(v_3, v_6)。

(5) 这时，$S=\{v_1, v_2, v_3, v_6\}$，与S中顶点相连的顶点有v_4, v_5, v_7，这样有

$$T_{67} = P(v_6) + w_{67} = 21 + 20 = 41$$

$$\min\{T_{24}, T_{25}, T_{34}, T_{67}\} = \min\{28, 44, 25, 41\} = T_{34} = 25$$

赋予边(v_3, v_4)的终点v_4以双标号$(v_3, 25)$，令$P(v_4) = 25$，并记录路径(v_3, v_4)。

(6) 这时，$S = \{v_1, v_2, v_3, v_4, v_6\}$，与$S$中顶点相连的顶点有$v_5, v_7$，这样有

$$T_{45} = P(v_4) + w_{45} = 25 + 10 = 35$$

$$\min\{T_{25}, T_{45}, T_{67}\} = \min\{44, 35, 41\} = T_{45} = 35$$

赋予边(v_4, v_5)的终点v_5以双标号$(v_4, 35)$，令$P(v_5) = 35$，并记录路径(v_4, v_5)。

(7) 这时，$S = \{v_1, v_2, v_3, v_4, v_5, v_6\}$，与$S$中顶点相连的顶点有$v_7$，这样有

$$T_{57} = P(v_5) + w_{57} = 35 + 11 = 46$$

$$\min\{T_{57}, T_{67}\} = \min\{46, 41\} = T_{67} = 41$$

赋予边(v_6, v_7)的终点v_7以双标号$(v_6, 41)$，令$P(v_7) = 41$，并记录路径(v_6, v_7)。至此，全部顶点都已标号，计算结束。

根据v_7的标号$(v_6, 41)$可知，从v_1到v_7的最短路的距离为41，v_7前面的顶点是v_6；从v_6的标号$(v_3, 21)$可知，从v_1到v_6的最短路的距离为21，v_6前面的顶点是v_3；从v_3的标号$(v_1, 15)$可知，从v_1到v_3的最短路的距离为15，v_3前面的顶点是v_1，这样便得到从v_1到v_7的最短路$S = \{v_1, v_3, v_6, v_7\}$，最短路的距离为41，如图9-26所示。

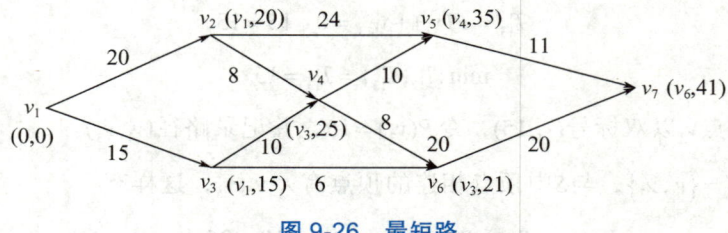

图9-26 最短路

9.3.3 逐次逼近法

逐次逼近法可用于求解有权为负数的边的最短路问题，即求某指定顶点v_1到任意指定顶点v_j的最短路。其基本思路是v_1到v_j的最短路总是沿着该路从v_1先到某一顶点v_i，然后沿边(v_i, v_j)到v_j，则从v_1到v_i的最短路也必定是从v_1到v_i的最短路。用$P(v_1, v_j)$表示从v_1到v_j的最短距离，也可记为P_{1j}。此时，有式(9-5)成立。

$$P(v_1, v_j) = \min_i \{P(v_1, v_i) + w_{ij}\} \tag{9-5}$$

可用迭代法求解。初始解为

$$P^{(1)}(v_1, v_j) = w_{1j} (j = 1, 2, \cdots, n) \tag{9-6}$$

即用v_1到v_j的直接距离作为初始解。若v_1, v_j之间无边，则可令v_1, v_j之间的最短距离为$+\infty$。

然后使用迭代公式

$$P^{(k)}(v_1, v_j) = \min_i \{P^{(k-1)}(v_1, v_i) + w_{ij}\}(k = 2, 3, \cdots) \tag{9-7}$$

求 $P^{(k)}(v_1, v_j)$，当进行到第 t 步时，若出现

$$P^{(t)}(v_1, v_j) = P^{(t-1)}(v_1, v_j)(j = 1, 2, \cdots, n) \tag{9-8}$$

则算法终止，$P^{(t)}(v_1, v_j)$ $(j = 1, 2, \cdots, n)$ 即为 v_1 到各顶点的最短距离。

【例 9-7】 求图 9-27 所示的赋权有向图 D 中从 v_1 到各顶点的最短距离。

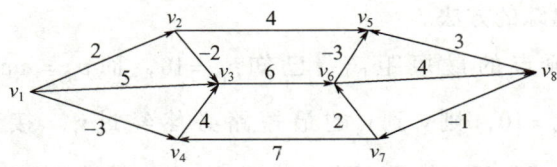

图 9-27　赋权有向图

解：设从任一顶点 v_i 到任一顶点 v_j 都有一条弧，若没有，则添加一条弧 (v_i, v_j)，并令 $w_{ij} = +\infty$，记 $p_{ij} = p(v_i, v_j)$ 为从顶点 v_i 到顶点 v_j 的最短距离。

初始状态：$p_{11}^{(1)} = 0, p_{12}^{(1)} = 2, p_{13}^{(1)} = 5, p_{14}^{(1)} = -3, p_{15}^{(1)} = p_{16}^{(1)} = p_{17}^{(1)} = p_{18}^{(1)} = \infty$。

第一次迭代：

$p_{11}^{(2)} = \min\{p_{11}^{(1)} + w_{11}, p_{12}^{(1)} + w_{21}, p_{13}^{(1)} + w_{31}, p_{14}^{(1)} + w_{41}, p_{15}^{(1)} + w_{51}, p_{16}^{(1)} + w_{61}, p_{17}^{(1)} + w_{71}, p_{18}^{(1)} - w_{81}\}$
$= \min\{0 + 0, 2 + \infty, 5 + \infty, -3 + \infty, \infty, \infty, \infty, \infty\} = 0$

$p_{12}^{(2)} = \min\{p_{11}^{(1)} + w_{12}, p_{12}^{(1)} + w_{22}, p_{13}^{(1)} + w_{32}, p_{14}^{(1)} + w_{42}, p_{15}^{(1)} + w_{52}, p_{16}^{(1)} + w_{62}, p_{17}^{(1)} + w_{72}, p_{18}^{(1)} + w_{82}\}$
$= \min\{0 + 2, 2 + 0, 5 + \infty, -3 + \infty, \infty, \infty, \infty, \infty\} = 2$

$p_{13}^{(2)} = \min\{p_{11}^{(1)} + w_{13}, p_{12}^{(1)} + w_{23}, p_{13}^{(1)} + w_{33}, p_{14}^{(1)} + w_{43}, p_{15}^{(1)} + w_{53}, p_{16}^{(1)} + w_{63}, p_{17}^{(1)} + w_{73}, p_{18}^{(1)} + w_{83}\}$
$= \min\{0 + 5, 2 + (-2), 5 + 0, -3 + 4, \infty, \infty, \infty, \infty\} = 0$

$p_{14}^{(2)} = \min\{p_{11}^{(1)} + w_{14}, p_{12}^{(1)} + w_{24}, p_{13}^{(1)} + w_{34}, p_{14}^{(1)} + w_{44}, p_{15}^{(1)} + w_{54}, p_{16}^{(1)} + w_{64}, p_{17}^{(1)} + w_{74}, p_{18}^{(1)} + w_{84}\}$
$= \min\{0 + (-3), 2 + \infty, 5 + \infty, -3 + 0, \infty, \infty, \infty, \infty\} = -3$

$p_{15}^{(2)} = \min\{p_{11}^{(1)} + w_{15}, p_{12}^{(1)} + w_{25}, p_{13}^{(1)} + w_{35}, p_{14}^{(1)} + w_{45}, p_{15}^{(1)} + w_{55}, p_{16}^{(1)} + w_{65}, p_{17}^{(1)} + w_{75}, p_{18}^{(1)} + w_{85}\}$
$= \min\{0 + \infty, 2 + 4, 5 + \infty, -3 + \infty, \infty, \infty, \infty, \infty\} = 6$

$p_{16}^{(2)} = \min\{p_{11}^{(1)} + w_{16}, p_{12}^{(1)} + w_{26}, p_{13}^{(1)} + w_{36}, p_{14}^{(1)} + w_{46}, p_{15}^{(1)} + w_{56}, p_{16}^{(1)} + w_{66}, p_{17}^{(1)} + w_{76}, p_{18}^{(1)} + w_{86}\}$
$= \min\{0 + \infty, 2 + \infty, 5 + 6, -3 + \infty, \infty, \infty, \infty, \infty\} = 11$

$p_{17}^{(2)} = p_{18}^{(2)} = \infty$

第二次迭代：

$p_{11}^{(3)} = \min\{p_{11}^{(2)} + w_{11}, p_{12}^{(2)} + w_{21}, p_{13}^{(2)} + w_{31}, p_{14}^{(2)} + w_{41}, p_{15}^{(2)} + w_{51}, p_{16}^{(2)} + w_{61}, p_{17}^{(2)} + w_{71}, p_{18}^{(2)} + w_{81}\}$
$= \min\{0 + 0, 2 + \infty, 0 + \infty, (-3) + \infty, 6 + \infty, 11 + \infty, \infty, \infty\} = 0$

同理有：

$p_{12}^{(3)} = 2$，$p_{13}^{(3)} = 0$，$p_{14}^{(3)} = -3$，$p_{15}^{(3)} = 6$，$p_{16}^{(3)} = 6$，$p_{17}^{(3)} = \infty$，$p_{18}^{(3)} = 15$

同理可得第三次迭代：

$$p_{11}^{(4)} = 0, p_{12}^{(4)} = 2, p_{13}^{(4)} = 0, p_{14}^{(4)} = -3, p_{15}^{(4)} = 3, p_{16}^{(4)} = 6, p_{17}^{(4)} = 14, p_{18}^{(4)} = 10$$

第四次迭代：

$$p_{11}^{(5)} = 0, p_{12}^{(5)} = 2, p_{13}^{(5)} = 0, p_{14}^{(5)} = -3, p_{15}^{(5)} = 3, p_{16}^{(5)} = 6, p_{17}^{(5)} = 9, p_{18}^{(5)} = 10$$

第五次迭代：

$$p_{11}^{(6)} = 0, p_{12}^{(6)} = 2, p_{13}^{(6)} = 0, p_{14}^{(6)} = -3, p_{15}^{(6)} = 3, p_{16}^{(6)} = 6, p_{17}^{(6)} = 9, p_{18}^{(6)} = 10$$

此时，$p_{1j}^{(6)} = p_{1j}^{(5)} (j = 1, 2, \cdots, 8)$，算法终止。

接着，寻找最短路。

(1) 方法 1：反向追踪的方法。

由上可知 v_1 到各顶点的最短距离。已知 $p_{18} = 10$，而 $p_{18} = \min\{p_{1i} + w_{i8}\}$，寻找满足等式的 v_i，得到 $p_{16} + w_{68} = 10$，则 v_1 到 v_8 的最短路必然经过 v_6。接着考虑 v_6，$p_{16} = 6, p_{16} = \min\{p_{1i} + w_{i6}\} = p_{13} + w_{36}$，则 v_1 到 v_6 的最短路必然经过 v_3 点。继续追踪下去，最终得到 v_1 到 v_8 的最短路为 $v_1 \to v_2 \to v_3 \to v_6 \to v_8$。

(2) 方法 2：表格法。

将计算过程反映在表 9-1 中，表中空格为 $+\infty$。表中最后一列数字表示 v_1 到各点的最短距离。由表 9-1 的最后一列至下而上可以看出，10=[6]+4；6=[0]+6；0=[2]+(−2)；2=[0]+2。可以得到 v_1 到 v_8 的最短路径为 $v_1 \to v_2 \to v_3 \to v_6 \to v_8$。

表 9-1 计算过程

	v_1	v_2	v_3	v_4	v_5	v_6	v_7	v_8	$p_{1j}^{(1)}$	$p_{1j}^{(2)}$	$p_{1j}^{(3)}$	$p_{1j}^{(4)}$	$p_{1j}^{(5)}$	$p_{1j}^{(6)}$
v_1	0	2	5	−3					0	0	0	0	0	[0]
v_2		0	−2	4					2	2	2	2	2	[2]
v_3			0			6			5	0	0	0	0	[0]
v_4			4	0					−3	−3	−3	−3	−3	−3
v_5					0					6	6	3	3	3
v_6					−3	0		4		11	6	6	6	[6]
v_7				7		2	0				14	9	9
v_8					3		−1	0		15	10	10	[10]

9.3.4 Floyd 算法

Floyd 算法是一种更一般的算法，对于求任意两顶点之间最短路的问题、求边的权有负数存在或均为负数的最短路问题等均适用。Floyd 算法实际上是一种矩阵（表格）迭代方法。

1. 符号说明

设矩阵 $A = (a_{ij})_{m \times m}, B = (b_{ij})_{m \times m}$，定义矩阵运算

$$D = (d_{ij})_{m \times m} = A \circ B \tag{9-9}$$

其中，

$$d_{ij} = \min_{k \in 1,2,\cdots,m} \{a_{ik} + b_{kj}\} \tag{9-10}$$

即 d_{ij} 为矩阵 A 中第 i 行与矩阵 B 中第 j 列对应元素之和的最小值。

2. Floyd 算法思路

若一步到达的两顶点间的最短距离矩阵为 B，已知目前 l 步到达的两顶点间的最短距离矩阵为 A，则 $l+1$ 步到达的两顶点间的最短距离矩阵必为 $D^{(2)} = (d_{ij})_{m \times m} = A \circ B$。比较矩阵 $D^{(n)}$ 与 $D^{(n-1)}$，当 $D^{(n)} = D^{(n-1)}$ 时，得到任意两顶点间的最短距离矩阵 $D^{(n)}$。下面通过一个具体实例来说明 Floyd 算法的应用。

【例 9-8】 图 9-28 是 7 个村子之间的道路交通情况，每条边旁边的数表示两个村子之间的距离。现在 7 个村子要联合办一所小学，已知各村子的小学生人数为：第 1 个村子 30 人，第 2 个村子 40 人，第 3 个村子 25 人，第 4 个村子 20 人，第 5 个村子 50 人，第 6 个村子 60 人，第 7 个村子 60 人。

试问：(1) 小学应建在哪个村子，可以使所有小学生上学所走的总路程最短？
(2) 小学应建在哪个村子，可以使离学校最远的村子的小学生上学所走的路程最短？

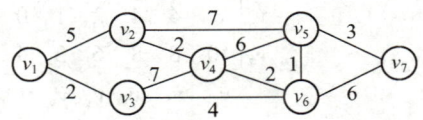

图 9-28 道路交通情况

解：(1) 利用 Floyd 算法，先求任意两个村子之间的最短距离。
一步到达的最短距离矩阵 $D^{(1)}$ 为

$$D^{(1)} = \begin{array}{c} v_1 \\ v_2 \\ v_3 \\ v_4 \\ v_5 \\ v_6 \\ v_7 \end{array} \begin{bmatrix} 0 & 5 & 2 & \infty & \infty & \infty & \infty \\ 5 & 0 & \infty & 2 & 7 & \infty & \infty \\ 2 & \infty & 0 & 7 & \infty & 4 & \infty \\ \infty & 2 & 7 & 0 & 6 & 2 & \infty \\ \infty & 7 & \infty & 6 & 0 & 1 & 3 \\ \infty & \infty & 4 & 2 & 1 & 0 & 6 \\ \infty & \infty & \infty & \infty & 3 & 6 & 0 \end{bmatrix}$$
$$\quad\quad v_1 \quad v_2 \quad v_3 \quad v_4 \quad v_5 \quad v_6 \quad v_7$$

两步到达的最短距离矩阵 $D^{(2)}$ 为

$$D^{(2)} = D^{(1)} \circ D^{(1)} = \begin{array}{c} v_1 \\ v_2 \\ v_3 \\ v_4 \\ v_5 \\ v_6 \\ v_7 \end{array} \begin{bmatrix} 0 & 5 & 2 & 7 & 12 & 6 & \infty \\ 5 & 0 & 7 & 2 & 7 & 4 & 10 \\ 2 & 7 & 0 & 6 & 5 & 4 & 10 \\ 7 & 2 & 6 & 0 & 3 & 2 & 8 \\ 12 & 7 & 5 & 3 & 0 & 1 & 3 \\ 6 & 4 & 4 & 2 & 1 & 0 & 4 \\ \infty & 10 & 10 & 8 & 3 & 4 & 0 \end{bmatrix}$$
$$\quad\quad\quad\quad\quad\quad\quad v_1 \quad v_2 \quad v_3 \quad v_4 \quad v_5 \quad v_6 \quad v_7$$

三步到达的最短距离矩阵 $D^{(3)}$ 为

$$D^{(3)} = D^{(2)} \circ D^{(1)} = \begin{array}{c} v_1 \\ v_2 \\ v_3 \\ v_4 \\ v_5 \\ v_6 \\ v_7 \end{array} \begin{bmatrix} 0 & 5 & 2 & 7 & 7 & 6 & 12 \\ 5 & 0 & 7 & 2 & 5 & 4 & 10 \\ 2 & 7 & 0 & 6 & 5 & 4 & 8 \\ 7 & 2 & 6 & 0 & 3 & 2 & 6 \\ 7 & 5 & 5 & 3 & 0 & 1 & 3 \\ 6 & 4 & 4 & 2 & 1 & 0 & 4 \\ 12 & 10 & 8 & 6 & 3 & 4 & 0 \end{bmatrix}$$
$$\quad\quad v_1 \ v_2 \ v_3 \ v_4 \ v_5 \ v_6 \ v_7$$

四步到达的最短距离矩阵 $D^{(4)}$ 为

$$D^{(4)} = D^{(3)} \circ D^{(1)} = \begin{array}{c} v_1 \\ v_2 \\ v_3 \\ v_4 \\ v_5 \\ v_6 \\ v_7 \end{array} \begin{bmatrix} 0 & 5 & 2 & 7 & 7 & 6 & 10 \\ 5 & 0 & 7 & 2 & 5 & 4 & 8 \\ 2 & 7 & 0 & 6 & 5 & 4 & 8 \\ 7 & 2 & 6 & 0 & 3 & 2 & 6 \\ 7 & 5 & 5 & 3 & 0 & 1 & 3 \\ 6 & 4 & 4 & 2 & 1 & 0 & 4 \\ 10 & 8 & 8 & 6 & 3 & 4 & 0 \end{bmatrix}$$
$$\quad\quad v_1 \ v_2 \ v_3 \ v_4 \ v_5 \ v_6 \ v_7$$

五步到达的最短距离矩阵 $D^{(5)}$ 为

$$D^{(5)} = D^{(4)} \circ D^{(1)} = D^{(4)} = \begin{array}{c} v_1 \\ v_2 \\ v_3 \\ v_4 \\ v_5 \\ v_6 \\ v_7 \end{array} \begin{bmatrix} 0 & 5 & 2 & 7 & 7 & 6 & 10 \\ 5 & 0 & 7 & 2 & 5 & 4 & 8 \\ 2 & 7 & 0 & 6 & 5 & 4 & 8 \\ 7 & 2 & 6 & 0 & 3 & 2 & 6 \\ 7 & 5 & 5 & 3 & 0 & 1 & 3 \\ 6 & 4 & 4 & 2 & 1 & 0 & 4 \\ 10 & 8 & 8 & 6 & 3 & 4 & 0 \end{bmatrix}$$
$$\quad\quad v_1 \ v_2 \ v_3 \ v_4 \ v_5 \ v_6 \ v_7$$

$D^{(5)}$ 中的元素 d_{ij} 即为图 9-28 中从 v_i 点到 v_j 点的最短距离。

将 $D^{(5)}$ 的第 i 行元素乘第 i 个村子的小学生人数，则乘积数字为如果学校建在各个村子时，第 i 个村子小学生上学所走的路程，计算结果见表 9-2。

表 9-2 计算结果

村子	v_1	v_2	v_3	v_4	v_5	v_6	v_7
v_1	0	150	60	210	210	180	300
v_2	200	0	280	80	200	160	320
v_3	50	175	0	150	125	100	200

续表

村子	v_1	v_2	v_3	v_4	v_5	v_6	v_7
v_4	140	40	120	0	60	40	120
v_5	350	250	250	150	0	50	150
v_6	360	240	240	120	60	0	240
v_7	600	480	480	360	180	240	0
总路程	1700	1335	1430	1070	835	770	1330

由此可见，学校应建在第 6 个村子，方可使所有小学生上学走的总路程最短。

(2) 令 $D(v_i) = \max\{d_{i1}, d_{i2}, \cdots, d_{i7}\}(i=1,2,\cdots,7)$ 表示若学校建在 v_i，则离学校最远的村子距离为 $D(v_i)$。从 $D(v_i)(i=1,2,\cdots,7)$ 中选出最小者即为所求。计算结果如表 9-3 所示。由于 $D(v_6) = 6$ 最小，所以小学应建在 v_6，即第 6 个村子，方可使离学校最远的村子的小学生上学所走的路程最短。

表 9-3 计算结果

村子	v_1	v_2	v_3	v_4	v_5	v_6	v_7	$D(v_i)$
v_1	0	5	2	7	7	6	10	10
v_2	5	0	7	2	5	4	8	8
v_3	2	7	0	6	5	4	8	8
v_4	7	2	6	0	3	2	6	7
v_5	7	5	5	3	0	1	3	7
v_6	6	4	4	2	1	0	4	6
v_7	10	8	8	6	3	4	0	10

9.4 最大流问题

许多实际网络系统中都存在着流量和最大流问题。例如铁路运输系统中的车辆流，城市给排水系统中的水流问题，等等。这类网络系统通常都有最大通过能力（容量）的限制，故可称之为容量网络。最大流问题是图论中十分重要的优化问题，它对解决实际生产问题起着十分重要的作用。

9.4.1 最大流的基本概念

1. 容量网络

设在一个赋权有向图 $D=(V,A)$ 的 V 中指定一个发点 v_s 和一个收点 v_t，其他点叫作中间点。对于 D 中的每一个弧 $(v_i,v_j) \in A$，都有一个非负数 c_{ij}，c_{ij} 叫作弧的容量。我们把这样的 D 叫作容量网络，简称网络，记做 $D=(V,A,C)$。

网络 D 上的流，是指定义在弧集合 A 上的一个函数

$$f = \{f(v_i, v_j)\} = \{f_{ij}\} \tag{9-11}$$

其中，$f(v_i,v_j) = f_{ij}$ 叫作弧 (v_i,v_j) 上的流量。

2. 可行流

称满足下列条件的流为可行流。

(1) 容量条件。

对于每一个弧 $(v_i, v_j) \in A$，有 $0 \leq f_{ij} \leq c_{ij}$。

(2) 平衡条件。

① 对于发点 v_s 和收点 v_t，有

$$\sum_{(v_s,v_i) \in A} f_{si} = \sum_{(v_j,v_t) \in A} f_{jt} = W \tag{9-12}$$

其中，W 为网络中的总流量。

② 对于中间点，有

$$\sum_{(v_i,v_j) \in A} f_{ij} = \sum_{(v_j,v_k) \in A} f_{jk} \tag{9-13}$$

对网络的某一可行流 $f = \{f_{ij}\}$，$f_{ij} = c_{ij}$ 的弧叫作饱和弧，$f_{ij} < c_{ij}$ 的弧叫作非饱和弧；$f_{ij} > 0$ 的弧叫作非零流弧，$f_{ij} = 0$ 的弧叫作零流弧。

最大流问题实质上是一个线性规划问题，上述两个条件相当于问题的约束条件，目标是使得网络中的总流量 W 最大，而可行流就是该线性规划问题的可行解。

3. 增广链

若 μ 为网络 D 中从 v_s 到 v_t 的一条链，给 μ 定向为从 v_s 到 v_t，μ 上的弧凡与 μ 方向相同的称为前向弧（正向弧），凡与 μ 方向相反的称为后向弧（逆向弧），其集合分别用 μ^+ 和 μ^- 表示。

设 f 是一个可行流，如果满足：

$$\begin{cases} 0 \leq f_{ij} < c_{ij}, (v_i, v_j) \in \mu^+ \\ 0 < f_{ij} \leq c_{ij}, (v_i, v_j) \in \mu^- \end{cases} \tag{9-14}$$

即如果 μ^+ 中的每一条弧都是非饱和弧，μ^- 中的每一条弧都是非零流弧，则称 μ 为从 v_s 到 v_t 的关

于 f 的一条可增广链。

推论：可行流 f 是最大流的充分必要条件是不存在从 v_s 到 v_t 的关于 f 的一条可增广链。

可增广链的实际意义是：沿着这条链从 v_s 到 v_t 输送的可行流，还有潜力可挖，需要进行调整，从而提高流量。调整后的可行流，在各点仍满足平衡条件及容量限制条件，即仍为可行流。这样就得到了一个寻求最大流的方法：从一个可行流开始，寻求关于这个可行流的可增广链，若存在，则可以经过调整，得到一个新的可行流，其流量比原来的可行流要大，重复这个过程，直到不存在关于该可行流的可增广链时就得到了最大流。

4. 割集

设 v_s, v_t 分别为网络 $D=(V,A,C)$ 的发点、收点，有边集 A' 为 A 的子集，将 D 分为两个子图 D_1, D_2，其顶点集合分别为 $S, \bar{S}$，且 $S \cup \bar{S} = V, S \cap \bar{S} = \varnothing$，若 v_s, v_t 分属 $S, \bar{S}$，且满足 ① $D(V, A-A')$ 不连通；② A'' 为 A' 的真子集，而 $D(V, A-A'')$ 仍连通，则称 A' 为 D 的割集（又称截集），记 $A' = (S, \bar{S})$。割集 $(S, \bar{S})$ 中所有弧的容量之和，称为这个割集的容量（又称截量），记为 $C(S, \bar{S})$。

如图 9-29 所示，边集 (v_s, v_1)，(v_2, v_3)，(v_3, v_t)，(v_4, v_t) 是 D 的割集。其顶点分别属于两个互补不相交的点集。去掉这 4 条边，则图不连通；去掉这 4 条边中的任意 1~3 条，则图仍然连通。

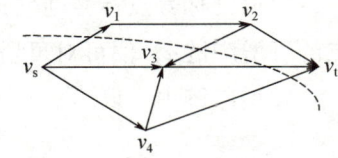

图 9-29　割集

9.4.2　最大流最小割定理

定理 9-5　设 f 为网络 $D=(V,A,C)$ 的任一可行流，该可行流的流量为 W，若 $(S, \bar{S})$ 是分离 v_s, v_t 的任一割集，则有 $W \leq C(S, \bar{S})$。

定理 9-5 表明，网络 D 中任一可行流的流量都不会超过任一割集的容量。如果网络 D 中的一个可行流 f^* 和网络中的一个割集 $(S^*, \bar{S}^*)$，满足条件 $W(f^*) = C(S^*, \bar{S}^*)$，那么可行流 f^* 一定是网络 D 中的最大流，而 $(S^*, \bar{S}^*)$ 一定是网络 D 中的最小割集，从而有定理 9-6。

定理 9-6　（最大流最小割定理）在任何网络中，从 v_s 到 v_t 的最大流的流量等于最小割集（可简称为最小割）的容量。

9.4.3　求最大流的标号算法

求最大流的标号算法一般采用福特-富尔克森算法：设网络 D 中已有一个可行流 f（如果 D 中没有给出可行流 f，可以根据可行流的两个条件设定一个初始可行流，也可将零流设为初始可行流），再进行计算。福特-富尔克森算法分为两步：第一步是标号过程，目的是寻找可增广链并确定流量调整量；第二步是调整过程，即沿可增广链调整流量。交替进行这两步就可以得到网络的最大流及最小割。

1. 标号过程

采用双标号方式，用第 1 个标号表示该顶点的标号来自何处，用第 2 个标号表示流量的最大允许调整量。

(1) 给发点 v_s 标号 $(\Delta, +\infty)$。

(2) 取一个已标号的顶点 v_i，对于 v_i 的所有未标号的相邻顶点 v_j 按下列规则处理：

① 如果弧 $(v_i, v_j) \in A$ 且 $f_{ij} < c_{ij}$，则给 v_j 标号 $(+v_i, \delta_j)$，其中 $\delta_j = \min\{c_{ij} - f_{ij}, \delta_i\}$；

② 如果弧 $(v_j, v_i) \in A$ 且 $f_{ji} > 0$，则给 v_j 标号 $(-v_i, \delta_j)$，其中 $\delta_j = \min\{f_{ji}, \delta_i\}$。

(3) 重复步骤 (2)，直到收点 v_t 被标号或标号过程无法进行下去，则标号结束。

若 v_t 被标号，则存在一条可增广链，转到第二步（调整过程）；若 v_t 未被标号，而标号过程无法进行下去，则这时的可行流就是最大流。

2. 调整过程

根据已标号点标号逆向追踪，找出从收点到发点的增加的链条，并正向写出从发点到收点的可增广链 μ，便可对可增广链 μ 上弧的流量进行调整，调整量为收点的第 2 个标号 δ_t。

在增广链中，设

$$\delta_1 = \min\{c_{ij} - f_{ij} | (v_i, v_j) \in \mu^+\} \tag{9-15}$$

$$\delta_2 = \min\{f_{ij} | (v_i, v_j) \in \mu^-\} \tag{9-16}$$

$$\delta_t = \min(\delta_1, \delta_2) \tag{9-17}$$

(1) 令

$$f'_{ij} = \begin{cases} f_{ij} + \delta_t, (v_i, v_j) \in \mu^+ \\ f_{ij} - \delta_t, (v_i, v_j) \in \mu^- \\ f_{ij}, (v_i, v_j) \notin \mu \end{cases} \tag{9-18}$$

(2) 将调整了流量的网络去掉所有标号，回到步骤 (1)，对可行流 f' 重新标号。

【例 9-9】 用福特–富尔克森算法求图 9-30 所示网络的最大流，弧旁的一对有序数是 (c_{ij}, f_{ij})。

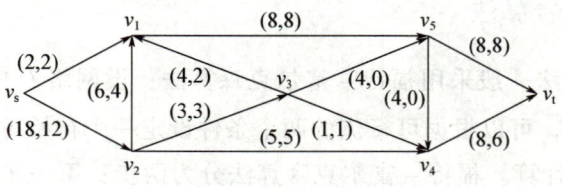

图 9-30 网络

解：标号过程如下所示。

(1) 首先给发点 v_s 标号 $(\Delta, +\infty)$。

(2) 发点 v_s 没有标号的相邻顶点有 v_1 和 v_2,其中 (v_s,v_1) 是前向饱和弧,所以 v_1 不符合标号条件,(v_s,v_2) 是前向非饱和弧,所以给 v_2 标号 $(+v_s,6)$,其中 $\delta_{v_2} = \min\{(18-12),+\infty\} = 6$。

(3) 已标号顶点 v_2 没有标号的相邻顶点有 v_1、v_3 和 v_4,其中 (v_2,v_3) 和 (v_2,v_4) 是前向饱和弧,所以 v_3 和 v_4 不符合标号条件,只有 (v_2,v_1) 是前向非饱和弧,所以给 v_1 标号 $(+v_2,2)$,其中 $\delta_{v_1} = \min\{(6-4),6\} = 2$。

(4) 已标号顶点 v_1 没有标号的相邻顶点有 v_3 和 v_5,其中 (v_1,v_5) 是前向饱和弧,所以 v_5 不符合标号条件,因为 (v_1,v_3) 是后向非零流弧,所以给 v_3 标号 $(-v_1,2)$,其中 $\delta_{v_3} = \min\{2,2\} = 2$。

(5) 已标号顶点 v_3 没有标号的相邻顶点有 v_4 和 v_5,其中 (v_3,v_4) 是前向饱和弧,所以 v_4 不符合标号条件,由于 (v_3,v_5) 是前向非饱和弧,所以给 v_5 标号 $(+v_3,2)$,其中 $\delta_{v_5} = \min\{(4-0),2\} = 2$。

(6) 已标号顶点 v_5 没有标号的相邻顶点有 v_4 和 v_t,其中 (v_5,v_t) 是前向饱和弧,故 v_t 不符合标号条件,由于 (v_5,v_4) 是前向非饱和弧,所以给 v_4 标号 $(+v_5,2)$,其中 $\delta_{v_4} = \min\{(4-0),2\} = 2$。

(7) 与已标号点 v_4 相邻的没有标号的顶点有只有 v_t,又因为 v_t 是前向非饱和弧,所以给 v_t 标号 $(+v_4,2)$,其中 $\delta_{v_t} = \min\{(8-6),2\} = 2$。

因为收点 v_t 得到了标号,说明存在可增广链,所以标号过程结束,如图 9-31 所示。从而得到一条可增广链:$v_s \to v_2 \to v_1 \to v_3 \to v_5 \to v_4 \to v_t$。

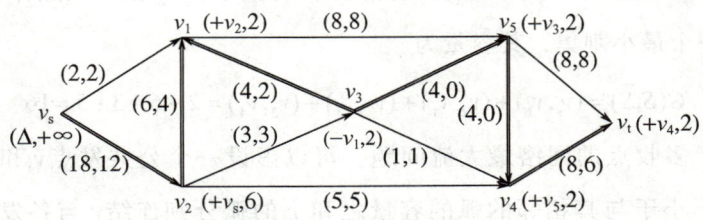

图 9-31 标号过程

转入调整过程,令 $\delta = \delta_{v_t} = 2$ 为调整量,从 v_t 开始,由逆可增广链方向按标号 $(+v_4,2)$ 找到 v_4,令 $f'_{4t} = f_{4t} + 2$。

再由 v_4 的标号 $(+v_5,2)$ 找到前一个顶点 v_5,并令 $f'_{54} = f_{54} + 2$。

由 v_5 的标号找到 v_3,并令 $f'_{35} = f_{35} + 2$。

再由 v_3 的标号找到 v_1,由于第 1 个标号为 $-v_1$,所以 (v_1,v_3) 为反向边,令 $f'_{13} = f_{13} - 2$。

由 v_1 的标号找到 v_2,并令 $f'_{21} = f_{21} + 2$。

由 v_2 找到 v_s,令 $f'_{s2} = f_{s2} + 2$。

调整过程结束,调整中的可增广链见图 9-31 中的粗边,调整后的可行流见图 9-32。

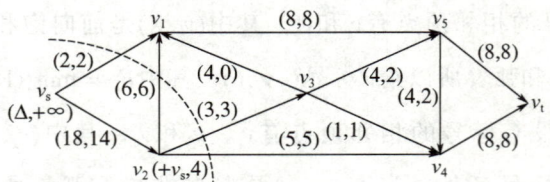

图 9-32 调整后的可行流

去掉所有的标号，从发点 v_s 开始重新标号。

(1) 给发点 v_s 标号 $(\Delta,+\infty)$。

(2) 已标号顶点 v_s 没有标号的相邻顶点有 v_1 和 v_2，其中 (v_s,v_1) 是前向饱和弧，所以 v_1 依然不符合标号条件，由于 (v_s,v_2) 是前向非饱和弧，所以给 v_2 标号 $(+v_s,4)$。

(3) 已标号顶点 v_2 没有标号的相邻顶点有 v_1、v_3 和 v_4，由图 9-32 可知 (v_2,v_1)、(v_2,v_3) 和 (v_2,v_4) 均为前向饱和弧，所以点 v_1、v_3 和 v_4 都不符合标号条件，至此，标号过程无法进行下去，而收点 v_t 没能得到标号，说明图 9-32 所示网络已不存在可增广链。因此，图 9-32 中的可行流即为网络的最大流。

最大流的算法有两种，一种是计算发点 v_s 的发出量或收点 v_t 的流入量，即 $\sum\limits_{(v_s,v_i)\in A} f_{si} = \sum\limits_{(v_j,v_t)\in A} f_{jt} = W = f_{s1}+f_{s2} = 2+14 = 16$；另外一种是利用割集容量与最大流量相等关系，用割集来进行计算，即将已标号顶点 v_s、v_2 作为点集 S，将其余没有标号顶点作为点集 $\overline{S}$，则弧集 $(S,\overline{S})$ 即为网络的一个最小割集，其容量为

$$C(S,\overline{S}) = (v_s,v_1)+(v_2,v_1)+(v_2,v_3)+(v_2,v_4) = 2+6+3+5 = 16$$

针对多发点、多收点的网络最大流问题，可以虚设一个公共发点 v_s 和一个公共收点 v_t，用容量足够大（不小于与其相邻的弧的容量之和）的弧分别连结 v_s 与各发点、v_t 与各收点，即可将其转化为单发点、单收点的最大流问题，再行求解。

9.4.4 网络最大流的线性规划算法

设变量 f_{ij} 为从顶点 i 到顶点 j 的流量，W 为网络总流量，则网络最大流的线性规划模型为：

$$\max z = W$$

$$\text{s.t.} \begin{cases} f_{ij} \leqslant c_{ij} \\ \sum\limits_{(v_i,v_j)\in A} f_{ij} - \sum\limits_{(v_j,v_k)\in A} f_{jk} = 0 \\ W - \sum\limits_{(v_s,v_i)\in A} f_{si} = 0 \\ \sum\limits_{(v_j,v_t)\in A} f_{jt} - W = 0 \\ f_{ij} \geqslant 0, W \geqslant 0 \end{cases} \quad (9-19)$$

【例 9-10】 用线性规划算法求解图 9-33 中的网络最大流，网络中弧旁的数字为两个顶点之间的容量 c_{ij}。

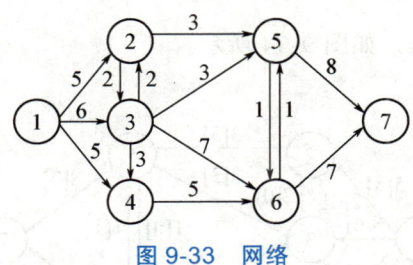

图 9-33 网络

解： 设变量 f_{ij} 为从顶点 i 到顶点 j 的流量，且 W 为网络总流量，依据图 9-33，建立问题的线性规划模型，如下所示。

$$\max z = W$$

$$\text{s.t.} \begin{cases} f_{12} \leq 5 \\ f_{13} \leq 6 \\ f_{14} \leq 5 \\ f_{23} \leq 2 \\ f_{25} \leq 3 \\ f_{32} \leq 2 \\ f_{34} \leq 3 \\ f_{35} \leq 3 \\ f_{36} \leq 7 \\ f_{46} \leq 5 \\ f_{56} \leq 1 \\ f_{57} \leq 8 \\ f_{65} \leq 1 \\ f_{67} \leq 7 \\ f_{12} + f_{32} - f_{23} - f_{25} = 0 \\ f_{13} + f_{23} - f_{32} - f_{34} - f_{35} - f_{36} = 0 \\ f_{14} + f_{34} - f_{46} = 0 \\ f_{25} + f_{35} + f_{65} - f_{56} - f_{57} = 0 \\ f_{36} + f_{46} + f_{56} - f_{65} - f_{67} = 0 \\ W - f_{12} - f_{13} - f_{14} = 0 \\ f_{57} + f_{67} - W = 0 \\ f_{ij} \geq 0, W \geq 0 \end{cases}$$

求解的结果如下所示。

$$f_{12} = 3, f_{13} = 6, f_{14} = 5$$
$$f_{23} = 0, f_{25} = 3$$
$$f_{32} = f_{34} = 0, f_{35} = f_{36} = 3$$

$$f_{46}=5$$
$$f_{56}=0, f_{57}=7$$
$$f_{65}=1, f_{67}=7$$

最优值即最大流为 $W^*=14$，如图 9-34 所示。

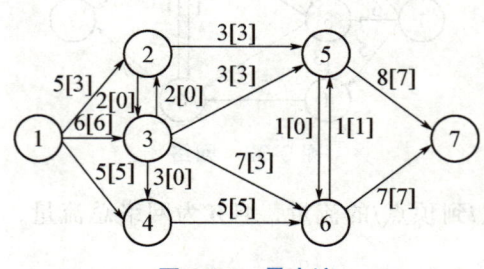

图 9-34　最大流

9.5　最大基数匹配问题

在实际企业管理、人员调度、人才招聘等决策过程中，常常涉及这样的问题：有 m 个人 $(x_1, x_2, \cdots, x_m)$ 和 n 项工作 $(y_1, y_2, \cdots, y_n)$，规定每个人至多做一项工作，且每项工作至多分配给一个人去做，已知每个人能胜任其中一项或几项工作，应如何分配任务，才能使尽可能多的人有工作可做，这就是"最大基数匹配问题"。

本节主要讲述如何通过将最大基数匹配问题转化为二分图来解决问题，即研究二分图的最大基数匹配问题。

9.5.1　基本概念

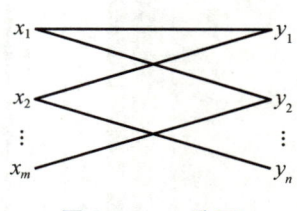

图 9-35　二分图

1. 二分图（二部图）

假设图 $G=(V,E)$，若 $V=X\cup Y$ 且 $X\cap Y=\varnothing$，且 E 中每一条边的两个顶点必有一个属于 X，另一个属于 Y，则称 G 为二分图，记 $G=(X,Y,E)$ 或 $G=(X,E,Y)$，二分图如图 9-35 所示。

在图 9-35 中，$X=\{x_1, x_2, \cdots, x_m\}$，$Y=\{y_1, y_2, \cdots, y_n\}$。

2. 匹配（对集）

对给定的二分图 $G=(X,Y,E)$，若有 M 包含于 E，且 M 中任意两条边都没有公共顶点，则称 M 为 G 的一个匹配。

3. 饱和点

M 中任意边的顶点称为（关于 M 的）饱和点（已经有匹配的顶点），G 中其他顶点称为非饱和点。

4. 完美匹配

如果 G 的每个顶点都是关于 M 的饱和点，则称 M 是 G 的完美匹配。

5. 最大基数匹配

设 Q 表示 G 所有匹配的集合，即 $Q=\{M|M$ 为 G 的匹配$\}$，$|M|$ 表示 M 的边数，若存在 M_0 使对任意的 $M \in Q$，有 $|M_0| \geq |M|$，或者说若 M_0 是 G 的边数最多的匹配，则称 M_0 是 G 的最大基数匹配。但需注意，G 的最大基数匹配方案可能不唯一。

显然，完美匹配是最大基数匹配。本节仅讨论二分图的最大基数匹配问题，并给出相应的算法。

9.5.2 求二分图最大基数匹配问题的算法

1. 算法思想

(1) 将二分图转化为等价的带有一个发点和一个收点的有向网络。

(2) 将求二分图的最大基数匹配问题转化为求有向网络的最大流问题，直接应用福特-富尔克森算法即可求得网络的最大流，最大流的流量即最大基数匹配数，最大流经过的弧所对应的边即为匹配方案。

由此可见，利用求有向网络最大流的算法求二分图的最大基数匹配问题，关键是将二分图转化为等价的带有一个发点和一个收点的有向网络。

2. 将二分图转化为等价的有向网络

设 $D=(V,A)$ 是一个二分图，$V=X \cup Y$，令 $X=\{x_1,x_2,\cdots,x_m\}$，$Y=\{y_1,y_2,\cdots,y_n\}$，如图 9-35 所示。构造有向网络的步骤如下所示。

(1) 增加发点 v_s 和收点 v_t，对一切 $x_i \in X, y_j \in Y$，分别连接弧 (v_s,x_i) 和 (y_j,v_t)，并且定义这些弧的容量为 1，这意味着一个人只能分配一项工作，而且每项工作只能由一个人来完成。

(2) 把 D 中的边 (x_i,y_j) 改成弧 (x_i,y_j)，其容量都定义为 1，以保证在能胜任的所有工作中，每个人至多能分配一项，从而得到带一个发点和一个收点的有向网络 D'。

下面来证明"D 的匹配 M 与 D' 中的可行流一一对应"。

对于 D 的任一匹配 M，构造 D' 中的可行流 f。

如果 $(x_i,y_j) \in M$，令 $f_{ij}=1$ 及 $f_{si}=f_{jt}=1$，其他弧上的流量为 0，则 f_{ij} 为 D' 中的一个可行流。

设 f 是 D' 的任一可行流，构造 D 的匹配 M。令

$$M=\{(x_i,y_j) \in E \mid f_{ij}=1\} \tag{9-20}$$

则 M 是 D 的一个匹配。

因此，D 的匹配 M 与 D' 中的可行流一一对应，且匹配数等于可行流的流量。从而用前面求最大流的方法，可求出 D' 最大流的流量，从而得到 D 的最大基数匹配数。

3. 计算实例

下面通过实例具体说明如何利用有向网络最大流算法求解二分图的最大基数匹配问题。

【**例 9-11**】 设现有 5 位待业者和 5 项工作，5 位待业者各自能胜任工作的情况如图 9-36 所示，其中，$x_1,\cdots,x_5$ 表示待业者；$y_1,\cdots,y_5$ 表示工作。要求设计一个就业方案，使尽量多的人实现就业。

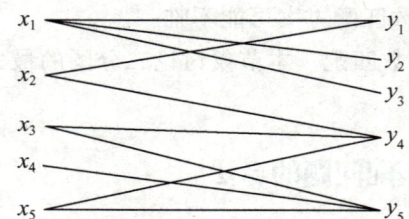

图 9-36　5 位待业者各自能胜任工作的情况

如上所述，二分图中最大基数匹配问题可以转化为有向网络最大流问题来进行求解。在图 9-36 中增加两个顶点 v_s 和 v_t 分别作为发点、收点，并用弧把它们与原顶点相连，将其他边也一同改为弧，如图 9-37 所示。将全部弧的容量都定义为 1。当网络流达到最大时，如果 (x_i, y_j) 上的流量为 1，就让 x_i 做 y_j 的工作，此即为最大基数匹配方案。

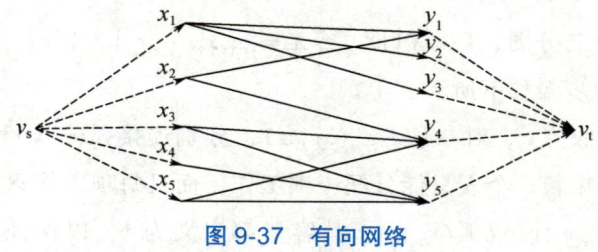

图 9-37　有向网络

具体过程如下所示。

(1) 第一次标号，如图 9-38 所示。调整，调整之后如图 9-39 所示。

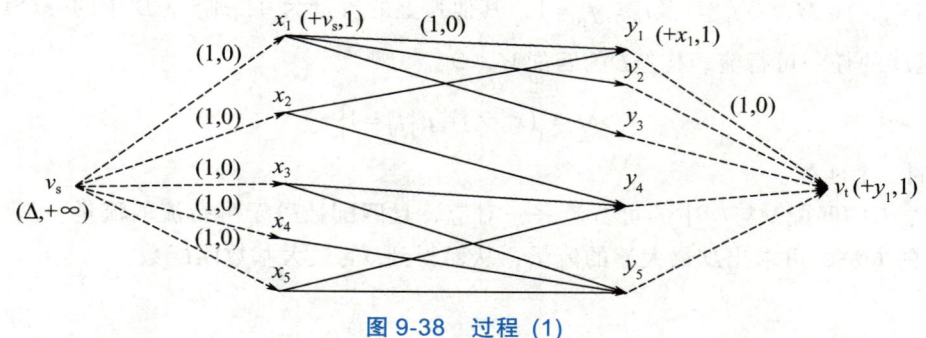

图 9-38　过程 (1)

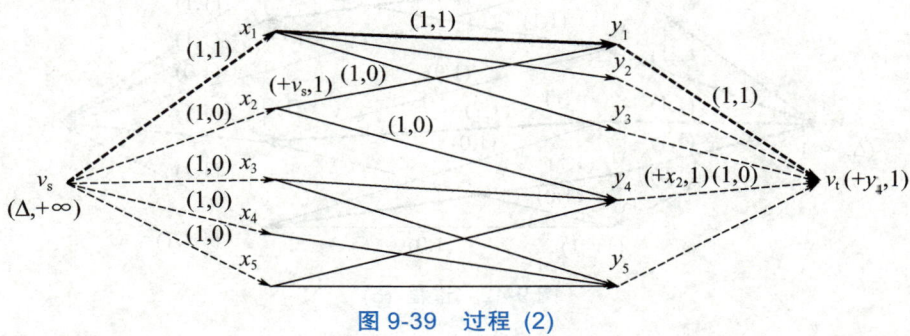

图 9-39 过程 (2)

(2) 第二次标号，如图 9-39 所示。调整，调整之后如图 9-40 所示。

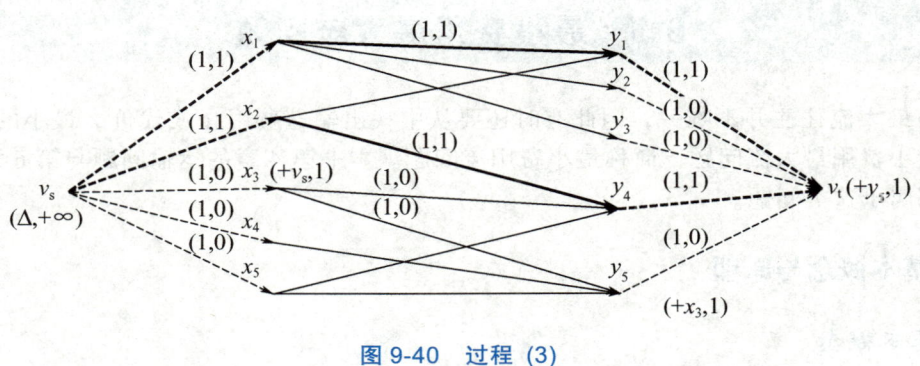

图 9-40 过程 (3)

(3) 第三次标号，如图 9-40 所示。调整，调整之后如图 9-41 所示。

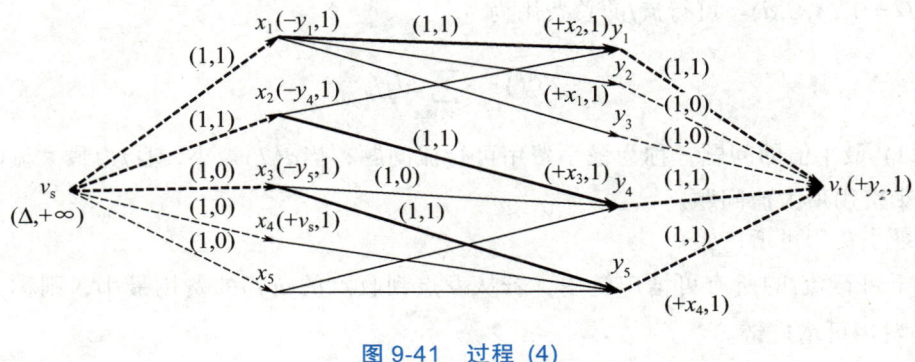

图 9-41 过程 (4)

(4) 第四次标号，如图 9-41 所示。调整，调整之后如图 9-42 所示。

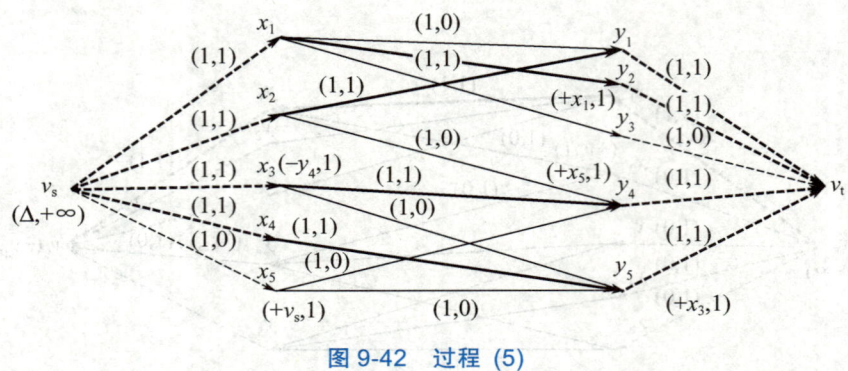

图 9-42　过程 (5)

(5) 第五次标号，如图 9-42 所示。标号过程已无法再继续。流量为 1 的加粗线为待业者和工作的匹配，即待业者 x_1, x_2, x_3, x_4 分别做工作 y_2, y_1, y_4, y_5。

9.6　最小费用最大流问题

网络最大流往往并不唯一，因此有时还要从中找出输送费用（或代价）最小的最大流，这就是最小费用最大流问题，简称最小费用流问题。本书第 4 章的运输问题与第 6 章中的指派问题都属于这类问题。

9.6.1　基本概念与原理

1. 基本概念

(1) 最小费用最大流。

在容量网络 $D = (V, A, C)$ 中，设 $f = \{f_{ij}\}$ 是一个可行流，若对每条弧 (v_i, v_j) 都赋予唯一实数权 d_{ij}，并且有 $d_{ij} \geq 0$，d_{ij} 表示该弧输送流量 f_{ij} 的单位费用，则称该容量网络为费用 – 容量网络，记为 $D = (V, A, C, d)$。可行流 f 的总费用为

$$d(f) = \sum_{(v_i, v_j) \in A} d_{ij} f_{ij} \tag{9-21}$$

求式 (9-21) 最小值的问题，称为最小费用可行流问题；当 $d(f)$ 最小，且 f 为最大流时，此问题即为最小费用最大流问题。

(2) 最小费用可增广链。

在关于可行流 f 的所有可增广链中，若从发点到收点的 $\mu(f)$ 的费用最小，则称 $\mu(f)$ 为关于 f 的最小费用可增广链。

(3) 对偶网络。

设 f 是容量网络 $D = (V, A, C)$ 的一个可行流，按下述方法构造一个新容量网络 $D' = (V, A, d)$，则称 D' 是关于 D 和 f 的一个对偶网络。

D' 与 D 的顶点集完全相同，对应 D 的每一个弧 $(v_i,v_j)\in A$ 及 f_{ij} 确定 D' 的费用弧及其权如下：

① 若 $f_{ij}=0$，则保留原费用弧，令其权仍为 d_{ij}。

② 若 $0<f_{ij}<c_{ij}$，则保留原费用弧，除令其权仍为 d_{ij} 外，还需添加一条反向弧，令其权为 $-d_{ij}$。

③ 若 $f_{ij}=c_{ij}$，则去掉原费用弧，将原费用弧反向，令其权为 $-d_{ij}$，就意味着无法再调整了。

这样就得到了可行流 f 相应的费用有向图。若此图不存在从发点到收点的最短路，则该可行流 f 就是最小费用最大流，否则继续在可行流为 f 的图上进行调整，重复上面的方法，经有限步即可达到流量为已知或流量为最大的最小费用最大流。

2. 基本原理

定理 9-7 设 $f=\{f_{ij}\}$ 是网络 $D=(V,A)$ 的一个可行流，D' 是其对偶网络，μ^* 是 D' 中一条从发点 v_s 到收点 v_t 的最短路，则 μ^* 必是一条 D 中关于可行流 f 的最小费用可增广链。

定理 9-8 设容量网络 $D=(V,A)$ 的一个可行流 f_{ij} 是流量为 f 的最小费用流，$u^*(f_{ij})$ 是关于可行流 f_{ij} 的最小费用增广链，f_{ij}^* 是沿着 μ^* 以最大可调整量 $\theta>0$ 去调整 f_{ij} 而得到的一个新可行流，则 f_{ij}^* 必是流量为 $f+\theta$ 的最小费用流。

为此首先作出费用赋权有向图（即权为费用），称为费用有向图。最小费用可增广链就是费用有向图中发点到收点的最短路，因此只需在费用有向图上找出最小费用可增广链即可。

3. 求最小费用流的方法与步骤

(1) 作零流 $f_{ij}=0$ 所相应的费用有向图。

(2) 在费用有向图上确定最短路 μ，于是就得到容量网络 D 中关于 $f_{ij}=0$ 的最小费用增广链。

(3) 调整 $f_{ij}=0$ 为新的可行流 f_{ij}，方法前面已述。

(4) 再作与最小费用流 f_{ij} 相应的费用有向图，若已达到要求，则停止，否则，返回步骤 (2)。

9.6.2 最小费用最大流的解法

【例 9-12】 在图 9-43 中，每条弧旁边有两个数字，第一个数字为 c_{ij}，第二个数字为 d_{ij}，求最小费用最大流。

解：(1) 先作 $f_{ij}=0$ 对应的费用有向图，如图 9-44 所示。

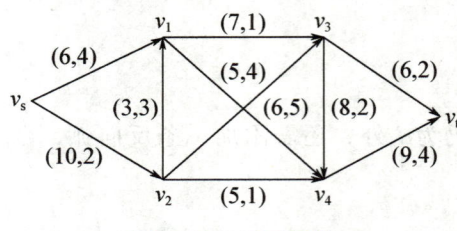

图 9-43　容量网络

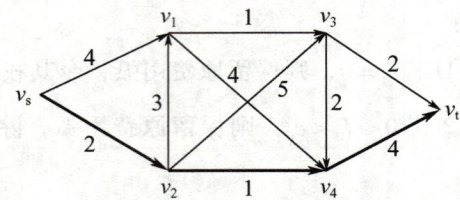

图 9-44　费用有向图

(2) 利用标号法找出 v_s 到 v_t 的最短路,如图 9-44 所示,粗线箭头线路即为最短路。图 9-43 中与该最短路对应的最小费用可增广链 μ 为 $\{v_s, v_2, v_4, v_t\}$。在 μ 上进行调整,调整量 $\theta = \min\{10, 5, 9\} = 5$,当 $(v_i, v_j) \in \mu^+$ 时,有 $f_{s2} = f_{24} = f_{4t} = 5$,其余弧流量不变,如图 9-45 所示。

(3) 再作与图 9-45 对应的费用有向图,如图 9-46 所示。

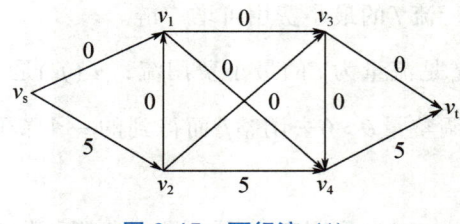

图 9-45　可行流 (1)

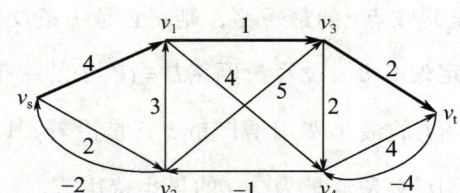

图 9-46　费用有向图 (1)

(4) 再利用标号法找出 v_s 到 v_t 的最短路,如图 9-46 所示,粗线箭头线路即为最短路。再调整图 9-45 的流量,得图 9-47。

继续重复以上步骤得图 9-48 至图 9-54。

图 9-54 已无法再找到最短路,也就是说,不存在最小费用可增广链,故此题的最小费用最大流为 $f^* = 6 + 9 = 15$。最小费用为

$$W(f^*) = 4 \times 6 + 2 \times 9 + 3 \times 3 + 1 \times 7 + 4 \times 2 + 5 \times 1 + 1 \times 5 + 2 \times 2 + 2 \times 6 + 4 \times 9 = 128$$

注：如果本例改为求总流量为 14 的最小费用最大流,则求解到图 9-51 即可结束。

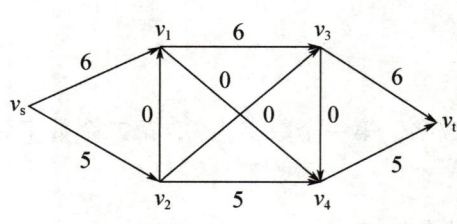

图 9-47　可行流 (2)

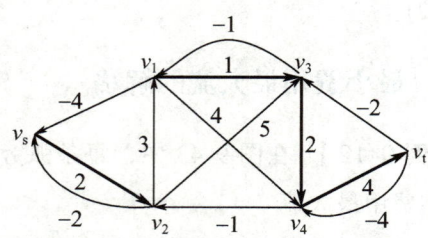

图 9-48　费用有向图 (2)

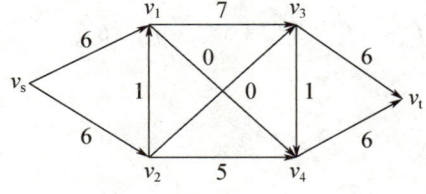

图 9-49 可行流 (3)

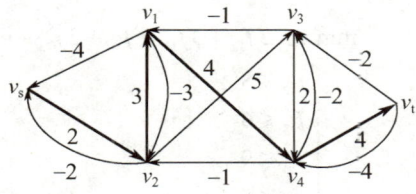

图 9-50 费用有向图 (3)

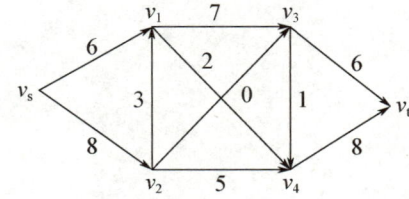

图 9-51 可行流 (4)

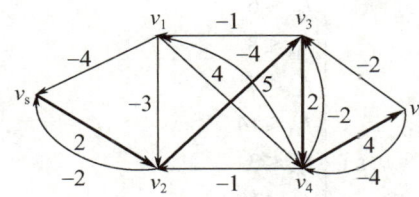

图 9-52 费用有向图 (4)

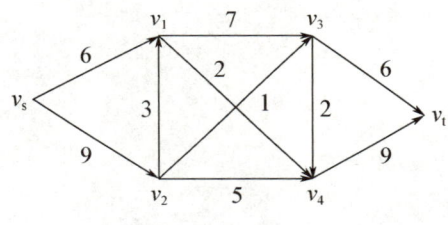

图 9-53 可行流 (5)

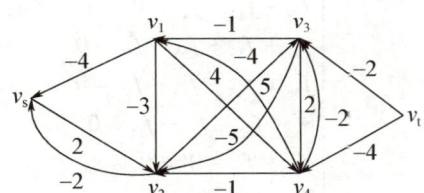

图 9-54 费用有向图 (5)

【例 9-13】 图 9-55 为一个运输网络，各弧上标有两个数字，第一个为 c_{ij}，第二个为 d_{ij}，求：

(1) 总流量为 20 的最小费用最大流；
(2) 总流量最大的最小费用最大流。

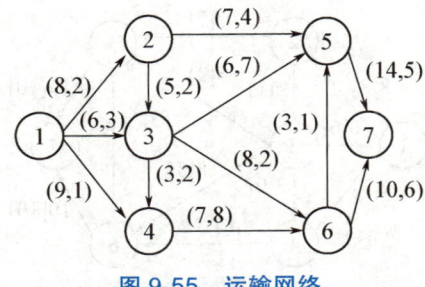

图 9-55 运输网络

解：(1) 设变量 f_{ij} 为从节点 i 到节点 j 的流量，且 W 为总流量。依据图 9-55，建立总流量为 20 的最小费用最大流的线性规划模型，如下所示。

$$\min z = 2f_{12} + 3f_{13} + f_{14} + 2f_{23} + 4f_{25} + 2f_{34} + 7f_{35} + 2f_{36} + 8f_{46} + 5f_{57} + f_{65} + 6f_{67}$$

$$\text{s.t.} \begin{cases} f_{12} \leq 8 \\ f_{13} \leq 6 \\ f_{14} \leq 9 \\ f_{23} \leq 5 \\ f_{25} \leq 7 \\ f_{34} \leq 3 \\ f_{35} \leq 6 \\ f_{36} \leq 8 \\ f_{46} \leq 7 \\ f_{57} \leq 14 \\ f_{65} \leq 3 \\ f_{67} \leq 10 \\ f_{12} - f_{23} - f_{25} = 0 \\ f_{13} + f_{23} - f_{34} - f_{35} - f_{36} = 0 \\ f_{14} + f_{34} - f_{46} = 0 \\ f_{25} + f_{35} + f_{65} - f_{57} = 0 \\ f_{36} + f_{46} - f_{65} - f_{67} = 0 \\ W - f_{12} - f_{13} - f_{14} = 0 \\ f_{57} + f_{67} - W = 0 \\ W = 20 \\ f_{ij} \geq 0, (v_i, v_j) \in A \end{cases}$$

求解的结果如下所示。

$f_{12} = 8, f_{13} = f_{14} = 6, f_{23} = 1, f_{25} = 7, f_{34} = 0, f_{35} = 2, f_{36} = 5, f_{46} = 6, f_{57} = 10, f_{65} = 1, f_{67} = 10$

最小费用$z^* = 253$，具体流量网络如图9-56所示，[ ]中的数字为实际流量。

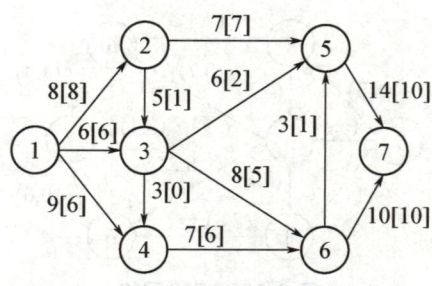

图9-56 具体流量网络

(2) 建立最小费用最大流的线性规划模型，如下所示。

$$\min z = 2f_{12} + 3f_{13} + f_{14} + 2f_{23} + 4f_{25} + 2f_{34} + 7f_{35} + 2f_{36} + 8f_{46} + 5f_{57} + f_{65} + 6f_{67}$$

$$\text{s.t.} \begin{cases} f_{12} \le 8 \\ f_{13} \le 6 \\ f_{14} \le 9 \\ f_{23} \le 5 \\ f_{25} \le 7 \\ f_{34} \le 3 \\ f_{35} \le 6 \\ f_{36} \le 8 \\ f_{46} \le 7 \\ f_{57} \le 14 \\ f_{65} \le 3 \\ f_{67} \le 10 \\ f_{12} - f_{23} - f_{25} = 0 \\ f_{13} + f_{23} - f_{34} - f_{35} - f_{36} = 0 \\ f_{14} + f_{34} - f_{46} = 0 \\ f_{25} + f_{35} + f_{65} - f_{57} = 0 \\ f_{36} + f_{46} - f_{65} - f_{67} = 0 \\ W - f_{12} - f_{13} - f_{14} = 0 \\ f_{57} + f_{67} - W = 0 \\ f_{ij} \ge 0, W \ge 0, (v_i, v_j) \in A \end{cases}$$

求解的结果如下所示。

$$f_{12}=8, f_{13}=6, f_{14}=7, f_{23}=1, f_{25}=7, f_{34}=0, f_{35}=3, f_{36}=4, f_{46}=7, f_{57}=11, f_{65}=1, f_{67}=10$$

总流量 $W^* = 21$，此时最小费用 $z^* = 272$，最小费用最大流如图 9-57 所示，[ ] 中的数字为实际流量。

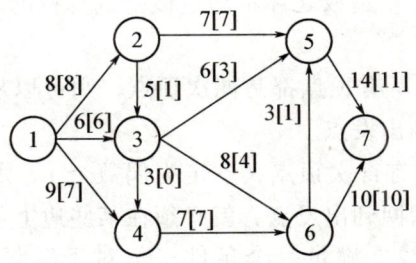

图 9-57　最小费用最大流

9.7　中国邮递员问题

所谓中国邮递员问题，用图的语言描述，就是给定一个连通图G，在每条边上都有一个非负的权，求解该问题就是要寻求一个圈，使得该圈经过G的每条边至少一次，并且圈的总权最小。

由于这个问题是由我国的管梅谷于1962年提出来的，因此通常称它为中国邮递员问题。中国邮递员问题建立在一笔画问题的基础上。

9.7.1 一笔画问题

一笔画问题也称边遍历问题，是很有实际意义的。

若P为连通图G的一条链，G的每一条边在P中恰好出现一次，则称P为欧拉链。若G含有一条闭的欧拉链，则称图G为欧拉图。显然，一个图G若能用一笔画出，则这个图必然是欧拉图或必然含有欧拉链。

定理9-9 当且仅当连通图G的全部顶点都是偶次顶点时，图G才是欧拉图。当连通图G恰好有两个奇次顶点时，G才有欧拉链。

9.7.2 中国邮递员问题概述

一个邮递员须从邮局出发，走遍他负责投递的街道，完成投递任务后返回邮局，他应沿怎样的路线走，才能使所走的总路程最短？这是中国邮递员问题的典型描述。

实际上中国邮递员问题可以归纳为，有一个连通图$G=(V,E)$，它的每一条边都有一个权，对于这样的赋权连通图，求每条边至少通过一次的闭链P，使得P的各边总权最小。

若G中的所有顶点均为偶次，则G是欧拉图，G中闭的欧拉链总权最小。如果G不存在闭的欧拉链，然而又要求每边至少经过一次，则可在这些奇次顶点上添加一些与原图的边重复的边，使这些奇次顶点成为偶次顶点，从而得到一个闭的欧拉链。现在的问题是这些重复边应如何添加，方能得到一个总权最小的闭的欧拉链。

定理9-10 G中存在总权最小的闭的欧拉链的充要条件如下。

① 在G的一些边上，加且仅加一条重复边，即可使G的每个顶点成为偶次顶点。

② 在G的每个闭链上，重复边权之和不超过该闭链总权的一半或不超过该闭链中非重复边权之和。

结论1 如果连通图G中所有顶点都是偶次顶点，则可以从任何一个顶点出发，经过每条边一次且仅一次，最后回到出发点。

结论2 若连通图G中含有奇次顶点（一定为偶数个），那么要想从一个顶点出发，经过每条边一次且仅一次，最后回到出发点，就必须在某些边上重复经过一次或多次。

结论3 最短的投递路线要满足一个条件——对于重复走的边，重复次数不能超过一次。

9.7.3 奇偶点图上作业法

1. 算法思想

如果某个投递区域所对应的连通图G中含有奇次顶点，此时任何投递路线都必定要在某些街道上重复经过，这等价于将G的某些边变为重边，得到一个新图，并且新图中不含奇点。最优投递路线要满足新增边的总权为最小这一条件。因此，解决中国邮递员问题的核心是求给定赋权连通图总权最小的新增边集。

设 E_1 表示所有新增边的集合，它是 G 的一个子集。当且仅当 E_1 满足下面两个条件时，E_1 为总权最小的新增边集。

条件 1：E_1 中没有重复出现的边。

条件 2：在 G 的每个回路上，属于 E_1 的边的总权不超过该回路的总权的一半。

2. 算法步骤

(1) 构造 G 的新增边集 E_1，使其满足条件 1，并且图 $G \cup E_1$ 没有奇次顶点，转步骤 (2)。

(2) 调整新增边集 E_1，使图 $G \cup E_1$ 满足条件 2，最终得到最优投递路线。

【例 9-14】 求解图 9-58 所示的投递区域的最优投递路线。

第一步：确定初步可行性方案。

先检查图中是否有奇点，如无奇点则已是欧拉图，找出欧拉回路即可。如有奇点，由前述可知奇点个数必为偶数个，所以可以两两配对，在每对点间选择一条路，使这些路均为二重边。

图 9-58 中有四个奇点 v_1, v_2, v_3, v_4，将 v_1 与 v_2 配对，v_3 与 v_4 配对，联结 v_1 与 v_2 的路有好几条，任取一条，如 $\{v_1, v_2\}$，类似地，对 v_3 与 v_4 取 $\{v_3, v_4\}$，得到图 9-59。图 9-59 已是欧拉图。这个可行性方案重复边的总权为 $p_{12} + p_{34} = 5 + 9 = 14$。

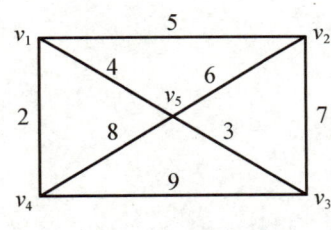

图 9-58 赋权连通图

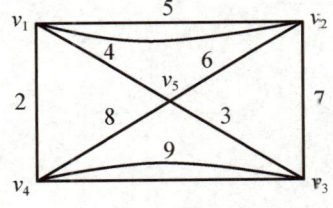

图 9-59 欧拉图

第二步：调整可行性方案。

经检查，新增边集满足条件 1，但由于回路 $(v_1, v_2, v_3, v_4, v_1)$ 总长度为 23，而重复边的总权大于其所在回路总权的一半，故不满足条件 2，需进行调整，调整后的欧拉图如图 9-60 所示。此时，重复边的总权为 $p_{14} + p_{23} = 2 + 7 = 9$。

再检查图 9-60：

$$p_{14} < \frac{1}{2}(p_{14} + p_{45} + p_{51}), p_{23} < \frac{1}{2}(p_{25} + p_{53} + p_{32}), p_{14} + p_{23} < \frac{1}{2}(p_{14} + p_{43} + p_{32} + p_{21})$$

故新增边集满足条件 1 和条件 2，图 9-60 已是最优方案，图中任一欧拉回路即为最优投递路线。

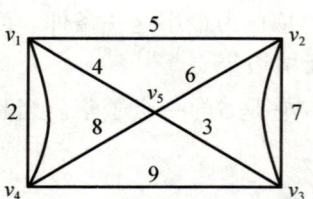

图 9-60　最优投递路线

这种方法虽然比较容易，但要检查每个初等圈，当 G 中的顶点数或边数较多时，运算量极大。埃德蒙和约翰逊于1973年给出了一种比较有效的算法，即将中国邮递员问题化为最短路及最优匹配问题，此处不展开讲述。

【第 9 章习题】

第 10 章

网络计划技术

学习目标

1. 理解并掌握网络计划图的绘制方法；
2. 掌握时间参数的计算方法；
3. 熟练掌握关键路线的确定方法；
4. 能够对实际的项目进行实践及对资源进行优化与调整。

网络计划技术主要是指关键路线法和计划评审技术，它在现代管理中得到了广泛的应用，被认为是非常行之有效的管理方法之一。

美国是网络计划技术的发源地，1957 年，杜邦公司在兰德公司的配合下，提出了一个运用网络计划图来制订计划的方法，取名为关键路线法 (Critical Path Method，CPM)。1958 年，美国海军在研制"北极星"导弹过程中也提出一种以数理统计为基础、以网络分析为主要内容的新型计划管理方法，称为计划评审技术 (Program Evaluation And Review Technique，PERT)。20 世纪 60 年代初，我国著名数学家华罗庚教授致力于推广和应用这些新的科学管理方法，并把它们统一起来，定名为"统筹方法"，在我国国民经济各部门得到广泛应用，取得了显著的效果。

网络计划技术的基本思想是首先应用网络计划图来表示工程项目中计划要完成的各项工作，以及各项工作之间的先后顺序和相互依存的逻辑关系；然后通过网络计划图计算时间参数，找出关键工作和关键路线；最后通过不断改进网络计划，寻求最优方案，以最短的时间和最少的资源消耗来完成系统目标，以取得良好的经济效益。

本章首先介绍网络计划图的绘制方法，然后给出计算时间参数和关键路线的方法，最后考虑网络计划中的优化问题。

10.1 网络计划图的基本概念及绘图规则

网络计划技术是以工作所需的工时作为时间因素，用工作之间相互关系的"网络计划图"反映整个工作的全貌，并在此网络计划图上进行计算和优化的技术，因而网络计划图是网络计划技术的基础。

网络计划图是在图上标注表示时间参数的进度计划图，实质上是有时序的有向赋权图。

表述关键路线法与计划评审技术的网络计划图没有本质的区别，它们的结构和术语是一样的，不同的是前者的时间参数是确定的，而后者的时间参数是不确定的。

10.1.1 网络计划图及其分类

网络计划图是由箭线和节点构成的，是标注了项目的所有活动及其之间的逻辑关系、各活动的时间参数的有向赋权图，是项目计划和项目管理的重要依据。

网络计划图的重要性可以从项目管理的基本思路中反映出来。

首先，将整个项目分解成若干个活动，确定各活动的时间长度及相互之间的逻辑关系（先后关系等），并绘制相应的网络计划图，计算各活动的时间参数，确定关键活动和整个项目的工期。

其次，根据网络计划图来编制和优化项目计划，主要是根据项目目标进行资源、成本和时间的优化，从而寻求最优进度方案，并在此基础上编制项目的进度计划。

最后，利用编制的进度计划，定期对项目的执行情况进行监控、分析和评价，并采取相应措施保证合理地使用人力、物力和财力资源，以最小的成本获取最大的经济效益。在必要时可以更新网络计划图，修改项目计划。

网络计划图可分为用箭线表示活动的网络计划图，即双代号网络图（Activity-on-arrow Network Diagram，AOAND）和用节点表示活动的网络计划图，即单代号网络图（Activity-on-note Network Diagram，AONND）。

在双代号网络图中，用箭线表示项目的活动，箭尾的节点表示各活动的开始，箭头的节点表示各活动的结束，并标明活动代号和时间周期以表示不同的活动，箭线之间的连接顺序表示各活动的衔接关系，如图 10-1 所示。

在单代号网络图中，用节点表示活动，箭线表示活动之间的衔接关系，如图 10-2 所示。

图 10-1　双代号网络图　　　　　　　　图 10-2　单代号网络图

本章将以双代号网络图为例，介绍网络计划图的绘制方法和活动时间参数的计算方法。

10.1.2 基本术语及绘图规则

1. 基本术语

（1）项目。在某些领域又称为工程。项目是由一个人或组织进行的一系列相互联系和协调的活动，它具有特定的有关时间、费用和质量性能的目标要求，有明确的开始和结束时间。

（2）活动。又称为工序、任务、工作。活动是项目中需要消耗资源和时间的独立的子项目，是项目的基本组成单元。对活动的划分主要依据项目的实际情况，可粗可细。在一些常见项目的计划管理中，对活动的划分可借助于过去的经验和模板。

（3）事项。又称事件，表示活动之间的连接，是活动开始或结束的一种标志，本身不消耗时间或资源，或所消耗的时间或资源可以忽略不计，用带数字标号的节点表示。

（4）方向、时序与编号。

方向：网络计划图是有方向的，按项目流程的顺序，活动从左到右排列。

时序：反映各项活动发生的先后顺序和相互之间的衔接关系。在复杂的工程项目中，活动之间的衔接关系一般分为四种：结束－开始关系，即A结束之后，B才能开始；结束－结束关系，即A结束之后，B才能结束；开始－开始关系，即A开始之后，B才能开始；开始－结束关系，即A开始之后，B才能结束。其中，结束－开始关系是项目活动之间最为常见的衔接关系。

编号：对节点的编号依照项目活动的时序，遵循从左到右、从上到下逐步增大的原则。数字号码不能重复，并且箭尾节点的编号必须小于箭头节点的编号。两个节点之间只能有一条箭线，代表一项活动，即不允许两个节点之间有两个或以上的活动，图10-3不符合规范。

(5) 紧前活动和紧后活动。紧前活动是指紧排在某项活动之前的活动，紧前活动结束后，紧后活动才能开始；而紧后活动，是指紧接某项活动的后续活动，某项活动结束后，其后续活动才能展开。

例如，在图10-4中，a,b,c是d的紧前活动，只有当a,b,c结束后d才能开始。同样，d是a,b,c的紧后活动。

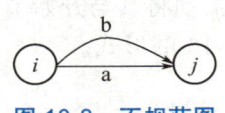

图10-3　不规范图

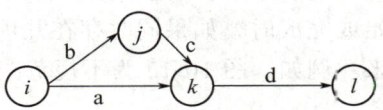

图10-4　紧前活动和紧后活动

(6) 虚活动。在双代号网络图中，虚活动只用于表示相邻活动之间的逻辑关系，它并不消耗时间和占用人力、物力和资金。虚活动用虚线型的箭线表示，例如，将前述不符合规范的图10-3改画为图10-5就规范了。

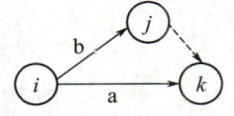

图10-5　增加虚活动

(7) 缺口与回路。在网络计划图中，除开始节点和终止节点外，其他所有的节点都必须用箭线连接起来，不可中断，在图中不能存在缺口，否则就表示这些活动永远达不到终点，项目无法完成。图10-6中活动b失去了与其紧后活动c的联系，在此种情况下，可以通过添加虚活动的形式将b与紧后活动连接起来，如图10-7所示。

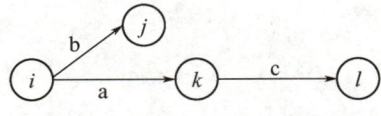

图10-6　存在缺口的错误画法

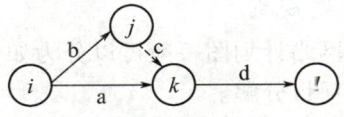

图10-7　正确画法

另外，网络计划图中不能存在回路，即严禁从一个节点出发，顺箭线方向经过若干活动后又回到原出发的节点。与缺口一样，回路也意味着这些活动永远无法达到终点，项目无法完成。图10-8是存在回路的错误画法，也应将其改画成图10-7的形式。

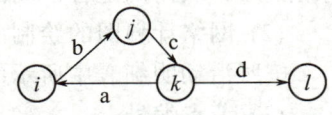

图10-8　存在回路的错误画法

(8) 平行活动。指从某个节点出发有两项以上同时进行的活动。例如，将图10-9中从节点 i 出发的一组活动，改为三组活动，可画成图10-10。

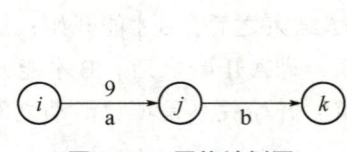

图 10-9　网络计划图

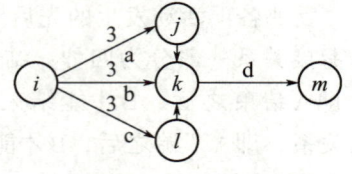

图 10-10　平行活动

(9) 交叉活动。指有两组及以上活动交叉进行，如图 10-11 所示。

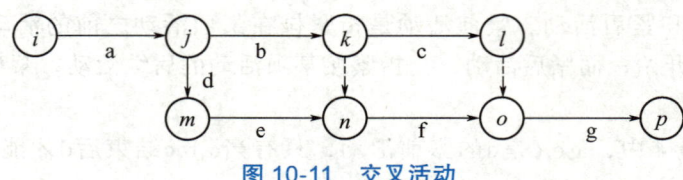

图 10-11　交叉活动

(10) 开始节点与终止节点。在网络计划图中只能有一个开始节点和一个终止节点。当项目开始或完成时，如果同时存在几项平行活动，可以用虚活动将其与开始节点或终止节点连接起来。例如，图 10-12 为不规范图，应将其改画成图 10-13 的形式。

图 10-12　不规范图　　　　　　　　　　　图 10-13　规范图

(11) 线路。指在网络计划图中，从开始节点沿箭线方向顺序通过一系列活动，最终到达终止节点的一条路。

(12) 网络计划图的布局。应尽可能将关键活动布置在网络计划图的中间位置，按活动的先后顺序将联系紧密的活动布置在邻近位置。

2. 绘图规则

绘制网络计划图一般可以分为如下三步。

(1) 项目分解。

一个项目首先要分解为若干项活动，并分析清楚这些活动之间在工艺或组织上的联系及制约关系，从而确定各活动的先后关系，并列出活动明细表。

(2) 网络计划图的绘制。

按照活动明细表中所示的工作，画出网络计划图，并在箭线上标出时间周期。

(3) 节点编号。

项目的节点编号要从开始节点到终止节点按从小到大的顺序依次编号。编号不一定要连续，可留一些间隔，便于对网络计划图进行修改与增添活动。

【例 10-1】　某公司在新产品投产前进行了准备工作，活动明细表如表 10-1 所示，试绘制网络计划图。

表 10-1 活动明细表

活动代号	活动内容	紧后活动	时间周期
A	市场调查	B、D	2
B	资金筹备	C	12
C	需求分析	E	3
D	产品设计	G、F、H	4
E	产品研制	G	3
F	制订成本计划	I	18
G	制订生产计划	I	6
H	筹备设备	I	2
I	筹备原材料	J	15
J	安装设备	K	2
K	调集人员	L	30
L	准备开工投资	—	15

根据绘制规则绘制的初始网络计划图如图 10-14 所示。

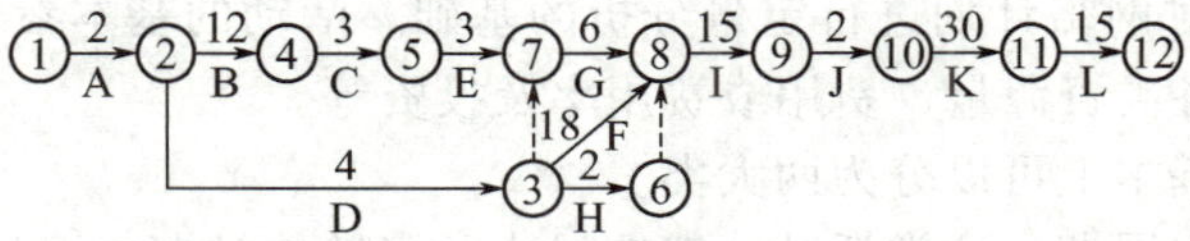

图 10-14 例 10-1 初始网络计划图

【例 10-2】 某公司上马 ERP 项目,需要完成的活动内容、活动代号和时间周期,以及各活动之间的逻辑关系如表 10-2 所示,试绘制初步网络计划图。

表 10-2 需要完成的活动及时间周期、各活动之间的逻辑关系

活动代号	活动内容	紧前活动	时间周期
A	市场调查	—	2
B	资金筹备	—	12
C	需求分析	A	3
D	产品设计	A	4
E	产品研制	D	3
F	制订成本计划	C、E	18
G	制订生产计划	F	6
H	筹备设备	B、G	2
I	筹备原材料	B、G	15
J	安装设备	H	2
K	调集人员	G	30
L	准备开工投资	I、J、K	15

根据绘制规则绘制的初始网络计划图如图 10-15 所示。

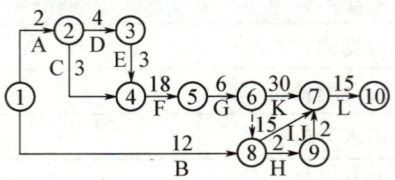

图 10-15　例 10-2 初始网络计划图

10.2　网络计划的时间参数计算

网络计划的时间参数是项目计划定量分析与优化的基础，其基本内容是网络中所有活动的周期进度（相对于项目计划开始执行以后的周期进度），有关的计算称为网络计划的时间参数计算。在网络计划的时间参数计算中，最基础的依据是每个单项活动的时间周期。当各个活动的时间周期均经估算确定以后，有关网络计划所有时间参数的计算方可展开。

10.2.1　活动时间周期的确定

活动有关参数是对网络计划进行定量分析的基础。活动的基本参数是时间周期，此外，还有完成活动所需的各类资源量、费用或费用率及投资等。

活动的时间周期基本上可以分为两大类。

（1）确定型的时间周期。这类活动一般有过去的经验统计资料可以借鉴，活动时间周期在网络计划执行过程中偏差较小，其平均值可以准确地估计。关键路线法中的活动时间周期即属于这种类型。

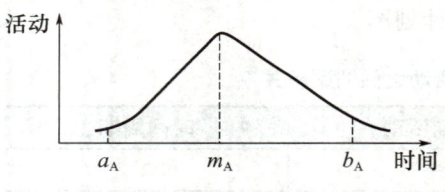

图 10-16　分布曲线

（2）概率型的时间周期。在一些研究开发型项目中，多数任务是过去尚未执行过的，且包括很多随机因素。周期估计值与实际情况往往有较大偏差，因而活动的时间周期被认为是随机变量，需要以分布的形式给出有关参数。计划评审技术中活动的时间周期即属于这种类型。在计划评审技术发展过程中，研究认为多数活动的时间周期参数分布可用 β 分布表示，其分布曲线如图 10-16 所示。

如图 10-16 所示，活动 A 的时间周期可应用三种时间估计值进行统计估算。其他活动同理。

a_A：表示活动 A 最乐观完成的时间估计，也就是活动 A 完成的最短时间估计。

m_A：表示活动 A 最可能完成的时间估计。

b_A：表示活动 A 最悲观完成的时间估计，也就是活动 A 完成的最长时间估计。

其基本假设有以下几个。

① 每项活动是互相独立的，有明确的边界和时间的起止界限。

② 每项活动的时间周期是计划评审技术中独立的随机变量，并服从一定的概率分布。

③ 活动的时间周期参数在一般情况下假定服从 β 分布。假定活动 A 时间最终为 m_A 的可能性两倍于为 a_A 或者 b_A 的可能性，由加权平均法可得：

a. 在 (a_A, m_A) 之间的平均值为 $\dfrac{a_A + 2m_A}{3}$；

b. 在 (m_A, b_A) 之间的平均值为 $\dfrac{2m_A + b_A}{3}$。

假设 $t(A)$ 为活动 A 的期望时间周期，可以用 $\dfrac{1}{2}\left(\dfrac{a_A + 2m_A}{3} + \dfrac{2m_A + b_A}{3}\right)$ 可能出现的概率分布来代表，即活动 A 的期望时间周期可近似地按下式计算。

$$\mu_A = E(X_A) = t(A) = \dfrac{1}{2}\left(\dfrac{a_A + 2m_A}{3} + \dfrac{2m_A + b_A}{3}\right) = \dfrac{a_A + 4m_A + b_A}{6}$$

活动 A 的时间周期分布的方差 σ_A^2 为

$$\sigma_A^2 = D(X_A) = \dfrac{1}{2}\left[\left(\dfrac{a_A + 4m_A + b_A}{6} - \dfrac{a_A + 2m_A}{3}\right)^2 + \left(\dfrac{a_A + 4m_A + b_A}{6} - \dfrac{2m_A + b_A}{3}\right)^2\right]$$

$$= \left(\dfrac{b_A - a_A}{6}\right)^2 \tag{10-1}$$

在时间周期确定之后，概率型时间周期的网络计划图与确定型时间周期的网络计划图对其他参数的计算基本相同，没有原则性区别。根据以上所述，在网络的关键路线上，当活动含量足够多时，可利用中心极限定理计算项目总周期的概率。假设所有活动的周期时间是相互独立的，且具有相同的分布，若关键路线上有 n 项活动，则项目完工时间近似服从正态分布，其均值为

$$T_E = \sum \dfrac{a_A + 4m_A + b_A}{6} \quad (\sum \text{表示 } n \text{ 项活动对应数值之后}) \tag{10-2}$$

方差为

$$\sigma_E^2 = \sum \left(\dfrac{b_A - a_A}{6}\right)^2 \quad (\sum \text{表示 } n \text{ 项活动对应数值之后}) \tag{10-3}$$

10.2.2 时间参数的定义与计算

1. 活动最早开始时间 $T_{ES_{ij}}$

活动最早开始时间是指活动 (i, j) 在项目计划开始执行以后，最早可能开始的时间，活动 (i, j) 必须在该活动的各项紧前活动都完成以后才能开始。计算公式为

$$T_{ES_{ij}} = \max_{hi \in \{P_{ij}\}} \{T_{ES_{hi}} + t_{hi}\} \tag{10-4}$$

式中，活动 (i, j) 即从节点 i 到节点 j 的活动；hi 为活动 (i, j) 的紧前活动 (h, i)；$\{P_{ij}\}$ 为活动 (i, j) 的紧前活动集合；t_{hi} 为活动 (h, i) 的时间周期。

2. 活动最早完成时间 $T_{EF_{ij}}$

活动最早完成时间是指活动 (i,j) 开工以后，最早可能完成的时间，它与活动最早开始时间之差为活动 (i,j) 本身的时间周期 t_{ij}。计算公式为

$$T_{EF_{ij}} = T_{ES_{ij}} + t_{ij} \tag{10-5}$$

3. 事项最早实现时间 T_{E_j}

它是指当且仅当以某事项为终点的活动皆完成以后，始发于该事项的活动方可开始，故事项的最早实现时间为从计划的开始事项到达本事项的最长（费时最多）路径的时间长度。

计算公式为

$$T_{E_j} = \max_{i \in \{P_j\}} \left\{ T_{E_i} + t_{ij} \right\} \tag{10-6}$$

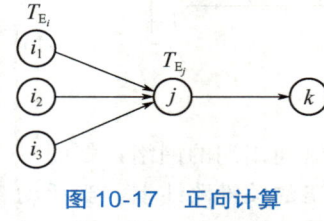

图 10-17 正向计算

式中，$\{P_j\}$ 为事项 j 的所有紧前事项（只有紧前事项结束后，事项 j 才可以开始）的集合。

以上最早时间的计算皆从网络开始节点开始，顺弧的方向正向逐层进行计算，称为正向计算，如图 10-17 所示。网络开始事项的最早实现时间设定为 0，即 $T_{E_s} = 0$，其中，s 为网络的开始节点。活动最早开始时间与事项的最早实现时间有如下关系。

$$T_{ES_{ij}} = T_{E_i} \tag{10-7}$$

4. 活动最迟完成时间 $T_{LF_{ij}}$

活动最迟完成时间是指为了保证项目计划如期完成，活动 (i,j) 最迟完成的时间。这个时间直接关系到其后续活动能否如期完工，特别是关系到项目的最后活动能否如期完工。计算公式为

$$T_{LF_{ij}} = \min_{jk \in \{Q_{ij}\}} \left\{ T_{LF_{jk}} - t_{jk} \right\} = \min_{jk \in \{Q_{ij}\}} T_{LS_{jk}} \tag{10-8}$$

式中，jk 为活动 (i,j) 的紧后活动 (j,k)；$\{Q_{ij}\}$ 为活动 (i,j) 的紧后活动集合；t_{jk} 为活动 (j,k) 的时间周期。

5. 活动最迟开始时间 $T_{LS_{ij}}$

活动最迟开始时间是指为了保证活动 (i,j) 能够在其最迟完成时间之前完工，该活动最迟开始的时间。活动最迟完成时间与活动最迟开始时间之差为活动本身的时间周期 t_{ij}。计算公式为

$$T_{LS_{ij}} = T_{LF_{ij}} - t_{ij} = \min_{jk \in \{Q_{ij}\}} \left\{ T_{LS_{jk}} - t_{ij} \right\} \tag{10-9}$$

6. 事项最迟实现时间 T_{L_i}

事项的最迟实现时间是指不影响项目最终按期完成,以该事项为开始节点的活动最迟开工的时间。计算公式为

$$T_{L_i} = \min_{j \in \{Q_i\}} \{T_{L_j} - t_{ij}\} \tag{10-10}$$

式中,$\{Q_i\}$ 为事项 i 的所有紧后事项(只有在事项 i 完成后,紧后事项才可以开始)的集合。

以上最迟时间的计算皆从网络终止节点开始,反向逐层进行计算,称为反向计算,如图 10-18 所示。设定网络终止事项的最迟实现时间等于项目的计划期,即 $T_{L_f} = T_D$,f 为网络的终止节点,T_D 为项目的计划期。网络终止节点的各个活动的最迟完成时间等于终止事项的最迟实现时间,即

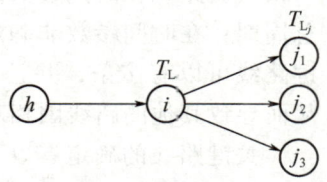

图 10-18　反向计算

$$T_{LF_{if}} = T_{L_f} \tag{10-11}$$

7. 事项时差 T_{S_i}

$$T_{S_i} = T_{L_i} - T_{E_i} \tag{10-12}$$

8. 活动的总时差或松弛时间 $T_{TF_{ij}}$

$$T_{TF_{ij}} = T_{LF_{ij}} - T_{EF_{ij}} = T_{LS_{ij}} + t_{ij} - (T_{ES_{ij}} + t_{ij}) = T_{LS_{ij}} - T_{ES_{ij}} \tag{10-13}$$

9. 活动的单时差或自由时间 $T_{FF_{ij}}$

活动的单时差或自由时间为在不影响紧后活动的最早开始时间的条件下,活动 (i,j) 的开始时间可以推迟的时间。计算公式为

$$T_{FF_{ij}} = T_{ES_{jk}} - T_{EF_{ij}} = T_{E_j} - T_{E_i} - t_{ij} = T_{TF_{ij}} - T_{S_j} \tag{10-14}$$

活动的总时差和单时差的区别与联系可以通过图 10-19 来说明。在图 10-19 中,活动 b 与活动 c 同为活动 a 的紧后活动,可以看出,活动 a 的单时差不影响紧后活动的最早开始时间,而其总时差却不仅包括本活动的单时差,还包括活动 b、c 的单时差,使得活动 c 失去了部分单时差,而活动 b 失去了全部单时差。所以,占用一个活动的总时差虽然不影响整个任务的最短工期,却有可能使其紧后活动失去自由时间。

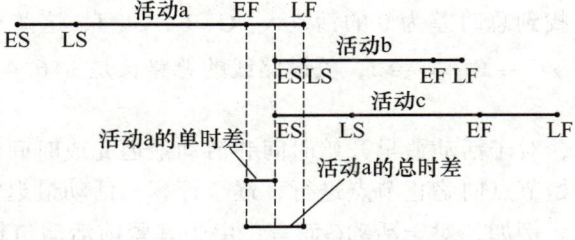

图 10-19　活动的总时差和单时差的区别与联系

10. 关键路线的确定

算出时间参数后，可发现某些活动的总时差 $T_{TF_{ij}}=0$，这表示这些活动在项目计划执行过程中没有任何松弛余地，必须按时开始，按时完成，否则将影响整个项目的周期进度。这些活动就称为关键活动。从网络的开始节点到终止节点，关键活动构成的路径为关键路线。关键路线上各活动的时间总和决定了项目的总周期，它实际是网络中从开始节点到终止节点的一条最长路，在时间参数确定的网络计划图中，关键路线是耗时最长的路线，它等于项目的总周期；在时间参数非确定的网络计划图中，关键路线是估计的项目总周期最短的路线。关键路线可以有多条，并且也并不是固定不变的，在采取一定技术后，关键路线可能会缩短，从而导致其他路线因相对变长而成为新的关键路线。

关键路线的确定有以下两种方法。

(1) 根据活动的总时差确定。总时差为 0 的活动称为关键活动。把网络计划图中所有关键活动串联起来就构成关键路线。

(2) 根据破圈法确定。在没有计算网络时间参数之前，可以用破圈法求关键路线。破圈法是将网络计划图中由箭线围成的很多圈，自左至右逐个破坏，留下一条或数条由开始节点到终止节点的通路。这些通路就是关键路线。破圈的原则是：比较每个圈中自箭尾节点到箭头节点的两条通路的长度，保留较长的路线。如果两条路线长度相等，则均保留。

【例 10-3】 表 10-3 是某项目的数据，试画出网络计划图，并计算各活动的时间参数。

表 10-3 某项目的数据

活动代号	活动内容	紧前活动	时间周期/天
A	系统地提出问题	—	1
B	研究选点问题	A	5
C	准备调研方案	A	6
D	收集资料，安排工作	A	6
E	挑选和训练调研人员	B、C	8
F	准备有关表格	C	4
G	实地调查	D、F	6
H	分析调查数据，写调查报告	D	3
I	质量保证	E、G、H	2

解：直接在网络计划图上计算各活动的时间参数，计算后的各时间参数数字的相应位置为网络计划图右上角所示，网络计划图计算结果如图 10-20 所示。

在图 10-20 中可以找到总时差为 0 的活动 A、C、F、G、I，这些活动就是关键活动，由此可知，关键路线为 A→C→F→G→I，关键路线的总路长是 1+6+4+6+2=19 天，这也是项目的总周期。

在计算时间参数时，对于活动最早开始时间和活动最迟完成时间的计算要谨遵规则，活动最早开始时间是从开始节点向终止节点进行，逐个计算，活动最迟完成时间则是从终止节点向开始节点逆向进行。例如，对于活动 G 而言，由于其紧前活动包括 D、F，所以其最早开始时间是D与F的最早完成时间的最大值,为11天,相应的最早完成时间为11+6=17天。对于活动D而言,由于其紧后活动包括G、H,所以其最迟完成时间应取G、H最迟开始时间的最小值,即11天,相应的最迟开始时间为11-6=5天。

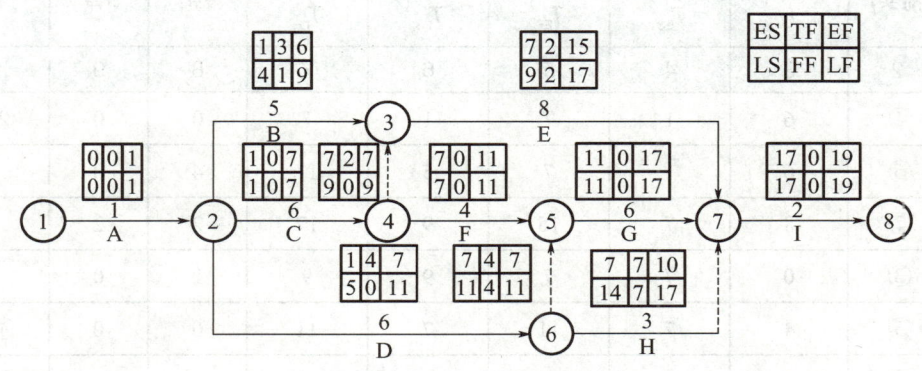

图10-20 网络计划图计算结果

关于总时差TF和单时差FF的区别。对于活动B而言,其总时差TF是3天,意味着从最早开始时间向后延迟3天,不会影响总工期,但紧后活动E的最早开始时间会受到影响;B的单时差FF是1天,意味着B活动从最早开始时间向后延迟1天,紧后活动E的最早开始时间不会受到影响,当然总周期也不会受影响。可以看出,B的总时差是与E共享的,B如果延迟2天,E就不可能再延迟2天,而是只剩余1天的单时差。同样,对于活动D而言,从最早开始时间向后延迟4天不会使总工期延误,但紧后活动G、H的最早开始时间均会受到影响。而D的单时差为0,则意味着不能延迟,否则紧后活动G、H的最早开始时间均会受到影响。

网络计划图的时间参数的计算可以直接在网络计划图上进行,比较简便直观,但是当活动数目较多时,就会使得网络计划图的时间参数很多,致使图形复杂,容易遗漏和出错,故常常采用列表的方式进行计算,通常称之为表格法。表10-4就是例10-3的列表计算结果。

列表计算首先要列出计算用表,注意活动的排列要严格按照箭尾节点编号由小到大的顺序排列,箭尾节点相同的工作,应按箭头节点由小到大排列。计算过程如下所示。

(1) 按照最早开始时间的计算公式,由上至下逐个计算活动的最早开始时间。
(2) 按照最迟完成时间的计算公式,由下至上逐个计算活动的最迟完成时间。
(3) 按照时差的计算公式,计算活动的总时差和单时差。
(4) 根据总时差最小(一般为0)的原则标出相应的关键路线。

表10-4 列表计算结果

活动		活动时间周期 t_{ij}	最早开始时间 $T_{ES_{ij}}$	最早完成时间 $T_{EF_{ij}}$	最迟开始时间 $T_{LS_{ij}}$	最迟完成时间 $T_{LF_{ij}}$	总时差 $T_{TF_{ij}}$	单时差 $T_{FF_{ij}}$	关键活动
箭尾 i	箭头 j								
1	2	3	4	5	6	7	8	9	10
①	②	1	0	1	0	1	0	0	①→②
②	③	5	1	6	4	9	3	1	

续表

活动		活动时间周期 t_{ij}	最早开始时间 $T_{ES_{ij}}$	最早完成时间 $T_{EF_{ij}}$	最迟开始时间 $T_{LS_{ij}}$	最迟完成时间 $T_{LF_{ij}}$	总时差 $T_{TF_{ij}}$	单时差 $T_{FF_{ij}}$	关键活动
箭尾 i	箭头 j								
1	2	3	4	5	6	7	8	9	10
②	④	6	1	7	1	7	0	0	②→④
②	⑥	6	1	7	5	11	4	0	
③	⑦	8	7	15	9	17	2	2	
④	③	0	7	7	9	9	2	0	
④	⑤	4	7	11	7	11	0	0	④→⑤
⑤	⑦	6	11	17	11	17	0	0	⑤→⑦
⑥	⑤	0	7	7	11	11	4	4	
⑥	⑦	3	7	10	14	17	7	7	
⑦	⑧	2	17	19	17	19	0	0	⑦→⑧

10.2.3 概率型网络时间参数的计算

设给定一个时间 T_D，则项目完工时间 t 不超过 T_D 的概率为

$$P(t \leq T_D) = F(T_D) = \int_{-\infty}^{T_D} \frac{1}{\sqrt{2\pi}\sigma} e^{-\frac{1}{2}\left(\frac{t-T_n}{\sigma}\right)^2} dt \tag{10-15}$$

令 $Z = \dfrac{t - T_n}{\sigma}$，此时有 $dz = \dfrac{1}{\sigma} dt$，代入式 (10-15) 可得

$$P(t \leq T_D) = \int_{-\infty}^{T_D} \frac{1}{\sqrt{2\pi}\sigma} e^{-\frac{1}{2}\left(\frac{t-T_n}{\sigma}\right)^2} dt = \frac{1}{\sqrt{2\pi}} \int_{-\infty}^{\frac{T_D-T_n}{\sigma}} e^{-\frac{z^2}{2}} dz = \Phi\left(\frac{T_D - T_n}{\sigma}\right) \tag{10-16}$$

或者

$$P(t \leq T_D) = \int_{-\infty}^{T_D} N(\mu_n, \sigma_n^2) dz = \int_{-\infty}^{\frac{T_D-\mu_n}{\sigma_n}} N(0,1) dz = \Phi\left(\frac{T_D - \mu_n}{\sigma_n}\right) \tag{10-17}$$

要使项目完工的概率为 P_0，由

$$P(t \leq T_D) = \int_{-\infty}^{Z} N(0,1) dt = P_0 \tag{10-18}$$

查正态分布表，求出 Z，又 $Z = \dfrac{T_D - \mu_n}{\sigma_n}$，得

$$T_D = Z\sigma_n + \mu_n \tag{10-19}$$

当 $T_D = \mu_n$ 时，$P = 0.5$。

【例 10-4】 已知某一项目计划中各项活动的 a、b、m 值（单位为天），见表 10-5。要求：

(1) 求活动的最早开始时间和最迟开始时间；
(2) 求项目完工时间的期望值及其标准差；
(3) 求项目完工时间为 72 天的概率；
(4) 要求完工的概率为 0.98，至少需要多少天。

表 10-5　各项活动安排

活动	紧前活动	活动的三种时间			活动	紧前活动	活动的三种时间		
		a	m	b			a	m	b
a	—	6	7	9	f	c	18	24	26
b	—	5	8	10	g	e	30	35	42
c	—	11	12	14	h	d	20	26	30
d	a、b、c	15	17	19	i	f	14	17	22
e	a	9	10	12	j	f	28	34	38

解：（1）各项活动的最早开始时间和最迟开始时间见图 10-21。

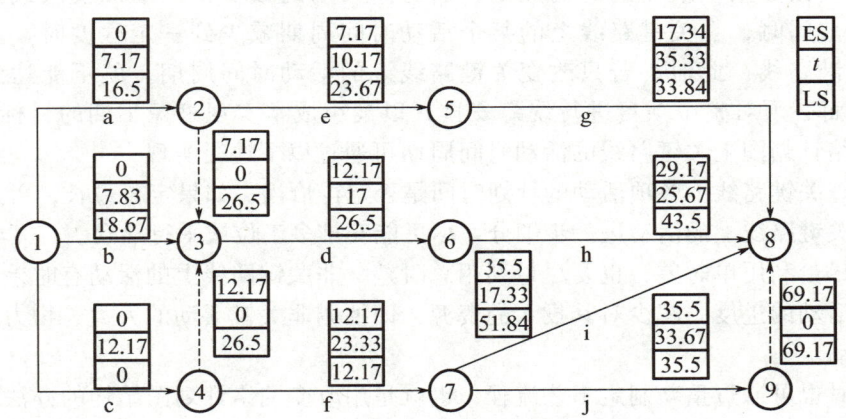

图 10-21　各项活动的最早开始时间和最迟开始时间

(2) 关键活动是 c、f 与 j，各活动的期望值与方差见表 10-6 所示。

表 10-6　各活动的期望值与方差

活动	a	b	c	d	e	f	g	h	i	j
期望值	7.17	7.83	12.17	17	10.17	23.33	35.33	25.67	17.33	33.67
方差	0.25	0.69	0.25	0.44	0.25	1.78	4	2.78	1.78	2.78

则项目完工时间的期望值、方差、标准差分别为

$$\mu = 12.17 + 23.33 + 33.67 = 69.17$$

$$\sigma^2 = 0.25 + 1.78 + 2.78 = 4.81$$

$$\sigma \approx 2.19$$

(3) 项目完工时间为

$$X_0 = 72, \quad \frac{X_0 - \mu}{\sigma} = \frac{72 - 69.17}{2.19} \approx 1.29$$

$$P\{X \leq 72\} = \Phi\left(\frac{X_0 - \mu}{\sigma}\right) = \Phi(1.29) = 0.9014 \times 100\% = 90.14\%$$

(4) 已知完工的概率为 $P_0 = 0.98$,查正态分布表有

$$P\{X \leq X_0\} = \Phi(Z) = 0.98, \quad Z = 2.05$$

$$X_0 = Z\sigma + \mu = 2.05 \times 2.19 + 69.17 \approx 73.66$$

要使项目完工的概率为 0.98,至少需要 73.66 天。

10.3 网络计划的优化

存在关键路线时,在活动时间周期限制下,整个项目的工期无法减少。如果缩短项目工期,必须减少某些活动的时间周期,而时间周期的减少是以增加投入或提高活动强度为代价的。同时,在关键路线上的某个活动时间周期减少到一定程度时,非关键路线可能变成关键路线,此时,若只改变关键路线上的活动时间周期,就不能达到缩短工期的目的。因而必须对整个项目进行统筹安排,以最小成本实现缩短工期的目标。

缩短网络计划图上关键路线的活动时间周期可通过以下途径实现。

(1) 检查关键路线上各项活动的计划时间是否定得恰当,如果定得过长,可适当缩短。

(2) 将关键路线上的活动进一步细分,尽可能安排多工位或平行活动。

(3) 要尽量利用单时差,也要尽量利用总时差。非关键路线上的活动有时差,可以考虑放慢非关键活动的进度,减少对其投入的资源,即抽调非关键活动的人力、物力等支援关键路线上的活动。

(4) 有时也可通过重新制定工艺流程,也就是用改变网络计划图结构的办法来达到缩短工期的目的。不过这种方法工作量大,只有对整个项目的工期有十分严格的要求,而用其他方法均不能奏效的情况下才采用。

10.3.1 网络计划的资源优化

网络计划中的资源是对完成活动任务所需要的人力、材料、机械设备和资金等的统称。资源优化指在项目工期不变的条件下,均衡地利用资源,采用的是"削峰填谷"的原理,即充分利用各活动的时差,调整活动的开始和完成时间,使调整后的资源用量小于原安排的资源用量,从而实现规定工期条件下的资源均衡。

【例 10-5】 某项目各活动的紧前活动、时间周期及所需机械加工工人人数如表 10-7 所示,其中几个活动需要一定量的机械加工工人,已知现有机械加工工人总人数为 65 人,并假设这些工人可以完成项目中的任一活动。试对该项目的人力资源进行优化。

表 10-7 某项目各活动的紧前活动、时间周期及所需机械加工工人人数

活动	紧前活动	时间周期/天	所需机械加工工人人数/人
A	—	60	—
B	A	45	—
C	A	10	—
D	A	20	58
E	A	40	—
F	C	18	22
G	D	30	42
H	D、E	15	39
I	G	25	26
J	B、I、F、H	35	—

解：把活动的时间参数汇总于表 10-8 中，该项目网络计划图如图 10-22 所示，各活动的时间参数标于图中，由活动时差知该项目的关键路线为 A→D→G→I→J，总工期为 170 天。

表 10-8 活动的时间参数

活动	时间周期 t_{ij}	最早开始时间 $T_{ES_{ij}}$	最早完成时间 $T_{EF_{ij}}$	最迟开始时间 $T_{LS_{ij}}$	最迟完成时间 $T_{LF_{ij}}$	总时差 $T_{TF_{ij}}$	关键活动
A	60	0	60	0	60	0	是
B	45	60	105	90	135	30	否
C	10	60	70	107	117	47	否
D	20	60	80	60	80	0	是
E	40	60	100	80	120	20	否
F	18	70	88	117	135	47	否
G	30	80	110	80	110	0	是
H	15	100	115	120	135	20	否
I	25	110	135	110	135	0	是
J	35	135	170	135	170	0	是

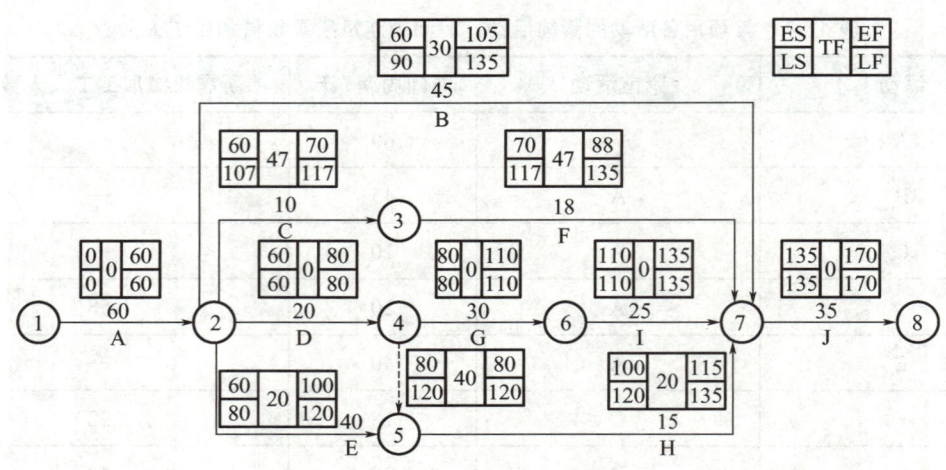

图 10-22 网络计划图

在需要机械加工工人的活动中,活动 D、G、I 的总时差为 0,说明是关键活动,而活动 F、H 有一定的时差。若上述活动按最早开始时间安排,则在涉及机械加工工人的 5 个活动中,所需的机械加工工人人数如图 10-23 所示。

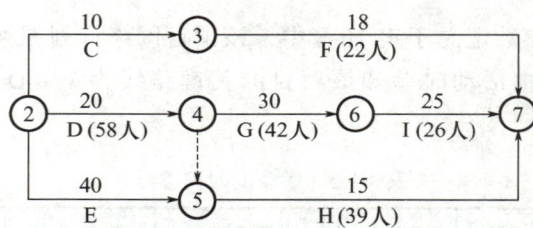

图 10-23 各活动所需的机械加工工人人数

在图 10-23 中,活动代号后括号内的数字表示该活动所需的机械加工工人人数。图 10-24 中纵轴表示不同时间所需机械加工工人总人数。图 10-24 称为资源负荷图,图中标出了资源负荷的构成。

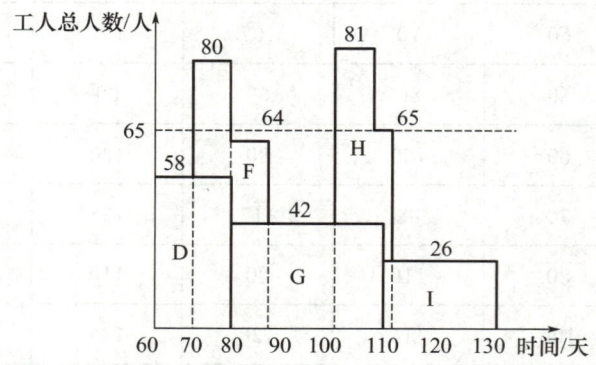

图 10-24 资源负荷图

可以看出,目前的资源负荷是不均衡的,其中有两段时间所需的工人数超出了现有工人总人数;另外有两段时间所需的工人人数远少于现有工人总人数,显然,这样的安排是不合理的。

若各活动都按最迟开始时间安排,那么在第 117 天至 135 天时间内需要工人人数为 87 人,也大大超过了现有工人总人数。

应该优先安排关键活动所需的工人,再利用非关键活动的时差,错开各活动的开始时间,从而拉平工人需要量的高峰。经过调整,让非关键活动F从第 80 天开始,活动H从第 110 天开始,优化后的方案如图 10-25、图 10-26 所示。

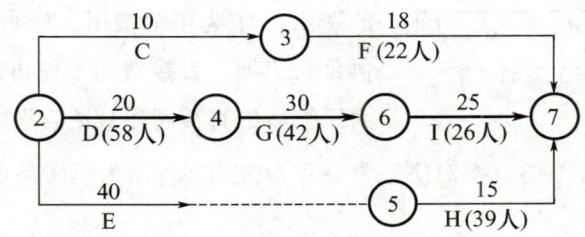

图 10-25 优化后各活动所需的机械加工工人人数

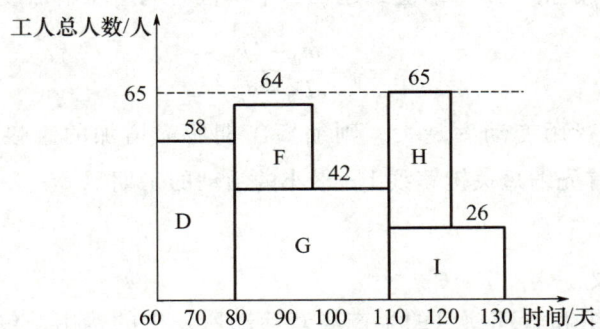

图 10-26 优化后的资源负荷图

例 10-5 说明,利用非关键活动总时差可以尽量拉平资源负荷高峰,经过若干次调整,可以得到一个可行的、经过优化的计划方案。这种方法适合在对各种资源与时间进度进行综合平衡时使用,以选择一个最好的计划方案。

10.3.2 最低成本日程

在编制网络计划的过程中,如何使得项目在既定的工期条件下所需要的费用最少,或者如何使得在既定的费用条件下工期最短,就是网络计划费用优化所要研究和解决的问题。

按照会计核算的分类,项目总费用主要包括直接费用和间接费用。

1. 直接费用

(1) 直接费用的定义。

直接费用指直接用于项目建设工作的耗费,包括直接生产工人的工资及附加费,以及设备、能源、工具和材料消耗等直接与项目有关的费用。

为缩短工期,常常需要采取一定的技术组织措施,相应的要增加一部分直接费用。在一定条件和一定范围内,工期越短,直接费用越多(缩短工期所增加的费用称为直接费用)。

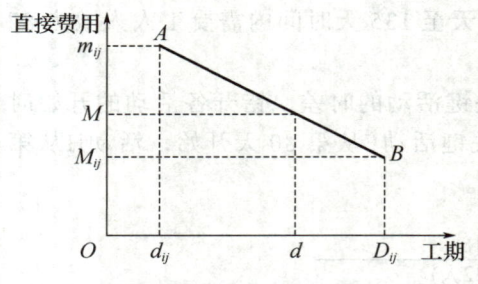

图 10-27　直接费用与工期的关系

(2) 直接费用与工期的关系。

假定直接费用与工期为线性关系，如图 10-27 所示。

图 10-27 中，m_{ij} 为极限费用，指当工期缩短到一定程度，再增加直接费用，工期也不能再缩短时的费用；M_{ij} 为正常费用，指当工期延长到一定程度，再延长工期，直接费用不能再随之下降时的费用；M 为压缩后的直接费用；d_{ij} 为极限工期，指对应极限费用 m_{ij} 的工期；D_{ij} 为正常工期，指对应正常费用 M_{ij} 的工期；d 为压缩后的工期，指对应压缩后的直接费用 M 的工期。

(3) 直接费用变动率。

直接费用变动率 c_{ij} 是指工期每缩短或延长一个单位时间所需增加或减少的直接费用。

$$c_{ij} = \frac{m_{ij} - M_{ij}}{D_{ij} - d_{ij}} \tag{10-20}$$

由此可见，直接费用变动率越大，则缩短工期所需增加的直接费用越多。在进行工期–费用优化时，应首先缩短关键路线上 c_{ij} 最小的活动的工期。

2. 间接费用

(1) 间接费用定义。

间接费用指为组织和管理项目的生产经营活动所发生的费用，包括管理人员的办公费用、采购费用、设备租金及固定资产折旧等。

间接费用通常按活动的工期进行分摊，在一定的生产规模内，活动的工期越短，分摊的间接费用越少。

(2) 间接费用的计算。

设工期内单位时间间接费用额为 C_j，则工期 T_x 对应的间接费用 C_J 为

$$C_J = C_j T_x \tag{10-21}$$

3. 工期–费用优化的原则

(1) 关键路线上的活动优先。
(2) 直接费用变动率小的活动优先。
(3) 逐次压缩活动的工期，以不超过赶工时间为限。

4. 具体步骤

(1) 用正常工期计算网络时间参数、活动直接费用变动率及项目周期。
(2) 计算正常工期条件下的项目总费用。
(3) 逐步压缩关键路线的活动工期，找出最低总费用及最佳工期。

注意：每次优化会引起关键路线的变化，因而要重新绘制网络计划图，寻找关键路线。

完成项目（由各活动组成）的直接费用、间接费用、总费用与项目完工时间即工期的

关系如图 10-28 所示。从图中可以看出，总费用有一个最低点，总费用最低的工期称为最低成本日程。

最低成本日程提供了工期和费用方面最优的配置状况，在工期和费用限制都较少的情况下，选择最低成本日程制订工期和费用计划，无疑会获得较高的收益。但现实中，工期和费用往往会受到不同程度的限制约束，因此，工期-费用优化，常分为两种情况：一是在工期受到限制的情况下，使总费用最低；二是在总费用一定的情况下，使工期最短。不管是哪种情况，最低成本日程都是重要的参考数据。

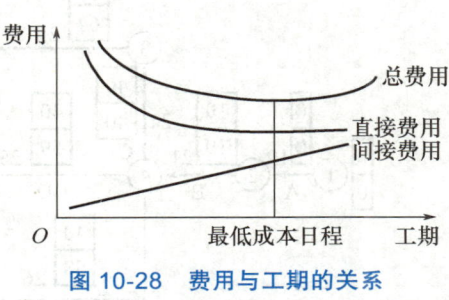

图 10-28　费用与工期的关系

【例 10-6】 项目活动的正常工期、极限工期及对应的费用见表 10-9。

(1) 绘制项目网络计划图，按正常工期计算完成项目的总费用和工期。

(2) 按极限工期计算完成项目的总费用和工期。

(3) 按极限工期，调整计划使总费用最低。

(4) 已知项目缩短 1 天额外获得奖金 5 万元，减少间接费用 1 万元，求使总费用最低的项目工期（也称最低成本日程）。

表 10-9　项目活动的正常工期、极限工期及对应的费用

活动	紧前活动	工期/天		费用/万元		时间最大压缩量/天	极限增加费用/（万元/天）
		正常	极限	正常	极限		
A	—	19	15	52	80	4	7
B	A	21	19	62	90	2	14
C	B	24	22	24	30	2	3
D	B	25	23	38	60	2	11
E	B	26	24	18	26	2	4
F	C	25	23	88	102	2	7
G	D、E	28	23	19	39	5	4
H	F	23	23	30	30	0	—
I	G、H	27	26	40	55	1	15
J	I	18	14	17	21	4	1
K	I	35	30	25	35	5	2
L	J	28	25	30	60	3	10
M	K	30	26	45	57	4	3
N	L	25	20	18	28	5	2
总费用		—	—	506	713	—	—

解：(1) 项目网络计划图及时间参数（正常工期）见图 10-29。项目的工期为 210 天，将表 10-9 正常费用一列相加得到总费用为 506 万元。

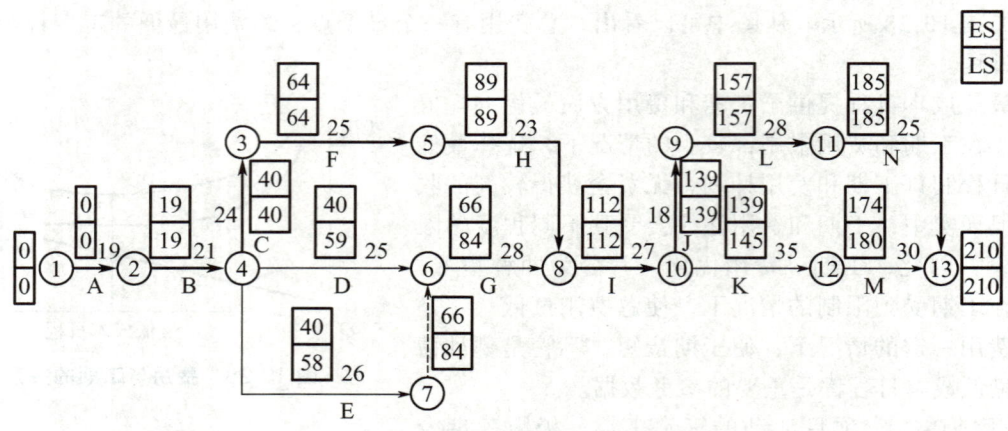

图 10-29 项目网络计划图及时间参数（正常工期）

(2) 项目网络计划图不变，时间参数（极限工期）见图 10-30，工期 187 天，将表 10-9 极限费用一列相加得到总费用为 713 万元。

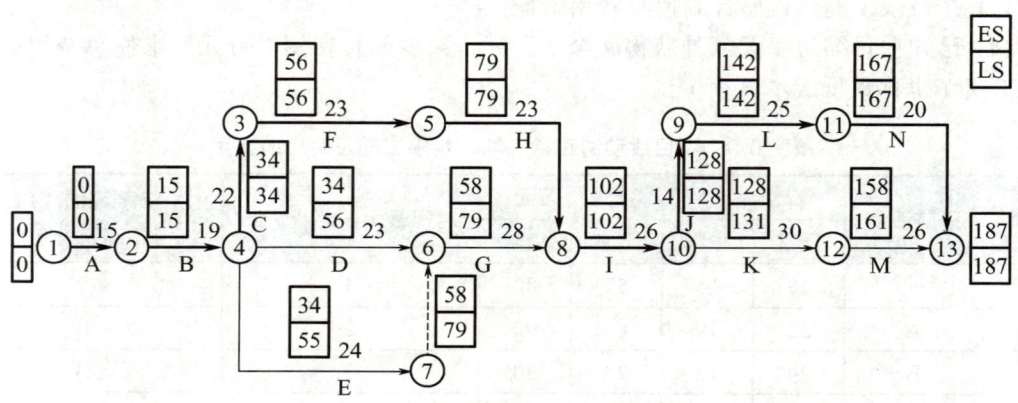

图 10-30 项目网络计划图及时间参数（极限工期）

(3) 图 10-30 中，非关键活动是 D、E、G、K 和 M，可以看出，将活动 D、E、G 按正常工期施工时，活动最早开始时间和活动最迟开始时间不相等，说明按正常工期施工不影响项目的工期（187 天），见图 10-31。活动 K 和 M 按正常工期施工共要缩短工期 6 天，见图 10-32。

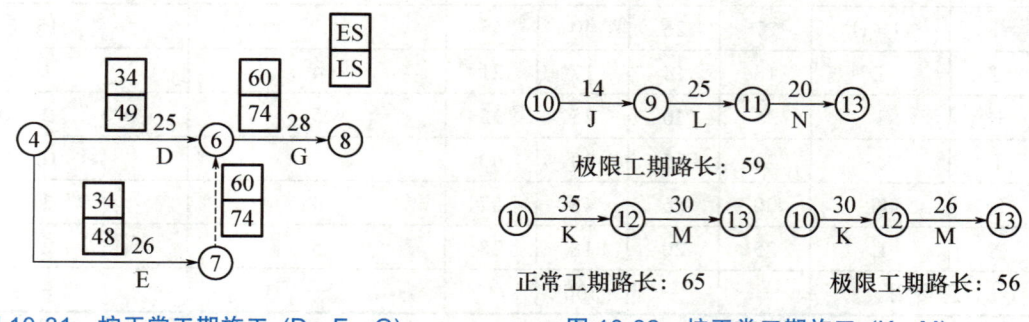

图 10-31 按正常工期施工（D、E、G）　　图 10-32 按正常工期施工（K、M）

则最优的决策方案是：关键活动A、B、C、F、H、I、J、L、N全部按极限工期施工，总成本等于各活动极限费用之和；活动D、E、G按正常时间施工，成本等于各活动正常费用之和；活动K缩短5天，活动M缩短1天，费用等于正常费用加极限增加费用。按项目完工期187天施工的最小成本为

80（A）+90（B）+30（C）+38（D）+18（E）+102（F）+19（G）+30（H）+55（I）+21（J）+25（K）+60（L）+45（M）+28（N）+2×5（K缩短5天增加的费用）+1×3（M缩短1天增加的费用）= 654（万元）

成本分析见表10-10。调整后有两条关键路线，见图10-33。由于活动K缩短5天、活动M缩短1天，并没使得项目工期187天缩短，故没有项目缩短1天额外获得奖金5万元与减少间接费用1万元。

表 10-10 成本分析

活动	关键活动	正常工期/天	极限工期/天	实际工期/天	极限增加费用/万元	正常费用/万元	实际总费用/万元
A	是	19	15	15	28	52	80
B	是	21	19	19	28	62	90
C	是	24	22	22	6	24	30
D	—	25	23	25	0	38	38
E	—	26	24	26	0	18	18
F	是	25	23	23	14	88	102
G	—	28	23	28	0	19	19
H	是	23	23	23	0	30	30
I	是	27	26	26	15	40	55
J	是	18	14	14	4	17	21
K	是	35	30	30	10	25	35
L	是	28	25	25	30	30	60
M	是	30	26	29	3	45	48
N	是	25	20	20	10	18	28
合计	—	—	—	187	148	506	654

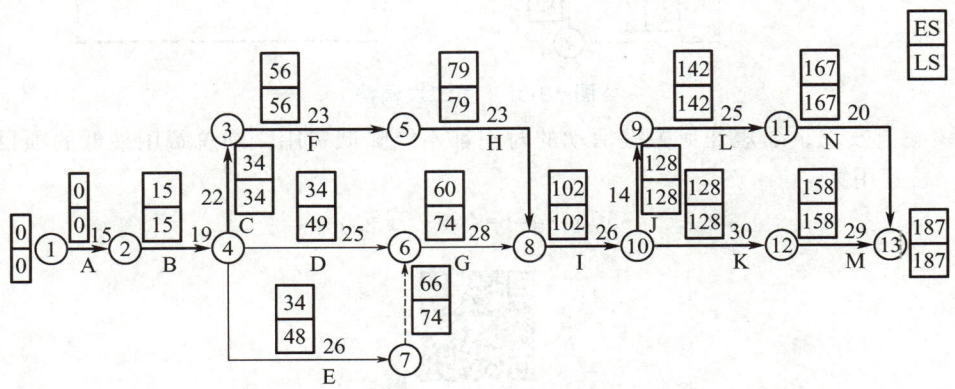

图 10-33 调整的项目网络计划图及时间参数

(4) 考虑缩短关键活动的时间,选择一天极限增加的费用小于或等于 6 的关键活动采取措施来缩短时间,这样的活动有 C、J、N,活动 C 缩短 2 天,活动 J 缩短 4 天,活动 N 缩短 2 天。对图 10-29 进行第一次调整得到图 10-34。得到两条关键路线,活动 K 和 M 变为关键活动,项目工期为 202 天,缩短了 8 天。总费用变动额为

$$2 \times 3 + 4 \times 1 + 2 \times 2 - 8 \times 6 = -34 （万元）$$

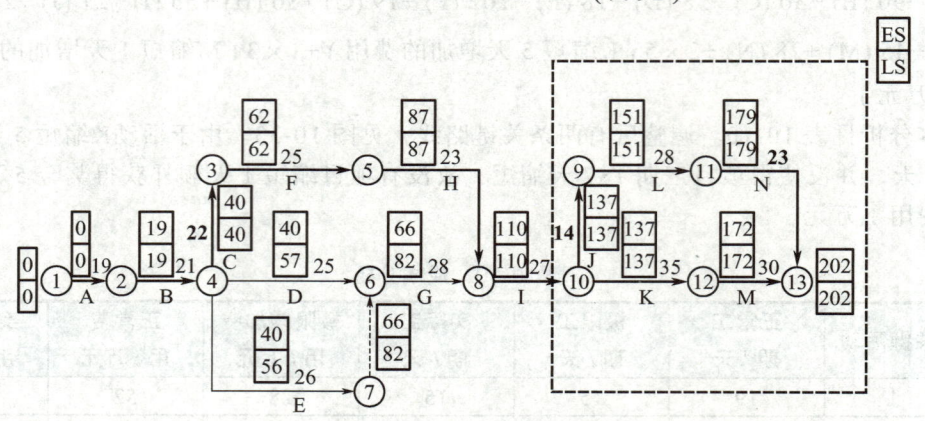

图 10-34 第一次调整

检查图 10-34 虚线围起来的部分。要缩短工期两条关键路线必须同时缩短时间,上面一条路线活动 N 还能缩短 3 天,因此下面一条路线只对活动 K 缩短 3 天,对图 10-34 调整得到图 10-35。项目的工期为 199 天,又缩短了 3 天,总费用变动额为

$$3 \times 2 + 3 \times 2 - 3 \times 6 = -6 （万元）$$

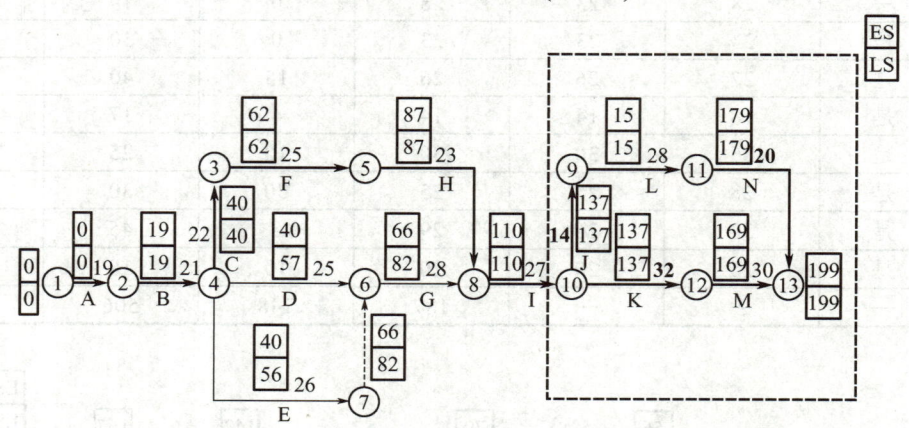

图 10-35 第二次调整

继续检查发现,缩短任何关键活动的时间都不能降低费用,则总费用最低的项目工期是 199 天,总费用为

$$506 - 34 - 6 = 466 （万元）$$

【第 10 章习题】

第4篇

决策技术

第 11 章

决策分析

学习目标

1. 了解决策问题的概念与模型；
2. 了解确定型决策的理论；
3. 熟练掌握不确定型及风险型决策的理论与方法；
4. 掌握效用理论。

人们在实际工作中，经常会遇到需要做出判断和决定的问题，也就是决策问题。决策，就是为了达到某个目的，从多种不同的行动方案中选择某个确定的行动方案。例如，人们在日常生活中、企业在经营活动中、社会团体和国家政府在政治活动中都有许多需要做出决策的问题。具体地讲，决策问题有：股民在购买股票时，选择哪一只股票好，什么时候卖出？出行选择什么样的交通工具和行驶路线？企业生产计划如何制订及经营方案怎样选择？指导体育比赛时选择什么样的排兵布阵策略？这一类问题就是决策分析要研究的问题。

总结来说，决策分析是分析如何从多种可供选择的方案中，选择最优方案的一种方法。

11.1 决策问题的基本概念

虽然决策问题的形式多种多样，涉及的领域也很广泛，但其结构是基本一致的。本小节主要介绍有关决策问题的基本概念。

11.1.1 决策问题的三要素

实际中，一般的决策问题主要由状态集、决策集和效益函数构成。

(1) 状态集。把决策的对象称为一个系统，系统所处的不同情况称为状态。状态是由不可控的自然因素所引起的结果，故也称为自然状态。量化自然状态得到一个状态变量，也称为随机变量。所有状态变量构成的集合称为状态集，记为 $S = \{s_1, s_2, \cdots, s_n\}$，其中 $s_j(j=1,2,\cdots,n)$ 是第 j 种状态的状态变量；$P(S) = \{p(s_1), p(s_2), \cdots, p(s_n)\}$ 表示各种状态出现的概率，

其中 $p(s_j)(j=1,2,\cdots,n)$ 表示第 j 种状态发生的概率。

(2) 决策集。为达到某种目的而选择的行动方案称为方案，将方案量化后称为决策变量，记为 a_i。决策变量的集合称为决策集，记为 $A=\{a_1,a_2,\cdots,a_m\}$。

(3) 效益函数。定义在 $A\times S$ 上的一个二元函数 $R(a_i,s_j)$，它表示在状态变量 $s_j(j=1,2,\cdots,n)$ 出现时，决策者采取决策变量 $a_i(i=1,2,\cdots,m)$ 所得到的收益值或损失值，称为效益。由所有的状态变量和所有可能的决策变量所对应的效益全体构成的集合称为效益函数，记为 $R=\{R(a_i,s_j)\}$。

损益值和损益矩阵：每个决策变量在自然状态下的收益值或损失值称为损益值。一般用 a_{ij} 表示。将损益值按原有的顺序排序，构成的矩阵称为损益矩阵，记作

$$M=\begin{pmatrix} a_{11} & a_{12} & \cdots & a_{1n} \\ a_{21} & a_{22} & \cdots & a_{2n} \\ \cdots & \cdots & \cdots & \cdots \\ a_{m1} & a_{m2} & \cdots & a_{mn} \end{pmatrix}$$

其中，$a_{ij}>0$ 为收益值，$a_{ij}<0$ 为损失值。

对于实际问题，如果决策问题的三要素确定了，则相应的决策模型也就确定了，决策模型记为 $D=\{A,P(S),R\}$。

例如，某房地产开发公司打算投资几处楼盘，不同地段的楼盘升值潜力是不同的，在决策时需要考虑方方面面的因素，该公司应该如何根据实际情况做出决策？这就是一个决策问题，该决策问题的三要素如下所示。

(1) 状态集：各处的地价、升值潜力、预期的销售情况、银行利率、税率等影响成本和收入的因素，以及相应的发生概率。

(2) 决策集：在各处的投资强度、开发户型、销售定价等。

(3) 效益函数：根据状态集的各因素，采用不同决策时可获得的效益。

再如，第二次世界大战期间，盟军打算在诺曼底登陆作战，但由于受多种不确定因素的影响，具体的登陆时间不便提前确定，这也是一个决策问题。根据不同的具体情况，选择不同的时间，可能的作战结果是不同的。该决策问题的三要素如下所示。

(1) 状态集：不同时间登陆诺曼底可能存在的各种影响成败的因素。例如天气状况、双方部署情况、双方装备情况、双方情报情况等。

(2) 决策集：何时登陆。

(3) 效益函数：不同时间登陆所获得的作战效能。

11.1.2　决策问题的分类

依据决策问题的三要素，可以从不同角度对决策问题进行分类。

(1) 按决策的环境分类，可将决策问题分为确定型决策、不确定型决策和风险型决策三类。确定型决策是指决策环境是完全确定的，决策方案的效益也是确定的；不确定型决策是

指决策环境是不确定的，各种可能的结果发生的概率是未知的；风险型决策是指决策问题的环境不是完全确定的，但各种可能的结果发生的概率是已知的。

(2) 按决策的重要性分类，可将决策问题分为战略决策、策略决策和执行决策三类，或称为战略计划、管理控制和运行控制三个等级。战略决策是涉及某组织生存发展的全局性和长远性问题的决策；策略决策是为完成战略决策所规定的目的而进行的决策；执行决策是根据策略决策的要求对行为方案的选择决策。

(3) 按决策的结构分类，可将决策问题分为程序决策和非程序决策。程序决策是一种有章可循的决策，一般是可以重复进行的；而非程序决策一般是无章可循的决策，只能凭借决策者的经验直觉地做出相应的决策，通常是不可重复进行的。

(4) 按决策指标的性质分类，可将决策问题分为定量决策、定性决策，模糊决策和灰色决策。如果描述决策对象的指标都可以量化，则称为定量决策，否则称为定性决策。如果描述决策对象的指标是模糊的，则称为模糊决策；如果描述决策对象的指标是灰色的，则称为灰色决策。对于实际中的问题，应尽可能地将其化为定量决策问题来解决。

(5) 按决策的过程分类，可将决策问题分为单项决策和序贯决策。单项决策是指整个决策过程只做一次决策就可以得到决策结果；序贯决策是指整个决策过程由一系列的单项决策组成，只有完成这一系列的单项决策，才能够最终得到整个决策的结果。

(6) 按决策的目标分类，可将决策问题分为单目标决策和多目标决策；按照目标函数的形式又可分为显式决策和隐式决策。

例如，某房地产开发公司开发楼盘时，其决策环境既有确定的（各处地价），也有不完全确定的（升值潜力和预期销售情况），还有不确定的（银行利率和税率等）。从决策目标的角度来看，开发公司既要关心经济利益，又要兼顾社会效益，因此这是一个多目标决策问题。其中经济利益可以定量给出，是一个定量决策问题。社会效益包括对城市景观的影响、小区的配套设施建设情况等，如果这些因素只能用定性的方法进行描述，则这部分就是定性决策问题；如果要将以上因素进行量化，即采用模糊的方法进行刻画，则该问题又属于模糊决策问题。

11.1.3 决策原则

在进行决策的过程中，必须遵守五项基本原则，即最优化原则、系统原则、信息准全原则、可行性原则和集团决策原则。

1. 最优化原则

在资源稀缺的约束条件下，任何决策都应该有利于实现最大化的效益和价值。也就是说，决策应该以价值最大化为目标。

2. 系统原则

任何决策的制定和实施、实现都存在于某一个决策环境中。对于国民经济中的各种组织、实体来讲，他们的决策环境就是整个国民经济和整个世界经济。对于一个个体来讲，他的决策环境就是他所处的组织或实体。无论什么样的决策环境，都有作为一个系统的特性，也就是系统中的各种因素会相互影响和相互作用的特性，同时，系统中的各种因素都应协调地、平衡地变化发展。因此，决策必然要遵守系统原则，换一种说法，决策应该以追求和实现最大化的系统价值为目标。党的二十大报告强调的"系统性重塑、整体性重构"就体现了系统原则。

3. 信息准全原则

各种先进、完备的决策技术的作用对象都是信息。准确和全面（准全）的决策信息是做出高质量决策的前提条件。在决策理论的发展过程中，有些决策理论所需要的决策信息很难收集到，因此这些决策理论的发展和实践都受到了很大的限制。然而，信息技术的蓬勃发展给决策理论的发展注入了活力。通过信息技术，我们可以获得大量我们所需要的但以前没有办法获得的决策信息。这一变化的出现，使得一些原来受制于决策信息的决策理论获得了新的发展机会。由此可见信息准全的重要意义。当然，决策问题所需要的信息，实际上很难被完全收集，但毫无疑问，信息准全对决策质量的提高有着非常重要的作用。

4. 可行性原则

由于决策者和决策实施者受到了他们所掌握的资源的影响，所以他们必须考虑决策在技术上、经济上和社会效益上的可行性。进一步讲，只有准确地把握好决策在以上三个方面的可行性，决策者和决策实施者才能运用最优化原则进行决策。党的二十大报告强调的"坚持和发展马克思主义，必须同中国具体实际相结合"就体现了可行性原则。

5. 集团决策原则

科学技术的飞速发展，已使得社会、经济、科技等许多问题的复杂程度与日俱增。不少问题的决策已非决策者个人和少数几个人所能胜任。因此，集团决策是决策科学化的重要组织保证。所谓集团决策，不是靠少数领导"拍脑袋"，也不是找某几个专家简单讨论一下，或靠少数服从多数的方法进行决策，而是充分依靠和利用智囊团，对要决策的问题进行系统的调查研究，弄清历史和现状，掌握第一手资料，然后通过方案论证和综合评估，提出切实可行的方案供决策者参考。

11.1.4　决策过程

决策作为一个过程，通常是通过调查和研究，在了解客观实际和预测今后发展趋势的基础上，明确提出各种可供选择的方案，并评估各种方案的结果，然后从中选定某个最优方案。决策过程分为下列七个步骤。

(1) 明确问题。根据决策问题，找出问题的症结点，明确问题的实质。

(2) 确定目标。目标是决策所要达到的结果。如果目标不明确，则往往会决策失误。如有多个目标，则应分清主次，统筹兼顾，同时要注意目标的先进性和可靠性。

(3) 制定方案。在确定目标之后，要对决策的状态进行分析，收集相关信息，建立相应的模型，提出实现决策目标的各种可行方案。

(4) 方案评估。利用各个方案结果的度量值（如效益值、收益值、损失值）给出对各个方案的偏好。应尽可能通过科学计算，用定量分析的方法来比较其优劣和得失。

(5) 选择方案。决策者应从总体角度，对各种方案的目的性、可行性和时效性进行综合的系统分析，选取使目标达到最优的方案，必要时可做灵敏度分析。

(6) 组织实施。为了保证最优方案能够有效实施，需要制定实施措施，落实执行单位，明确具体责任和要求。

(7) 反馈调整。在决策实施过程中，可能会产生这样或那样偏离目标的情况，因此必须及时收集决策执行中的反馈信息，分析决策方案是否可以实现预定决策目标。

11.1.5 决策模型

根据决策问题的三个要素，分析、构造出的决策者决策行为模型，即决策模型。不同类型的决策问题，可以构造不同类型的决策模型。构造决策模型的方法主要有两种：一种是针对决策结果的方法；另一种是针对决策过程的方法。

如果决策者能够正确地预见决策的结果，其核心是对决策结果的准确性和正确性的预测，则应使用针对决策结果的方法构造决策模型。通常的单目标决策和多目标决策方法都属于这种类型。

如果决策者已了解了决策过程，掌握了决策的全过程，并且通过控制这一过程，能够正确地预见决策的结果，则应使用针对决策过程的方法构造决策模型。

11.1.6 决策问题的条件

决策问题无论是何种类型，都必须具备以下五个条件。
(1) 只有一个明确的决策目标。
(2) 至少存在一个自然状态。
(3) 至少存在两个可供决策者选择的方案。
(4) 可以确定各种自然状态产生的概率。
(5) 可以计算出各种方案在各种自然状态下的损益值。

11.2 确定型决策问题

确定型决策就是指在知道某个自然状态必然发生或对某个自然状态的发生十分有把握的前提下所做出的决策。确定型决策问题的决策矩阵中只有一列，即确定型决策除了满足11.1.6 小节中所提到的五个条件，还需加一个条件：只存在一个确定的自然状态。

如果方案 A_i 在自然状态 s 的影响下所产生的损益值 $a_{ij}(i=1,2,\cdots,m; j=1,2,\cdots,n)$ 是成本或费用等，则"选优"的原则是取损益值最小的方案。相反，如果损益值是利润或收益等，则"选优"的原则是取损益值最大的方案。

确定型决策问题往往是很复杂的，可供选择的方案很多。例如，有 m 个产地 n 个销地的运输问题，目标是运输费用最小，自然状态是满足所有销地的需要。当 m,n 很大时，运输方案很多，列出它的决策矩阵是很不经济的，也就是说，由于求出所有方案的损益值所需的计算量太大，这就需要用其他方法来解决（如线性规划方法）。

【例 11-1】 设有某类物资，要从产地 A_1, A_2, A_3 运往销地 B_1, B_2, B_3, B_4。各产地的产量、各销地的销量，以及从某产地 $A_i(i=1,2,3)$ 运往某销地 $B_j(j=1,2,3,4)$ 一吨物资所需运费 c_{ij}（单位：元）如表 11-1 所示，问应如何组织运输才能使总运费最少？

解：这是本书第 4 章中介绍过的运输问题，它也是确定型决策问题，可以用线性规划中运输问题的表上作业法来求解。此问题的线性规划模型为

$$\min z = \sum_{i=1}^{3}\sum_{j=1}^{4} c_{ij}x_{ij} = 3x_{11} + 6x_{12} + 2x_{13} + \cdots + 2x_{34}$$

$$\text{s.t.} \begin{cases} x_{11}+x_{12}+x_{13}+x_{14}=70 \\ x_{21}+x_{22}+x_{23}+x_{24}=80 \\ x_{31}+x_{32}+x_{33}+x_{34}=50 \\ x_{11}+x_{21}+x_{31}=40 \\ x_{12}+x_{22}+x_{32}=30 \\ x_{13}+x_{23}+x_{33}=70 \\ x_{14}+x_{24}+x_{34}=60 \\ x_{ij} \geq 0 (i=1,2,3; j=1,2,3,4) \end{cases}$$

解得：$x_{13}=70, x_{22}=30, x_{24}=50, x_{31}=40, x_{34}=10$，总运费最少为 490 元。

表 11-1 产量、销量及运费

产地	销地				产量
	B_1	B_2	B_3	B_4	
A_1	3	6	2	4	70
A_2	5	3	3	4	80
A_3	1	7	5	2	50
销量	40	30	70	60	

11.3 不确定型决策问题

不确定型决策的基本特征是决策环境是不确定的，决策的结果也是不确定的，各结果发生概率（主观或客观）也是未知的。这种情况下的决策主要取决于要求和决策者的素质。

下面，通过例 11-2 来介绍几种常用的处理不确定型决策问题的准则。

【例 11-2】 设某决策问题的决策损益表如表 11-2 所示。

表 11-2 决策损益表

方案	自然状态				
	s_1	s_2	s_3	s_4	s_5
A_1	0	1	2	3	5
A_2	−1	3	2	6	2
A_3	−2	6	4	7	4
A_4	−3	2	3	4	8
A_5	−4	2	5	6	9

11.3.1 悲观主义决策准则

悲观主义决策准则属保守型的决策准则，也称max-min准则或沃尔德法。当决策者面临不确定的决策环境，决策错误可能造成很大的经济损失时，其处理问题一般会比较小心谨慎，总是从最坏的结果着想，从最坏的结果中选择最好的结果。决策者分析损益矩阵时，先从各方案所对应的可能状态的损益值中选出最小值，并将它们列于损益矩阵的右列，再从这列中挑出最大的值，列于损益矩阵的最右列，最大的值对应的策略即为决策者应选择的最优方案，决策表如表 11-3 所示。

表 11-3 决策表

方案	自然状态					min	max-min
	s_1	s_2	s_3	s_4	s_5		
A_1	0	1	2	3	5	0	0
A_2	-1	3	2	6	2	-1	
A_3	-2	6	4	7	4	-2	
A_4	-3	2	3	4	8	-3	
A_5	-4	2	5	6	9	-4	

表 11-3 中对应的最优方案是 A_1。其实，对于一个决策者而言，在实际决策中，当碰到一个情况不明而又复杂的决策问题，且一旦决策错误又将产生很大的不良后果时，决策者往往会采用悲观主义决策准则来考虑问题。就是从最坏的情况着眼，争取其中最好的结果，选择什么也不做的方案意味着先观望一下，以后再做其他抉择，这种考虑是合理的。

11.3.2 乐观主义决策准则

乐观主义的决策者在考虑问题时，恰好与悲观主义的决策者相反，即使情况不明，也绝不放弃任何一个获得最好结果的机会，充满着乐观冒险的精神，要争取好中之好。乐观主义决策准则也称max-max准则。根据损益矩阵，寻找最优策略的步骤如下所示。

(1) 每一个可行方案有若干个可能结果，从这些结果中选择最大值列于损益矩阵的右列。

(2) 从损益矩阵的右列数字中挑出其中最大的值，列于损益矩阵的最右列，这个值对应的策略为最优策略。

决策者按乐观主义决策准则进行决策时，决策表如表 11-4 所示。

表 11-4 决策表

方案	自然状态					max	max-max
	s_1	s_2	s_3	s_4	s_5		
A_1	0	1	2	3	5	5	9
A_2	-1	3	2	6	2	6	
A_3	-2	6	4	7	4	7	
A_4	-3	2	3	4	8	8	
A_5	-4	2	5	6	9	9	

表 11-4 中对应的最优方案是 A_5。这说明当决策者拥有较强的经济实力时，即使决策错误，对决策者来讲损失也不大，而成功了则有较高收益，这种情况下决策者往往遵循乐观主义决策准则。

11.3.3 折中主义决策准则

有些决策者认为，用前述悲观主义决策准则或乐观主义决策准则来处理问题有些太极端，因此提出把这两种决策准则进行综合，这就是折中主义决策准则，也称折中准则或赫维奇法。其特点是决策者对所面临的自然状态既不悲观也不乐观。折中主义决策准则采用一个乐观系数 α 来反映决策者对自然状态估计的乐观程度。具体算法如下。

令 $0 \leq \alpha \leq 1$，并用以下公式来表示方案的期望值。

$$E(A_i) = \alpha \max_{1 \leq j \leq n} a_{ij} + (1-\alpha) \min_{1 \leq j \leq n} a_{ij} \quad (i=1,2,\cdots,m) \tag{11-1}$$

其中，A_i 为方案 i，a_{ij} 为损益矩阵中的损益值。

由式（11-1）可知，当 $\alpha = 0$ 时，为悲观主义决策准则的结果；当 $\alpha = 1$ 时，为乐观主义决策准则的结果。

现在取 $\alpha = 0.7$，得表 11-5。

表 11-5 决策表

方案	自然状态					$\alpha = 0.7$	$1-\alpha = 0.3$	$E(A_i)$	$\max\{E(A_i)\}$
	s_1	s_2	s_3	s_4	s_5				
A_1	0	1	2	3	5	3.5	0	3.5	
A_2	−1	3	2	6	2	4.2	−0.3	3.9	
A_3	−2	6	4	7	4	4.9	−0.6	4.3	5.1
A_4	−3	2	3	4	8	5.6	−0.9	4.7	
A_5	−4	2	5	6	9	6.3	−1.2	5.1	

表 11-5 中对应的最优方案是 A_5。当然，我们也可以选取两个方案的期望值 $E(A_i)$，使其相等，从而解出 α 值，此时的 α 值，称为转折概率。

在实际工作中，如果自然状态发生的概率、损益值在其可能发生变化的范围内变化时，最优方案保持不变，则这个方案是比较稳定的。反之，如果参数稍有变化，最优方案就有变化，则这个方案是不稳定的，需要我们进一步分析。就自然状态发生的概率而言，其越远离转折概率，相应的最优方案就越稳定；反之，就越不稳定。因此，我们可以利用乐观系数，进一步对自然状态发生的概率进行灵敏度分析。

11.3.4 等可能性决策准则

等可能性决策准则又称拉普拉斯准则，这个准则认为，一个人面临着一个自然状态的集合，在没有特殊理由可以说明这个自然状态比那个自然状态有更多的发生机会时，只能认为它们的发生机会是等可能的或机会相等的，从而确定出最佳的决策方案。

如果状态集中共有 n 个自然状态,即状态集为 $S=\{s_1,s_2,\cdots,s_n\}$,则每一个自然状态 s_j 发生的概率为 $p_j=\dfrac{1}{n}$,各种可行方案下损益的期望值为 $E(s_j)(j=1,2,\cdots,n)$。在所有可行方案损益的期望值中选择最大者,即

$$E(s_j^*)=\max_{1\leqslant j\leqslant n}\{E(s_j)\}$$

其相应的方案即为等可能性决策准则下的最优方案,决策表如表 11-6 所示。

表 11-6　决策表

方案	自然状态					期望值
	s_1	s_2	s_3	s_4	s_5	
A_1	0	1	2	3	5	2.2
A_2	−1	3	2	6	2	2.4
A_3	−2	6	4	7	4	3.8
A_4	−3	2	3	4	8	2.8
A_5	−4	2	5	6	9	3.6

根据等可能性决策准则可知,表 11-6 中对应的最优方案是 A_3。

11.3.5　最小机会损失决策准则

最小机会损失决策准则是由经济学家萨万奇提出来的,又称最小最大遗憾准则。它指的是在方案可能会造成损失的情况下,将其损失控制在最小,同时使收益最大。

将损益矩阵 $\boldsymbol{M}=(a_{ij})_{m\times n}$ 中的各元素转换为每一方案下各自然状态发生时所造成的机会损失值。

如果第 j 个自然状态 s_j 发生,相应各方案的损益值为 $a_{ij}(i=1,2,\cdots,m)$,其最大值为 $a_{i^*j}=\max_{1\leqslant i\leqslant m}\{a_{ij}\}(1\leqslant j\leqslant n)$,各方案的机会损失值为 $a'_{ij}=a_{i^*j}-a_{ij}(i=1,2,\cdots,m;1\leqslant j\leqslant n)$。

比较各方案的最大机会损失值,最小为 $a'_{i^*j}=\min_{1\leqslant i\leqslant m}\max_{1\leqslant j\leqslant n}\{a'_{ij}\}$,决策表如表 11-7 所示。

表 11-7　决策表

方案	状态					$\max\limits_{1\leqslant j\leqslant n}\{a'_{ij}\}$	$\min\limits_{1\leqslant i\leqslant m}\max\limits_{1\leqslant j\leqslant n}\{a'_{ij}\}$
	s_1	s_2	s_3	s_4	s_5		
A_1	0	5	3	4	4	5	
A_2	1	3	3	1	7	7	
A_3	2	0	1	0	5	5	4
A_4	3	4	2	3	1	4	
A_5	4	4	0	1	0	4	

由表 11-7 可知，对应的最优方案是 A_4 或 A_5。

综上所述，在实际决策过程中，往往会同时采用几个准则来进行分析与比较，具体采用哪个方案，还需根据具体情况和决策者对自然状态所持的态度而定，针对例 11-2，利用这五种不同准则进行决策分析的结果见表 11-8，一般而言，被选中多的方案（如 A_5）理应优先考虑。

表 11-8　决策分析的结果

准则	最优方案				
	A_1	A_2	A_3	A_4	A_5
悲观主义决策准则	√				
乐观主义决策准则					√
折中主义决策准则					√
等可能性决策准则			√		
最小机会损失决策准则				√	√

11.4　风险型决策问题

对于风险型决策问题来说，由于已知其自然状态出现的概率分布，所以决策时就需要比较各方案的期望值来选择最优策略。下面介绍最大可能法则、期望值方法、决策树方法和贝叶斯决策。

11.4.1　最大可能法则

基本思想：从自然状态中取出概率最大的作为决策的依据（设概率最大的自然状态的概率是 1，其他自然状态的概率是 0），将风险型决策问题转化为确定型决策问题来处理。

【**例 11-3**】 某厂要确定下个计划期间产品的生产批量，根据经验、市场调查和预测得到产品批量决策表（表 11-9）。要求通过决策分析，确立下一个计划期间产品的生产批量，使企业获得的效益最大。表 11-9 中，$A_i(i=1,2,3)$ 表示方案，$p(s_j)(j=1,2,3)$ 表示自然状态的概率，$s_j(j=1,2,3)$ 表示自然状态（产品销路）。

表 11-9　产品批量决策表

A_i	自然状态（产品销路）		
	s_1（好）	s_2（一般）	s_3（差）
	$p(s_1)=0.3$	$p(s_2)=0.5$	$p(s_3)=0.2$
A_1（大批量生产）	9	5	2
A_2（中批量生产）	7	8	5
A_3（小批量生产）	5	4	3

解： 由表 11-9 可知，s_2 的概率最大，由最大可能法则可知，决策时只需考虑 s_2，使之变为确定型决策问题。再由表 11-9 可知，A_2 在 s_2 下获得最大损益值，因此 A_2 为最优方案。

当一组自然状态中某一自然状态的概率比其他自然状态的概率都明显大时，用最大可能法则效果较好。但当各自然状态的概率都互相接近时，用此法效果并不好。

11.4.2 期望值方法

基本思想： 求出每个方案的期望损益值，通过比较期望损益值进行决策。由于损益矩阵的每个元素代表"方案和自然状态对"的损益值，因此可分以下几种情况来讨论。

1. 最大期望收益决策准则

基本思想： 如果对将要发生的自然状态的概率多少有些信息资料，从中可以估算出各自然状态发生的概率，则可以根据各自然状态的概率计算出各方案的期望损益值，并从中选择最大的期望损益值，以它对应的方案为最优方案。

采用最大期望损益值作为决策准则的决策方法称为期望值方法。

若离散型随机变量的分布列为

$$\left(\begin{array}{c|cccc} X & x_1 & x_2 & \cdots & x_n \\ \hline p(X=x_i) & p(x_1) & p(x_2) & \cdots & p(x_n) \end{array} \right)$$

则有

$$E(X) = \sum_{i=1}^{n} x_i p(x_i)$$

若把每个方案 A_i 看作离散型随机变量，其取值就是在每个自然状态下相应的损益值 a_{ij}，则一般风险型决策表见表 11-10。

表 11-10 一般风险型决策表

方案	自然状态			
	s_1	s_2	$\cdots$	s_n
	p_1	p_2	$\cdots$	p_n
A_1	a_{11}	a_{12}	$\cdots$	a_{1n}
A_2	a_{21}	a_{22}	$\cdots$	a_{2n}
$\cdots$	$\cdots$	$\cdots$	$\cdots$	$\cdots$
A_m	a_{m1}	a_{m2}	$\cdots$	a_{mn}

则第 i 个方案的期望损益值为

$$E(A_i) = \sum_{j=1}^{n} a_{ij} p_j \quad (i=1,2,\cdots,m) \tag{11-2}$$

期望值方法，就是先把各个方案的期望损益值求出来，再进行比较。如果决策目标是收益最大，则期望损益值最大的方案为最优方案，即

$$E(A_i^*) = \max_{1 \leq i \leq m} E(A_i) \tag{11-3}$$

【例 11-4】 利用最大期望收益决策准则求解例 11-3。

解：由题意有

$$E(A_1) = \sum_{j=1}^{3} a_{1j} p_j = 9 \times 0.3 + 5 \times 0.5 + 2 \times 0.2 = 5.6$$

$$E(A_2) = \sum_{j=1}^{3} a_{2j} p_j = 7 \times 0.3 + 8 \times 0.5 + 5 \times 0.2 = 7.1$$

$$E(A_3) = \sum_{j=1}^{3} a_{3j} p_j = 5 \times 0.3 + 4 \times 0.5 + 3 \times 0.2 = 4.1$$

通过比较上述各方案的期望值可知，$E(A_2) = 7.1$ 最大，因此选择 A_2 为最优方案。

2. 最小机会损失决策准则

基本思想：构造一个机会损失矩阵，再分别计算采用各种不同方案时的机会损失期望值，并从中选择最小的一个，以它对应的方案为最优方案，即

$$E(A_i^*) = \min_{1 \leq i \leq m} E(A_i) \tag{11-4}$$

【例 11-5】 工厂生产某种产品，每件产品的成本为 3 元，批发价为 5 元。当生产量超过销售量时，每积压一件，要损失 1 元。根据长期的销售记录统计和市场调查，工厂预测了可能的日销售量及其相应的概率，见表 11-11。试分析并确定这种产品的最优日生产量为多少时，才能使该工厂的机会损失最小。

表 11-11　可能的日销售量及其相应的概率

日销售量 / 件	20	40	60	80
概率	0.1	0.3	0.4	0.2

解：可供选择的日生产量方案有 4 种：$A_1=20$，$A_2=40$，$A_3=60$，$A_4=80$，利用最小机会损失决策准则决策，由于日销售量不确定，无法确切知道该做何种选择，收益情况只能做如下估计。

日收益 = (5–3) × 日销售量 –1 × 日未售出量，日收益计算结果如表 11-12 所示。

表 11-12　日收益计算结果

产量 （方案）	日销售量（自然状态）			
	$s_1=20$	$s_2=40$	$s_3=60$	$s_4=80$
$A_1=20$	40	40	40	40
$A_2=40$	20	80	80	80
$A_3=60$	0	60	120	120
$A_4=80$	–20	40	100	160

该工厂的机会损失矩阵如表 11-13 所示。

表 11-13 机会损失矩阵

产量（方案）	日销售量（自然状态）			
	$s_1=20$	$s_2=40$	$s_3=60$	$s_4=80$
$A_1=20$	0	40	80	120
$A_2=40$	20	0	40	80
$A_3=60$	40	20	0	40
$A_4=80$	60	40	20	0

根据机会损失矩阵，用最小机会损失决策准则决策时的计算过程如表 11-14 所示。

表 11-14 计算过程

产量（方案）	日销售量（自然状态）				$\sum_{j=1}^{n} a_{ij}p_j$	$\min\left(\sum_{j=1}^{n} a_{ij}p_j\right)$
	$s_1=20$ $p(s_1)=0.1$	$s_2=40$ $p(s_2)=0.3$	$s_3=60$ $p(s_3)=0.4$	$s_4=80$ $p(s_4)=0.2$		
$A_1=20$	0	40	80	120	68	
$A_2=40$	20	0	40	80	34	18
$A_3=60$	40	20	0	40	18	
$A_4=80$	60	40	20	0	26	

从表 11-14 最右列可以看出，$\min\left(\sum_{j=1}^{n} a_{ij}p_j\right)=18$，对应的方案为 A_3。

11.4.3 决策树方法

实际生活中的决策问题往往是多步决策问题，每走一步选择一个决策方案，下一步的决策取决于上一步的决策及其结果，因而是多阶段决策问题。这类问题一般不便用决策表来表示，常用的解决方法是决策树方法。

决策树是一种树状图，决策树方法是决策分析常使用的方法之一。决策树一般由以下四种元素组成。

（1）决策节点。

在决策树中，决策节点用图符"□"表示，决策者需要在决策节点处进行方案的决策。从它引出的每一分枝，都是方案分枝，都代表决策者可能选取的一个方案，总的分枝数即可能的方案数。最后选中的方案的期望损益值要写在决策节点上方，未被选上的方案要"剪枝"（划去相应的方案分枝）。

（2）状态节点。

在决策树中，状态节点位于方案分枝的末端，用图符"○"表示。其上方的数字为自然状态的期望损益值。从状态节点引出的分枝叫概率分枝，每个分枝上面都写明它代表的自然状态及其出现的概率。总的分枝数即可能的自然状态数。

(3) 结果节点。

在决策树中,结果节点用图符"△"表示,它是概率分枝的末梢。它旁边的数字是相应方案在该自然状态下的损益值。

(4) 分枝。

分枝包含方案分枝和概率分枝。最终决策结果求出之后,应对未选上的方案分枝进行剪枝。

【例 11-6】 一个化工原料厂在编制五年计划时,打算用某项新工艺代替原来的旧工艺。取得新工艺有两种途径:一是自行研究,其成功的可能性是 70%;二是购买专利,估计谈判成功的可能性是 60%。无论研究成功还是谈判成功,生产规模都考虑两种方案:一是产量不变,二是产量增加。如果研究或谈判失败,则仍采用原工艺进行生产,并保持原产量不变。

根据市场预测,今后五年内这种产品价格低、价格中等、价格高的可能性分别为 10%、60% 和 30%,各种情况下的损益矩阵见表 11-15,试用决策树方法进行决策。

表 11-15 损益矩阵

价格状态(概率)	按原工艺生产	购买专利成功		自行研究成功	
		产量不变	产量增加	产量不变	产量增加
价格低 (10%)	−100	−150	−200	−150	−200
价格中等 (60%)	0	60	60	0	−250
价格高 (30%)	120	200	300	250	500

解:(1) 画出决策树(从左至右),如图 11-1 所示。

(2) 计算各节点的期望损益值(从右至左)。

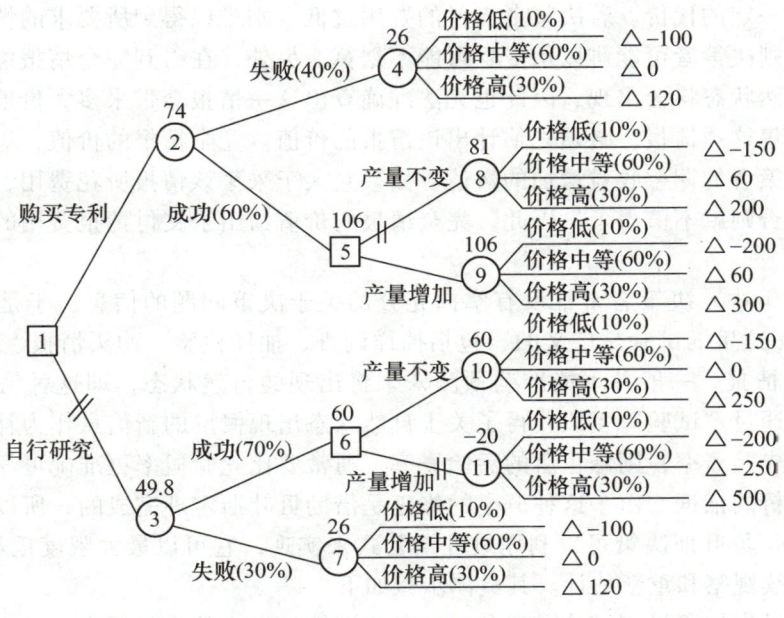

图 11-1 决策树

① 计算关于购买专利的状态节点的期望损益值。

状态节点 4：$-100 \times 10\% + 0 \times 60\% + 120 \times 30\% = 26$。
状态节点 8：$-150 \times 10\% + 60 \times 60\% + 200 \times 30\% = 81$。
状态节点 9：$-200 \times 10\% + 60 \times 60\% + 300 \times 30\% = 106$。

对比决策节点 5 之后的状态节点 8 与状态节点 9 可知，应该删去状态节点 8。此时，经计算可得状态节点 2：$26 \times 40\% + 106 \times 60\% = 74$。

② 计算关于自行研究的状态节点的期望损益值。
状态节点 10：$-150 \times 10\% + 0 \times 60\% + 250 \times 30\% = 60$。
状态节点 11：$-200 \times 10\% - 250 \times 60\% + 500 \times 30\% = -20$。
状态节点 7：$-100 \times 10\% + 0 \times 60\% + 120 \times 30\% = 26$。

对比决策节点 6 之后的状态节点 10 与状态节点 11 可知，应该删去状态节点 11。此时，经计算可得状态节点 3：$60 \times 70\% + 26 \times 30\% = 49.8$。

(3) 最终确定方案。

与状态节点 3 比较，状态节点 2 的期望损益值更大，故合理的决策应该是购买专利，购买专利成功后应增加产量。

11.4.4 贝叶斯决策（后验概率方法）

正确的决策来源于可靠的情报和信息。情报和信息越全面、可靠，对自然状态发生的概率的估计就越准确，据此做出的决策也就越合理。能完全肯定某一自然状态发生的情报称为完全情报，否则，称为不完全情报。有了完全情报，决策者在决策时即可准确预测将出现什么自然状态，从而把风险型决策问题转化为确定型决策问题。

实际上，获得完全情报是十分困难的，大多数情报属于不完全情报。

为了得到情报，决策者需要进行必要的调查、试验、统计等，或直接从别人手中购买，总之，要花费一定的代价。若决策者支付的费用过低，则难以得到所要求的情报。若需支付的费用过高，则决策者可能难以承受且可能不划算。另外，在得到完全情报之前，决策者并不知道哪个自然状态将会出现，因此也无法准确算出这一情报会带来多大价值，但为了决定是否值得去采集这项情报，必须先估计出该情报的价值。完全情报的价值，等于因获得了这项情报而使决策者的期望收益增加的数值。如果它大于采集该情报所花费用，则采集这项情报是值得的，否则就不值得了。因此，完全情报的价值给出了支付情报费用的上限。具体见例 11-7。

在实际决策中，决策者常常没有掌握充分的关于决策问题的信息，于是往往采取各种"试验"手段（这里的试验是广义的，包括抽样调查、抽样检验、购买情报、专家咨询等），但这样获得的情报，一般并不能准确预测未来将出现的自然状态，即这种情报是不完全情报。若决策者通过"试验"手段获得了关于自然状态出现概率的新信息作为补充信息，用它来修正原来的先验概率，则修正后的后验概率，通常要比先验概率更准确可靠，可作为决策者进行决策分析的依据。由于这种概率的修正是借助贝叶斯定理完成的，所以这种决策就称为贝叶斯决策。贝叶斯决策可以利用贝叶斯公式来实现，它可以最大限度地利用现有信息，并对其加以连续观察和重新估计。其具体步骤如下：

(1) 先由过去的资料和经验得到自然状态（事件）发生的先验概率。
(2) 根据调查或试验算得的条件概率，利用贝叶斯公式计算出各自然状态的后验概率，贝叶斯公式如下所示。

$$p(B_i|A) = \frac{p(B_i)p(A|B_i)}{\sum_{i=1}^{n} p(B_i)p(A|B_i)} \quad (i=1,2,\cdots,n)$$

式中，$B_i(i=1,2,\cdots,n)$ 是所有可能出现的自然状态，且其中任意两个自然状态不可能同时发生，即 $\{B_1,B_2,\cdots,B_n\}$ 是两两互斥的完备事件组；$p(B_i)$ 是自然状态 B_i 出现的概率，即先验概率；$p(A|B_i)$ 是在自然状态 B_i 出现的情况下，事件 A 发生的条件概率；$p(B_i|A)$ 是在事件 A 发生的情况下，自然状态 B_i 出现的条件概率，即后验概率。

"发生了一次事件 A" 是补充情报，显然，贝叶斯公式就是根据补充情报，由先验概率计算后验概率的公式。

【例 11-7】 某公司有 5 万元多余资金，如果用于某项开发事业，估计成功率为 96%，成功时可获利 12%；若失败，将丧失全部资金。如果把资金存到银行中，则可稳得利息 6%。为获取更多情报，该公司可求助咨询公司，咨询费用为 0.05 万元，但咨询意见仅供参考。该咨询公司过去类似的 200 例咨询意见实施结果如表 11-16 所示。试用决策树法决定：该公司是否值得求助咨询公司？该公司的多余资金应如何使用？

表 11-16　200 例咨询意见实施结果

咨询意见	投资成功 / 次	投资失败 / 次	总计 / 次
可以投资	154	2	156
不可以投资	38	6	44
总计 / 次	192	8	200

解：根据已知条件，有 $5 \times 12\% = 0.6$ 万元，$5 \times 6\% = 0.3$ 万元，即多余资金用于某项开发事业时，若成功，则可获利 0.6 万元，如果存入银行可获利 0.3 万元。设 T_1 表示咨询意见为可以投资；T_2 表示咨询意见为不可以投资；E_1 为投资成功；E_2 为投资失败。依题意有

$$p(E_1) = 0.96, p(E_2) = 0.04, p(T_1) = \frac{156}{200} = 0.78, p(T_2) = 1 - p(T_1) = 1 - 0.78 = 0.22$$

又根据概率论中"积"的定义可知，T、E 二者的积的概率是 T 与 E 同时发生的概率。由表 11-16 提供的数据可以算出

$$p(T_1E_1) = \frac{154}{200} = 0.77, \quad p(T_1E_2) = \frac{2}{200} = 0.01$$

$$p(T_2E_1) = \frac{38}{200} = 0.19, \quad p(T_2E_2) = \frac{6}{200} = 0.03$$

因为有乘法定理 $p(TE) = p(T)p(E|T) = p(E)p(T|E)$，因此

$$p(E|T) = \frac{p(TE)}{p(T)} \tag{11-5}$$

利用式 (11-5) 可以算出

$$p(E_1|T_1)=\frac{p(T_1E_1)}{p(T_1)}=\frac{0.77}{0.78}\approx 0.987, \quad p(E_2|T_1)=\frac{p(T_1E_2)}{p(T_1)}=\frac{0.01}{0.78}\approx 0.013$$

$$p(E_1|T_2)=\frac{p(T_2E_1)}{p(T_2)}=\frac{0.19}{0.22}\approx 0.864, \quad p(E_2|T_2)=\frac{p(T_2E_2)}{p(T_2)}=\frac{0.03}{0.22}\approx 0.136$$

上述 $p(E_1)$ 与 $p(E_2)$ 为先验概率，$p(E_1|T_1)$，$p(E_2|T_1)$，$p(E_1|T_2)$，$p(E_2|T_2)$ 为后验概率。这里，求后验概率时没有用到贝叶斯公式。当然，也可以先根据乘法定理求出条件概率 $p(T|E)$，再利用贝叶斯公式求后验概率，但那样算会比较麻烦。该问题的决策树如图 11-2 所示。

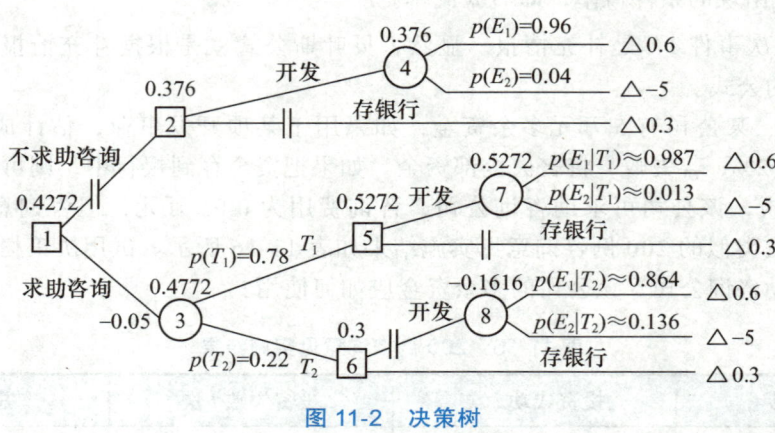

图 11-2 决策树

本问题的结论是：该公司应求助于咨询公司。如果咨询意见是可以投资，则投资于开发事业，如果咨询意见是不可以投资，则将多余资金存入银行。

11.5 效用理论

11.5.1 效用的概念

11.4 节利用决策树进行决策时，都是用期望值方法来判断和选择方案的，即假定决策者认为，期望值大小是决策的标准。可是进一步的研究表明，在实际风险决策过程中，决策者的许多决策行为并不遵从期望值方法。

【例 11-8】 要求决策者从下面三个游戏中选择对自己最有利的一种。

游戏A：投一枚硬币，正面朝上，游戏者获得 1000 元；反面朝上，游戏者要付出 600 元。
游戏B：投一枚硬币，正面朝上，游戏者获得 600 元；反面朝上，游戏者要付出 200 元。
游戏C：不投硬币，游戏者直接获得 200 元。

尽管 A、B、C 三个游戏收益的期望值都等于 200 元，但绝大多数决策者都会直观地认为，这三个游戏的价值是不同的，游戏C比游戏B好，游戏B比游戏A好。

为什么决策者认为游戏C是最好的呢？因为直接得到 200 元不包含任何风险，而游戏B和游戏A尽管收益的期望值都是 200 元，但都是包含风险的，游戏B包含要付出 200 元的风险，而游戏A包含要付出600元的风险，游戏A包含的风险比游戏B更大。

由此我们可以知道，决策者在进行决策时不仅要考虑决策收益的期望值大小，还要考虑决策包含的风险大小。带有风险的决策对决策者的价值称为效用。

11.5.2 效用的测定和效用函数

效用是一个相对的概念。我们通常把收益取最大值时的效用定义为1，把收益取最小值（损失最大）时的效用定义为0。

现在，我们来定义期望效用的概念。设某一随机变量X可能出现的值为$x_i(i=1,2,\cdots,n)$，这些值的效用为$U(x_i)$，它们出现的概率分别为$p(x_i)$，则这个随机变量X的期望效用$EU(X)$为

$$EU(X)=\sum_{i=1}^{n}p(x_i)U(x_i) \tag{11-6}$$

例11-8的三个游戏所涉及的损益值从小到大排列为：-600元，-200元，200元，600元，1000元。将-600元对应的效用定义为0，1000元对应的效用定义为1。

首先计算游戏A的期望效用。游戏A中可能出现的1000元和-600元的效用是已知的，即$U(1000)=1$，$U(-600)=0$，而1000元和-600元出现的概率都是0.5，因此游戏A的期望效用为

$$EU(A)=\sum_{i=1}^{n}p(x_i)U(x_i)=0.5\times1+0.5\times0=0.5$$

对于一个确定性的事件A，期望效用就是这个事件的效用，即$EU(A)=U(A)$。通过对决策者进行问卷测试，可以测定决策者在不同的损益值下的效用值。问卷测试的过程如下。

(1) 要求决策者在游戏A和游戏C中做出选择，决策者选择游戏C。这个选择表明

$$U(C=200)>EU(A)=0.5\times1+0.5\times0=0.5$$

也就是说，决策者认为没有风险的200元的价值比包含-600元风险的200元的价值要高。

(2) 把游戏C中的200元降低为100元，要求决策者再次在游戏A和游戏C中做出选择，决策者还是选择游戏C。这说明

$$U(C=100)>EU(A)=0.5\times1+0.5\times0=0.5$$

(3) 把游戏C中的100元降低为50元，要求决策者再次在游戏A和游戏C中做出选择，决策者还是选择游戏C。这说明

$$U(C=50)>EU(A)=0.5\times1+0.5\times0=0.5$$

从这个结果可以看出，决策者宁愿要没有风险的50元，也不愿意去冒可能收获1000元，但也可能损失600元的风险。

(4) 把游戏C中的50元降低为10元。要求决策者再次在游戏A和游戏C中做出选择，决策者还是选择游戏C。这说明

$$U(C=10)>EU(A)=0.5\times1+0.5\times0=0.5$$

也就是说，决策者宁愿要没有风险的10元，也不愿意去冒可能收获1000元，但也可能损失600元的风险。由此可以看出，这是一位决策很稳健、不愿意冒险的决策者。

(5) 把游戏C中的10元降低为–50元，要求决策者再次在游戏A和游戏C中做出选择，即要求决策者投掷硬币来决定他是收获1000元还是损失600元，如果他拒绝玩游戏A，就得损失50元。这时决策者的选择发生了逆转，他认为，与其选择游戏C而付出50元，不如孤注一掷，选择游戏A。这说明，此时他认为游戏C的价值比游戏A要低。

$$U(C=-50) < EU(A) = 0.5 \times 1 + 0.5 \times 0 = 0.5$$

(6) 把游戏C中的–50元提高为–10元，要求决策者在游戏A和游戏C中做出选择。决策者这时犹豫了。考虑良久，决策者最后认为游戏A和游戏C没有区别，任意选择一种对他来说都一样。这说明

$$U(C=-10) = EU(A) = 0.5 \times 1 + 0.5 \times 0 = 0.5$$

这样，我们最终测定出这位决策者除了$U(1000)=1$，$U(-600)=0$以外的第三个效用，即$U(-10)=0.5$。

接着，我们可以改变游戏方法，例如，投掷两枚硬币并设置不同投掷结果的损益值来继续问卷测试，用类似的方法得出这位决策者其他损益值的效用。最终测试得到的效用可以标记在图11-3中。连接这些点形成的曲线称为这位决策者的效用曲线，这条曲线对应的以损益值为自变量、以效用为因变量的函数称为效用函数。正如问卷测试表明的那样，这位决策者是一位非常不愿意面对风险的决策者，我们把这样的决策者称为保守型决策者。从图11-3可以看出，保守型决策者的效用曲线是一条上凸的曲线，上凸越多，越保守。

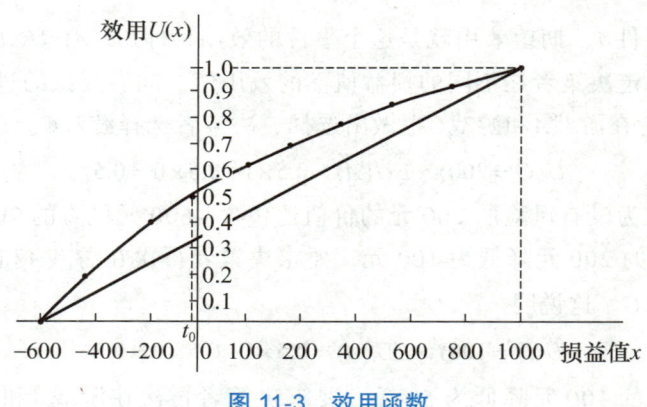

图 11-3 效用函数

假设有另一位决策者，在面临游戏A和游戏C的选择时，毫不犹豫地选择了游戏A。这说明对这位决策者来说，游戏A的价值远比游戏C高，即

$$U(C=200) < EU(A) = 0.5 \times 1 + 0.5 \times 0 = 0.5$$

将游戏C中的200元提高到300元，要求决策者再次在游戏A和游戏C中做出选择，这位决策者仍然坚定地选择游戏A。这说明

$$U(C=300) < EU(A) = 0.5 \times 1 + 0.5 \times 0 = 0.5$$

如此不断提高游戏C中的无风险收益，直到600元时，这位决策者才认为游戏A和游戏C对他来说没有区别。这样得到

$$U(C=600)=EU(A)=0.5\times1+0.5\times0=0.5$$

这位决策者的效用函数如图 11-4 所示,其效用曲线是一条下凹的曲线,我们将其称为冒险型决策者的效用曲线。下凹越多,代表其越喜好风险。

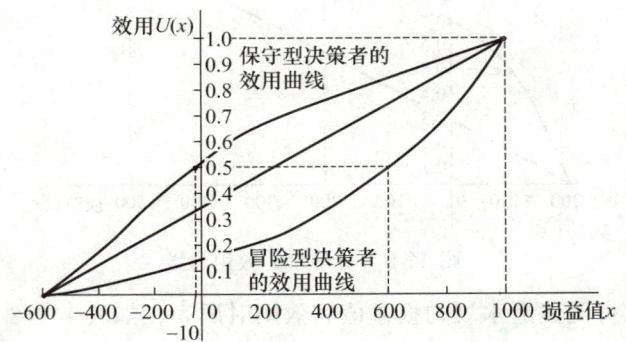

图 11-4 效用函数

遵从期望值方法的决策者的效用曲线是图 11-4 中两条曲线中间的直线,表示既不喜好风险,也不厌恶风险。研究表明,绝大多数决策者都是保守型的,不过保守的程度因人而异,因问题而异。

11.5.3 期望效用决策方法

测定了决策者的效用函数以后,就可以将决策的损益值转换成效用,有了决策者对于不同损益值的效用,就可以用效用代替损益值,用期望效用代替期望值进行决策。

【例 11-9】 计划在一条河上建造一座水电站,水坝的高度有 50 米、80 米和 100 米三种方案。三种高度的水坝分别可以抵御 20 年一遇(发生概率为 5%)、50 年一遇(发生概率为 2%)和 100 年一遇(发生概率为 1%)的洪水。如果洪水强度在水坝设计标准以内,不会造成任何损失,而且只要洪水强度在水坝设计标准以内,洪水越大,蓄水、发电等效益就越显著。如果洪水强度超过设计标准,不仅将危及水坝安全,还会对下游人民生命财产造成巨大损失。不同高度的水坝,遇到不同强度的洪水时,损益值如表 11-17 所示。

表 11-17 损益值对照表

洪水强度	发生概率	损益值 / 千万元		
		高 50 米时	高 80 米时	高 100 米时
小于 20 年一遇	90.5%	8	7	6
20 年一遇	5%	20	15	10
50 年一遇	2%	−6	200	180
100 年一遇	1%	−15	−30	500
大于 100 年一遇	1.5%	−20	−100	−200
损益期望值		7.67	9.285	11.53

根据表 11-17,如果以损益期望值为评价指标,则建造高 100 米的水坝为最优决策。

设已测定出决策者的效用函数如图 11-5 所示。

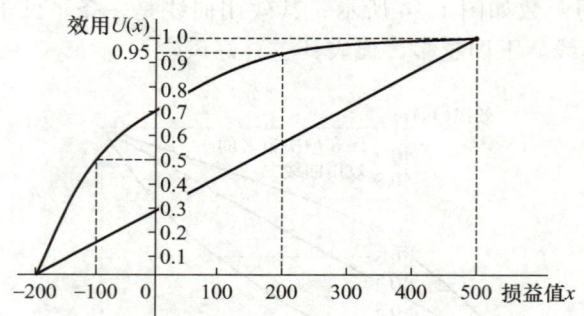

图 11-5 决策者的效用函数

由图 11-5，可以得到建造水坝的损益值和效用对照表，如表 11-18 所示。

表 11-18 损益值和效用对照表

损益值/千万元	-200	-100	-30	-20	-15	-6	6	7
效用	0	0.5	0.7	0.71	0.72	0.73	0.74	0.75
损益值/千万元	8	10	15	20	180	200	500	
效用	0.76	0.77	0.78	0.80	0.93	0.95	1.0	

利用式 (11-6)，计算不同高度水坝的期望效用，得到表 11-19。

表 11-19 期望效用计算表

洪水强度	发生概率	效用		
		高 50 米时	高 80 米时	高 100 米时
小于 20 年一遇	90.5%	0.76	0.75	0.74
20 年一遇	5%	0.80	0.78	0.77
50 年一遇	2%	0.73	0.95	0.93
100 年一遇	1%	0.72	0.70	1.00
大于 100 年一遇	1.5%	0.71	0.50	0.00
期望效用		0.760	0.751	0.737

由表 11-19 可以看出，如果以期望效用决策方法为决策准则，建造高度为 50 米的水坝为最优决策。以期望效用决策方法为决策准则的决策选择不同于以期望值方法为决策准则的，因为决策者具有规避风险的倾向，他无论如何都要避免建造 100 米高的水坝，因为当遭受强度大于 100 年一遇的洪水时，损失将达到 20 亿元，尽管发生这种事件的概率只有 1.5%。

【第 11 章习题】

第12章

库存决策

> **学习目标**
>
> 1. 理解并掌握与库存有关的基本费用；
> 2. 了解库存模型的分类；
> 3. 理解 ABC 分类法的使用；
> 4. 熟练掌握各种库存模型，并会用其解决相应的现实问题。

12.1 库存问题概述

库存论（Inventory Theory，IT）也称存贮论，或者存储论，是运筹学中发展较早的一个分支。其早期的研究可追溯到 20 世纪 10 年代，早在 1915 年，哈里斯就针对银行货币的储备问题进行了详细的研究，建立了一个确定的库存费用模型，并求得了最优解，即最优批量公式。1934 年，威尔逊重新得出了这个公式，后来人们称这个公式为经济订货批量 (Economic Order Quantity，EOQ) 公式。经济订货批量公式的提出标志着库存论的发展进入一个新的阶段。但这仍然只是库存论早期的研究。库存论作为一门学科理论得到发展是在 20 世纪 50 年代。20 世纪 50 年代以后，威汀的《存贮管理的理论》、阿罗的《存贮和生产的数学理论研究》、毛恩等人的《存贮理论》等相继问世，库存论也真正成为一个应用数学分支，归入运筹学范畴。随着库存问题的日趋复杂，所运用的数学方法日趋多样。其不仅包含了常见的数学方法，如概率统计、数值计算方法，而且也包括运筹学的其他分支，如排队论、动态规划、马尔可夫决策规划等。随着企业管理水平的不断提高，库存论将得到更广泛的应用。

库存论是研究物资最优库存策略及库存控制的理论。通俗来讲，库存论是研究在一定的采购、运输、管理、需求条件下，如何使得资源等保持合理的库存水平，以及在保证生产或者营销活动能够继续的前提下，如何使得总的费用最小等问题的理论。当然，这里的关键问题是库存的量与周期的问题。库存论的数学模型一般分为两大类：一类是确定型库存模型；另一类是随机型库存模型。

本章首先介绍库存论的基本概念，然后分别介绍确定型库存模型和随机型库存模型。供需可以事先预测的模型称为确定型库存模型，否则就是随机型库存模型。模型虽然有差别，但基本思路都是以目标函数达到最优为出发点来确定最优的库存策略。本章的目的是让学生通过学习，了解库存论的方法与原理，用来解决实际中的问题。

12.1.1 问题的提出

在人们的日常生活和生产实践中，存在着大量的库存问题。例如以下几个。

(1) 在雨季到来之前，水电站的水库应蓄水多少？如果蓄水量过多，水位上涨易摧毁水坝，还会给下游带来巨大损失；如果蓄水量过少，又满足不了发电的要求。

(2) 工厂生产需用原料，如果没有储存一定数量的原料，就会发生停工待料现象；如果储存了过多的原料，又会使库存费用过多。

(3) 在商店里，若库存商品数量不足，就会发生缺货现象，失去销售机会而减少利润；如果存量过多，一时销售不出去，就会造成商品积压，占用过多流动资金而且周转不开，这样也会给商家造成经济损失。

库存论就是研究此类库存问题的一门科学，它用定量的方法求解何时补充库存，补充多少的问题，以及如何采用合理的库存策略达到最大的经济效益的问题，从而为人们提供定量的决策依据和有价值的定性指导。

如果以库存为中心，把资源的供应作为输入项，需求作为输出项，则构成了一个库存控制系统，如图12-1所示。

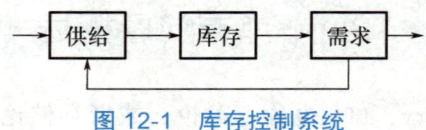

图 12-1 库存控制系统

12.1.2 与库存有关的基本费用

库存论是研究如何库存，也就是，应库存多少、何时库存才能使库存费用最小的理论。因此必须首先明确与库存有关的基本费用。

与库存有关的基本费用有以下几项。

(1) 订购费或生产准备费。订购费是每订购一批货物必须支付的有关费用。它包括各种手续费、电信往来费用、派人员外出采购的差旅费等。这些费用每次订购都要支付，与订货批量的多少无关。因此，订购的次数越少，订购费越低；订购的次数越多，订购费越高。

如果库存供应是由企业内部自行生产解决的，则订购费相当于生产准备费。它是在每批产品投产前的工艺准备费用、设备调整费用，与投产批次有关，与批量无关。

本书用C_3表示单次订购费或生产准备费。

(2) 库存费，也称存贮费。这是与库存直接相关的费用，包括保管费、利息、保险费、税金、库存物的变质损失等。这类费用与库存量的多少及库存时间的长短成正比，所以库存量越少越好，库存时间越短越好。库存费常用单位货物在单位时间内的库存费占该项货物单位成本的百分比表示。例如，一件货物成本为 100 元，月库存费占 1%，则月库存费为 1 元。本书用C_1表示单位货物在单位时间内的库存费。

(3) 缺货损失费，也称中断费用。它是由于库存应付不了需要，使供应中断而造成的经济损失。例如，由于原材料供应不上而造成的机器和工人停工待料的损失，由于供货中断而导致对顾客服务水平下降造成的损失，以及紧急采购所需要的高费用，等等。不过，缺货或供货中断，有时则是一种经营策略。如在商品销售中，有时允许一些商品短期少量缺货，这往往是一种经营策略，因为这样做可将节约的一部分资金用于热门商品的订购和销售，加速资金周转，提高经济效益。

缺货损失费的估计比较困难，即它一般难以用精确的数量来表示。这项费用的估计往往具有近似和任意的性质，但这并不意味着这项费用可以被忽视。本书用C_2表示单位货物的缺货损失费。

（4）货物成本费用（生产可变成本费用）。它是指货物本身的价格，或者是与生产产品数量有关的可变成本费用。

（5）总费用。总费用为货物成本费用、订购费、库存费与缺货损失费之和。用C表示，即库存的总费用=订购费+货物成本费用+库存费+缺货损失费。

一般情况下，由于库存货物的单价是固定不变的，有时在计算总费用时，不包括用于购买货物的费用，而是将订购费、库存费与缺货损失费之和称为总费用，用C表示，本章有的模型就不考虑货物成本费用。

库存论要解决的问题是寻找一个订货周期及订货批量，使得库存的总费用最小。

12.1.3 库存策略

库存策略即决定订货周期和订货批量的策略。通常有以下三种类型。具体模型中变量的符号表示有所不同。

（1）t循环策略。每隔t时间补充库存量Q。

（2）(s,S)策略。每当库存量下降至s时，即刻补充，使库存量达到S。

（3）(t,s,S)混合策略。每隔t时间检查库存量x。当$x>s$时，不补充；当$x \leq s$时，进行补充，使库存量达到S。

为了确定一个库存系统的最佳库存策略，应首先对实际库存系统建立相应的数学模型。这模型既要不太复杂又要能反映出实际库存系统的主要本质特点。

12.2 确定型库存模型

确定型库存模型是最简单的库存模型，这类模型的有关参数如需求量、提前订货时间是已知确定的值，而且在相当长一段时间内稳定不变。经过数学抽象概括的库存模型虽然不可能与现实完全等同，但对模型的探讨将加深我们对库存系统的认识，其模型的解也将为库存系统的决策提供帮助和依据。

12.2.1 经济订货批量库存模型

1. 模型假设

（1）需求是连续均匀的，需求速度为常数R，则t时间内的需求量为Rt。

(2) 当库存量降至零时，可立即补充，不会造成缺货。

(3) 单次订购费为 C_3，单位货物在单位时间内的库存费为 C_1，简称单位库存费，均为常数。

(4) 每次订货批量相同，均为 Q。

(5) 不允许缺货。

这时，我们可以理想地认为订货周期恰好就是从库存量为 Q 到库存量为零的时间。这是一个典型的循环问题，其库存量的变化规律如图 12-2 所示。

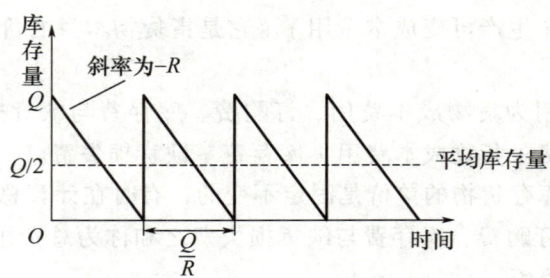

图 12-2　库存量的变化规律

在该模型中，由于可以立即得到供货，不会出现缺货，所以在研究此模型时可以不考虑缺货损失费，故该模型的费用只有订购费、货物成本费用和库存费。我们将以总平均费用来衡量库存策略的优劣。为找出最优库存策略，首先想到在需求一定的情况下，若每次订货量多，则可减少订购次数，从而减少订购费。然而，每次订货量多，则会增加库存量，致使库存费增加。如何使库存系统中这两种费用趋于最佳平衡就是需要解决的问题。

在一个订货周期 T 内，由于需求速度 R 是固定的，所以库存量会均匀地从 Q 下降到零，此有 $Q = RT$，则 T 时间内平均库存量为

$$\frac{1}{T}\int_0^T Rt\,\mathrm{d}t = \frac{1}{T} \times \frac{1}{2}RT^2 = \frac{1}{2}RT = \frac{Q}{2}$$

2. 库存模型

(1) 库存策略。该问题的库存策略就是每隔 T 时间订购一次，订货量为 $Q = RT$。

(2) 优化准则。优化准则为使 T 时间内平均费用最小。由于问题是线性的，所以若 T 时间内平均费用最小，则总体平均费用就会最小。

(3) 目标函数。根据优化准则和库存策略，该问题的目标函数就是 T 时间内的平均费用函数，即 $C = C(T)$。具体费用有以下几项。

① T 时间内订购费 + T 时间内货物成本费用 = $C_3 + KRT$（其中 K 为货物单价）。

② T 时间内库存费 = 平均库存量 × 单位库存费 × 时间 = $\frac{Q}{2}C_1 T = \frac{RT}{2}C_1 T = \frac{1}{2}C_1 RT^2$。

(4) T 时间内平均费用函数（目标函数）为

$$C(T) = \frac{C_3}{T} + \frac{KRT}{T} + \frac{1}{2}\frac{C_1 RT^2}{T} = \frac{C_3}{T} + KR + \frac{1}{2}C_1 RT \tag{12-1}$$

(5) 最优库存策略。在上述目标函数中，令 $\dfrac{dC(T)}{dT} = -\dfrac{C_3}{T^2} + 0 + \dfrac{1}{2}C_1R = 0$，得

$$T^* = \sqrt{\dfrac{2C_3}{C_1R}} \tag{12-2}$$

即每隔 T^* 时间订货一次，可使得平均费用最小，此时有

$$Q^* = RT^* = R\sqrt{\dfrac{2C_3}{C_1R}} = \sqrt{\dfrac{2C_3R}{C_1}} \tag{12-3}$$

即当库存量为零时立即订货，订货批量为 Q^* 可使平均费用最小。式 (12-3) 就是经济订货批量公式，该 Q^* 就是著名的经济订货批量。此时，最小平均费用为

$$C(T^*) = \dfrac{C_3}{T^*} + KR + \dfrac{1}{2}C_1RT^* = \sqrt{2C_1C_3R} + KR \tag{12-4}$$

费用曲线见图 12-3。

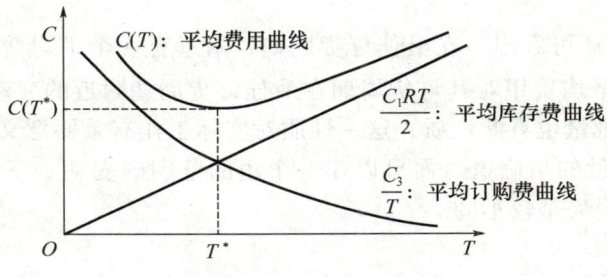

图 12-3 费用曲线

【例 12-1】 某工厂对某种材料的全年需求量为 1040 吨，材料单价为 1200 元/吨，每次采购该种材料的订购费为 2040 元，每年库存费为 170 元/吨。试求工厂对该材料的经济订货批量、每年订货次数，以及全年的总费用。

解： 已知 $R=1040$ 吨/年，$C_1=170$ 元/吨，$C_3=2040$ 元，$K=1200$ 元/吨。因此经济订货批量为

$$Q^* = \sqrt{\dfrac{2C_3R}{C_1}} = \sqrt{\dfrac{2\times 2040\times 1040}{170}} \approx 157.99 \approx 158 \text{（吨）}$$

每年订货次数为

$$\dfrac{1040}{158} \approx 6.58 \text{（次）}$$

如果订货 6 次，则总费用为

$$C = 6\times \left(2040 + \dfrac{1040}{6}\times 1200 + \dfrac{1}{2}\times \dfrac{1040\times 170}{6}\right) = 1348640 \text{（元）}$$

如果订货 7 次，则总费用为

$$C = 7\times \left(2040 + \dfrac{1040}{7}\times 1200 + \dfrac{1}{2}\times \dfrac{1040\times 170}{7}\right) = 1350680 \text{（元）}$$

因此，订货 6 次更为合适，每年的总费用为 1348640 元。

在应用经济订货批量公式时，注意到一个重要的特性，即该模型不太敏感，也就是说，即使输入参数的值有较大的误差，用经济订货批量公式仍能给出一个不太差的结果。如例 12-1 中，假定每次订购费为 C_3 是 4080 元，这时，Q 应修正为

$$Q^* = \sqrt{\frac{2C_3R}{C_1}} = \sqrt{\frac{2\times 4080 \times 1040}{170}} \approx \sqrt{2}\times 158 \text{（吨）}$$

其结果大约是原来的 1.41 倍，换句话说，输入参数的值有 100% 的误差，而输出结果只产生了 41% 的误差。供应周期与费用函数也具有同样的特性。显然，这种很有价值的特性来自平方根的形式。

由此可见，即使在对参数值的确定并无多大把握的情况下，也可以充满信心地去应用经济订货批量公式。这种情况也许是颇为常见的。例如，库存费实际上很难从固定管理费中划分出来，往往是估算出来的，应该列入订购费的一些项目可能被漏掉，等等。虽然参数值不太精确，但仍可以获得较好的结果，这就是经济订货批量模型能够得到较为广泛使用的重要原因。

此外，从图 12-3 还可看出，在最佳订货周期 T^* 附近有一个平均费用曲线变化较平缓的区域，这就意味着，平均费用对其订货周期在最佳订货周期附近的变动不太敏感。同样地，平均费用对最佳订货批量也有此性质，这一性质对实际工作有重要意义，它使管理者不必去死死追求最佳订货批量的精确值，而可以在一个小的范围内变动一下最佳订货批量的精确值，这样做所造成的损失是较小的。

需要说明三点。

① 订货一般不会随订随到，总会拖后一段时间，如果这段时间固定且已知，假定为 L，那么，当库存量下降到 s 时，就应立即订货，等库存量下降为零时，货物正好得到补充。考虑了这一因素后，上面求得的经济订货批量公式并未发生任何变化，只是在每次订货时，提前时间 L 就可以了。

② 在实际中，当需求周期的需求量大于订货批量时，在需求周期内的订货次数必大于 1。此时，若订货次数为整数 n（或题目中允许订货次数为小数 n 时），在需求周期内，平均费用的计算公式为

$$C(T^*) = n\sqrt{2C_1C_3R} + KR \tag{12-5}$$

若不为整数（或不允许为小数），则需在采用例 12-1 的方式计算之后，再进行结果比较，从而选出最优订货次数。

③ 当需求周期的需求量小于订货批量时，平均费用计算公式为

$$C(T^*) = \sqrt{2C_1C_3R} + KR$$

12.2.2 在制品批量的库存模型

经济订货批量库存模型有一个假设条件，即每次订货后，货物能在瞬间全部入库，但许多实际库存系统并非如此。如订购的货物很多，不能一次运到，需要一段时间陆续入库；又如工业企业通过内部生产来实现补充时也往往需要一段时间陆续生产出所需批量的货物。在

这种情况下，除了订货时间大于零，经济订货批量库存模型的其余假设条件均成立。

1. 模型假设

(1) 需求是连续均匀的，且设需求速度为常数R。

(2) 每次订购费或生产准备费(此处假设企业自行生产)为C_3，单位库存费为C_1，且都为常数。

(3) 当库存量降至零时开始生产，单位时间生产量（生产率）P为常数$(P>R)$，生产的产品一部分满足当时的需求，剩余部分作为库存，库存量以$P-R$的速度增加；当生产T_P时间以后，停止生产，此时库存量为$(P-R)T_P$，以该库存量来满足需求。当库存量降至零时，再开始生产，开始一个新的周期。

(4) 每次生产量均相同，均为Q。设最大库存量为S，总周期时间为T，其中生产时间为T_P，不生产时间为T_R，库存状态如图12-4所示。在$[0,T_P]$区间内，库存以$(P-R)$的速度增加，在$[T_P,T]$区间内，库存以速度R减少。T_P与T均为待定数。

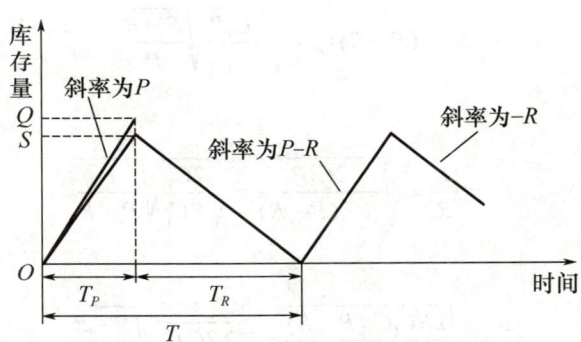

图 12-4 在制品批量的库存模型

2. 库存模型

(1) 库存策略：一次生产的生产量为Q，即问题的决策变量。

(2) 优化准则：T_P+T_R时期内，平均费用最小。

(3) 相关函数如下所示。

① 生产时间为$T_P=\dfrac{Q}{P}$。

② 最大库存量为$S=(P-R)T_P=\dfrac{(P-R)Q}{P}$，$T$时间内的平均库存量为$\dfrac{S}{2}$。

③ 不生产时间为$T_R=\dfrac{S}{R}=\dfrac{(P-R)Q}{PR}$，总时间为$T=T_P+T_R=\dfrac{Q}{R}$。

④ T时间内的平均库存费为$\dfrac{SC_1}{2}=\dfrac{C_1}{2}\dfrac{(P-R)Q}{P}$。

⑤ T 时间内所需的平均生产准备费为 $\dfrac{C_3}{T} = \dfrac{C_3 R}{Q}$。

⑥ T 时间内的总平均费用为 $C(Q) = \dfrac{1}{2} C_1 \dfrac{P-R}{P} Q + \dfrac{C_3 R}{Q}$ (12-6)

(4) 最优库存策略。

在上述费用函数的基础上，令 $\dfrac{\mathrm{d}C(Q)}{\mathrm{d}Q} = 0$，有最佳生产量为

$$Q^* = \sqrt{\dfrac{2C_3 RP}{C_1(P-R)}} = \sqrt{\dfrac{2C_3 R}{C_1}} \sqrt{\dfrac{P}{P-R}} \qquad (12\text{-}7)$$

最佳生产时间为

$$T_P = \dfrac{Q^*}{P} = \sqrt{\dfrac{2C_3 R}{C_1}} \sqrt{\dfrac{1}{P(P-R)}} \qquad (12\text{-}8)$$

最大库存量为

$$S^* = (P-R)T_P = \sqrt{\dfrac{2C_3 R}{C_1}} \sqrt{\dfrac{P-R}{P}} \qquad (12\text{-}9)$$

最佳总周期时间为

$$T^* = \dfrac{Q^*}{R} = \sqrt{\dfrac{2C_3 P}{RC_1(P-R)}} = \sqrt{\dfrac{2C_3}{RC_1}} \sqrt{\dfrac{P}{P-R}} \qquad (12\text{-}10)$$

最小平均费用为

$$C^* = \sqrt{\dfrac{2RC_1 C_3(P-R)}{P}} = \sqrt{2RC_1 C_3} \sqrt{\dfrac{P-R}{P}} \qquad (12\text{-}11)$$

可以看出，当 $P \to \infty$ 时，$T_P \approx 0$，该模型就返回到瞬时补充且不允许缺货的模型，即经济订货批量库存模型。

【例 12-2】 某电视机厂自行生产扬声器用来装配本厂生产的电视机，每台电视机装配一个扬声器。该厂每天生产 100 台电视机，而扬声器生产车间每天可以生产 5000 个扬声器。已知该厂每批电视机装配的生产准备费为 5000 元，而每个扬声器每天的库存费为 0.02 元。试确定该厂扬声器的最佳生产量、生产时间、安装周期和最小平均费用。

解： 已知需求速度 $R=100$ 台/天，生产量 $P=5000$ 个/天，每次的生产准备费 $C_3=5000$ 元，单位库存费 $C_1=0.02$ 元/天。因此，最佳生产量为

$$Q^* = \sqrt{\dfrac{2C_3 RP}{C_1(P-R)}} = \sqrt{\dfrac{2C_3 R}{C_1}} \sqrt{\dfrac{P}{P-R}} = \sqrt{\dfrac{2 \times 5000 \times 100}{0.02}} \times \sqrt{\dfrac{5000}{5000-100}} \approx 7142.86 \approx 7143 \text{（个）}$$

最佳安装周期为

$$T^* = \dfrac{Q^*}{R} = \dfrac{7143}{100} \approx 71.43 \text{（天）}$$

最佳生产时间为

$$T_P = \frac{Q^*}{P} = \frac{7143}{5000} = 1.4286 \approx 1.43 \text{（天）}$$

最小平均费用为

$$C^* = \sqrt{2RC_1C_3}\sqrt{\frac{P-R}{P}} = \sqrt{2 \times 100 \times 0.02 \times 5000} \times \sqrt{\frac{5000-100}{5000}} = 140 \text{（元）}$$

12.2.3 允许缺货、补充时间极短的库存模型

上述两个模型是以不允许缺货为前提的，但对实际的库存系统而言，由于受各种客观条件的制约，不缺货几乎是很难实现的。为保证不缺货，企业需保有大量的库存，这无形中增加了库存费开支；而缺货时，虽然要求支付缺货损失费，但可以减少货物的库存量，延长订货周期，但这要求顾客遇到缺货不受损失或损失很小，并假设顾客会耐心等待，直到新的货物补充到来。当新的货物补充一到，企业立即将所缺的货物交付给这些顾客，即缺货部分不进入库存。如果允许缺货，对企业来说除支付少量的缺货损失费外，并无其他的损失，这样企业就可以利用"允许缺货"这个宽松条件，少付几次订购费，少付一些库存费，从经济观点出发，这样的允许缺货现象对企业是有利的。因此综合考虑库存系统的总费用，适当采取缺货策略在一定程度上是可取的。

1. 模型假设

一般发生缺货后的情况可分为两种：一种是缺货后可以延期付货，另一种是发生缺货后损失无法弥补，损失顾客。由于第二种情况是企业所不希望出现的，因此在下面的讨论中，仅探讨可以延期付货的情况。在这种情况下，虽然可能在一段时间内会发生缺货，但下批订货到达后可立即补足缺货。模型如图 12-5 所示。

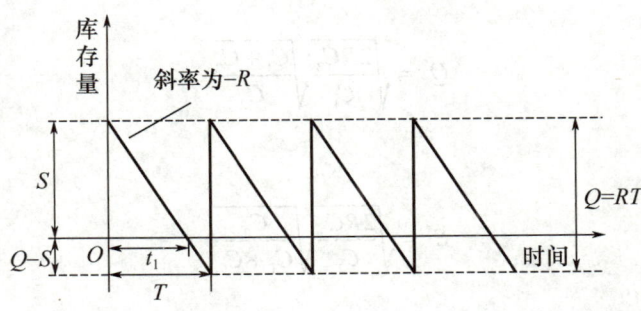

图 12-5 允许缺货、补充时间极短的库存模型

(1) 需求是连续均匀的，且设需求速度为常数 R。

(2) 单次订购费为 C_3，单位库存费为 C_1，单位缺货损失费为 C_2，且都为常数。

(3) 当库存量降至零时仍不生产。

(4) 以 t_1 表示需求全由库存现货供应的时间，即不缺货时间。

(5) 在总周期 T 内允许缺货，缺货时间为 $T-t_1$，且缺货部分用下一批到货一次补足。

(6) 用 S 表示初始库存量。

(7) 用 Q 表示订货批量，用 $Q-S$ 表示缺货量。

2. 库存模型

设初始库存量为 S，可满足 t_1 时间段内的需求，需求缺口为 $Q-S$，订货批量 $Q=RT$。

t_1 时间段内的平均库存量为 $\dfrac{S}{2}$，总周期 T 内的最大缺货量为 $Q-S$，平均缺货量为 $\dfrac{(Q-S)(T-t_1)}{2T}$。可得以下函数关系。

(1) 不缺货时间为 $t_1 = \dfrac{S}{R}$。

(2) 缺货时间为 $T - t_1 = \dfrac{Q-S}{R}$。

(3) 总周期 T 内平均库存量为 $\dfrac{St_1}{2T} = \dfrac{S}{2}\dfrac{S}{Q} = \dfrac{S^2}{2Q}$。

(4) 总周期 T 内平均缺货量为 $\dfrac{(Q-S)(T-t_1)}{2T} = \dfrac{(Q-S)}{2}\dfrac{(Q-S)}{Q} = \dfrac{(Q-S)^2}{2Q} = \dfrac{(RT-S)^2}{2Q}$。

(5) 总周期 T 内平均订购费为 $\dfrac{C_3}{T} = \dfrac{C_3 R}{Q}$。

(6) 总周期 T 内平均费用函数为 $C(S,Q) = \dfrac{S^2 C_1}{2Q} + \dfrac{(Q-S)^2 C_2}{2Q} + C_3 \dfrac{R}{Q}$。 (12-12)

令 $\dfrac{\partial C(S,Q)}{\partial Q} = 0, \dfrac{\partial C(S,Q)}{\partial S} = 0$，求得最佳订货批量为

$$Q^* = \sqrt{\dfrac{2RC_3}{C_1}}\sqrt{\dfrac{C_1 + C_2}{C_2}} \tag{12-13}$$

最佳库存量为

$$S^* = \sqrt{\dfrac{2RC_3}{C_1}}\sqrt{\dfrac{C_2}{C_1 + C_2}} \tag{12-14}$$

最佳循环时间为

$$T^* = \dfrac{Q^*}{R} = \sqrt{\dfrac{2C_3}{RC_1}}\sqrt{\dfrac{C_1 + C_2}{C_2}} \tag{12-15}$$

周期内平均费用为

$$C(S^*, Q^*) = \sqrt{2RC_1C_3}\sqrt{\dfrac{C_2}{C_1 + C_2}} \tag{12-16}$$

可以看出，当 $C_2 \to \infty$ 时，$\dfrac{C_2}{C_1+C_2} \to 1$，模型返回到瞬时补充且不允许缺货的经济订货批量库存模型。最大缺货量为

$$Q^* - S^* = \sqrt{\dfrac{2RC_1C_3}{(C_1+C_2)C_2}} \tag{12-17}$$

综上所述，在允许缺货的情况下，库存策略是隔 T^* 时间订货一次，订货批量为 Q^*，用 Q^* 中的一部分补充所缺货物，剩余的 S^* 用于库存。

【例 12-3】 为了满足报刊发行的需要，报社必须关心适时补充新闻纸库存的问题。假设这种新闻纸以"卷"为单位进货，印刷需求的速度是每周 32 卷。补充费是每次 25 元。纸张的库存费是每卷每周 1 元。假定允许缺货，单位缺货在一周里的损失为 3 元，试求此时的经济采购批量、最大库存量、采购间隔期和最小平均费用。

解： 已知需求速度 $R = 32$ 卷/周，单位库存费用 $C_1 = 1$ 元/周，补充费（订购费）$C_3 = 25$ 元/次，单位缺货损失费 $C_2 = 3$ 元/周。

$$Q^* = RT^* = \sqrt{\dfrac{2RC_3}{C_1}}\sqrt{\dfrac{C_1+C_2}{C_2}} = \sqrt{\dfrac{2\times 32\times 25}{1}}\sqrt{\dfrac{1+3}{3}} \approx 46\ (\text{卷})$$

$$S^* = \sqrt{\dfrac{2RC_3}{C_1}}\sqrt{\dfrac{C_2}{C_1+C_2}} = \sqrt{\dfrac{2\times 32\times 25}{1}}\sqrt{\dfrac{3}{1+3}} \approx 35\ (\text{卷})$$

$$T^* = \sqrt{\dfrac{2C_3}{RC_1}}\sqrt{\dfrac{C_1+C_2}{C_2}} = \sqrt{\dfrac{2\times 25}{32\times 1}}\sqrt{\dfrac{1+3}{3}} \approx 1.44\ (\text{周})$$

$$C(S^*,Q^*) = \sqrt{2RC_1C_3}\sqrt{\dfrac{C_2}{C_1+C_2}} = \sqrt{2\times 32\times 1\times 25}\sqrt{\dfrac{3}{1+3}} \approx 35\ (\text{元})$$

此时的经济采购批量约为 46 卷，最大库存量约为 35 卷，采购间隔期约为 1.44 周，最小平均费用约为 35 元。

12.2.4 允许缺货、补充时间较长的库存模型

此模型与 12.2.2 小节中的模型相比，放宽了假设条件：允许缺货。与 12.2.3 小节中的模型相比，相差的条件是：补充时间较长，因此，补充货物不能同时到位。开始补充时，一部分货物满足需要，剩余货物作为储存。生产停止时，靠储存货物来满足需要。

1. 模型假设

假设允许缺货，且补充需要一定的时间，其余假设与瞬时补充且不允许缺货的模型相同。该模型是前述三种模型的综合。其库存状态变化如图 12-6 所示。

设单位时间生产量为 P，需求速度为 R（$P > R$）。当库存达到最大库存量 S 时停止生产，总周期为 T。在总周期 T 中，生产时间为 t_3，库存量大于零的时间是 t_2，小于零的时间是 t_1。最大库存量与最大缺货量之和为 $Q = R(T-t_3)$，最大缺货量为 $Q - S$。

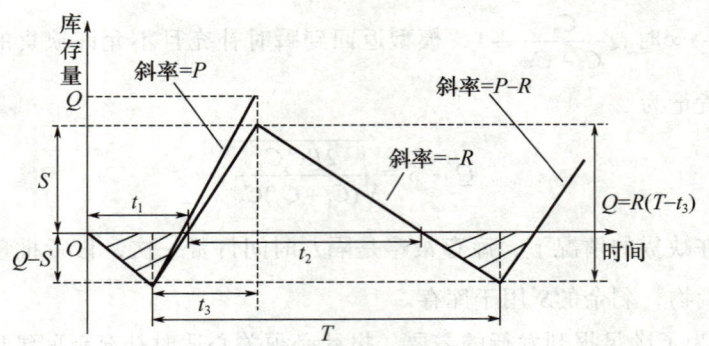

图 12-6 允许缺货、补充时间极长的库存模型

2. 库存模型

设当库存达到最大缺货量 $Q-S$ 时开始组织生产,每天生产的 P 件产品中有 R 件产品满足当天的市场需求,其余的 $P-R$ 件产品用于补充上期的缺货,多余的产品补充库存。经过时间段 t_3 后库存达到最大库存量 S,则停止生产。

(1) 总周期 T 内的生产准备费为 $\dfrac{C_3}{T}$。

(2) 总周期 T 内的平均库存费为 $\dfrac{1}{2T}St_2C_1$。

(3) 总周期 T 内的平均缺货损失费为 $\dfrac{1}{2T}(RT-S)(T-t_2)C_2$。

(4) 总周期 T 内的平均费用函数为 $C(T,S) = \dfrac{1}{T}\left[C_3 + \dfrac{1}{2}St_2C_1 + \dfrac{1}{2}(RT-S)(T-t_2)C_2\right]$。 (12-18)

为了计算 t_2,整理出以下关系。

① t_3 期间的全部产量等于在总周期 T 内的全部需求,即

$$Pt_3 = RT \Rightarrow T = \dfrac{P}{R}t_3 \tag{12-19}$$

② t_3 期间生产的 Pt_3 件产品分配如下:满足 t_3 期间的需求 Rt_3 后,补足上期的缺货 $Q-S$ 件,然后使库存达到 S 件。此时有

$$Pt_3 = Rt_3 + (Q-S) + S \Rightarrow t_3 = \dfrac{Q}{P-R} \tag{12-20}$$

$$T = \dfrac{PQ}{(P-R)R} \tag{12-21}$$

③ 根据相似三角形的比例关系(见图 12-6)可得

$$\dfrac{t_2}{T} = \dfrac{S}{Q} \Rightarrow t_2 = \dfrac{S}{Q}T = \dfrac{PS}{(P-R)R} \tag{12-22}$$

整理可得

$$C(T,S) = \frac{1}{T}\left[C_3 + \frac{C_1 S^2}{2R} \cdot \frac{P}{P-R} + \frac{C_2(RT-S)[(P-R)RT-PS]}{2(P-R)R}\right] \quad (12\text{-}23)$$

令 $\frac{\partial C}{\partial T} = 0$，$\frac{\partial C}{\partial S} = 0$，即可求得最优总周期为

$$T^* = \sqrt{\frac{2C_3}{C_1 R}} \sqrt{\frac{C_1+C_2}{C_2}} \sqrt{\frac{P}{P-R}} \quad (12\text{-}24)$$

最大库存量为

$$S^* = \sqrt{\frac{2RC_3}{C_1}} \sqrt{\frac{C_2}{C_1+C_2}} \sqrt{\frac{P-R}{P}} \quad (12\text{-}25)$$

最小平均费用为

$$C(T^*,S^*) = \sqrt{2RC_1 C_3} \sqrt{\frac{C_2}{C_1+C_2}} \sqrt{\frac{P-R}{P}} \quad (12\text{-}26)$$

最优订货批量为

$$Q^* = \sqrt{\frac{2RC_3}{C_1}} \sqrt{\frac{C_1+C_2}{C_2}} \sqrt{\frac{P-R}{P}} \quad (12\text{-}27)$$

最大缺货量为

$$Q^* - S^* = \sqrt{\frac{2RC_1 C_3}{(C_1+C_2)C_2}} \sqrt{\frac{P-R}{P}} \quad (12\text{-}28)$$

当 $C_2 \to \infty, P \to \infty$ 时，模型返回到瞬时补充且不允许缺货的模型；当 $C_2 \to \infty$ 时，模型返回到逐渐补充且不允许缺货的模型；当 $P \to \infty$ 时，模型返回到瞬时补充且允许缺货的模型。

【例 12-4】 某厂每月生产需要甲零件 100 件，该厂自己组织甲零件的生产，生产速度为每月 500 件，每批生产的固定费用为 5 元，每月每件零件库存费为 0.4 元，允许缺货，单位缺货的月费用为 1.6 元，其他条件不变。试求经济生产批量、最大库存量、最大缺货量和最小平均总费用。

解：已知 $R=100$ 件/月，$P=500$ 件/月，$C_3=5$ 元/批，$C_1=0.4$ 元/月，$C_2=1.6$ 元/月。

经济生产批量为

$$Q^* = \sqrt{\frac{2RC_3}{C_1}} \sqrt{\frac{C_1+C_2}{C_2}} \sqrt{\frac{P-R}{P}} = \sqrt{\frac{2\times100\times5}{0.4}} \times \sqrt{\frac{0.4+1.6}{1.6}} \times \sqrt{\frac{500-100}{500}} = 50 \text{（件）}$$

最大库存量为

$$S^* = \sqrt{\frac{2RC_3}{C_1}} \sqrt{\frac{C_2}{C_1+C_2}} \sqrt{\frac{P-R}{P}} = \sqrt{\frac{2\times100\times5}{0.4}} \times \sqrt{\frac{1.6}{0.4+1.6}} \times \sqrt{\frac{500-100}{500}} = 40 \text{（件）}$$

最大缺货量为

$$Q^* - S^* = \sqrt{\frac{2RC_1 C_3}{(C_1+C_2)C_2}} \sqrt{\frac{P-R}{P}} = \sqrt{\frac{2\times100\times0.4\times5}{(0.4+1.6)\times1.6}} \times \sqrt{\frac{500-100}{500}} = 10 \text{（件）}$$

最小平均费用为

$$C(T^*,S^*) = \sqrt{2RC_1C_3}\sqrt{\frac{C_2}{C_1+C_2}}\sqrt{\frac{P-R}{P}} = \sqrt{2\times100\times0.4\times5}\times\sqrt{\frac{1.6}{0.4+1.6}}\times\sqrt{\frac{500-100}{500}}=16 \text{（元）}$$

经济生产批量为 50 件,最大库存量为 40 件,而最大缺货量为 10 件,最小平均总费用为 16 元。

12.2.5 经济订货批量折扣模型

经济订货批量折扣模型是对经济订货批量库存模型的一种发展。在前面四种模型中,货物单价都是固定的,而经济订货批量折扣模型中的货物单价是随订货数量的变化而变化的。

所谓货物单价有"折扣"是指供应方采取的一种鼓励客户多订货的优惠政策,即根据订货批量的大小规定不同的货物单价。通常,订货越多,货物单价越低。我们常见的所谓零售价、批发价和出厂价,就是供应方根据订货批量而制订的不同的货物单价。

1. 模型假设

除货物单价随订货批量的变化而变化外,本模型的条件均与经济订货批量库存模型假设条件相同。

2. 库存模型

设 $K(Q)$ 为货物单价,Q 为订货批量。为方便讨论,设 $K(Q)$ 按三个数量等级变化,如图 12-7 所示。

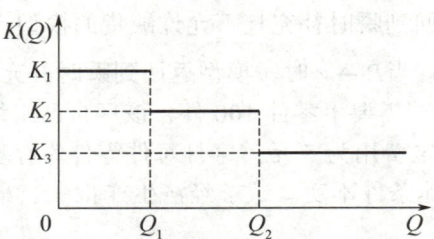

图 12-7 货物单价与订货批量的关系

$$K(Q) = \begin{cases} K_1, & 0 \leq Q < Q_1 \\ K_2, & Q_1 \leq Q < Q_2 \quad (K_1 > K_2 > K_3) \\ K_3, & Q \geq Q_2 \end{cases} \tag{12-29}$$

单位时间 T 内的平均费用表示为

$$C_T(Q) = \frac{C_3}{T} + K(Q)R + \frac{1}{2}C_1RT = \frac{1}{2}C_1Q + \frac{C_3R}{Q} + RK(Q) \tag{12-30}$$

若将单位货物平均费用记为 $C(Q)$,则

$$C(Q) = \frac{1}{2}C_1\frac{Q}{R} + \frac{C_3}{Q} + K(Q) \tag{12-31}$$

将 $K(Q)$ 代入,得

$$C^1(Q) = \frac{1}{2}C_1\frac{Q}{R} + \frac{C_3}{Q} + K_1, \quad Q \in [0, Q_1) \tag{12-32}$$

$$C^2(Q) = \frac{1}{2}C_1\frac{Q}{R} + \frac{C_3}{Q} + K_2, \quad Q \in [Q_1, Q_2) \tag{12-33}$$

$$C^3(Q) = \frac{1}{2}C_1\frac{Q}{R} + \frac{C_3}{Q} + K_3, \quad Q \in [Q_2, \infty) \tag{12-34}$$

如果不考虑$C^1(Q)$，$C^2(Q)$，$C^3(Q)$的定义域，则它们之间只差一个常数，所以它们表示一族平行曲线，同时也表示单位货物平均费用$C(Q)$，如图12-8所示。

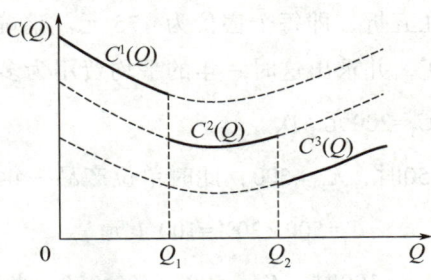

图12-8　$C(Q)$曲线

为求最小总费用，先求$\dfrac{dC(Q)}{dQ} = \dfrac{C_1}{2R} - \dfrac{C_3}{Q^2}$，再令其等于零，得$Q_0 = \sqrt{\dfrac{2C_3R}{C_1}}$，这就是经济订货批量库存模型得到的经济订货批量。

然而，Q_0究竟落在哪一个区间，事先难以预计，不妨设$Q_1 < Q_0 < Q_2$，这时也不能肯定$C^2(Q_0)$最小。图12-8的直观感觉启发人们思考：是否$C^3(Q_2)$的费用更小呢？按此思路，给出价格有折扣的情况下，求解最佳订货批量Q^*的计算步骤。

(1) 对$C^1(Q)$（不考虑定义域）求得极值点$Q_0 = \sqrt{\dfrac{2C_3R}{C_1}}$。

(2) 若$Q_0 < Q_1$，则计算$C^1(Q_0)$、$C^2(Q_1)$与$C^3(Q_2)$，取其中单位货物平均费用最小者对应的订货批量为Q^*。

(3) 若$Q_1 \leq Q_0 < Q_2$，则计算$C^2(Q_0)$和$C^3(Q_2)$，并由$C^2(Q_0)$和$C^3(Q_2)$的最小者来决定Q^*。

(4) 若$Q_0 \geq Q_2$，则取$Q^* = Q_0$。

这个过程首先需计算单位货物平均费用的共同部分$\dfrac{1}{2}C_1\dfrac{Q}{R} + \dfrac{C_3}{Q}$的最小值$Q_0$，若$Q_0 < Q_1$，则保证了落入$Q < Q_0$和$Q \in (Q_0, Q_1)$的订货批量对应的单位货物平均费用不是最小的；所以最佳订货批量只能等于Q_0或者大于或等于Q_1；而在区间$[Q_1, Q_2)$中，单位货物平均费用的最小值一定在Q_1处达到，因为区间$[Q_1, Q_2)$在Q_0点的右侧，又因为函数$\dfrac{1}{2}C_1\dfrac{Q}{R} + \dfrac{C_3}{Q}$是增函数。依此类推，在区

间$[Q_2, \infty)$中，单位货物平均费用的最小值一定在Q_2处达到，所以将Q_0点的单位货物平均费用与各个端点处的单位货物平均费用相比较就能得到最小单位货物平均费用，从而就能确定最佳订货批量。同理，由于需求速度R是一个常数，函数$\frac{1}{2}C_1\frac{Q}{R}+\frac{C_3}{Q}$和$\frac{1}{2}C_1Q+\frac{RC_3}{Q}$增减区间完全一致，所以也可比较单位时间内的平均费用，从而求出最佳订货批量。

【例 12-5】 图书馆设备公司准备从生产厂商购进阅览桌用于销售，每个阅览桌的价格为 500 元，每个阅览桌一年的库存费为阅览桌价格的 20%，每次的订购费为 200 元，该公司预测这种阅览桌每年的需求为 300 个。生产厂商为了促进销售，规定：如果一次订货批量达到或超过 50 个，每个阅览桌将打九六折，即每个售价为 480 元；如果一次订货批量达到或超过 100 个，每个阅览桌将打九五折，即每个售价为 475 元。请确定使图书馆设备公司一年平均费用最少的最优订货批量Q^*，并求出这时一年的平均费用为多少？

解： 已知R=300个/年，C_3=200元/次。

(1) 当一次订货批量$Q<50$时，$K_1=500$，此时单位产品一年的库存费为

$$C_1 = 500 \times 20\% = 100 \text{（元）}$$

(2) 当一次订货批量$50 \leq Q < 100$时，$K_2 = 500 \times 96\% = 480$，此时单位产品一年的库存费为

$$C_1 = 480 \times 20\% = 96 \text{（元）}$$

(3) 当一次订货批量$Q \geq 100$时，$K_3 = 500 \times 95\% = 475$，此时单位产品一年的库存费为

$$C_1 = 475 \times 20\% = 95 \text{（元）}$$

据此，我们就可以求得这三种情况的最佳订货批量。

① 当一次订货批量$Q<50$时，有

$$\bar{Q}_1 = \sqrt{\frac{2RC_3}{C_1}} = \sqrt{\frac{2 \times 300 \times 200}{100}} \approx 35 \text{（个）}$$

② 当一次订货批量$50 \leq Q < 100$时，有

$$\bar{Q}_2 = \sqrt{\frac{2RC_3}{C_1}} = \sqrt{\frac{2 \times 300 \times 200}{96}} \approx 35 \text{（个）}$$

③ 当一次订货批量$Q \geq 100$时，有

$$\bar{Q}_3 = \sqrt{\frac{2RC_3}{C_1}} = \sqrt{\frac{2 \times 300 \times 200}{95}} \approx 36 \text{（个）}$$

由①、②、③可知，只有$\bar{Q}_1 \approx 35$符合条件。此时需注意，每次的订货批量越多，折扣也就越大，因此，还需考虑除①、②、③范围之外的另两个端点，即Q=50和Q=100。

因此，一年内的平均费用表示为

$$C(35) = \frac{1}{2}C_1Q + \frac{C_3R}{Q} + RK(Q) = \frac{1}{2} \times 100 \times 35 + \frac{200 \times 300}{35} + 300 \times 500 \approx 153464 \text{（元）}$$

$$C(50) = \frac{1}{2}C_1Q + \frac{C_3R}{Q} + RK(Q) = \frac{1}{2} \times 96 \times 50 + \frac{200 \times 300}{50} + 300 \times 480 = 147600 \text{（元）}$$

$$C(100) = \frac{1}{2}C_1Q + \frac{C_3R}{Q} + RK(Q) = \frac{1}{2} \times 95 \times 100 + \frac{200 \times 300}{100} + 300 \times 475 = 147850 \text{（元）}$$

从以上数据可以看出，一年的平均费用最少为 147600 元，因此，最佳订货批量为 $Q^* = 50$ 个。

12.3 随机型库存模型

前面介绍了五个确定型库存模型，这五个模型均假设需求速度是固定不变的。实际上，在很多情况下需求速度不是固定不变的，而是随机变化的，例如，商场每天的销售量就是一个随机变量。由于需求的随机性，商家经常会因缺货而失去一些获利的机会，或者因为商品的积压而使得库存费用增加，这样的条件下，对库存系统的管理就变得更加困难。

与确定型库存模型不同的是，随机型库存模型不允许缺货的条件只能从概率意义上去理解，库存策略优劣的评判标准是获利的期望值最大或者损失的期望值最小。根据货物补充的情况，随机型库存模型可分为单周期随机型库存模型和多周期随机型库存模型。两者的区别是单周期只有一次订货，而多周期可以进行多次订货，下面来具体介绍这两种模型。

12.3.1 需求为离散型随机变量的单周期随机型库存模型

下面通过一个典型例子——报童问题来进行分析。

报童问题：报童每天销售报纸的数量是一个随机变量，每天售出 r 份报纸的概率 $P(r)$（根据以往的经验）是已知的。报童每售出一份报纸赚 k 元，如果报纸未能售出，每份赔 h 元，问报童每天最好准备多少份报纸，才能使得获利最大？

这就是一个需求为离散型随机变量的单周期随机型库存问题。在这个问题中，我们要解决最佳订货批量 Q^* 的问题。如果订货批量 Q 选得过大，那么报童就会因未能售出报纸遭受损失；如果订货批量 Q 选得过小，那么报童就要因缺货失去销售机会而遭受机会损失。如何适当地选择订货批量 Q，才能使期望获利最大？

解：设报童订 Q 份报纸方能使得获利的期望值最大，并且有 $\sum_{r=0}^{+\infty} P(r) = 1$。现在，分以下两种情况来进行讨论。

(1) 当供大于（或等于）求，即 $r \leq Q$ 时，售出 r 份报纸即可赚得 kr 元，没有售出的 $Q-r$ 份，就亏损 $h(Q-r)$ 元。

(2) 当供小于求，即 $r > Q$ 时，Q 份报纸全部售出，可赚得 kQ 元。

结合 (1)、(2) 可得报童每天的获利为

$$C(Q) = \begin{cases} kr - h(Q-r), & r \leq Q \\ kQ, & r > Q \end{cases} \tag{12-35}$$

每天获利的期望值为

$$E[C(Q)] = \sum_{r=0}^{Q}[kr - h(Q-r)]P(r) + \sum_{r=Q+1}^{+\infty}kQP(r) \tag{12-36}$$

要使得$E[C(Q)]$达到最大值，应该满足

$$E[C(Q-1)] \leq E[C(Q)] \tag{12-37}$$

$$E[C(Q+1)] \leq E[C(Q)] \tag{12-38}$$

将式 (12-36) 代入式 (12-37) 可得

$$k\sum_{r=0}^{Q-1}rP(r) - h\sum_{r=0}^{Q-1}(Q-1-r)P(r) + k\sum_{r=Q}^{+\infty}(Q-1)P(r) \leq k\sum_{r=0}^{Q}rP(r) - h\sum_{r=0}^{Q}(Q-r)P(r) + k\sum_{r=Q+1}^{+\infty}QP(r) \tag{12-39}$$

化简可得

$$-kQP(Q) + h\sum_{r=0}^{Q-1}P(r) + k(Q-1)P(Q) - k\sum_{r=Q+1}^{+\infty}P(r) \leq 0$$

$$-kP(Q) + h\sum_{r=0}^{Q-1}P(r) - k\sum_{r=Q+1}^{+\infty}P(r) \leq 0$$

$$h\sum_{r=0}^{Q-1}P(r) - k\sum_{r=Q}^{+\infty}P(r) \leq 0 \tag{12-40}$$

由式 (12-40)，可得

$$h\sum_{r=0}^{Q-1}P(r) + k\sum_{r=0}^{Q-1}P(r) \leq k\sum_{r=Q}^{+\infty}P(r) + k\sum_{r=0}^{Q-1}P(r)$$

由于$\sum_{r=0}^{+\infty}P(r)=1$，故可得$(h+k)\sum_{r=0}^{Q-1}P(r) \leq k$，即

$$\sum_{r=0}^{Q-1}P(r) \leq \frac{k}{k+h} \tag{12-41}$$

同理，将式 (12-36) 代入式 (12-38) 可得

$$k\sum_{r=0}^{Q+1}rP(r) - h\sum_{r=0}^{Q+1}(Q+1-r)P(r) + k\sum_{r=Q+2}^{+\infty}(Q+1)P(r) \leq k\sum_{r=0}^{Q}rP(r) - h\sum_{r=0}^{Q}(Q-r)P(r) + k\sum_{r=Q+1}^{+\infty}QP(r) \tag{12-42}$$

经化简整理得到

$$\sum_{r=0}^{Q}P(r) \geq \frac{k}{k+h} \tag{12-43}$$

综合式 (12-41) 和式 (12-43)，从而得到

$$\sum_{r=0}^{Q-1}P(r) \leq \frac{k}{k+h} \leq \sum_{r=0}^{Q}P(r) \tag{12-44}$$

由式 (12-44) 可以确定最佳订货批量，其中，$\frac{k}{k+h}$为临界值。

当然，也可从损失期望值最小的角度出发，即从损失最小的角度来考虑订货批量Q，则损失$C(Q)$与Q之间的关系为

$$C(Q) = \begin{cases} h(Q-r), r \leq Q \\ k(r-Q), r > Q \end{cases} \tag{12-45}$$

报童每天的损失期望值为

$$E[C(Q)] = \sum_{r=0}^{Q} h(Q-r)P(r) + \sum_{r=Q+1}^{+\infty} k(r-Q)P(r) \tag{12-46}$$

要使得 $E[C(Q)]$ 达到最小值，则应该满足

$$E[C(Q-1)] \geq E[C(Q)] \tag{12-47}$$

$$E[C(Q+1)] \geq E[C(Q)] \tag{12-48}$$

依旧可以推导出式（12-44）。这说明，虽然获利期望的最大值与损失期望的最小值不同，但订货批量 Q 的条件却是完全相同的。

【例 12-6】 某报刊亭每卖出一份报纸可获利 0.6 元，每积压一份报纸，损失 1 元，问一次性订多少份报纸，才能使获利最大？根据以往的经验，市场的需求量及其对应的概率见表 12-1。

表 12-1 市场的需求量及其对应的概率

需求量/份	5	6	7	8	9	10
概率	0.12	0.18	0.22	0.25	0.15	0.08

解：对表 12-1 中的概率分布值进行累积可得到表 12-2。

表 12-2 计算结果

需求量/份	5	6	7	8	9	10
概率	0.12	0.18	0.22	0.25	0.15	0.08
累积概率	0.12	0.30	0.52	0.77	0.92	1.00

由于 $k = 0.6$，$h = 1$，故有 $\dfrac{k}{k+h} = \dfrac{0.6}{1.6} = 0.375$，从表 12-2 中的累积概率可以看出 $0.30 < 0.375 < 0.52$，所以最佳订货批量为 7 份报纸。

【例 12-7】 某商品每件进价 40 元，售价 73 元，商品过期后降价为 20 元时一定可以售出，该商品的销售量服从泊松分布：$P(r) = \dfrac{e^{-\lambda}\lambda^r}{r!}$，根据以往经验，平均市场需求量 λ 为 6 件，问该商店应采购多少件商品，可使损失的期望值达到最小？

解：每件商品的获利为

$$k = 73 - 40 = 33 \text{（元）}$$

滞销的商品每件损失为

$$h = 40 - 20 = 20 \text{（元）}$$

此时有

$$\frac{k}{k+h} = \frac{33}{33+20} \approx 0.6226$$

令

$$F(Q) = \sum_{r=0}^{Q} P(r) = \sum_{r=0}^{Q} \frac{e^{-\lambda}\lambda^r}{r!}$$

其中 $\lambda = 6$，计算泊松累积分布为

$$F(Q) = \sum_{r=0}^{Q} P(r) = \sum_{r=0}^{Q} \frac{e^{-6}6^r}{r!}$$

查泊松分布表并计算可得

$$F(6) = \sum_{r=0}^{6} P(r) = 0.6023 < 0.6226 < F(7) = \sum_{r=0}^{7} P(r) = 0.7440$$

因此，采购 7 件商品时，可使损失的期望值达到最小。

12.3.2 需求为连续型随机变量的单周期随机型库存模型

设有某种单周期需求的货物，其需求量 r 为连续型随机变量，已知其概率密度为 $\varphi(r)$，每件货物的成本为 k 元，售价为 v 元，且 $v > k$。如果当期销售不完，下一期就要降价处理，处理价为 w 元，且 $w < k$，求最佳订货批量 Q^*。

(1) 如果订货批量大于需求量 $(Q \geq r)$，获利的期望值为

$$\int_0^Q [(v-k)r - (k-w)(Q-r)]\varphi(r)\mathrm{d}r$$

(2) 如果订货批量小于需求量 $(Q < r)$，获利的期望值为

$$\int_Q^\infty (v-k)Q\varphi(r)\mathrm{d}r$$

故总获利的期望值为

$$\begin{aligned} C(Q) &= \int_0^Q [(v-k)r - (k-w)(Q-r)]\varphi(r)\mathrm{d}r + \int_Q^\infty (v-k)Q\varphi(r)\mathrm{d}r \\ &= (v-k)Q + (v-w)\int_0^Q r\varphi(r)\mathrm{d}r - (v-w)\int_0^Q Q\varphi(r)\mathrm{d}r \end{aligned} \tag{12-49}$$

此时有

$$\frac{\mathrm{d}C(Q)}{\mathrm{d}Q} = (v-k) - (v-w)\int_0^Q \varphi(r)\mathrm{d}r$$

令 $\dfrac{\mathrm{d}C(Q)}{\mathrm{d}Q} = 0$，可得

$$\int_0^Q \varphi(r)\mathrm{d}r = \frac{v-k}{v-w} \tag{12-50}$$

记

$$F(Q) = \int_0^Q \varphi(r)\mathrm{d}r$$

则有

$$F(Q) = \frac{v-k}{v-w} \tag{12-51}$$

又由于 $\dfrac{d^2C(Q)}{dQ^2} = -(v-w)\varphi(Q) < 0$，故由式（12-51）求得的 Q 为 $C(Q)$ 的极大值点，即为总获利期望值最大的最佳订货批量。

如果设单位货物进价为 k，售价为 v，库存费为 C_1，则当期如不能出售，亏损应为 $k+C_1$，此时利润与亏损之和为 $(v-k)+(k+C_1)=v+C_1$，式（12-51）成为

$$F(Q) = \dfrac{v-k}{v+C_1} \tag{12-52}$$

若缺货损失费 $C_2 > v$，只需将式（12-52）中的 v 用 C_2 替代即可，即 $F(Q) = \dfrac{C_2-k}{C_2+C_1}$。

【例 12-8】 某工厂生产产品，其成本为 220 元/吨，售价为 320 元/吨，每月库存费为 10 元/吨，月销售量服从 $r \sim N(60,3)$ 的正态分布，问工厂每月生产多少吨产品，可使获利的期望值达到最大。

解： 由条件可知，$v=320$，$k=220$，$C_1=10$，$r \sim N(60,3)$，由式（12-52）可得

$$F(Q) = \dfrac{v-k}{v+C_1} = \dfrac{320-220}{320+10} \approx 0.303$$

其中，$F(Q) = \displaystyle\int_0^{\frac{Q-60}{3}} \dfrac{e^{-\frac{r^2}{2}}}{\sqrt{2\pi}} dr$。

由正态分布表得 $\dfrac{Q-60}{3} = -0.515$，因此 $Q^* = 58.455$ 吨时，可使获利的期望值达到最大。

12.3.3 (s, S) 型连续库存模型

问题： 设单位货物成本费用为 k，单位库存费为 C_1，单位缺货损失费为 C_2，单次订购费为 C_3，需求量 r 是连续型随机变量，密度函数为 $\varphi(r)$，$\displaystyle\int_0^\infty \varphi(r)dr=1$，分布函数 $F(a)=\displaystyle\int_0^a \varphi(r)dr$，且 $a > 0$，期初库存量为 I，订货批量为 Q，入库后期初库存量达到 $S = I + Q$。问如何确定订货批量 Q 的值，方可使得损失的期望值最小（或获利的期望值最大）。

分析： 本阶段的各种费用有以下几项。

(1) 订购费和货物成本费用：$C_3 + kQ$。

(2) 库存费：当 $r < S$ 时，未售出部分需付库存费；当 $r \geq S$ 时，不需要付库存费，故库存费期望值为 $\displaystyle\int_0^S C_1(S-r)\varphi(r)dr$。

(3) 缺货损失费：当 $r > S$ 时，不足部分需付缺货损失费；当 $r \leq S$ 时，不需要付缺货损失费，故缺货损失费期望值为 $\displaystyle\int_S^\infty C_2(r-S)\varphi(r)dr$。

因此本阶段所需总费用的期望值为

$$C(S) = C_3 + kQ + \int_0^S C_1(S-r)\varphi(r)\mathrm{d}r + \int_S^\infty C_2(r-S)\varphi(r)\mathrm{d}r$$
$$= C_3 + k(S-I) + \int_0^S C_1(S-r)\varphi(r)\mathrm{d}r + \int_S^\infty C_2(r-S)\varphi(r)\mathrm{d}r \tag{12-53}$$

Q 可以连续取值，$C(S)$是S的连续可导函数，故可令$\dfrac{\mathrm{d}C(S)}{\mathrm{d}S}=0$，即

$$\frac{\mathrm{d}C(S)}{\mathrm{d}S} = k + C_1\int_0^S \varphi(r)\mathrm{d}r - C_2\int_S^\infty \varphi(r)\mathrm{d}r = 0$$

此时，可解得

$$\int_0^S \varphi(r)\mathrm{d}r = \frac{C_2 - k}{C_2 + C_1} \tag{12-54}$$

记

$$F(S) = \int_0^S \varphi(r)\mathrm{d}r$$

则有

$$F(S) = \frac{C_2 - k}{C_2 + C_1} \tag{12-55}$$

其中，$\dfrac{C_2-k}{C_2+C_1}$为临界值，只需确定$\int_0^S \varphi(r)\mathrm{d}r = \dfrac{C_2-k}{C_2+C_1}$中的$S$，即可得到最佳订货批量$Q^*$。

本模型还有一个问题——期初库存量I达到什么水平时可以不订货？假设这一水平为s，则

① 当$I \geqslant s$时，可以不订货；

② 当$I < s$时订货，订货批量$Q = S - I$，即补充库存达到S。

显然在s处不订货的损失期望值应该不超过订货的损失期望值，即

$$ks + \int_0^s C_1(s-r)\varphi(r)\mathrm{d}r + \int_s^\infty C_2(r-s)\varphi(r)\mathrm{d}r \leqslant C_3 + kS + \int_0^S C_1(S-r)\varphi(r)\mathrm{d}r + \int_S^\infty C_2(r-S)\varphi(r)\mathrm{d}r \tag{12-56}$$

当$s < S$时，式（12-56）左端第三项（缺货损失费）的期望值会增加，但是前两项（包括订购费、货物成本费用及库存费）的期望值会减少，故不等式仍有可能成立，在最不利的情况下，即$s=S$时，不等式仍是成立的。因此s的值一定可以找到，如果不止一个s的值使得式（12-56）成立，则选其中最小者作为本模型(s, S)库存策略的s。

这种库存策略的特点是：定期订货但订货批量不确定，视期初库存I来确定订货批量Q，$Q = S - I$。

对于不易清点数量的货物，人们常把其库存分为两堆，其中一堆的数量为s，其余库存则放另一堆。平时从放的另一堆中取用，当动用了数量为s的一堆时，期初即订货。如果未动用数量为s的一堆，期初即可不订货，此种方法，也被称为两堆法。

【例 12-9】 某商店经销一种电子产品，根据过去的经验，这种电子产品的月销量r在区间 [5,10] 内服从均匀分布，即

$$\varphi(r) \begin{cases} \dfrac{1}{5}, & 5 \leqslant r \leqslant 10 \\ 0, & \text{其他} \end{cases}$$

订购费为 5 元/次，进价为 3 元/台，库存费为每月 1 元/台，单位缺货损失费为 5 元，期初存货 I 为 10 台，求 (s,S) 库存策略。

解：由题意可知，$k=3$，$C_1=1$，$C_2=5$，$C_3=5$，又由临界值公式

$$\int_0^S \varphi(r)\mathrm{d}r = \frac{C_2-k}{C_2+C_1} = \frac{5-3}{5+1} = \frac{1}{3}$$

即

$$\int_0^S \varphi(r)\mathrm{d}r = \int_5^S \frac{1}{5}\mathrm{d}r = \frac{1}{5}(S-5) = \frac{1}{3}$$

可解得：$S=\dfrac{20}{3}$。由式 (13-56)，可得

$$3s + \int_5^s \frac{1}{5}(s-r)\mathrm{d}r + 5\int_s^{10}\frac{1}{5}(r-s)\mathrm{d}r \leq 5 + 3\times\frac{20}{3} + \int_{\frac{20}{3}}^{\frac{20}{3}}\frac{1}{5}\left(\frac{20}{3}-r\right)\mathrm{d}r + 5\int_{\frac{20}{3}}^{10}\frac{1}{5}\left(r-\frac{20}{3}\right)\mathrm{d}r$$

$$3s + \frac{1}{5}\left(sr-\frac{1}{2}r^2\right)\bigg|_5^s + \left(\frac{1}{2}r^2-sr\right)\bigg|_s^{10} \leq 5+20+\frac{1}{5}\left(\frac{20}{3}r-\frac{1}{2}r^2\right)\bigg|_5^{\frac{20}{3}} + \left(\frac{1}{2}r^2-\frac{20}{3}r\right)\bigg|_{\frac{20}{3}}^{10}$$

整理后得 $\dfrac{3}{5}s^2 - 8s + \dfrac{65}{3} \leq 0$，将此不等式取等号，有

$$s = \frac{8\pm\sqrt{8^2 - 4\times\frac{3}{5}\times\frac{65}{3}}}{2\times\frac{3}{5}} = \frac{5}{6}\times(8\pm\sqrt{12})$$

所以有 $s_1 \approx 9.55$，$s_2 \approx 3.78$。由于 $s_1 \approx 9.55 > S = \dfrac{20}{3}$，故应舍去，选取 $s_2 \approx 3.78$。

12.3.4　(s, S) 型离散库存模型

问题：设单位货物成本费用为 k，单位库存费为 C_1，单位缺货损失费为 C_2，单次订购费为 C_3，需求量 r 是离散型随机变量，取值为 $r_0, r_1, r_2, \cdots, r_m (r_i < r_{i+1})$，其对应的概率分别为 $P(r_0), P(r_1), P(r_2), \cdots, P(r_m)$，且 $\sum_{i=0}^{m}P(r_i) = 1$，期初库存量为 I，订货批量为 Q，入库后期初库存量达到 $S = I + Q$。问如何确定订货批量 Q 的值，方可使得损失的期望值最小（或获利的期望值最大）。

分析：本阶段的各种费用有以下几项。

(1) 订购费和货物成本费用：$C_3 + kQ$。

(2) 库存费：当 $r < S$ 时，未售出部分需付库存费；当 $r \geq S$ 时，不需要付库存费，故库存费期望值为 $\sum_{r \leq S} C_1(S-r)P(r)$。

(3) 缺货损失费：当 $r > S$ 时，不足部分需付缺货损失费；当 $r \leq S$ 时，不需要付缺货损失

费，故缺货损失费期望值为 $\sum_{r>S} C_2(r-S)P(r)$。

因此，本阶段所需总费用的期望值为

$$C(S) = C_3 + kQ + \sum_{r \leq S} C_1(S-r)P(r) + \sum_{r>S} C_2(r-S)P(r)$$
$$= C_3 + k(S-I) + \sum_{r \leq S} C_1(S-r)P(r) + \sum_{r>S} C_2(r-S)P(r) \tag{12-57}$$

下面求使 $C(S)$ 最小的 S。由于需求量是离散型随机变量，因此不能用数学分析的方法来求解，可按下列方法计算。

(1) 将需求量 r 的值按大小顺序排列为 $r_0, r_1, r_2, \cdots, r_m (r_i < r_{i+1})$，令 $\Delta r_i = r_{i+1} - r_i (i = 0, 1, 2, \cdots, m-1)$。

(2) S 只从 $r_0, r_1, r_2, \cdots, r_m (r_i < r_{i+1})$ 中取值。当 S 取值为 r_i 时，记为 $S_i = r_i$，令 $\Delta S_i = S_{i+1} - S_i = r_{i+1} - r_i = \Delta r_i \neq 0 (i = 0, 1, 2, \cdots, m-1)$。

(3) 求使 $C(S)$ 最小的 S。

设 S_i 使得 $C(S)$ 最小，则一定有下式成立：

① $C(S_{i+1}) - C(S_i) \geq 0$；

② $C(S_i) - C(S_{i-1}) \leq 0$。

由①可得

$$\Delta C(S_i) = C(S_{i+1}) - C(S_i)$$
$$= k\Delta S_i + C_1 \Delta S_i \sum_{r \leq S_i} P(r) - C_2 \Delta S_i \sum_{r > S_i} P(r)$$
$$= k\Delta S_i + C_1 \Delta S_i \sum_{r \leq S_i} P(r) - C_2 \Delta S_i + C_2 \Delta S_i \sum_{r \leq S_i} P(r) \tag{12-58}$$
$$= k\Delta S_i + (C_1 + C_2) \Delta S_i \sum_{r \leq S_i} P(r) - C_2 \Delta S_i \geq 0$$

由于 ΔS_i 非负，故在式 (12-58) 两端同时除以 ΔS_i，可得

$$k + (C_1 + C_2) \sum_{r \leq S_i} P(r) - C_2 \geq 0$$

所以有

$$\sum_{r \leq S_i} P(r) \geq \frac{C_2 - k}{C_2 + C_1} \tag{12-59}$$

其中，$\dfrac{C_2 - k}{C_2 + C_1}$ 为临界值。

由②可得

$$k + (C_1 + C_2) \sum_{r \leq S_{i-1}} P(r) - C_2 \leq 0$$

所以有

$$\sum_{r \leqslant S_{i-1}} P(r) \leqslant \frac{C_2 - k}{C_2 + C_1} \tag{12-60}$$

综上，可得

$$\sum_{r \leqslant S_{i-1}} P(r) \leqslant \frac{C_2 - k}{C_2 + C_1} \leqslant \sum_{r \leqslant S_i} P(r) \tag{12-61}$$

取满足式 (12-61) 的 S_i 为 S，本阶段订货批量为 $Q = S - I$。

本模型还有一个和 12.3.3 小节所讲模型相同的问题，即期初库存量 I 达到什么水平可以不订货？

假设这一水平为 s，则

(1) 当 $I \geqslant s$ 时，可以不订货。

(2) 当 $I < s$ 时订货，订货批量 $Q = S - I$，即补充库存达到 S。显然 s 与 S 两处的总费用应满足以下不等式：

$$ks + \sum_{r \leqslant s} C_1(s-r)P(r) + \sum_{r > s} C_2(r-s)P(r) \leqslant C_3 + kS + \sum_{r \leqslant S} C_1(S-r)P(r) + \sum_{r > S} C_2(r-S)P(r) \tag{12-62}$$

s 也只能从 $r_0, r_1, r_2, \cdots, r_m (r_i < r_{i+1})$ 中取值，与 12.3.3 小节所讲模型中对式 (12-56) 的分析类似，一定可以找到使式 (12-62) 成立的最小的 r_i 值作为 s，s 就是 (s, S) 库存策略中的订货点，即当 $I < s$ 时订货，订货批量为 $Q = S - I$；当 $I \geqslant s$ 时，可以不订货。

【例 12-10】某厂对原料的需求量及其对应的概率如表 12-3 所示，每次订购费为 500 元，每吨原料价格为 400 元，每吨原料库存费为 50 元、缺货损失费为 600 元，该厂希望制定 (s, S) 库存策略，试求 s 和 S 的值。

表 12-3 某厂对原料的需求量及其对应的概率

需求量/吨	20	30	40	50	60
概率	0.1	0.2	0.3	0.3	0.1

解：由题意可知，$k=400$，$C_1=50$，$C_2=600$，$C_3=500$，又由临界值公式可得

$$\frac{C_2 - k}{C_2 + C_1} = \frac{600 - 400}{600 + 50} = \frac{4}{13} \approx 0.31$$

如前文所述，需选择使得式 (12-61) 成立的 S_i 作为 S，即有

$$P(20) + P(30) = 0.1 + 0.2 = 0.3 < 0.31$$

$$P(20) + P(30) + P(40) = 0.1 + 0.2 + 0.3 = 0.6 > 0.31$$

故 $S = 40$。

由于 $s \leqslant S = 40$，故 s 的取值也只能被限定在 20，30，40 这三个数据之中。

(1) 将 $S = 40$ 代入式 (12-62) 的右端，则有

$$C_3+kS+\sum_{r\leqslant S}C_1(S-r)P(r)+\sum_{r>S}C_2(r-S)P(r)$$
$$=500+400\times 40+50\times[(40-20)\times 0.1+(40-30)\times 0.2]+600\times[(50-40)\times 0.3+(60-40)\times 0.1]$$
$$=19700(元)$$

(2) 将 $s=20$ 代入式（12-62）的左端，则有
$$ks+\sum_{r\leqslant s}C_1(s-r)P(r)+\sum_{r>s}C_2(r-s)P(r)$$
$$=400\times 20+0+600\times[(30-20)\times 0.2+(40-20)\times 0.3+(50-20)\times 0.3+(60-20)\times 0.1]$$
$$=20600(元)$$

(3) 将 $s=30$ 代入式（12-62）的左端，则有
$$ks+\sum_{r\leqslant s}C_1(s-r)P(r)+\sum_{r>s}C_2(r-s)P(r)$$
$$=400\times 30+50\times[(30-20)\times 0.1+0]+600\times[(40-30)\times 0.3+(50-30)\times 0.3+(60-30)\times 0.1]$$
$$=19250(元)$$

由计算结果可以看出，$s=30$ 的总费用小于 $S=40$ 的总费用，故 $s=30$。

在随机型库存模型中，还有需求量与交货滞后时间都是随机变量的情形，以及多种货物、多级库存结构、多阶段的库存决策问题。

库存理论要更好地为企业生产经营服务，就必须与现代管理的其他方法相结合，如ABC分类法等，这样才能真正成为解决实际问题的有效工具。

12.4　ABC 分类法

ABC 分类法又称ABC分析法、ABC库存控制技术，它以某类库存物品品种数占总的库存物品品种数的数量比率和该类物品金额占库存物品总金额的价值比率大小为标准，将库存物品分为A、B、C三类，进行分级管理。ABC分类法简单易行，效果显著，在现代库存管理中已被广泛应用。

1. ABC分类法的来源

ABC 分析的基础是帕累托分析。意大利经济学家帕累托在1897年研究社会财富分配时，收集了许多国家收入和人口的统计资料，得出收入与人口关系的规律，即占人口比重不大（20%）的少数人的收入占总收入的大部分（80%），而大多数人（80%）的收入只占总收入的很小部分（20%）。由此他提出了所谓的"关键的少数和次要的多数"的结论。1951年，美国通用电气公司的董事长对公司所属某厂的库存物品经过调查分析后发现，上述原理适用于库存管理——可将库存物品分成三类，并分别采取不同的管理办法和采购、库存策略，尤其要对重点物品实行重点管理。

2. ABC分类法的原理

仓库保管的货物品种繁多，有些货物的价值较高，对企业的发展影响较大，或者对保管的要求较高；而多数被保管的货物价值较低，对保管的要求不是很高。如果我们对所有的货物采取相同的管理方法，则可能投入的人力、资金很多，而效果事倍功半。在管理中突出重

点，达到事半功倍的效果，就是应用ABC分类法的目的。

二八法则是ABC分类法的指导思想，所谓二八法则，简单地说，就是20%的因素带来了80%的结果。如20%的客户提供了80%的订单，20%的产品赢得了80%的利润，20%员工创造了80%的财富。当然，这里的20%和80%并不是绝对的，还可能是25%和75%等，总之，二八法则作为统计规律，是指少量的因素带来了大量的结果。它告诉人们，不同的因素在同一活动中起着不同的作用，在资源有限的情况下，注意力显然应该放在起着关键性作用的因素上。ABC分类法正是在这种原则指导下，企图对库存货物进行分类，以找出占用大量资金的少数库存货物，并加强对它们的控制与管理；对那些占用少量资金的大多数货物，则实行较简单的控制与管理。

一般地，价值比率为65%～80%、数量比率为15%～20%的货物为A类；价值比率为15%～20%、数量比率为30%～40%的货物为B类；价值比率为5%～15%、数量比率为40%～55%的货物为C类，此标准仅供参考。

3. ABC分类法的步骤

ABC分类法可以按照下列步骤进行。

(1) 分析本仓库所存货物的特征。这包括货物的价值、重要性，以及保管难度上的差异等。

(2) 收集有关货物的库存资料。这包括各种货物的库存量、出库量和结存量。前两项应收集近半年到一年的资料，后一项应收集盘点或分析时的最新资料。

(3) 资料的整理和排序。将所收集的货物资料按价值（或重要性、保管难度等，视企业需求而定）进行排序。当货物品种较少时，以每一种库存货物为单元统计货物的价值；当品种较多时，可对货物采用按价值大小逐步递增的方法分类，分别计算出各范围内所包含的货物。

(4) 将上面计算出的资料整理成表格形式，求出累计比率。

(5) 根据表中统计数据绘制ABC分析图。再根据价值比率和数量比率的划分标准，确定货物对应的种类。

【例12-11】 经统计，某仓库库存货物的相关资料如表12-4所示，试对库存货物进行ABC分类。

表12-4 某仓库库存货物的相关资料

序号	货物单价/元	数量	数量比率/(%)	数量累计比率/(%)	价值/万元	价值比率/(%)	价值累计比率/(%)
1	10000以上	10	5.0	5.0	36	48.0	48.0
2	5001～10000	17	8.5	13.5	15	20.0	68.0
3	4001～5000	15	7.5	21.0	6.5	8.7	76.7
4	3001～4000	22	11.0	32.0	6	8.0	84.7
5	2001～3000	27	13.5	45.5	5.5	7.3	92
6	1001～2000	45	22.5	68.0	5	6.7	98.7
7	0～1000	64	32.0	100	1	1.3	100
合计		200	100		75	100	

解：第一步：根据表 12-4 数据绘制 ABC 分析图。横坐标表示数量累计比率，纵坐标表示价值累计比率，描点后连接起来，如图 12-9 所示。

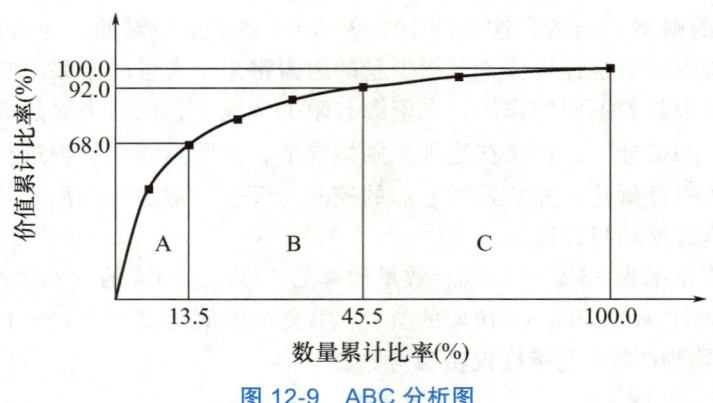

图 12-9　ABC 分析图

第二步：根据 ABC 分析图以及价值比率和数量比率的划分标准，确定货物的分类，如表 12-5 所示。

表 12-5　货物的分类

序号	分类
1、2	A
3、4、5	B
6、7	C

4. ABC 分类法的运用

综上所述，对货物实施 ABC 分类法的目的就是要对不同种类的货物进行轻重有别的管理。一般来说，对于低价值的 C 类货物，应维持较高的库存以避免缺货，从而节省资源；对于高价值的 A 类货物，则应利用省下来的资源集中力量进行分析与控制，以减少库存。具体来说，对于 A、B、C 类货物，在控制程度、赋予优先权、订购和做记录各方面都应区别对待。

(1) A 类货物。应尽可能施以紧的控制，包括做最完整、精确的记录，赋予其最高的作业优先权，高层管理人员需经常检查，小心精确地确定订货批量和订货点，采取紧密的跟踪措施以使库存时间最短。

(2) B 类货物。正常的控制，包括做记录和做固定时间的检查，只有在紧急情况下，才赋予其较高的优先权，可按经济订货批量进行订货。

(3) C 类货物。尽可能简单地控制，如做简单的记录或不做记录，可通过半年或一年一次的盘存来补充大量的库存，给予最低的作业优先次序，等等。

根据 ABC 分类法，需要对不同等级的货物使用不同的管理方法，如表 12-6 所示。

表 12-6　不同等级货物的管理方法

项目 / 级别	A 类库存	B 类库存	C 类库存
控制程度	严格控制	一般控制	简单控制
库存量计算	依库存模型详细计算	一般计算	简单计算或不计算
进出记录	详细记录	一般记录	简单记录或不记录
存货检查频率	高	一般	很低
安全库存量	少	较多	大量

【第 12 章习题】

第 5 篇

对策分析技术

第 13 章

对 策 论

学习目标

1. 了解对策论的基本概念；
2. 理解矩阵对策的基本概念和基本原理；
3. 了解多人合作对策与多人非合作对策；
4. 准确理解最优策略、最优混合策略；
5. 掌握矩阵对策的求解方法，并能够正确使用这些方法解决实际问题。

第 11 章中所讨论的决策问题，只是一方决策者根据各种客观条件来选择最优方案的问题。但在现实生活中，我们常常碰到的是有利害冲突（竞争性质）的各方所参加的决策问题，这就是所谓的对策问题。有利害冲突的各方所采取的决策称为对策，也称为博弈。

研究这类具有利害冲突性质问题的数学理论就是对策论，也称为博弈论。对策论的研究和应用始终与经济学相联系，20 世纪 70 年代后，对策论逐渐成为经济学研究的重要理论工具。

13.1 对策论概述

13.1.1 对策论发展简史

在现实社会中，我们经常会遇到带有竞赛或斗争性质的现象，例如下棋、打扑克、体育比赛、军事斗争等。这类现象的共同特点是参加的往往是利益互相冲突的双方或几方，而对抗的结局并不取决于某一方所选择的策略，而是由双方或者几方所选择的策略决定，这类带有对抗性质的现象称为"对策现象"。

最初用数学方法来研究对策现象的是数学家策梅洛，他在 1912 年发表的《关于集合论在象棋对策中的应用》一文中，证明了三种着法必定存在一种：不依赖于黑方（对手）如何行动，白方（自己一方）总取胜的着法；不依赖于白方如何行动，黑方总取胜的着法；有一方总能保证达到和局的着法（究竟存在的是哪一种，并没能指出来）。此后，1921 年，法国数学家博雷尔讨论了个别几种对策现象，引入了"最优策略"的概念，证明这些对策现象存在最优策略，并猜出了一些结果。1928 年，冯·诺依曼证明了这些结果。

20世纪40年代以来，由于战争和生产的需要，不少"对策问题"被提出，例如飞机如何侦察潜水艇的活动、护航商船队的组织形式等。这些问题引起一些科学家的兴趣，这些科学家进而对"对策现象"进行研究。同时，许多经济问题使经济学与对策论的研究结合起来，为对策论的应用提供了广泛的场所，也加快了对策论体系的形成。1944年，冯·诺依曼和摩根斯坦总结了对策论的研究成果，合著了《对策论与经济行为》一书，标志着现代系统对策论的初步形成。书中提出的标准型、扩展型和合作型对策模型解的概念和分析方法，奠定了这门学科的理论基础，使该理论成为使用严谨的数学模型研究冲突对抗条件下最优决策问题的理论。然而，该理论的局限性也日益暴露出来。由于它过于抽象，应用范围受到很大限制，所以影响力很有限。20世纪50年代，纳什建立了非合作对策的"纳什均衡"理论，标志着对策论新时代的开始，是纳什在经济对策论领域划时代的贡献，纳什是继冯·诺依曼之后最伟大的对策论大师之一。1994年，纳什获得了诺贝尔经济学奖，他提出的著名的纳什均衡概念在非合作对策论中起着核心作用。纳什均衡理论的提出和不断完善，为对策论广泛应用于经济学、管理学、社会学、政治学、军事科学等领域奠定了坚实的理论基础。

近几年，对策论的发展很快，应用也很广泛，例如，统计判决函数的研究，使对策论应用于统计学；微分对策应用于航天技术；某些经济学的理论研究引起了人们对多人合作对策的兴趣。

13.1.2 对策论的基本术语

对策论是指某个个人或组织，面对一定的环境条件，在一定的规则约束下，依靠所掌握的信息，从各自可选择的行为或策略中进行选择并加以实施，从而从各自选择的行为或策略中取得相应结果或收益的过程。在经济学中，对策论是一个非常重要的理论。对策过程中涉及如下几个基本术语。

(1) 决策人：在对策中率先做出决策的一方，这一方往往依据自身的感受、经验和表面状态优先采取一种有方向性的行动。比如，在囚徒困境的例子中，如果警察先审讯罪犯甲，那么罪犯甲就要先做出决策，他为了不被关押就会去追求自身的利益最大化，再根据自身的利益最大化来选取相应的策略，此时甲和乙都是决策人。

(2) 对抗者：在二人对策中行动滞后的那个人，这一方要与决策人做出基本反面的决定，并且他的动作是滞后的、默认的、被动的，但最终占优。他的策略可能依赖于决策人劣势的策略选择，占去空间特性，因此对抗是唯一占优的方式，实为领导人的阶段性终结行为。

(3) 局中人：在一场竞赛或一个对策中，每一个有决策权的参与者成为一个局中人。只有两个局中人的对策现象称为"二人对策"，而多于两个局中人的对策现象称为"多人对策"。

(4) 策略：在一个对策中，每个局中人都会选择实际可行的完整的行动方案，即方案不是某阶段的行动方案，而是指导整个行动的一个方案，一个局中人的一个可行的自始至终全局筹划的行动方案，称为这个局中人的一个策略。如果在一个对策中，局中人都只有有限个策略，则称为"有限对策"，否则称为"无限对策"。

(5) 得失：一个对策结束时的结果称为得失。每个局中人在一个对策结束时的得失，不仅与该局中人自身所选择的策略有关，而且与全部局中人所选择的一组策略有关。所以，一个对策结束时，每个局中人的得失是全部局中人所选择的一组策略的函数，通常称为得益函数，也称为支付函数。

(6) 次序：各对策方的决策有先后之分，且一个对策方要做不止一次的决策选择，因此出现了次序问题。其他要素相同而次序不同，对策就不同。

(7) 均衡：均衡是平衡的意思，在经济学中，均衡即相关量处于稳定值。在供求关系中，如果在某一价格下，某一商品市场中想以此价格买此商品的人均能买到，而想卖的人均能卖出，我们就说，该商品的供求达到了均衡。

13.1.3 对策模型三要素

为了对对策问题进行数学上的分析，需要建立对策问题的数学模型，称为对策模型。根据所研究问题的不同性质，可建立不同的对策模型。尽管对策模型的种类有很多，但本质上都必须包含三个基本要素。

(1) 局中人。局中人是指在一个对策行为中，有权决定自己行动方案的对策参与者。通常用 i 表示局中人的集合，如果有 n 个局中人，则 $i=\{1,2,\cdots,n\}$。一般要求一个对策中至少要有两个局中人。

对策中关于局中人的概念具有广义性。除了可以理解为自然人，还可以理解为某一集体，如球队、企业等。在一个对策中利益完全一致的所有参与者只能看作一个局中人，例如桥牌中的东西方和南北方各为一个局中人，虽有四人参加比赛，但只能算两个局中人。

每个局中人都应该是理智的、聪明的，或者说在选择策略时，应选择对自己最有利的策略。例如在"囚徒困境"中，一个囚徒不会为了另一个囚徒的利益采取不坦白的策略而牺牲自己的利益。

(2) 策略集。策略集是指局中人所拥有的对付其他局中人的手段、方案的集合。在一个对策中，可供局中人选择的一个实际可行的完整行动方案称为一个策略，所有行动方案的集合称为一个策略集。每一个局中人 i 都有自己的策略集 S_i。一般而言，每一个局中人的策略集中至少要包含两个策略。

此处我们用"田忌赛马"的例子来进行说明。战国时代，有一次齐王提出要与大将田忌赛马。已知马分为上、中、下三个等级，在同等级的马中，田忌的马不如齐王的马，但若田忌的马高出一个等级，则可取胜。双方均有上马、中马、下马各一匹，每场比赛双方各出一匹马，每匹马只能参赛一场，每场的负者要付给胜者千金。著名军事家孙膑给田忌出了一个主意：每场比赛时，都让齐王先牵出参赛的马，然后用下马对齐王的上马，用中马对齐王的下马，用上马对齐王的中马。全部三场比赛下来，田忌两胜一负净得千金。而若每场双方均是同等级的马相互比赛，则田忌必输三千金。看来每场比赛时，都让齐王先牵出参赛的马是问题的关键。

如果用（上、中、下）表示按上马、中马、下马这样一个次序依次参赛，这就是一个完整的行动方案，即为一个策略。可见，局中人齐王和田忌各自都有 6 个策略：（上、中、下）、（上、下、中）、（中、上、下）、（中、下、上）、（下、中、上）、（下、上、中），所有这些策略的集合就构成了一个策略集。

(3) 得益函数。在一个对策中，对应于各个局中人的每一组可能的决策选择，都应有一个结果表示该策略组合下每个局中人的得益，常用得益函数表示。如果一个策略中有 n 个局中人，则他们的策略可形成一个策略组：

$$s=(s_1,s_2,\cdots,s_n)$$

s就是一个局势。全体局势的集合S可用各个局中人的策略集的笛卡儿积（笛卡儿积是集合的一种，假设A和B都是集合，A和B的笛卡儿积可以用$A\times B$来表示，是所有有序偶(a,b)的集合，其中$a\in A$，$b\in B$，$A\times B=\{(a,b)|a\in A,b\in B\}$，则$A\times B$所形成的集合叫作笛卡儿积）表示为

$$S=S_1\times S_2\times\cdots\times S_n$$

当局势出现后，对策的结果也就确定了。也就是说，对任意局势，局中人可以得到一个得益函数$H(s)$。$H(S_i)(i=1,2,\cdots,n)$称为第i个局中人的得益函数。显然，这是关于局势s的函数，一般当三个基本因素确定后，一个对策模型也就给定了。

对于一个对策问题，如果在每一个"局势"中，全体局中人的得失相加为零，则称此对策为"零和对策"，否则称为"非零和对策"。对策模型很多，由于篇幅限制，本章主要研究只有两个局中人参加，各自的策略集只含有限个策略的对策问题，如果每个对策中两个局中人的得失总和为零（一个局中人的赢得值恰为另一个局中人所输掉的值），我们称这种对策问题为"二人有限零和对策"，也称为"矩阵对策"；如果两个局中人得失总和不等于零（两个局中人各有所得），我们称这种对策问题为"二人有限非零和对策"，也称为"双矩阵对策"。

13.1.4 对策问题举例及对策的分类

对策论在经济管理的众多领域中有着十分广泛的应用，下面列举几个可以用对策论思想和模型进行分析的例子。

【例13-1】（市场购买力争夺问题）据预测，某乡镇下一年的饮食品购买力有6000万元。乡镇企业和中心城市企业饮食品的生产情况是：乡镇企业有特色饮食品和一般饮食品两类产品，中心城市企业有高档饮食品和低档饮食品两类产品。它们争夺这一部分购买力的结局见表13-1，请问乡镇企业和中心城市企业应如何选择对自己最有利的产品策略。

表13-1 购买力争夺结局　　　　　　　　　　　　　　　　　　　　单位：万元

乡镇企业策略	中心城市企业策略	
	出售高档饮食品	出售低档饮食品
出售特色饮食品	3000	4000
出售一般饮食品	2000	4000

【例13-2】（费用分摊问题）假设沿某一河流有相邻的三个城市，分别为A、B、C，各城市可单独建立水厂，也可合作兴建一个大水厂。经估计，合作兴建一个大水厂，加上铺设管道的费用，要比单独建立三个水厂的总费用少。但是合建方案能否实施，要看总的建设费用分摊得是否合理。如果某个城市分摊到的费用比它单独建立水厂的费用还要高的话，它显

然不会接受合作的方案。请问应该如何合理地分摊费用，才能使合作兴建大水厂的方案得以实现？

【例 13-3】（拍卖问题）最常见的一种拍卖形式是先由拍卖商把拍卖品描述一番，然后提出第一个报价。接下来由买主紧跟着报价，每次报价都要比前一次高，最后谁出的价格最高，拍卖品即归谁所有。假设有 n 个买主给出的报价分别为 $P_1, P_2, \cdots, P_n$，且 $P_1 < P_2 < \cdots < P_n$，则买主 n 只要报价略高于 P_{n-1}，就能买到拍卖品，即拍卖品实际上是以次高价格卖出的。现在的问题是，各个买主之间可能知道他人的估价，也可能不知道他人的估价，每人应该如何报价，才能以较低的价格得到拍卖品？最后的结果又会怎样？

上面的几个例子都可看作对策问题，所不同的是有些是二人对策，有些是多人对策；有些是有限对策，有些是无限对策；有些是零和对策，有些是非零和对策；有些是合作对策，有些是非合作对策。读者可以自己尝试用对策论的思想和方法来解上面的几个问题。

为了便于对不同的对策问题进行研究，可以根据不同方式对对策问题进行分类，通常的分类方式有以下几种。

(1) 根据局中人的个数，分为二人对策和多人对策。
(2) 根据各局中人的得失的代数和是否为零，分为零和对策与非零和对策。
(3) 根据各局中人相互之间是否允许合作，分为合作对策和非合作对策。
(4) 根据局中人的策略集中的策略个数，分为有限对策和无限对策。

此外，还有许多其他的分类方式。例如，根据策略的选择是否与时间有关，可分为静态对策和动态对策；根据对策模型的数学特征，可分为矩阵对策、连续对策、微分对策、阵地对策、凸对策、随机对策等。

在众多对策模型中，占有重要地位的是二人有限零和对策。这类对策是到目前为止在理论研究和求解方法方面都比较完善的一个对策分支。矩阵对策也可以说是一类最简单的对策模型。其研究思想和方法十分具有代表性，体现了对策论的一般思想和方法，且矩阵对策的基本结果也是研究其他对策模型的基础。

基于上述原因，本章将着重介绍矩阵对策的基本内容，以及一些相关的解题方法和解题技巧，对其他对策模型只做简要介绍。主要的对策模型分类如图 13-1 所示。

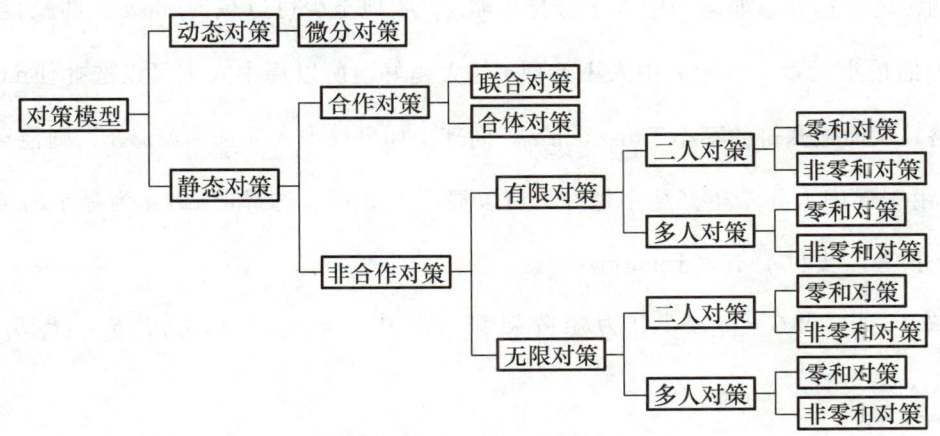

图 13-1　主要的对策模型分类

13.2 矩阵对策的基本理论

矩阵对策指的是：对策的局中人为两个，每个局中人都有有限个纯策略可供选择，且在任一局势中，两个局中人所得之和总等于零。在这种对策中，一个局中人的所得就等于另一个局中人的所失，两个局中人的利益是根本冲突的。

13.2.1 矩阵对策的数学描述

设参加对策的两个局中人为 I 和 II，他们各自具有有限的纯策略集 $S_1 = \{A_1, A_2, \cdots, A_m\}$ 和 $S_2 = \{B_1, B_2, \cdots, B_n\}$，当 I 出策略 A_i，II 出策略 B_j 时，I 的赢得为 a_{ij}，则 I 在各个策略下的赢得构成一个矩阵，即赢得矩阵，为

$$A = \begin{bmatrix} a_{11} & a_{12} & \cdots & a_{1n} \\ a_{21} & a_{22} & \cdots & a_{2n} \\ \vdots & \vdots & & \vdots \\ a_{m1} & a_{m2} & \cdots & a_{mn} \end{bmatrix}$$

由于对策为零和的，故局中人 II 的赢得矩阵为 $-A^T$，当局中人 I 和 II 的策略集 S_1、S_2 和赢得矩阵 A 确定后，一个矩阵对策就给定了。通常将矩阵对策记为 $G = \{I, II; S_1, S_2; A\}$ 或 $G = \{S_1, S_2; A\}$。称 A 为局中人 I 的赢得矩阵（或局中人 II 的支付矩阵）。

13.2.2 纯策略矩阵对策

在对对策问题进行研究时，我们通常假设：①局中人充分了解相互的得失；②局中人是理性的；③局中人之间不允许存在任何协议。

在这种对策问题中，局中人 I 希望赢得矩阵中的值 a_{ij} 越大越好，局中人 II 则希望支付矩阵中的值 a_{ij} 越小越好。如果局中人 I 选择策略 A_i，则他至少可以赢得 $\min\limits_{1 \leq j \leq n} a_{ij}$，即赢得矩阵第 i 行元素中的最小元素。由于局中人 I 希望 a_{ij} 越大越好，所以局中人 I 可以选择使 $\min\limits_{1 \leq j \leq n} a_{ij}$ 为最大的策略，从而他赢得的不小于 $\max\limits_{1 \leq i \leq m} \min\limits_{1 \leq j \leq n} a_{ij}$。同理，如果局中人 II 选择策略 B_j，则他至多失去 $\max\limits_{1 \leq i \leq m} a_{ij}$，由于局中人 II 希望其越小越好，所以局中人 II 可以选择使 $\max\limits_{1 \leq i \leq m} a_{ij}$ 为最小的策略，即保证他的损失（支付）不大于 $\min\limits_{1 \leq j \leq n} \max\limits_{1 \leq i \leq m} a_{ij}$。

定义 13-1 设 $G = \{S_1, S_2; A\}$ 为矩阵对策，其中 $S_1 = \{A_1, A_2, \cdots, A_m\}$，$S_2 = \{B_1, B_2, \cdots, B_n\}$，$A = (a_{ij})_{m \times n}$，若等式

$$\max\limits_{1 \leq i \leq m} \min\limits_{1 \leq j \leq n} a_{ij} = \min\limits_{1 \leq j \leq n} \max\limits_{1 \leq i \leq m} a_{ij} = a_{i^*j^*} \tag{13-1}$$

成立，记 $V_G = a_{i^*j^*}$，则称 V_G 为矩阵对策 G 的值，称使式 (13-1) 成立的纯局势 (A_{i^*}, B_{j^*}) 为 G 在纯策略下的解（或平衡局势），A_{i^*} 与 B_{j^*} 分别称为局中人 I 和 II 的最优纯策略。

【例 13-4】 求解矩阵对策 $G = \{S_1, S_2; A\}$，其中

$$A = \begin{bmatrix} -6 & 2 & -5 & 3 \\ 2 & 1 & 4 & 0 \\ 1 & -5 & -3 & 2 \\ 3 & 5 & 7 & 9 \end{bmatrix}$$

解：根据矩阵 A，得表 13-2。

表 13-2　计算过程

	B_1	B_2	B_3	B_4	$\min\limits_{1 \leq j \leq n} a_{ij}$
A_1	-6	2	-5	3	-6
A_2	2	1	4	0	0
A_3	1	-5	-3	2	-5
A_4	3	5	7	9	3*
$\max\limits_{1 \leq i \leq m} a_{ij}$	3*	5	7	9	

于是

$$\max_{1 \leq i \leq m} \min_{1 \leq j \leq n} a_{ij} = \min_{1 \leq j \leq n} \max_{1 \leq i \leq m} a_{ij} = a_{41} = 3$$

由定义 13-1 可知 $V_G = 3$，矩阵对策 G 的解为 (A_4, B_1)，两个局中人的最优纯策略分别为 A_4 和 B_1。

由例 13-4 可知，矩阵 A 的元素 a_{41} 既是其所在行的最小元素，也是其所在列的最大元素，即 $a_{i1} \leq a_{41} \leq a_{4j}$ $(i = 1, 2, 3, 4; j = 1, 2, 3, 4)$，将这一事实推广到一般矩阵对策，可得如下定理。

定理 13-1　矩阵对策 $G = \{S_1, S_2; A\}$ 在纯策略意义下有解的充分必要条件是：存在纯局势 (A_{i^*}, B_{j^*}) 使得对一切 $i = 1, \cdots, m; j = 1, \cdots, n$ 均有 $a_{ij^*} \leq a_{i^*j^*} \leq a_{i^*j}$。 (13-2)

【定理 13-1 证明】

为便于对更为广泛的对策情形进行分析，现引进二元函数鞍点的概念。

定义 13-2 设 $f(x,y)$ 为一个定义在 $x \in A$ 与 $y \in B$ 上的实值函数，如果存在 $x^* \in A$，$y^* \in B$ 使得对一切 $x \in A$ 与 $y \in B$，有

$$f(x,y^*) \leq f(x^*,y^*) \leq f(x^*,y) \tag{13-3}$$

则称 (x^*, y^*) 为函数 $f(x,y)$ 的一个鞍点。

由定义 13-2 及定理 13-1 可知，矩阵对策 G 在纯策略意义下有解，且 $V_G = a_{i^*j^*}$ 的充要条件是：$a_{i^*j^*}$ 是赢得矩阵 A 的一个鞍点。在对策论中，矩阵 A 的鞍点也称为对策的鞍点。

【例 13-5】 求对策的解。设矩阵对策 $G = \{S_1, S_2; A\}$，其中，$S_1 = \{A_1, A_2, A_3, A_4\}$，$S_2 = \{B_1, B_2, B_3, B_4\}$，赢得矩阵为

$$A = \begin{bmatrix} 8 & 7 & 8 & 7 \\ 3 & 6 & 4 & 1 \\ 10 & 7 & 9 & 7 \\ 2 & 4 & 8 & 4 \end{bmatrix}$$

解：直接在 A 提供的赢得表上计算，有

	B_1	B_2	B_3	B_4	min
A_1	8	7	8	7	7^*
A_2	3	6	4	1	1
A_3	10	7	9	7	7^*
A_4	2	4	8	4	2
max	10	7^*	9	7^*	

于是

$$\max_{1 \leq i \leq m} \min_{1 \leq j \leq n} a_{ij} = \min_{1 \leq j \leq n} \max_{1 \leq i \leq m} a_{ij} = a_{i^*j^*} = 7 \tag{13-4}$$

其中，$i^* = 1, 3$；$j^* = 2, 4$，故 $(A_1, B_2), (A_1, B_4), (A_3, B_2), (A_3, B_4)$ 都是矩阵对策的解，且 $V_G = 7$。

由例 13-5 可知，一般矩阵对策的解可以是不唯一的，当解不唯一时，解之间的关系有下面的性质。

性质 1 无差别性。即若 (A_{i_1}, B_{j_1}) 与 (A_{i_2}, B_{j_2}) 是矩阵对策 G 的两个解，则 $a_{i_1 j_1} = a_{i_2 j_2}$。

性质 2 可交换性。即若 (A_{i_1}, B_{j_1}) 与 (A_{i_2}, B_{j_2}) 是矩阵对策 G 的两个解，则 (A_{i_1}, B_{j_2}) 与 (A_{i_2}, B_{j_1}) 也是矩阵对策 G 的解。

13.2.3 具有混合策略的矩阵对策

一般来说，对于矩阵对策 $G = \{S_1, S_2; A\}$，不一定有 $\max\limits_{1 \leq i \leq m} \min\limits_{1 \leq j \leq n} a_{ij} = \min\limits_{1 \leq j \leq n} \max\limits_{1 \leq i \leq m} a_{ij}$，因此，在纯策略意义下矩阵对策不一定有解。

【例 13-6】 设矩阵对策的赢得矩阵为

$$A = \begin{bmatrix} 4 & 2 \\ 0 & 8 \end{bmatrix}$$

由于 $\max\limits_{1\leqslant i\leqslant m}\min\limits_{1\leqslant j\leqslant n} a_{ij}=2 \neq \min\limits_{1\leqslant j\leqslant n}\max\limits_{1\leqslant i\leqslant m} a_{ij}=4$，故无鞍点，因此，该矩阵对策在纯策略意义下无解。

假设局中人 Ⅰ 选取纯策略 A_1 和 A_2 的概率分别为 x_1 和 x_2，并且 $x_1 + x_2 = 1, x_1 \geqslant 0, x_2 \geqslant 0$，局中人 Ⅱ 选取纯策略 B_1 和 B_2 的概率分别为 y_1 和 y_2，并且 $y_1 + y_2 = 1, y_1 \geqslant 0, y_2 \geqslant 0$，此时二维向量 $\boldsymbol{X} = (x_1, x_2)^{\mathrm{T}}$ 和 $\boldsymbol{Y} = (y_1, y_2)^{\mathrm{T}}$ 分别表示两个局中人的一套策略，即混合策略，这时局中人 Ⅰ 赢得的数学期望为

$$E(\boldsymbol{X},\boldsymbol{Y}) = \boldsymbol{X}^{\mathrm{T}} \boldsymbol{A} \boldsymbol{Y} = \sum_{i=1}^{2}\sum_{j=1}^{2} a_{ij} x_i y_j = 4x_1 y_1 + 2x_1 y_2 + 0 x_2 y_1 + 8 x_2 y_2 = 8 - 6x_1 - 8y_1 + 10 x_1 y_1$$

可根据表 13-3 中列出的已知条件，计算上述局中人 Ⅰ 赢得的数学期望。

表 13-3　已知条件

		y_1	y_2
		B_1	B_2
x_1	A_1	4	2
x_2	A_2	0	8

由例 13-6 可知，$E(\boldsymbol{X},\boldsymbol{Y})$ 由四项 $(m \times n)$ 组成，而每项都是由表 13-3 中赢得矩阵 $\boldsymbol{A}$ 的一个元素 $a_{ij}(i=1,2; j=1,2)$ 乘以与该元素同行的 x_i，再乘以与该元素同列的 y_j。

若推广到矩阵对策的一般情况，则得表 13-4。

表 13-4　一般情况

		y_1	y_2	⋯	y_j	⋯	y_n
		B_1	B_2	⋯	B_j	⋯	B_n
x_1	A_1	a_{11}	a_{12}	⋯	a_{1j}	⋯	a_{1n}
x_2	A_2	a_{21}	a_{22}	⋯	a_{2j}	⋯	a_{2n}
⋮	⋮	⋮	⋮		⋮		⋮
x_i	A_i	a_{i1}	a_{i2}		a_{ij}		a_{in}
⋮	⋮	⋮	⋮		⋮		⋮
x_m	A_m	a_{m1}	a_{m2}	⋯	a_{mj}	⋯	a_{mn}

此时有

$$E(X,Y) = \sum_{i=1}^{m}\sum_{j=1}^{n} a_{ij} x_i y_j$$
$$= a_{11}x_1y_1 + a_{12}x_1y_2 + \cdots + a_{1j}x_1y_j + \cdots + a_{1n}x_1y_n$$
$$+ a_{21}x_2y_1 + a_{22}x_2y_2 + \cdots + a_{2j}x_2y_j + \cdots + a_{2n}x_2y_n$$
$$+ \cdots$$
$$+ a_{i1}x_iy_1 + a_{i2}x_iy_2 + \cdots + a_{ij}x_iy_j + \cdots + a_{in}x_iy_n$$
$$+ \cdots$$
$$+ a_{m1}x_my_1 + a_{m2}x_my_2 + \cdots + a_{mj}x_my_j + \cdots + a_{mn}x_my_n$$

一般地，给定矩阵对策 $G = \{S_1, S_2; A\}$，设局中人 I 以概率 x_i（$0 \leq x_i \leq 1$）来选取 $A_i (i=1,2,\cdots,m)$，于是得到 m 维概率向量 $X = (x_1, x_2, \cdots, x_m)^T$，它是定义在纯策略集 $S_1 = \{A_1, A_2, \cdots, A_m\}$ 上的概率分布。这可以解释为局中人 I 在一个对策中，对各种纯策略的偏爱程度，显然有 $\sum_{i=1}^{m} x_i = 1 (x_i \geq 0; i=1,2,\cdots,m)$。

同理，对局中人 II 有相应的 n 维概率向量 $Y = (y_1, y_2, \cdots, y_n)^T$，它是定义在纯策略集 $S_2 = \{B_1, B_2, \cdots, B_n\}$ 上的概率分布，满足 $\sum_{j=1}^{n} y_j = 1 (y_j \geq 0; j=1,2,\cdots,n)$。

设 $X = (x_1, x_2, \cdots, x_m)^T$，$Y = (y_1, y_2, \cdots, y_n)^T$，$X$、$Y$ 分别称为局中人 I 和 II 的混合策略，(X,Y) 称为混合局势，令

$$S_1^* = \left\{X \,\middle|\, x_i \geq 0, \sum_{i=1}^{m} x_i = 1\right\}, \quad S_2^* = \left\{Y \,\middle|\, y_j \geq 0, \sum_{j=1}^{n} y_j = 1\right\} \tag{13-5}$$

则 S_1^*、S_2^* 分别称为局中人 I 和 II 的混合策略集。这时纯策略可以认为是混合策略的特殊情况。例如，当局中人 I 取纯策略 A_1 时，对应于混合策略 $e_1 = (1,0,\cdots,0)^T \in S_1^*$，故以后不再区分纯策略和混合策略，统称为策略。

混合局势下，局中人 I 赢得的数学期望是

$$E(X,Y) = X^T A Y = \sum_{i=1}^{m}\sum_{j=1}^{n} a_{ij} x_i y_j$$

局中人 II 赢得的数学期望是 $-E(X,Y)$。

定义 13-3 设矩阵对策 $G = \{S_1, S_2; A\}$，S_1^*、S_2^* 分别为局中人 I 和 II 的混合策略集，$E = E(X,Y) = X^T A Y$ 是局中人 I 的赢得期望值，则称 $G^* = \{S_1^*, S_2^*; E\}$ 是 G 的混合扩充。

类似于纯策略的情况，若存在混合局势 (X^*, Y^*) 满足

$$E(X, Y^*) \leq E(X^*, Y^*) \leq E(X^*, Y) \tag{13-6}$$

对一切 $X \in S_1^*$, $Y \in S_2^*$ 成立，则称 (X^*, Y^*) 为混合扩充的解。而 X^*、Y^* 分别为局中人 Ⅰ 和 Ⅱ 的最优（混合）策略，$E(X^*, Y^*)$ 称为矩阵对策 G 在混合扩充意义下的值。

对于例 13-6，矩阵对策的赢得矩阵 $A = \begin{bmatrix} 4 & 2 \\ 0 & 8 \end{bmatrix}$，局中人 Ⅰ 的赢得期望值为

$$E(X, Y) = X^T A Y = 8 - 6x_1 - 8y_1 + 10x_1 y_1$$

容易解出 $X^* = \left(\dfrac{4}{5}, \dfrac{1}{5}\right)^T$，$Y^* = \left(\dfrac{3}{5}, \dfrac{2}{5}\right)^T$，可以验证 X^*、Y^* 满足式 (13-6)，分别称为局中人 Ⅰ 和 Ⅱ 的最优策略，矩阵对策的值为（局中人 Ⅰ 的赢得期望值）$V_G = \dfrac{16}{5}$。

定理 13-2 矩阵对策 G 在混合扩充意义下有解的充分必要条件是

$$\max_{X \in S_1^*} \min_{Y \in S_2^*} E(X, Y) = \min_{Y \in S_2^*} \max_{X \in S_1^*} E(X, Y)$$

定理 13-2 的证明类似于定理 13-1，故省略。

如果局中人 Ⅰ 取定纯策略 A_i，即 $X = e_i = (1, 0, \cdots, 0)^T \in S_1^*$ 时，对任意的 $Y \in S_2^*$，记

$$E(i, Y) = E(e_i, Y) = \sum_{i=1}^{m} \sum_{j=1}^{n} a_{ij} x_i y_j = e_i^T A Y = \sum_{j=1}^{n} a_{ij} y_j$$

类似地，局中人 Ⅱ 取定纯策略 B_j，即 $Y = e_j = (0, \cdots, 0, 1, 0, \cdots, 0)^T \in S_2^*$ 时，对任意的 $X \in S_1^*$，记

$$E(X, j) = E(X, e_j) = \sum_{i=1}^{m} \sum_{j=1}^{n} a_{ij} x_i y_j = X^T A e_j = \sum_{i=1}^{m} a_{ij} x_i$$

对 $X \in S_1^*$，$Y \in S_2^*$，则有

$$E(X, Y) = \sum_{i=1}^{m} E(i, Y) x_i = \sum_{j=1}^{n} E(X, j) y_j$$

13.2.4 矩阵策略的性质

定理 13-3 设 $X^* \in S_1^*$，$Y^* \in S_2^*$，则 (X^*, Y^*) 是矩阵对策 G 的解的充要条件是：对任意 $i = 1, \cdots, m$ 与 $j = 1, \cdots, n$，均有

$$E(i, Y^*) \leqslant E(X^*, Y^*) \leqslant E(X^*, j) \tag{13-7}$$

【定理 13-3 证明】

定理 13-4 矩阵对策 $G = \{S_1, S_2; A\}$ 的混合扩充 $G^* = \{S_1^*, S_2^*; E\}$ 一定有解。

【定理 13-4 证明】

定理 13-5 设 (X^*, Y^*) 是矩阵对策 $G = \{S_1, S_2; A\}$ 的解，$v = V_G$，则有

(1) 当 $x_i^* > 0$ 时，有 $\sum_{j=1}^{n} a_{ij} y_j^* = v$；

(2) 当 $y_j^* > 0$ 时，有 $\sum_{i=1}^{m} a_{ij} x_i^* = v$；

(3) 当 $\sum_{j=1}^{n} a_{ij} y_j^* < v$ 时，有 $x_i^* = 0$；

(4) 当 $\sum_{i=1}^{m} a_{ij} x_i^* > v$ 时，有 $y_j^* = 0$。

【定理 13-5 证明】

定理 13-6 设 $X^* \in S_1^*, Y^* \in S_2^*$，则 (X^*, Y^*) 为矩阵对策 G 的解（纳什均衡）的充要条件是：存在数 v，使得 X^* 和 Y^* 分别是下面不等式组（1）和（2）的解，且 $v = V_G$。

(1)
$$\begin{cases} \sum_{i=1}^{m} a_{ij} x_i \geq v \ (j=1,\cdots,n) \\ \sum_{i=1}^{m} x_i = 1 \\ x_i \geq 0 \ (i=1,\cdots,m) \end{cases} \tag{13-8}$$

(2)
$$\begin{cases} \sum_{j=1}^{n} a_{ij} y_j \leq v \ (i=1,\cdots,m) \\ \sum_{j=1}^{n} y_j = 1 \\ y_j \geq 0 \ (j=1,\cdots,n) \end{cases} \tag{13-9}$$

记矩阵对策 G 的解集为 $T(G)$，下面三个定理是关于矩阵对策解集性质的主要内容。

定理 13-7 设有两个矩阵对策 $G_1 = \{S_1, S_2; A_1\}$，$G_2 = \{S_1, S_2; A_2\}$，其中 $A_1 = (a_{ij}), A_2 = (a_{ij} + L)$，$L$ 为任一常数，$T_1(G)$ 与 $T_2(G)$ 分别为局中人 Ⅰ 和 Ⅱ 的最优策略集，则有

(1) $V_{G_2} = V_{G_1} + L$；

(2) $T(G_1) = T(G_2)$。

定理 13-8 设有两个矩阵对策 $G_1 = \{S_1, S_2; \boldsymbol{A}\}$，$G_2 = \{S_1, S_2; \alpha \boldsymbol{A}\}$，其中 $\alpha > 0$，为任一常数，则有

(1) $V_{G_2} = \alpha V_{G_1}$；

(2) $T(G_1) = T(G_2)$。

定理 13-9 设 $G = \{S_1, S_2; \boldsymbol{A}\}$ 为一个矩阵对策，且 $\boldsymbol{A} = -\boldsymbol{A}^T$，为斜对称矩阵（也称这种对策为对称对策），则有

(1) $V_G = 0$；

(2) $T_1(G) = T_2(G)$。

13.3 矩阵对策的解法

13.3.1 公式法

对于赢得矩阵 $\boldsymbol{A}$，如果有鞍点，则可求出最优纯策略；反之，则可证明各局中人最优混合策略中的 $\boldsymbol{X}^*, \boldsymbol{Y}^*$ 都大于 0。针对赢得矩阵 $\boldsymbol{A} = \begin{bmatrix} a_{11} & a_{12} \\ a_{21} & a_{22} \end{bmatrix}$，需要求出下列等式组。

(1) $\begin{cases} a_{11}x_1 + a_{21}x_2 = v \\ a_{12}x_1 + a_{22}x_2 = v \\ x_1 + x_2 = 1 \end{cases}$ (2) $\begin{cases} a_{11}y_1 + a_{12}y_2 = v \\ a_{21}y_1 + a_{22}y_2 = v \\ y_1 + y_2 = 1 \end{cases}$

如果 $\boldsymbol{A}$ 没有鞍点，则可以证明上面的等式组一定有严格的非负解 $\boldsymbol{X}^* = (x_1^*, x_2^*)^T$ 与 $\boldsymbol{Y}^* = (y_1^*, y_2^*)^T$，其中

$$x_1^* = \frac{a_{22} - a_{21}}{(a_{11} + a_{22}) - (a_{12} + a_{21})}, \quad x_2^* = \frac{a_{11} - a_{12}}{(a_{11} + a_{22}) - (a_{12} + a_{21})}$$

$$y_1^* = \frac{a_{22} - a_{12}}{(a_{11} + a_{22}) - (a_{12} + a_{21})}, \quad y_2^* = \frac{a_{11} - a_{21}}{(a_{11} + a_{22}) - (a_{12} + a_{21})}, \quad V_G = \frac{a_{11}a_{22} - a_{12}a_{21}}{(a_{11} + a_{22}) - (a_{12} + a_{21})}$$

【例 13-7】 求解矩阵对策 $G = \{S_1, S_2; \boldsymbol{A}\}$，其中

$$\boldsymbol{A} = \begin{bmatrix} 1 & 3 \\ 4 & 2 \end{bmatrix}$$

解：由于 $\boldsymbol{A}$ 没有鞍点，所以其具有混合策略解，通过计算，即可得到最优解为

$$x_1^* = \frac{a_{22} - a_{21}}{(a_{11} + a_{22}) - (a_{12} + a_{21})} = \frac{2 - 4}{(1 + 2) - (3 + 4)} = \frac{1}{2}$$

$$x_2^* = \frac{a_{11}-a_{12}}{(a_{11}+a_{22})-(a_{12}+a_{21})} = \frac{1-3}{(1+2)-(3+4)} = \frac{1}{2}$$

同理，可求得 $y_1^* = \frac{1}{4}$，$y_2^* = \frac{3}{4}$，$V_G = \frac{5}{2}$，故最优解为 $\boldsymbol{X}^* = \left(\frac{1}{2},\frac{1}{2}\right)^{\mathrm{T}}$，$\boldsymbol{Y}^* = \left(\frac{1}{4},\frac{3}{4}\right)^{\mathrm{T}}$，对策值为 $V_G = \frac{5}{2}$。

13.3.2 图解法

图解法主要应用在赢得矩阵为 $2\times n, m\times 2, 3\times n, m\times 3$ 阶的对策上，不适用于 n, m 均大于 3 的对策。图解法的主要求解步骤如下。

(1) 假设局中人 I 的混合策略为 $(x, 1-x)^{\mathrm{T}}(0\leqslant x\leqslant 1)$，在数轴上坐标为 $(0，0)$ 和 $(1，0)$ 的两点分别作两条垂线 I–I 和 II–II，垂线上点的纵坐标值分别表示局中人 I 采取纯策略 A_1 和 A_2 时，局中人 II 选择各纯策略的赢得。当局中人 I 选择每一策略 $(x, 1-x)^{\mathrm{T}}$ 时，他可能的最少赢得为由局中人 II 选择各种策略时所确定的直线。

(2) 连接由局中人纯策略连接而成的直线，形成一个交集区域。

(3) 找出最高的交点，对通过该交点的直线建立方程并求解，即可得到最优混合策略。

【例 13-8】 求解对策 $G = \{S_1, S_2; \boldsymbol{A}\}$，其中 $S_1 = \{A_1, A_2\}$，$S_2 = \{B_1, B_2, B_3\}$，$\boldsymbol{A} = \begin{bmatrix} 1 & 3 & 5 \\ 4 & 2 & 1 \end{bmatrix}$。

解：按照步骤 (1) 的思想，可以构建图 13-2。

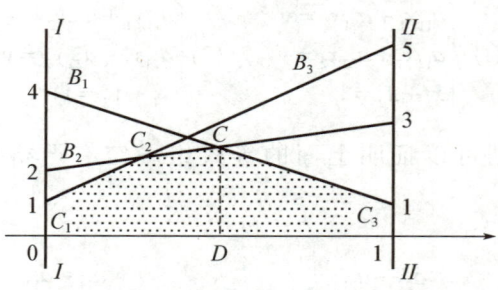

图 13-2 图解法

当局中人 I 选择每一策略 $(x, 1-x)^{\mathrm{T}}$ 时，最少可能的赢得为由局中人 II 选择 B_1, B_2, B_3 时所分别确定的三条直线：$x+4(1-x) = v, 3x+2(1-x) = v, 5x+(1-x) = v$。

在 x 处的纵坐标中的最小者，即折线 $C_1C_2CC_3$，按最小最大原则，应选择 $x = OD$，而 CD 即为对策值。为了求出点 x 和对策值 V_G，可联立经过 C 点的 B_1 和 B_2 所确定的方程，即

$$\begin{cases} x+4(1-x) = V_G \\ 3x+2(1-x) = V_G \end{cases}$$

解得 $x = \frac{1}{2}$，$V_G = \frac{5}{2}$，所以 $\boldsymbol{X}^* = \left(\frac{1}{2},\frac{1}{2}\right)^{\mathrm{T}}$。局中人 II 的最优混合策略只由 B_1 和 B_2 组成，即

$$\begin{cases} y_1 + 3y_2 = \dfrac{5}{2} \\ 4y_1 + 2y_2 = \dfrac{5}{2} \\ y_1 + y_2 = 1 \end{cases}$$

求得 $y_1^* = \dfrac{1}{4}$, $y_2^* = \dfrac{3}{4}$，所以局中人Ⅱ的最优混合策略为 $Y^* = \left(\dfrac{1}{4}, \dfrac{3}{4}, 0\right)^{\mathrm{T}}$。

13.3.3 优超原则法

定义 13-4 设有矩阵对策 $G = \{S_1, S_2; A\}$，其中 $S_1 = \{A_1, A_2, \cdots, A_m\}$，$S_2 = \{B_1, B_2, \cdots, B_n\}$，$A = (a_{ij})_{m \times n}$。如果对一切 $j = 1, 2, \cdots, n$，都有 $a_{i^0 j} \geqslant a_{k^0 j}$，即赢得矩阵 A 的第 i^0 行元素均不小于第 k^0 行的对应元素，则称局中人Ⅰ的纯策略 A_{i^0} 优超于 A_{k^0}；同样，若对一切 $i = 1, 2, \cdots, m$，都有 $a_{i j^0} \leqslant a_{i t^0}$，即赢得矩阵 A 的第 t^0 列元素均不小于第 j^0 列的对应元素，则称局中人Ⅱ的纯策略 B_{j^0} 优超于 B_{t^0}。

定理 13-10 设矩阵对策 $G = \{S_1, S_2; A\}$，其中 $S_1 = \{A_1, A_2, \cdots, A_m\}$，$S_2 = \{B_1, B_2, \cdots, B_n\}$，$A = (a_{ij})_{m \times n}$。若纯策略 A_1 被其余纯策略 $A_2, \cdots, A_m$ 中之一所优超，由 G 可得到一个新矩阵对策 $G' = \{S_1', S_2; A'\}$，其中

$$S_1' = \{A_2, \cdots, A_m\}, \quad A' = (a_{ij})_{(m-1) \times n} (i = 2, \cdots, m; j = 1, \cdots, n)$$

则有

(1) $V_{G'} = V_G$。

(2) G' 中局中人Ⅱ的最优策略就是其在 G 中的最优策略。

(3) 若 $(x_2^*, \cdots, x_m^*)^{\mathrm{T}}$ 是 G' 中局中人Ⅰ的最优策略，则 $X^* = (0, x_2^*, \cdots, x_m^*)^{\mathrm{T}}$ 便是其在 G 中的最优策略。

【定理 13-10 证明】

定理 13-10 实际给出了一个化简赢得矩阵 A 的原则，称之为优超原则。根据这个原则，当局中人Ⅰ的某纯策略 A_i 被其他纯策略或纯策略的凸线性组合所优超时，可在赢得矩阵 A 中划去第 i 行而得到一个与原矩阵对策 G 等价但赢得矩阵阶数较小的矩阵对策 G'，而 G' 的求解往往比 G 的求解容易些，可以通过求解 G' 而得到 G 的解。类似地，对局中人Ⅱ来说，可以在赢得矩阵 A 中划去被其他列或其他列的凸线性组合所优超的那些列。

【例 13-9】 设赢得矩阵为 A，求解矩阵对策的纳什均衡。

$$A = \begin{bmatrix} 3 & 2 & 0 & 3 & 0 \\ 5 & 0 & 2 & 5 & 9 \\ 7 & 3 & 9 & 5 & 9 \\ 4 & 6 & 8 & 7 & 5.5 \\ 6 & 0 & 8 & 8 & 3 \end{bmatrix}$$

解：由定理 13-10 可知，第 4 行优超于第 1 行，第 3 行优超于第 2 行，故可划去第 1 行和第 2 行，得到新的赢得矩阵 A_1。

$$A_1 = \begin{bmatrix} 7 & 3 & 9 & 5 & 9 \\ 4 & 6 & 8 & 7 & 5.5 \\ 6 & 0 & 8 & 8 & 3 \end{bmatrix}$$

对于 A_1，第 1 列优超于第 3 列，第 2 列优超于第 4 列，$1/3 \times$（第 1 列）$+ 2/3 \times$（第 2 列）优超于第 5 列，因此去掉第 3 列、第 4 列和第 5 列，得到 A_2。

$$A_2 = \begin{bmatrix} 7 & 3 \\ 4 & 6 \\ 6 & 0 \end{bmatrix}$$

这时，第 1 行又优超于第 3 行，故从 A_2 中划去第 3 行，得到 A_3。

$$A_3 = \begin{bmatrix} 7 & 3 \\ 4 & 6 \end{bmatrix}$$

对于 A_3，可知无鞍点存在，应用定理 13-10，求解下述不等式组。

$$(1) \begin{cases} 7x_3 + 4x_4 \geq v \\ 3x_3 + 6x_4 \geq v \\ x_3 + x_4 = 1 \\ x_3, x_4 \geq 0 \end{cases} \quad (2) \begin{cases} 7y_1 + 3y_2 \leq v \\ 4y_1 + 6y_2 \leq v \\ y_1 + y_2 = 1 \\ y_1, y_2 \geq 0 \end{cases}$$

首先考虑满足

$$\begin{cases} 7x_3 + 4x_4 = v \\ 3x_3 + 6x_4 = v \\ x_3 + x_4 = 1 \end{cases} \quad \begin{cases} 7y_1 + 3y_2 = v \\ 4y_1 + 6y_2 = v \\ y_1 + y_2 = 1 \end{cases}$$

的非负解。

求得解为 $x_3^* = \dfrac{1}{3}, x_4^* = \dfrac{2}{3}$；$y_1^* = \dfrac{1}{2}, y_2^* = \dfrac{1}{2}$；$v = 5$。于是，原矩阵对策的纳什均衡为 $G = (X^*, Y^*)$；$X^* = \left(0, 0, \dfrac{1}{3}, \dfrac{2}{3}, 0\right)^T$，$Y^* = \left(\dfrac{1}{2}, \dfrac{1}{2}, 0, 0, 0\right)^T$；$V_G = 5$。

13.3.4 方程组法

根据定理 13-6，求解矩阵对策解 (X^*, Y^*) 的问题等价于求解式 (13-8) 和式 (13-9) 的不等式组，又根据定理 13-4 和定理 13-5，如果假设最优策略中的x_i^*和y_j^*均不为零，即可将式 (13-8) 和式 (13-9) 两个不等式组的求解问题转化成下面两个方程组的求解问题。

$$\begin{cases} \sum_{i=1}^{m} a_{ij}x_i = v \ (j=1,\cdots,n) \\ \sum_{i=1}^{m} x_i = 1 \end{cases} \tag{13-10}$$

$$\begin{cases} \sum_{j=1}^{n} a_{ij}y_j = v \ (i=1,\cdots,m) \\ \sum_{j=1}^{n} y_j = 1 \end{cases} \tag{13-11}$$

注意：若式 (13-10) 和式 (13-11) 存在非负解x_i^*和y_j^*，便得到一个纳什均衡的解(X^*, Y^*)。如果所求x_i^*和y_j^*有负分量，可视具体情况将式 (13-10) 和式 (13-11) 的某些等式变为不等式，继续试算直至求出其解。

【例 13-10】 求解矩阵对策$G=\{S_1, S_2; A\}$，其中

$$A = \begin{bmatrix} 1 & 2 & -1 \\ -5 & -4 & 1 \\ 2 & -2 & -1 \end{bmatrix}$$

解：对于A，可知不存在鞍点和优超策略。设$X^* = (x_1^*, x_2^*, x_3^*)^{\mathrm{T}}$，$Y^* = (y_1^*, y_2^*, y_3^*)^{\mathrm{T}}$，其中$x_i^* > 0, y_j^* > 0 (i, j = 1, 2, 3)$，求线性方程组

$$\begin{cases} x_1 - 5x_2 + 2x_3 = v \\ 2x_1 - 4x_2 - 2x_3 = v \\ -x_1 + x_2 - x_3 = v \\ x_1 + x_2 + x_3 = 1 \end{cases} \quad 和 \quad \begin{cases} y_1 + 2y_2 - y_3 = v \\ -5y_1 - 4y_2 + y_3 = v \\ 2y_1 - 2y_2 - y_3 = v \\ y_1 + y_2 + y_3 = 1 \end{cases}$$

求解得：$X^* = (0.525, 0.275, 0.2)^{\mathrm{T}}$，$Y^* = (0.2, 0.05, 0.75)^{\mathrm{T}}$，$V_G = -0.45$。

注意：应用该方法的条件是所有策略的概率大于零。

13.3.5 线性规划方法

由定理 13-4 可知，任一矩阵对策$G=\{S_1, S_2; A\}$的解均等价于一对互为对偶的线性规划问题的解，矩阵对策G的解X^*和Y^*等价于下面两个不等式组的解。

$$\begin{cases} \sum_{i=1}^{m} a_{ij}x_i \geq v \ (j=1,\cdots,n) \\ \sum_{i=1}^{m} x_i = 1 \\ x_i \geq 0 \ (i=1,2,\cdots,m) \end{cases} \tag{13-12}$$

$$\begin{cases} \sum_{j=1}^{n} a_{ij} y_j \leqslant v (i=1,\cdots,m) \\ \sum_{j=1}^{n} y_j = 1 \\ y_j \geqslant 0 (j=1,\cdots,n) \end{cases} \tag{13-13}$$

对策值 $V_G = \max\limits_{X \in S_1^*} \min\limits_{Y \in S_2^*} E(X,Y) = \min\limits_{Y \in S_2^*} \max\limits_{X \in S_1^*} E(X,Y)$。

定理 13-11 设矩阵对策 $G = \{S_1, S_2; A\}$ 的对策值为 V_G,则有

$$V_G = \max_{X \in S_1^*} \min_{1 \leqslant j \leqslant n} E(X,j) = \min_{Y \in S_2^*} \max_{1 \leqslant i \leqslant m} E(i,Y) \tag{13-14}$$

【定理 13-11 证明】

由定理 13-4 和定理 13-6 可知,任意矩阵对策 $G = \{S_1, S_2; A\}$ 在混合意义下都有解,并且求矩阵对策 G 的解 X^* 和 Y^* 等价于求式 (13-8) 和式 (13-9) 的解。

根据定理 13-7,不妨设 $V_G > 0$,令

$$x_i' = \frac{x_i}{V_G} (i=1,\cdots,m), \quad y_j' = \frac{y_j}{V_G} (j=1,\cdots,n) \tag{13-15}$$

此时,式 (13-8) 和式 (13-9) 就变为

$$\max V_G = \frac{1}{\sum_{i=1}^{m} x_i'}$$

$$(1) \begin{cases} \sum_{i=1}^{m} a_{ij} x_i' \geqslant 1 (j=1,2,\cdots,n) \\ \sum_{i=1}^{m} x_i' = \frac{1}{V_G} \\ x_i' \geqslant 0 (i=1,2,\cdots,m) \end{cases}$$

根据定理 13-11,$V_G = \max\limits_{X \in S_1^*} \min\limits_{1 \leqslant j \leqslant n} \sum_{i=1}^{m} a_{ij} x_i$,不等式组 (1) 即等价于线性规划问题。

$$\min Z = \sum_{i=1}^{m} x_i'$$

问题 (P) $\begin{cases} \sum_{i=1}^{m} a_{ij} x_i' \geqslant 1 (j=1,2,\cdots,n) \\ x_i' \geqslant 0 (i=1,2,\cdots,m) \end{cases}$

同理

$$(2)\begin{cases} \sum_{j=1}^{n} a_{ij} y'_j \leq 1 (i=1,\cdots,m) \\ \sum_{j=1}^{n} y'_j = \dfrac{1}{V_G} \\ y'_j \geq 0 (j=1,\cdots,n) \end{cases}$$

由于 $V_G = \min\limits_{Y \in S_2^*} \max\limits_{1 \leq i \leq m} \sum_{j=1}^{n} a_{ij} y_j$,与之等价的线性规划问题是

$$\max \ W = \sum_{j=1}^{n} y'_j$$

问题 (D) $\begin{cases} \sum_{j=1}^{n} a_{ij} y'_j \leq 1 (i=1,\cdots,m) \\ y'_j \geq 0 (j=1,\cdots,n) \end{cases}$

显然,问题(P)和(D)是互为对偶的线性规划问题,故可利用单纯形法或对偶单纯形法求解。在求解时,一般先求问题(D)的解,因为这样容易在迭代的第一步就找到第一个基本可行解,而问题(P)的解即可从问题(D)的最后一个单纯形表上得到。当求得问题(P)和(D)的解后,再利用式 (13-15) 即可求出原对策问题的解及对策的值。

【例 13-11】 某地两家商店 A 和 B 均有三个广告策略,双方采取不同的广告策略时,A 商店的赢得矩阵为

$$A = \begin{bmatrix} 3 & 0 & 2 \\ 0 & 2 & 0 \\ 2 & -1 & 4 \end{bmatrix}$$

求解矩阵对策。

解:由题意可知

$$A = \begin{bmatrix} 3 & 0 & 2 \\ 0 & 2 & 0 \\ 2 & -1 & 4 \end{bmatrix} \begin{matrix} x_1 \\ x_2 \\ x_3 \end{matrix}$$
$$\ \ y_1 \ \ y_2 \ \ y_3$$

该问题可化成以下两个互为对偶的线性规划问题:

$$\min Z = x_1 + x_2 + x_3$$

问题 (P) $\begin{cases} 3x_1 + 2x_3 \geq 1 \\ 2x_2 - x_3 \geq 1 \\ 2x_1 + 4x_3 \geq 1 \\ x_1, x_2, x_3 \geq 0 \end{cases}$

问题 (D) $\begin{cases} \max W = y_1 + y_2 + y_3 \\ 3y_1 + 2y_3 \leq 1 \\ 2y_2 \leq 1 \\ 2y_1 - y_2 + 4y_3 \leq 1 \\ y_1, y_2, y_3 \geq 0 \end{cases}$

利用单纯形法求解问题(D)，迭代过程如表 13-5 所示。

表 13-5 迭代过程

$c_j \rightarrow$			1	1	1	0	0	0	W
C_B	X_B	b	y_1	y_2	y_3	u_1	u_2	u_3	
0	u_1	1	[3]	0	2	1	0	0	
0	u_2	1	0	2	0	0	1	0	
0	u_3	1	2	−1	4	0	0	1	
	$c_j - z_j$		1	1	1	0	0	0	0
1	y_1	1/3	1	0	2/3	1/3	0	0	
0	u_2	1	0	[2]	0	0	1	0	
0	u_3	1/3	0	−1	8/3	−2/3	0	1	
	$c_j - z_j$		0	1	1/3	−1/3	0	0	1/3
1	y_1	1/3	1	0	2/3	1/3	0	0	
1	y_2	1/2	0	1	0	0	1/2	0	
0	u_3	5/6	0	0	[8/3]	−2/3	1/2	1	
	$c_j - z_j$		0	0	1/3	−1/3	−1/2	0	5/6
1	y_1	1/8	1	0	0	1/2	−1/8	−1/4	
1	y_2	1/2	0	1	0	0	1/2	0	
1	y_3	5/16	0	0	1	−1/4	3/16	3/8	
	$c_j - z_j$		0	0	0	−1/4	−9/16	−1/8	15/16

从表 13-5 中可得到问题(D)的解为

$$\begin{cases} Y = \left(\dfrac{1}{8}, \dfrac{1}{2}, \dfrac{5}{16}\right)^{T} \\ W = \dfrac{15}{16} \end{cases}$$

由表 13-5 中最后一个单纯形表可得问题(P)的解为

$$\begin{cases} X = \left(\dfrac{1}{4}, \dfrac{9}{16}, \dfrac{1}{8}\right)^{T} \\ Z = \dfrac{15}{16} \end{cases}$$

于是

$$V_G = \dfrac{16}{15}$$

$$X^* = V_G \cdot \left(\dfrac{1}{4}, \dfrac{9}{16}, \dfrac{1}{8}\right)^{T} = \left(\dfrac{4}{15}, \dfrac{3}{5}, \dfrac{2}{15}\right)^{T}$$

$$Y^* = V_G \cdot \left(\dfrac{1}{8}, \dfrac{1}{2}, \dfrac{5}{16}\right)^{T} = \left(\dfrac{2}{15}, \dfrac{8}{15}, \dfrac{1}{3}\right)^{T}$$

13.4 二人有限非零和对策

13.4.1 非零和对策的模型

与矩阵对策的情形类似，双矩阵对策一般也要在混合策略意义下求解。

前面讨论的都是由两个局中人参加的对策，并且都是零和对策。零和的意义就是双方的利害关系是对抗性的：有利于一个局中人，则必然不利于另一个局中人。每个局中人寻求一个对自己一方最有利的策略，这个策略必然也是对另一方损害最大的策略。

现在转而讨论非零和对策，就是有 n 个局中人参加的对策，也称 n 人非零和对策。n 人非零和对策($n \geq 2$)又可以分为非合作对策和合作对策。所谓非合作对策，就是局中人之间互不合作，对于策略的选择不容许在事先有任何交换、传递信息的行为，不容许订立任何强制性的约定。每个局中人的目标也是希望自己得到尽可能多的支付，寻求一个对自己尽可能最有利的策略。在一个非合作 n 人非零和对策中，有利于一个局中人的策略，并不一定不利于其他局中人。即使是一个非合作二人对策，两个局中人的利害关系也可能不是绝对对抗性的。当然，这时对策不再是零和的，因为零和必是对抗性的。

【例 13-12】（夫妇爱好问题）一对夫妇，打算外出欢度周末。丈夫（局中人Ⅰ）喜欢看足球赛，妻子（局中人Ⅱ）喜欢看芭蕾舞。但是，对他们来说更重要的是一起行动，一同外出娱乐，而不是各看各的。这个非合作二人非零和对策的规则规定，双方必须分别做出选择，而不许在事先进行协商。如果两个人都以策略 x 表示看足球赛，策略 y 表示看芭蕾舞，则双方在周末文娱活动中得到的享受可以按下列赢得（支付）矩阵来评价。

$$A = \begin{bmatrix} 2 & -1 \\ -1 & 1 \end{bmatrix} \qquad B = \begin{bmatrix} 1 & -1 \\ -1 & 2 \end{bmatrix}$$

其中，A 为丈夫的赢得矩阵，B 为妻子的赢得矩阵，这种对策称为双矩阵对策。

【例 13-13】（"囚徒困境"问题）局中人为两个囚徒，两个人都有两种策略（坦白、不坦白），两人的策略集共有 4 个元素。我们用 -1、-7、-9 分别表示不同情况下被判刑的赢得，用 0 表示被释放的赢得，具体对策的赢得信息见表 13-6。

表 13-6 赢得信息

		囚徒 1 的策略	
		坦白	不坦白
囚徒 2 的策略	坦白	(-7，-7)	(0，-9)
	不坦白	(-9，0)	(-1，-1)

由此得两个局中人赢得矩阵为

$$A = \begin{bmatrix} -7 & 0 \\ -9 & -1 \end{bmatrix} \qquad B = \begin{bmatrix} -7 & -9 \\ 0 & -1 \end{bmatrix}$$

这两个例子都是双矩阵对策的简单情形，本节主要研究二人有限非零和对策。

依然在混合扩充意义下考虑二人有限非零和对策，记局中人 Ⅰ 的混合策略为 x，局中人 Ⅱ 的混合策略为 y，相应的策略集为 S_1^*, S_2^*。

定义 13-5 对于某个二人有限非零和对策，其局中人 Ⅰ 的赢得（混合策略下）为

$$E_1(X,Y) = \sum_{i=1}^{m} \sum_{j=1}^{n} a_{ij} x_i y_j$$

局中人 Ⅱ 的赢得（混合策略下）为

$$E_2(X,Y) = \sum_{i=1}^{m} \sum_{j=1}^{n} b_{ij} x_i y_j$$

$A = (a_{ij})_{m \times n}$，$B = (b_{ij})_{m \times n}$。

定理 13-12 在二人有限非零和对策中，设 $E_1(X,Y)$、$E_2(X,Y)$ 分别为局中人 Ⅰ、局中人 Ⅱ 的赢得，$X \in S_1^*, Y \in S_2^*$ 为任意策略，如果有一对策略 $X^* \in S_1^*, Y^* \in S_2^*$ 满足

$$E_1(X,Y^*) \leq E_1(X^*,Y^*), \quad E_2(X^*,Y^*) \leq E_2(X^*,Y)$$

则称 (X^*,Y^*) 为该对策的纳什均衡。称

$$(U^*,V^*) = (E_1(X^*,Y^*), E_2(X^*,Y^*))$$

为对策的平衡解。

定理 13-13（纳什定理）任何双矩阵对策都至少存在一个平衡局势（纳什均衡）。

定理 13-14 (X^*,Y^*) 为双矩阵对策 G 的一个平衡局势的充要条件是存在数 p^* 和 q^*，使得 $[X^*,Y^*,p^*,q^*]^T$ 是下述规划问题的一个解。

$$\max(X^{\mathrm{T}}AY + X^{\mathrm{T}}BY - p - q)$$
$$\begin{cases} AY \leqslant pE_n \\ X^{\mathrm{T}}B \leqslant qE_m \\ E_m^{\mathrm{T}}X = E_n^{\mathrm{T}}Y = 1 \\ X \geqslant 0, Y \geqslant 0 \end{cases}$$

式中，E_n 和 E_m 是分量均为 1 的 n 维和 m 维向量，A 和 B 分别为局中人 Ⅰ 与 Ⅱ 的赢得（支付）矩阵。

定理 13-14 说明，求解双矩阵对策的问题时，可将其转化为一个数学规划问题。但由于这是一个非线性规划问题，一般来说求解比较复杂。不过当矩阵 A 和 B 均为 2×2 阶时，可以利用较简单的方法求解。

13.4.2 求平衡解的图解法

由纳什定理可知，在对策中至少有一个平衡解，但是纳什定理并没有说明如何找平衡解，因为求解涉及两个不等式。事实上，构造可以求出二人非零和对策的所有平衡解的算法是很困难的，至今仍在研究之中。不过，对于 2×2 对策，采用下面介绍的图解法可以求出所有平衡解。

图解法步骤如下所示。

(1) 建立坐标系。

(2) 划出当 Y 变化时，使 $E_1(X,Y)$ 达到最大值的 X 的曲线——曲线 1。

(3) 划出当 X 变化时，使 $E_2(X,Y)$ 达到最大值的 Y 的曲线——曲线 2。

(4) 求两曲线的交点，确定纳什均衡。

【例 13-14】 求如下双矩阵的二人非零和对策。

$$\begin{bmatrix} (3,2) & (2,1) \\ (0,3) & (4,4) \end{bmatrix}$$

采用记号：$X = (x_1, x_2)^{\mathrm{T}}, Y = (y_1, y_2)^{\mathrm{T}}$，式中 $x_1 + x_2 = 1$，$y_1 + y_2 = 1$，$0 \leqslant x_1 \leqslant 1$，$0 \leqslant y_1 \leqslant 1$，此时

$$A = \begin{bmatrix} 3 & 2 \\ 0 & 4 \end{bmatrix}, \quad B = \begin{bmatrix} 2 & 1 \\ 3 & 4 \end{bmatrix}$$

由定义 13-5 可得

$$E_1(X,Y) = \sum_{i=1}^{2}\sum_{j=1}^{2} a_{ij} x_i y_j = (x_1, 1-x_1) \begin{bmatrix} 3 & 2 \\ 0 & 4 \end{bmatrix} \begin{bmatrix} y_1 \\ 1-y_1 \end{bmatrix} = x_1(5y_1 - 2) + 4 - 4y_1$$

由图 13-3 可知：若 $0 \leqslant y_1 < \dfrac{2}{5}$，则 $x_1 = 0$ 能使 $E_1(X,Y)$ 最大；如果 $y_1 = \dfrac{2}{5}$，则对任何 $x_1(0 \leqslant x_1 \leqslant 1)$，$E_1(X,Y)$（曲线 1 代表）都是最大的；如果 $\dfrac{2}{5} < y_1 \leqslant 1$，则当 $x_1 = 1$ 时，$E_1(X,Y)$ 最大。

同理可得

$$E_2(X,Y) = \sum_{i=1}^{2}\sum_{j=1}^{2} b_{ij} x_i y_j = y_1(2x_1 - 1) + 4 - 3x_1$$

由图 13-4 可知：当 $0 \leq x_1 < \dfrac{1}{2}$，$y_1 = 0$ 时，$E_2(X,Y)$（曲线 2 代表）最大；当 $x_1 = \dfrac{1}{2}$，$y_1 \in [0,1]$ 时，$E_2(X,Y)$ 总是最大的；当 $\dfrac{1}{2} < x_1 \leq 1$，则 $y_1 = 1$ 时，$E_2(X,Y)$ 最大。

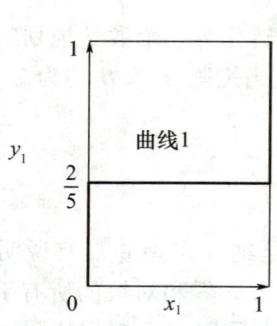

图 13-3　图解法 (1)

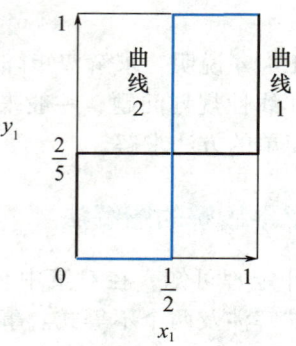

图 13-4　图解法 (2)

两曲线有三个交点：$(0,0)$，$(1,1)$，$\left(\dfrac{1}{2}, \dfrac{2}{5}\right)$，相应的 $(X^*, Y^*) = ((x_1^*, 1-x_1^*), (y_1^*, 1-y_1^*))$ 能够同时满足 $E_1(X, Y^*) \leq E_1(X^*, Y^*)$，$E_2(X^*, Y^*) \leq E_2(X^*, Y)$，于是：

(1) $x_1^* = y_1^* = 0$ 时，$(X^*, Y^*) = ((0,1), (0,1))$，$(U^*, V^*) = (4,4)$；

(2) $x_1^* = y_1^* = 1$ 时，$(X^*, Y^*) = ((1,0), (1,0))$，$(U^*, V^*) = (3,2)$；

(3) $x_1^* = \dfrac{1}{2}, y_1^* = \dfrac{2}{5}$ 时，$(X^*, Y^*) = \left(\left(\dfrac{1}{2}, \dfrac{1}{2}\right)\left(\dfrac{2}{5}, \dfrac{3}{5}\right)\right)$，$(U^*, V^*) = \left(\dfrac{12}{5}, \dfrac{5}{2}\right)$。

13.5　二人有限合作对策

前面介绍的是二人有限非零和对策中对策双方不合作的情况。在有些对策问题中，如果采用合作的方式，则可能使对策结果（各方的赢得）好于不合作的情况。

以 2×2 对策为例，局中人 I、局中人 II 的纯策略分别为 A_1, A_2 和 B_1, B_2，在这种情况下，所谓合作是指双方约定以概率 P_{ij} 采取策略对 (A_i, B_j)。此时双方的期望赢得分别记为

$$U = E_1(X,Y) = \sum_{i=1}^{2}\sum_{j=1}^{2} P_{ij} a_{ij}, \quad V = E_2(X,Y) = \sum_{i=1}^{2}\sum_{j=1}^{2} P_{ij} b_{ij}$$

式中，$\sum_{i=1}^{2}\sum_{j=1}^{2} P_{ij} = 1$，$0 \leq P_{ij} \leq 1$。

设二人有限非零和对策的双赢得矩阵为 A 和 B，在合作时，双方赢得在二维平面上的所有点构成的区域为

$$H = \left\{(U,V) \middle| U = \sum_{j=1}^{2}\sum_{i=1}^{2} P_{ij} a_{ij}, V = \sum_{j=1}^{2}\sum_{i=1}^{2} P_{ij} b_{ij}, \sum_{i=1}^{2}\sum_{j=1}^{2} P_{ij} = 1, 0 \leq P_{ij} \leq 1\right\}$$

此区域称为赢得区域,其为以纯局势下赢得的点为顶点的凸多边形,表示在合作情况下,两个局中人的赢得的变化范围。

定义 13-6 若两对赢得(U,V)和(U',V')满足$U \leq U'$,$V \leq V'$,$(U,V) \neq (U',V')$,则称(U,V)被(U',V')共同优超。

定义 13-7 若一对赢得(U,V)不被其他任何赢得共同优超,则称(U,V)为帕累托赢得。

定义 13-8 对于二人有限非零和对策,称$U_0 = \max\limits_{X \in S_1^*} \min\limits_{Y \in S_2^*} E_1(X,Y)$和$V_0 = \max\limits_{Y \in S_2^*} \min\limits_{X \in S_1^*} E_2(X,Y)$分别为局中人Ⅰ和局中人Ⅱ的最大最小解,称$(U_0, V_0)$为合作双矩阵对策的安全点。

定义 13-9 称$B = \{(u,v) | u \geq U_0, v \geq V_0\}$为赢得区域的帕累托解,即帕累托最优点$(u,v)$的全体,也称为纳什谈判集。

下面,给出纳什谈判解的求解步骤。

① 根据矩阵 A 和 B 求安全点(U_0, V_0);

② 求赢得区域,对于2×2阶双矩阵对策,即以$(a_{ij}, b_{ij})(i=1,2; j=1,2)$为顶点的四边形;

③ 求出赢得区域的帕累托解,在2×2阶情形,一般位于右上方边界;

④ 求纳什谈判集;

⑤ 在纳什谈判集中,求$f(U,V) = (U - U_0)(V - V_0)$的最大点$(U^*, V^*)$,即纳什谈判解。

求纳什谈判解的过程,很像一个谈判协商过程,因此称为纳什谈判过程。

纳什谈判集的意义是明确的,是指处于赢得区域内,不被其他赢得共同优超,且保证双方赢得至少不小于其相应的最大最小解的赢得点所构成的集合,是两个局中人谈判协商过程中所能容许的范围。当然,如果合作的结果是某个局中人的赢得小于其最大最小解,则该局中人便认为没有必要参加合作,因而谈判破裂。所以,合作型对策的解应从纳什谈判集中去找。

【**例 13-15**】 求下述双矩阵对策的纳什谈判解。

$$\begin{bmatrix} (1,2) & (4,5) \\ (7,1) & (3,0) \end{bmatrix}$$

解:将此问题转化为针对局中人Ⅰ和局中人Ⅱ的两个零和对策矩阵。

$$A = \begin{bmatrix} 1 & 4 \\ 7 & 3 \end{bmatrix} \quad B^T = \begin{bmatrix} 2 & 1 \\ 5 & 0 \end{bmatrix}$$

利用零和对策的方法可求得局中人Ⅰ的最大最小解为

$$U_0 = \frac{1 \times 3 - 4 \times 7}{1 - 4 + 3 - 7} = \frac{25}{7}$$

计算局中人Ⅱ的最大最小解需要将 B 转置,利用相同方法求其最大最小解,为

$$V_0 = \frac{2 \times 0 - 1 \times 5}{2 - 1 + 0 - 5} = \frac{5}{4}$$

安全点为 $(U_0, V_0) = \left(\dfrac{25}{7}, \dfrac{5}{4}\right)$。下面画出赢得区域的图形——以矩阵中四个元素为顶点，画出多边形区域$ABCD$，如图 13-5 所示，构成的区域即为赢得区域。纳什谈判集为图 13-5 中的线段AE。

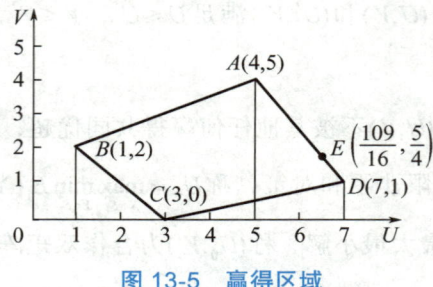

图 13-5　赢得区域

直线AD的方程为$\dfrac{V-5}{1-5} = \dfrac{U-4}{7-4}$，整理可得$V = -\dfrac{4}{3}U + \dfrac{31}{3}$。

当$V = V_0 = \dfrac{5}{4}$时，$U = \dfrac{109}{16}$，即E点为$\left(\dfrac{109}{16}, \dfrac{5}{4}\right)$，在$4 \leqslant U \leqslant \dfrac{109}{16}$上求

$$f(U) = \left(U - \dfrac{25}{7}\right)\left(V - \dfrac{5}{4}\right) = \left(U - \dfrac{25}{7}\right)\left(-\dfrac{4}{3}U + \dfrac{31}{3} - \dfrac{5}{4}\right) = -\dfrac{4}{3}U^2 + \dfrac{3489}{252}U - \dfrac{2725}{84}$$

的最大点，令$f'(U) = 0$，即

$$f'(U) = -\dfrac{8}{3}U + \dfrac{3489}{252} = 0,\ U^* = \dfrac{3489}{672} \approx 5.19 \approx 5.2$$

由于$f''(U) = -\dfrac{8}{3} < 0$，因此$U^* = 5.2$为极大点。与此相应：

$$V^* = -\dfrac{4}{3}U + \dfrac{31}{3} = -\dfrac{4}{3} \times 5.2 + \dfrac{31}{3} = \dfrac{51}{15} = 3.4$$

所以$(U^*, V^*) = (5.2, 3.4)$是纳什谈判解。

13.6　二人无限零和对策

13.6.1　无限对策的纯策略与混合策略

对矩阵对策最简单的推广，就是把每个局中人的策略集从一个有限集换成一个无限集，例如换成一个区间中的全体实数，或取$\{x_i | i = 1, 2, \cdots\}$。

当取区间为$[0,1]$时，局中人 I 从区间$[0,1]$中选择一个实数x，局中人 II 完全独立地从区间$[0,1]$中选择一个实数y，则x和y称为局中人 I 和 II 的纯策略。选定x和y后，就确定了对策

的一个局，其结果用一个支付函数$P(x,y)$来表示。局中人 I 得到支付$P(x,y)$，局中人 II 得到支付$-P(x,y)$，或者说，局中人 II 支付$P(x,y)$给局中人 I。

这种对策称为无限对策。由于局中人 I 和 II 得到的支付之和恒为零，所以这种无限对策也是二人无限零和对策。

例如，局中人 I 和 II 互相独立地从$[0,1]$中分别选择一对实数x和y，支付函数是

$$P(x,y) = (x-y)^2$$

这就是定义在正方形$0 \leq x \leq 1, 0 \leq y \leq 1$上的一个二人无限零和对策。

对于局中人 I，在选定一个固定的$x \in [0,1]$后，他至少可以得到支付

$$\min_{0 \leq y \leq 1} P(x,y) \tag{13-16}$$

局中人 I 希望支付越大越好，因此，他将选择使得式 (13-16) 最小值为最大的$x \in [0,1]$，即选择

$$\max_{0 \leq x \leq 1} \min_{0 \leq y \leq 1} P(x,y) \tag{13-17}$$

不论局中人 II 选择什么策略，局中人 I 至少可以得到式 (13-17) 的支付。

出于同样的考虑，对于局中人 II 选定的一个固定的$y \in [0,1]$，他最多付出

$$\max_{0 \leq x \leq 1} P(x,y)$$

局中人 II 希望支付越小越好，因此，他将选择使得这个最大值为最小的$y \in [0,1]$，即选择

$$\min_{0 \leq y \leq 1} \max_{0 \leq x \leq 1} P(x,y) \tag{13-18}$$

与矩阵对策相同，也有下面的不等式成立：

$$\max_{0 \leq x \leq 1} \min_{0 \leq y \leq 1} P(x,y) \leq \min_{0 \leq y \leq 1} \max_{0 \leq x \leq 1} P(x,y) \tag{13-19}$$

如果

$$\max_{0 \leq x \leq 1} \min_{0 \leq y \leq 1} P(x,y) = \min_{0 \leq y \leq 1} \max_{0 \leq x \leq 1} P(x,y)$$

则存在(x^*, y^*)使得不等式

$$P(x, y^*) \leq P(x^*, y^*) \leq P(x^*, y) \tag{13-20}$$

对一切$x \in [0,1]$及$y \in [0,1]$成立。此时，称(x^*, y^*)为支付函数的一个鞍点。

$P(x,y)$在鞍点(x^*, y^*)处的值$V = P(x^*, y^*)$称为对策的值，且

$$\max_{0 \leq x \leq 1} \min_{0 \leq y \leq 1} P(x,y) = V = P(x^*, y^*) = \min_{0 \leq y \leq 1} \max_{0 \leq x \leq 1} P(x,y)$$

如果

$$\max_{0 \leq x \leq 1} \min_{0 \leq y \leq 1} P(x,y) < \min_{0 \leq y \leq 1} \max_{0 \leq x \leq 1} P(x,y)$$

则可以像矩阵对策一样，引入混合策略。

设局中人 I、局中人 II 分别按分布函数$F(x)$和$G(y)$在$[0,1]$中选取x和y，如果局中人 I 采用纯策略x，局中人 II 采用混合策略$G(y)$，则局中人 I 得到的期望赢得为

$$\int_0^1 P(x,y)\mathrm{d}G(y)$$

这里的积分是斯蒂尔切斯积分。

同样，如果局中人Ⅱ选定一个确定的$y\in[0,1]$，局中人Ⅰ采用混合策略$F(x)$，则局中人Ⅱ的期望支付为

$$\int_0^1 P(x,y)\mathrm{d}F(x)$$

如果局中人Ⅰ、局中人Ⅱ分别按分布函数$F(x)$和$G(y)$选取混合策略，则局中人Ⅰ的期望赢得为

$$E(F,G) = \int_0^1\int_0^1 P(x,y)\mathrm{d}F(x)\mathrm{d}G(y)$$

局中人Ⅰ希望期望赢得越大越好。当他选用某个混合策略$F(x)$时，期望赢得至少为$\min_G E(F,G)$，所以他应选取$F(x)$使其最大，即

$$V_1 = \max_F \min_G E(F,G) \tag{13-21}$$

同样，局中人Ⅱ希望期望支付越小越好，即

$$V_2 = \min_G \max_F E(F,G) \tag{13-22}$$

当V_1, V_2都存在时，两者之间有如下关系式。

$$V_1 = \max_F \min_G E(F,G) \leqslant \min_G \max_F E(F,G) = V_2$$

下面是关于无限对策的基本定理。

定理 13-15　设无限对策的支付函数$P(x,y)$是在$x\in[0,1]$，$y\in[0,1]$上的连续函数，则

$$V_1 = \max_F \min_G \int_0^1\int_0^1 P(x,y)\mathrm{d}F(x)\mathrm{d}G(y)$$

与

$$V_2 = \min_G \max_F \int_0^1\int_0^1 P(x,y)\mathrm{d}F(x)\mathrm{d}G(y)$$

存在并相等。

支付函数为连续函数的无限对策称为连续对策。

【例 13-16】　设连续对策的支付函数是

$$P(x,y) = (x-y)^2 \ (x\in[0,1], y\in[0,1])$$

在这个对策中，对策值为$\frac{1}{4}$，局中人Ⅱ的最优策略为纯策略$y=\frac{1}{2}$，局中人Ⅰ的最优策略为以相等的概率选择$x=0$或$x=1$，即

$$G^*(y) = I_{\frac{1}{2}}(y), \ F^*(x) = \frac{1}{2}I_0(x) + \frac{1}{2}I_1(x)$$

这是因为

$$\max_{0\leqslant x\leqslant 1}\int_0^1 P(x,y)\mathrm{d}G^*(y) = \max_{0\leqslant x\leqslant 1}\int_0^1 (x-y)^2 \mathrm{d}I_{\frac{1}{2}}(y) = \frac{1}{4}$$

$$\min_{0\leq y\leq 1}\int_0^1 P(x,y)\mathrm{d}F^*(x) = \min_{0\leq y\leq 1}\int_0^1 (x-y)^2 \mathrm{d}\left[\frac{1}{2}I_0(x)+\frac{1}{2}I_1(x)\right]$$
$$= \min_{0\leq y\leq 1}\left[\frac{1}{2}(0-y)^2+\frac{1}{2}(1-y)^2\right] = \frac{1}{4}$$

13.6.2 凸对策

如果单位正方形上连续对策的支付函数对于其中一个变量来说是个凸函数，则这种对策称为凸对策，或者称为具有凸支付函数的对策。

$P(x,y)$为凸函数，指对每个$x\in[0,1]$，对每一对$y_1, y_2 \in[0,1]$和$\lambda \in[0,1]$，$P(x,y)$都满足

$$P(x, \lambda y_1 + (1-\lambda) y_2) \leq \lambda P(x, y_1) + (1-\lambda) P(x, y_2) \tag{13-23}$$

若$\lambda \in (0,1)$，式 (13-23) 中严格不等号恒成立，则称其为严格凸函数。

定理 13-16 设函数$P(x,y)$在单位正方形$x\in[0,1]$，$y\in[0,1]$上对于x和y都连续，如果对于每一个$x\in[0,1]$，$P(x,y)$都是y的严格凸函数，则

$$\psi(y) = \int_0^1 P(x,y) \mathrm{d}F(x)$$

是y的连续函数，也是y的严格凸函数，式中$F(x)$是任意分布函数。

定理 13-17 设单位正方形上连续对策的支付函数是$P(x,y)$，并设$P(x,y)$对于每一个x都是y的严格凸函数，则局中人Ⅱ的最优策略是一个纯策略，并且这个纯策略是局中人Ⅱ的唯一最优策略。

13.7 多人非合作对策

实际生活中，经常会出现多人对策问题，且每个局中人的赢得之和也不一定为零，许多经济过程中的对策模型就是这样，因为经济过程中总是有新价值产生。所谓非合作对策，就是指局中人之间互不合作，对策略的选择不允许事先有任何交换信息的行为，不允许订立任何约定，矩阵对策就是一种非合作对策。一般非合作对策模型可描述为以下内容。

(1) 局中人集合：$I = \{1, 2, \cdots, n\}$。

(2) 每个局中人的策略集：$S_1, S_2, \cdots, S_n$（都为有限集）。

(3) 局势：$s = (s_1, s_2, \cdots, s_n) \in S_1 \times S_2 \times \cdots \times S_n$。

(4) 每个局中人i的得益函数记为$H_i(s)$，一般来说，$\sum_{i=1}^n H_i(s) \neq 0$。

一个n人非合作对策，一般用符号$G = \{I, \{S_i\}, \{H_i\}\}$表示。

为讨论n人非合作对策的平衡局势，引入记号

$$s \| s_i^0 = (s_1, s_2, \cdots, s_{i-1}, s_i^0, s_{i+1}, \cdots, s_n) \tag{13-24}$$

它的含义是：在局势 $s=(s_1,s_2,\cdots,s_n)$ 中，局中人 i 将自己的策略由 s_i 换成 s_i^0，其他局中人的策略不变而得到的一个新局势。

如果存在一个局势 s，使得对任意 $s_i^0 \in S_i$，有

$$H_i(s) \geq H_i(s\|s_i^0) \tag{13-25}$$

则称局势 s 对局中人 i 有利，也就是说，若局势 s 对局中人 i 有利，则不论局中人 i 将自己的策略如何置换，都不会得到比在局势 s 下更多的赢得。显然，在非合作的条件下，每个局中人都力图选择对自己最有利的局势。

定义 13-10 如果局势 s 对所有的局中人都有利，即对任意 $i \in I, s_i^0 \in S_i$，有 $H_i(s) \geq H_i(s\|s_i^0)$，则称 s 为非合作对策 G 的一个平衡局势（或平衡点）。

当 G 为二人零和对策时，上述定义等价为，(A_{i^*},B_{j^*}) 为平衡局势的充要条件是：对任意 i,j，有 $a_{ij^*} \leq a_{i^*j^*} \leq a_{i^*j}$。此与前述关于矩阵对策平衡局势的定义是一致的。

由矩阵对策的结果可知，多人非合作对策在纯策略意义下的平衡局势不一定存在。因此，需要考虑局中人的混合策略。对每个局中人的策略集 S_i，令 S_i^* 为定义在 S_i 上的混合策略集（S_i 上所有概率分布的集合），x^i 表示局中人 i 的一个混合策略，$x^T=(x^1,x^2,\cdots,x^n)$ 为一个混合局势

$$x\|z^i = (x^1,x^2,\cdots,x^{i-1},z^i,x^{i+1},\cdots,x^n) \tag{13-26}$$

表示局中人 i 在局势 x 下，将自己的混合策略 x^i 置换为 z^i 而得到的一个新的混合局势。记 $E_i(x)$ 为局中人 i 在混合局势 x 下赢得的期望值，则有以下关于多人非合作对策解的定义。

定义 13-11 若对任意 $i \in I, z^i \in S_i^*$，有 $E_i(x\|z^i) \leq E_i(x)$，则称 x 为多人非合作对策 G 的一个平衡局势（或平衡点）。

对多人非合作对策，可将定理 13-13 略作改动，得到定理 13-18。

定理 13-18 （纳什定理）多人非合作对策一定存在混合策略意义下的平衡局势。

具体到二人有限非零和对策，纳什定理的结论可表述为：一定存在 $x \in S_1^*, y \in S_2^*$，有

$$x^T A y^* \leq x^{*T} A y^*, x \in S_1^*, x^{*T} B y \leq x^{*T} B y^*, y \in S_2^* \tag{13-27}$$

则称 (x^*,y^*) 为双矩阵对策 G 的平衡局势。

上述定义给出了双矩阵对策的一种最常用的解的概念，平衡局势 (x^*,y^*) 就是 G 的解，它相应的两个局中人的期望收益 $(x^{*T}Ay^*, x^{*T}By^*)$ 就是 G 的值，记为 (U^*,V^*)。显然，当 $A+B=O$ 时，平衡局势的定义就化为矩阵对策在混合策略意义下的解的定义了。纳什证明了平衡局势存在性定理。

和矩阵对策不同的是，双矩阵对策以及一般非合作多人对策平衡点的计算问题还远没有解决。但对 2×2 双矩阵对策，可得到如下结果。

设双矩阵对策中两个局中人的赢得矩阵分别为

$$A = \begin{bmatrix} a_{11} & a_{12} \\ a_{21} & a_{22} \end{bmatrix}, \quad B = \begin{bmatrix} b_{11} & b_{12} \\ b_{21} & b_{22} \end{bmatrix}$$

分别记局中人Ⅰ和Ⅱ的混合策略为$(x, 1-x)$与$(y, 1-y)$，由式 (13-27) 可知，局势(x, y)为对策平衡点的充要条件为

$$E_1(x,y) \geq E_1(1,y), E_1(x,y) \geq E_1(0,y) \tag{13-28}$$

$$E_2(x,y) \geq E_2(x,1), E_2(x,y) \geq E_2(x,0) \tag{13-29}$$

由式 (13-28)，可得

$$Q(1-x)y - q(1-x) \leq 0, Qxy - qx \geq 0 \tag{13-30}$$

式中，$Q = a_{11} + a_{22} - a_{21} - a_{12}, q = a_{22} - a_{12}$。

对式 (13-30) 进行求解，即可得到

(1) $Q = 0, q = 0$ 时，$x \in [0,1]$，$y \in [0,1]$。

(2) $Q = 0, q > 0$ 时，$x = 0$，$y \in [0,1]$。

(3) $Q = 0, q < 0$ 时，$x = 1$，$y \in [0,1]$。

(4) $Q \neq 0$ 时，记 $\dfrac{q}{Q} = A$，此时有

$$\begin{cases} x = 0 \ (y \leq A) \\ 0 < x < 1 \ (y = A) \\ x = 1 \ (y \geq A) \end{cases}$$

类似地，由式 (13-29)，有

$$Rx(1-y) - r(1-y) \leq 0, Rxy - ry \geq 0 \tag{13-31}$$

式中，$R = b_{11} + b_{22} - b_{21} - b_{12}, r = b_{22} - b_{21}$。

对式 (13-31) 进行求解，即可得到

(1) $R = 0, r = 0$ 时，$x \in [0,1]$，$y \in [0,1]$。

(2) $R = 0, r > 0$ 时，$x \in [0,1]$，$y = 0$。

(3) $R = 0, r < 0$ 时，$x \in [0,1]$，$y = 1$。

(4) $R \neq 0$ 时，记 $\dfrac{r}{R} = B$，此时有

$$\begin{cases} x \leq B \ (y = 0) \\ x = B \ (0 < y < 1) \\ x \geq B \ (y = 1) \end{cases}$$

【例 13-17】 求解 2×2 双矩阵对策，其中

$$A = \begin{bmatrix} 2 & -1 \\ -1 & 1 \end{bmatrix}, \quad B = \begin{bmatrix} 1 & -1 \\ -1 & 2 \end{bmatrix}$$

解：由上面关于 2×2 双矩阵对策解的讨论，可知

$$Q = a_{11} + a_{22} - a_{21} - a_{12} = 2+1-(-1)-(-1)=5, q = a_{22} - a_{12} = 1-(-1)=2, A=\frac{q}{Q}=\frac{2}{5}$$

$$R = b_{11} + b_{22} - b_{21} - b_{12} = 1+2-(-1)-(-1)=5, r = b_{22} - b_{21} = 2-(-1)=3, B=\frac{r}{R}=\frac{3}{5}$$

将这些结果代入双矩阵对策解的公式，得到

$$\begin{cases} x=0\left(y\leqslant \frac{2}{5}\right) \\ 0<x<1\left(y=\frac{2}{5}\right) \\ x=1\left(y\geqslant \frac{2}{5}\right) \end{cases} \tag{13-32}$$

$$\begin{cases} x\leqslant \frac{3}{5}(y=0) \\ x=\frac{3}{5}(0<y<1) \\ x\geqslant \frac{3}{5}(y=1) \end{cases} \tag{13-33}$$

解式 (13-32) 与式 (13-33)，即可得到双矩阵对策的 3 个平衡点：$(0,0)$，$\left(\frac{3}{5},\frac{2}{5}\right)$，$(1,1)$。

式 (13-32) 的解在图 13-6 中以粗线表示，式 (13-33) 的解以虚线表示，粗线与虚线的 3 个交点即为双矩阵对策的 3 个平衡点。

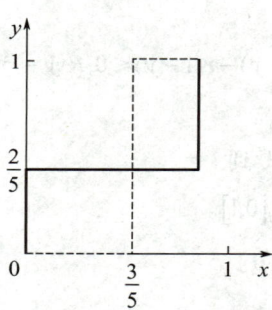

图 13-6 双矩阵对策的 3 个平衡点

由 $E_1(x,y) = 5xy - 2(x+y) + 1$，$E_2(x,y) = 5xy - 3(x+y) + 2$ 可得

$$E_1\left(\frac{3}{5},\frac{2}{5}\right)=E_2\left(\frac{3}{5},\frac{2}{5}\right)=\frac{1}{5},\ E_1(0,0)=1,\ E_1(1,1)=2,\ E_2(0,0)=2,\ E_2(1,1)=1$$

不难发现，在平衡点 $(0,0)$ 和 $(1,1)$ 处，两个局中人的期望收益都比在平衡点 $\left(\frac{3}{5},\frac{2}{5}\right)$ 的期望收益要好。但由于这是一个非合作对策，不允许在选择策略前进行协商，所以两个局中人没有办法保证一定能达到平衡局势 $(0,0)$ 或 $(1,1)$。因而，尽管这个对策有 3 个平衡点，但将哪一个平衡点作为对策的解都是难以令人信服的。

【例 13-18】 求解本章例 13-13 的"囚徒困境"的对策。

解：依据题意，我们不难得到两个囚犯的赢得矩阵分别为

$$A = \begin{bmatrix} -7 & 0 \\ -9 & -1 \end{bmatrix}, B = \begin{bmatrix} -7 & -9 \\ 0 & -1 \end{bmatrix} \tag{13-34}$$

由

$$Q = a_{11} + a_{22} - a_{21} - a_{12} = 1, q = a_{22} - a_{12} = -1, A = \frac{q}{Q} = -1$$

$$R = b_{11} + b_{22} - b_{21} - b_{12} = 1, r = b_{22} - b_{21} = -1, B = \frac{r}{R} = -1$$

不难确定该对策问题有唯一平衡点 $(x,y)=(1,1)$，即两个人都承认犯罪，所得支付为各判刑 7 年。从赢得矩阵式 (13-34) 来看，这个平衡局势显然不是最有利的。如果两人都不承认犯罪，得到的赢得都是 –1，相当于各判刑 1 年，这才是最有利的局势。但是，在非合作的条件下，这个最有利的局势也是难以达到的。

13.8　多人合作对策

与非合作对策不同，合作对策的基本特征是参加对策的局中人可以进行充分的合作，即可以事先商定好，把各自的策略协调起来，并在对策后对所获赢得进行重新分配。合作的形式是所有局中人可以形成若干联盟，每个局中人仅参加一个联盟，联盟所获赢得要在联盟的所有成员中进行重新分配。

一般来说，合作可以提高联盟的赢得，因而也可以提高每个联盟成员的赢得。但联盟能否形成，以及形成哪种联盟，或者说一个局中人是否参加联盟，以及参加哪个联盟，不仅取决于对策的规则，更取决于联盟所获赢得的分配方案。如果分配方案不合理，就可能破坏联盟的形成。因此，在合作对策中，每个局中人如何选择自己的策略已经不是需要研究的主要问题了，需要研究的主要问题是：如何形成联盟，以及联盟的赢得如何合理分配（如何维持联盟）？

研究重点的转变，使得合作对策的模型、解的概念，都与非合作对策问题有很大的不同。具体来说，构成合作对策的两个基本要素为局中人集合 I 和特征函数 $v(S)$。

其中 $I = \{1,2,\cdots,n\}$；S 为 I 的任一子集，即任何一个可能形成的联盟；$v(S)$ 表示联盟 S 在对策中的赢得，又称为联盟 S 的价值，它表示联盟 S 中的成员无须求助于 S 之外的局中人就能得到的可转让赢得的总量。因此，可将合作对策模型表示为 $G = \{I, v\}$。

【例 13-19】 有 3 个局中人，每人各提出一个 3 人分配 3 万元的方案。试按以下几种情况分别探讨合作对策模型：

(1) 若 3 人方案一致，则通过，并成为实际分配方案；

(2) 只要局中人 1 和 2 两人方案一致，就可以成为实际分配方案；

(3) 只要任何两人方案一致，就可以成为实际分配方案。

解：由题意可知：$I = \{1,2,3\}$。

(1) 合作对策模型为
$$v = (\{1,2,3\}) = 3, v(\{1,2\}) = v(\{1,3\}) = v(\{2,3\}) = 0, v(\{1\}) = v(\{2\}) = v(\{3\}) = 0$$
(2) 合作对策模型为
$$v = (\{1,2,3\}) = 3 = v(\{1,2\}), \ v(\{1,3\}) = v(\{2,3\}) = 0, v(\{1\}) = v(\{2\}) = v(\{3\}) = 0$$
(3) 合作对策模型为
$$v = (\{1,2,3\}) = 3 = v(\{1,2\}) = v(\{1,3\}) = v(\{2,3\}), v(\{1\}) = v(\{2\}) = v(\{3\}) = 0$$

【例 13-20】 由 n 个人组成的寻宝探险队在一个山洞里面找到一批宝物，每件价值为 1 个货币单位，每件要两人合作才能运回。对应的可转让赢得的合作对策模型为 $G = \{I, v\}$，其中

$$v(S) = \begin{cases} \dfrac{(|S|-1)}{2}(若|S|为奇数) \\ \dfrac{(|S|)}{2}(若|S|为偶数) \end{cases}$$

式中，$|S|$ 表示联盟 S 中的成员个数。试确定可行解。

解： 设以 n 维向量 $X = (x_1, x_2, \cdots, x_n)^T$ 表示联盟赢得的一个分配方案，其中 x_i 表示联盟成员 $i \in I$ 的分配所得，若 X 满足

$$x_i \geq v(\{i\})(i = 1, 2, \cdots, n), \sum_{i=1}^{n} x_i = v(I)$$

则称 X 是合作对策 $G = \{I, v\}$ 的一个可行解。

13.9 动态对策

策略集或得益函数随时间变化的对策称为动态对策。动态对策除了以各自的策略作变量，还要引入一个表示每一时刻对策所处状况的状态变量（或向量），同时动态对策还与各局中人拥有的信息的程度（称为信息结构）有关。以动态二人零和对策为例，记 t 为时间，动态二人零和对策可表示为

$$G = \{S_{1t}, S_{2t}, E_t\}$$

式中，$S_{1t} = \{x(t)\}$，$S_{2t} = \{y(t)\}$，分别表示局中人 I 和 II 在 t 时刻的策略集；E_t 是局中人的得益函数，还是策略 $x(t)$ 和 $y(t)$ 的函数。

引入状态变量 $z(t)$，则状态变量的变化形式可以用下述状态方程来表示。

$$z(t+1) = f_t(z(t), x(t), y(t)) \tag{13-35}$$

局中人 I 在 0 至 T 时段的总赢得为

$$E = E_T(z(T)) + \sum_{t=0}^{T-1} E_t(z(t), x(t), y(t)) \tag{13-36}$$

局中人 I 的目标是使长期利益 E 最大；局中人 I 和 II 的策略 $x(t)$ 和 $y(t)$ 是在其所拥有的信息

$\eta(t)$ 的基础上得出的，即

$$x(t) = \gamma_{1t}(\eta(t))(t = 0,1,2,\cdots,T-1)$$

$$y(t) = \gamma_{2t}(\eta(t))(t = 0,1,2,\cdots,T-1)$$

于是

$$E = E_T(z(T)) + \sum_{t=0}^{T-1} E_t(z(t),\gamma_{1t},\gamma_{2t}) = E(\gamma_1,\gamma_2) \tag{13-37}$$

式中

$$\gamma_1 = \{\gamma_{1t}\}, \quad \gamma_2 = \{\gamma_{2t}\}$$

如果存在 γ_1^* 和 γ_2^*，使得

$$E(\gamma_1,\gamma_2^*) \leq E(\gamma_1^*,\gamma_2^*) \leq E(\gamma_1^*,\gamma_2) \tag{13-38}$$

则称 γ_1 和 γ_2 为纳什均衡。

【第 13 章习题】

第 6 篇

随机运筹技术

第14章

排 队 论

> **学习目标**
>
> 1. 了解排队系统中相关的基础知识；
> 2. 理解顾客输入过程和服务过程的时间分布函数；
> 3. 明确排队问题的求解步骤及运行指标间的关系；
> 4. 掌握排队模型及其应用；
> 5. 掌握排队系统的结构优化的思想与方法。

排队是日常生活中经常遇到的现象，如顾客到商店购买物品、病人到医院就诊、汽车到加油站加油、轮船进港停靠码头、电话订票、上下班搭乘公共汽车、客户到银行存取款等常常要排队。除了上述有形的排队，还有"无形"排队现象。此外，排队的不一定是人，也可以是物。例如，生产线上的在制品等待加工，因故障停止运转的机器等待工人修理，码头的船只等待装卸货物，要起降的飞机等待跑道等。排队现象产生的原因之一是要求服务的服务对象数量超过了服务机构的容量，也就是有部分服务对象不能立即得到服务；原因之二是系统服务对象的到达和服务时间均存在随机性。前者可以通过增加服务机构的容量来解决排队问题，但无休止地增加服务机构的容量会导致追加投资并可能发生系统资源长时间闲置的现象。后者，也就是系统服务对象到达和服务时间均存在随机性，致使无法准确估算排队拥堵的具体情况。所以，服务系统中的排队现象几乎不可避免。

那什么是排队理论呢？所谓排队理论，又称随机服务理论，是研究各种随机服务系统的规律性，以解决相应排队系统的最优设计和控制问题的科学。具体地说，排队理论就是在研究各种排队系统的概率规律性的基础上，解决有关排队系统的最优设计和最优运营问题的科学。日本学者在调查销售额来源时发现，80%的销售额来自现有的顾客，而60%的新顾客来自现有顾客的热情推荐。学者研究还发现开发一个新顾客的费用至少是维系一个现有顾客的5倍。可见，服务经济时代，企业利润的增长来源于忠诚的顾客，而顾客的满意度与忠诚度密切相关，为顾客提供满意服务就需要减少排队等待时间。目前，排队理论在工业生产、通信、运输、港口泊位设计、机器维修、计算机设计等各个领域中都得到广泛应用。

14.1 排队论的基本概念

排队论起源于 1909 年丹麦电话工程师埃尔朗等人对电话服务系统的研究。20 世纪 30 年代,苏联数学家欣钦提出了最简单流的概念。随后瑞典数学家巴尔姆又引入有限后效流等概念和定义。他们用数学方法深入地分析了电话呼叫的本质特性,推动了排队论的研究。20 世纪 50 年代初,美国数学家关于生灭过程的研究及英国数学家肯德尔关于嵌入马尔可夫链理论的研究,为排队论奠定了理论基础。在这以后,塔卡奇等又将组合方法引进排队论,使它更能适应各种类型的排队问题。20 世纪 70 年代以来,人们开始研究排队网络和复杂排队问题的渐近解等,成为研究现代排队论的新趋势。

如今,排队论已广泛应用于陆空交通、机器管理、水库设计和可靠性理论等方面。在百余年的历史中,排队论无论是在理论研究还是在应用方面都有了长足进展。由于在电子计算机上进行数字模拟的技术得到了发展,排队论已成为解决工程设计和管理问题的有力工具。本节将介绍排队论的一些基本知识。

14.1.1 排队系统

一般在一个排队(随机服务)系统中总是包含一个或若干个"服务设施",有许多"顾客"进入该系统要求得到服务,服务完毕后即自行离去。倘若顾客到达时,服务系统空闲着,则到达的顾客立即得到服务,否则顾客将排队等待服务或离去。

实际的排队系统虽然多种多样,但都有以下共同特征:①有请求服务的人或物,即顾客;②有为顾客服务的人或物,即服务员或服务台;③顾客到达系统的时刻以及为每位顾客提供服务的时间这两项中至少有一项是随机的,因而整个排队系统的状态也是随机的。

一般的排队系统通常都有下述基本组成部分,如图 14-1 所示。

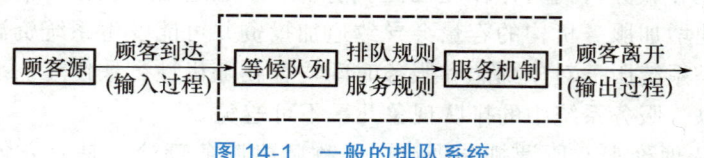

图 14-1 一般的排队系统

1. 输入过程

输入过程是指要求服务的顾客按一定的规律到达排队系统的过程,有时也称顾客流。一般可以从以下三个方面来描述一个输入过程。

(1) 顾客源,即顾客总数。顾客源可以是有限的,也可以是无限的。例如,到售票处购票的顾客总数可以认为是无限的,而工厂内停机待修的设备则是有限的。

(2) 顾客到达方式,即顾客是单个还是成批到达系统的。顾客到银行办理存取款业务是单个到达的例子。在库存问题中,如果将原材料进货或产品入库视为顾客到达,那么这种顾客则是成批到达的。

(3) 顾客流或顾客相继到达的时间间隔的概率分布。顾客流的概率分布一般有泊松分布(泊松流)、定长分布、二项分布、埃尔朗分布等若干种。

2. 排队规则

排队规则分为等待制、损失制和混合制三种。

(1) 当顾客到达时，所有服务台都被占用，则顾客排队等候，即为等待制。在等待制中，为顾客服务的次序可以是先到先服务、后到先服务、随机服务和有优先权服务（如医院接待急救病人）。

(2) 如果顾客到达后看到服务台没有空闲立即离去，则为损失制。

(3) 有些系统留给顾客排队等待的空间（系统容量K）有限，因此超过所能容纳人数的顾客必须离开系统，这种排队规则就是混合制。

不难看出，损失制和等待制可视为混合制的特殊情形，如记C为系统中服务台的个数，则当$K=C$时，混合制即成为损失制；当$K=\infty$时，混合制即成为等待制。

3. 服务机制

服务机制可以从以下三方面来描述。

(1) 服务台数量及构成形式。从数量上说，服务台有单个服务台和多个服务台之分。

(2) 服务方式。这是指在某一时刻接受服务的顾客数，它有单个服务和成批服务两种。例如公共汽车一次就可装载一批乘客，就属于成批服务。

(3) 服务时间的概率分布。一般来说，在多数情况下，对每一个顾客的服务时间是随机变量，其概率分布有负指数分布、定长分布、k阶埃尔朗分布、一般分布（所有顾客的服务时间都是独立同分布的）等。

14.1.2 排队系统的分类

为了区别各种排队系统，根据输入过程、排队规则和服务机制的变化对排队系统模型进行描述或分类，可以给出很多排队系统模型。为了方便对众多模型的描述，英国数学家肯德尔提出了目前在排队论中被广泛采用的"肯德尔记号"分类法，完整的表达方式通常会用到六个符号，分别取如下格式：$X/Y/Z/A/B/C$，各符号的意义如下。

X：表示顾客流或顾客相继到达的时间间隔的概率分布。常用M表示到达过程为泊松过程或到达时间间隔为负指数分布；D表示定长分布；E_k表示k阶埃尔朗分布；G表示一般相互独立的随机分布；GI 表示一般相互独立的时间间隔的分布。

Y：表示服务时间分布，所用符号与表示顾客流或顾客相继到达的时间间隔的概率分布相同。

Z：表示服务台数量，1 表示单个服务台，$C(C>1)$表示多个服务台。

A：表示系统容量限制。如系统有K个等待位子，则当$K=0$时为损失制系统，说明系统不允许等待；当$K=\infty$时为等待制系统；K为有限整数时为混合制系统。默认为∞。

B：表示顾客源，分有限(N)与无限(∞)两种，默认为∞。

C：表示排队规则，常用FCFS表示先到先服务，LCFS表示后到先服务，SIRO表示随机服务，NPRP表示有优先权服务的排队规则。默认为FCFS。

比如：某排队问题为$M/M/C/\infty/\infty/FCFS$，则表示顾客到达过程为泊松过程；服务时间分布为负指数分布；有$C(C>1)$个服务台；系统容量无限（等待制）；顾客源无限；采用先到先服务规则。该问题也可简记为$M/M/C$。

14.1.3 排队系统的衡量指标

构建了排队系统的模型后，需要对排队系统的运行效率和服务质量进行研究和评估，以确定系统的结构是否合理。任何排队系统开始运行时，其状态在很大程度上取决于系统的初始状态和运转时间。但运行了一段时间后，系统将进入稳定状态（稳态，指系统运行充分长时间后，初始状态的影响基本消失，系统状态不再随时间变化）。对排队系统进行衡量，主要是指对其稳态的运行效率和服务质量指标进行分析。常用于衡量排队系统的指标如下。

(1) 平均队长L和平均排队长L_q。平均队长L指一个排队系统的平均顾客数（其中包括正在接受服务的顾客），而平均排队长L_q则是指系统中等待服务的平均顾客数。

(2) 平均逗留时间W和平均等待时间W_q。平均逗留时间W指进入系统的顾客逗留时间的平均值（包括接受服务的时间），而平均等待时间W_q则是指进入系统的顾客等待时间的平均值。

(3) 忙期和闲期。忙期是指服务机构两次空闲的时间间隔，这是一个随机变量，是服务员（服务台）最关心的指标，因为它关系到服务员（服务台）的服务强度；与忙期相对的是闲期，它是服务机构连续保持空闲的时间。在排队系统中，忙期和闲期总是交替出现的。

(4) 服务强度ρ。服务强度ρ指每个服务台单位时间内的平均服务时间。

其中，L、L_q、W、W_q通常称为重要的运行指标。它们取值越小，说明系统队长越短，顾客等待时间越少，因此系统的性能就越好。

14.1.4 稳态下的重要参数及基本关系式

1. 几个稳态时的重要参数介绍

(1) λ：单位时间内到达系统的平均顾客数（平均到达率）。

(2) λ_e：单位时间内到达并进入系统的平均顾客数（有效平均到达率），在等待制系统中，有$\lambda=\lambda_e$。

(3) μ：单位时间内一个服务台能够服务完的平均顾客数（平均服务率）。

2. 稳态下的四个基本关系式介绍

(1) $L=L_q+\overline{C}$，此式揭示了指标L与L_q之间的数量关系，式中$\overline{C}$是平均正在服务的服务台个数，即正在接受服务的平均顾客数。该式的物理意义是：平均队长是平均排队长与正在接受服务的顾客数之和。由于排队系统达到稳态时，单位时间内到达并进入系统的平均顾客数λ_e等于单位时间内接受服务完毕离开系统的平均顾客数$\overline{C}\cdot\mu$，即有$\lambda_e=\overline{C}\cdot\mu$，因此有$\overline{C}=\dfrac{\lambda_e}{\mu}$，$\mu$为每个服务台的平均服务率。

(2) $W=W_q+V$，此式揭示了指标W与W_q之间的数量关系，式中V是对每个顾客的平均服务时间。该式的物理意义是：平均逗留时间是平均等待时间与对每个顾客的平均服务时间之和。由于每个服务台的平均服务率为μ，因此$V=\dfrac{1}{\mu}$。

(3) $L=\lambda_e W$，此式揭示了指标L与W之间的数量关系。该式的物理意义是：平均队长等于单位时间内到达并进入系统的平均顾客数乘以平均逗留时间，即等于平均逗留时间内进入系统的总的平均顾客数。

(4) $L_q=\lambda_e W_q$，此式揭示了指标L_q与W_q之间的数量关系。该式的物理意义是：平均等待队长等于单位时间内到达并进入系统的平均顾客数乘以平均等待时间，即等于平均等待时间内进入系统的总的平均顾客数。

14.1.5　Little 公式

$L=\lambda_e W$ 与 $L_q=\lambda_e W_q$ 统称为 Little 公式，其形式类似于公式"距离 = 速度 × 时间"，是排队论中的著名公式，适用于存在稳态分布的任何排队系统。

Little 公式揭示了排队系统中四个基本衡量指标——L与W之间、L_q与W_q之间的数量关系。从 14.1.4 小节中的四个基本关系式可以看出：若已知$\overline{C}$与V，则四个基本衡量指标中只要再知道任何一个，就能够很方便地求出其他三个。四个基本衡量指标之间的数量关系见图 14-2。但需要注意的是，为了求得排队系统的各项稳态性能衡量指标，必须先计算出稳态时系统中有j个顾客的概率P_j。

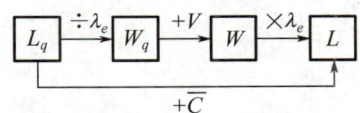

图 14-2　四个基本衡量指标之间的数量关系

14.1.6　排队问题的求解步骤

求解一个实际的排队问题，需遵循如下步骤。

(1) 首先要根据统计数据资料，推断顾客输入过程和服务时间的经验概率分布；然后，按照数理统计中曲线拟合（χ^2检验）方法确定适合的理论分布，确定输入过程分布和服务时间分布。

(2) 估计参数值。即上述所涉及的平均到达率λ、平均服务率μ、服务强度ρ。

(3) 给定服务台个数、系统容量限制和服务规则，按"肯德尔记号"分类法确定它属于哪个模型；分析服务系统状态演进关系，系统中有n个顾客，则系统的状态为$P_n(t)(n=1,2,\cdots)$；确定系统处于稳态的任意时刻，状态为n的概率P_n，得到平衡方程。

(4) 求出有关排队系统性能的数量指标，以便研究其运行效率，评定系统是否合理，设计改进措施等。

14.1.7 输入和输出

在排队论的讨论中，排队规则一般考虑FCFS，服务台考虑单个服务台和多个服务台两种情况。但是顾客的输入过程和输出过程则比较复杂，因为它们一般都是随机的。至今为止，研究较多且取得较好结果的排队系统是：顾客的输入过程服从泊松分布，而服务时间服从负指数分布的排队系统。

1. 泊松过程

定义 14-1 设$N(t)$表示在$[0,t]$时段内到达排队系统的顾客数，则对于每个给定的时刻t，$N(t)$都是一个随机变量，而随机变量族$\{N(t)|t \in (0,+\infty)\}$就称作一个随机过程。若$\{N(t)|t \in (0,+\infty)\}$满足下述三个条件，则称之为泊松过程。

(1) 平稳性：在长度为t的时段内恰好到达$k(k=0,1,2,\cdots)$个顾客的概率$P_k(t)$仅与时段长度有关，而与时段的起点无关。即对任意时刻$a \in (0,+\infty)$，在时段$[0,t]$或$[a,a+t]$内，$P_k(t)$是一样的。

(2) 无后效性：在不相交的时段内到达的顾客数是相互独立的。即对任意时刻$a \in (0,+\infty)$，在时段$[a,a+t]$内到达的顾客数与a时刻以前来了多少顾客无关。

(3) 普通性：在充分小的时段内最多到达一个顾客。即不可能有两个以上的顾客同时到达。如果用$\varphi(t)$表示在时段$[0,t]$内有两个或两个以上顾客到达的概率，那么$\varphi(t)=o(t)$，$o(t)$为当$t \to 0$时比t高阶的无穷小。

由于泊松过程具有无后效性，所以它是一种特殊的马尔可夫过程。泊松过程又称泊松流，在排队论中常称为简单流。

2. 泊松过程的重要性质

(1) **性质 1** 设$\{N(t)|t \in (0,+\infty)\}$为泊松过程，$\lambda>0$，为单位时间内顾客的平均到达率，则$N(t)$服从参数为$\lambda t$的泊松分布，即有

$$P_k(t)=\frac{(\lambda t)^k}{k!}\mathrm{e}^{-\lambda t}(k=0,1,2,\cdots) \tag{14-1}$$

【泊松分布的性质1证明】

由泊松分布可知，$E(N(t))=\lambda t$，$\lambda=\dfrac{E(N(t))}{t}$为单位时间顾客的平均到达率，与$\lambda$的含义吻合。$t=1$时

$$P_k(1) = \frac{\lambda^k}{k!}e^{-\lambda} \quad (k=0,1,2,\cdots) \tag{14-2}$$

(2) **性质 2** 若顾客输入过程 $\{N(t)|t \in (0,+\infty)\}$ 为参数为 λ 的泊松过程，那么顾客相继到达的间隔时间 T 必服从负指数分布

$$F_T(t) = \begin{cases} 1-e^{-\lambda t} & (t \geq 0) \\ 0 & (t < 0) \end{cases} \tag{14-3}$$

【泊松分布的性质 2 证明】

由负指数分布可知，$E(T)=\dfrac{1}{\lambda}$。因此对某个泊松过程，若顾客的平均到达率为 λ，那么顾客相继到达的平均间隔时间为 $\dfrac{1}{\lambda}$。

事实上，若顾客相继到达的间隔时间 T 服从负指数分布，同样可以证明顾客流必为泊松过程。因此，"顾客流是泊松过程"和"顾客到达的间隔时间相互独立且服从相同的负指数分布"是两种等价的描述方式。"肯德尔记号"方法中都用 M 表示。

3. 负指数分布的服务时间

下面研究系统的输出，即服务时间的概率分布。设随机变量 V 表示服务台对每个顾客服务的时间，若 V 的概率密度为

$$f_V(t) = \begin{cases} \mu e^{-\mu t} & (t \geq 0) \\ 0 & (t < 0) \end{cases}$$

则称 V 服从参数为 μ 的负指数分布。

易知 V 的分布函数为

$$F_V(t) = \begin{cases} 1-e^{-\mu t} & (t \geq 0) \\ 0 & (t < 0) \end{cases} \tag{14-4}$$

且 $E(V)=\dfrac{1}{\mu}$ 为对每个顾客的平均服务时间。$\mu=\dfrac{1}{E(V)}$ 为单位时间内的平均服务顾客数或单位时间内服务完毕并自动离开系统的平均顾客数。

4. 负指数分布的重要性质

(1) **性质 1** 设 V 服从参数为 μ 的负指数分布，则对任意 $a>0, t \geq 0$ 都有

$$P\{V \geq a+t | V \geq a\} = P\{V \geq t\} \tag{14-5}$$

【负指数分布的性质1证明】

(2) **性质 2** 若 V 服从参数为 μ 的负指数分布,那么服务台在长度为 t 的时间内服务完毕,并且自行离开系统的顾客数 $\{L(t)|t\in(0,+\infty)\}$ 是一个泊松过程,且 $L(t)$ 服从参数为 μt 的泊松分布,即有 $P_h(t)=\dfrac{(\mu t)^k}{k!}\mathrm{e}^{-\mu t}(k=0,1,2,\cdots)$。

由 $E(L(t))=\mu t$ 可知,$\mu=\dfrac{E(L(t))}{t}$ 为单位时间内平均服务顾客数或单位时间内服务完毕并自动离开系统的平均顾客数。由泊松分布的性质可知,当 Δt 充分小时,在 Δt 时段内恰有一个顾客离去的概率为 $\mu\Delta t$,没有顾客离去的概率为 $1-\mu\Delta t$,而有两个或两个以上顾客离去的概率为 $\psi(t)\approx 0$。

14.1.8　排队论研究的基本问题

排队论研究的首要问题是排队系统主要数量指标的概率规律,即先研究系统的整体性质,再进一步研究系统的优化问题。与这两个问题相关的还有排队系统的统计推断问题。

(1) 通过研究主要数量指标在瞬时或平稳状态下的概率分布及其数字特征,了解系统运行的基本特征。

(2) 建立适当的排队系统模型是排队论研究的第一步,在建立模型的过程中经常会碰到如下问题:检验系统是否达到稳态;检验顾客相继到达时间间隔的相互独立性;确定服务时间的分布及有关参数;等等。

(3) 系统优化问题又称为系统控制问题或系统运营问题,其基本目的是使系统处于最优或最合理的状态。系统优化问题包括最优设计问题和最优运营问题,其内容很多,有最少费用、服务率的控制、服务台的开关策略、顾客(或服务)根据优先权的最优排序等方面的问题。

在排队系统中,由于顾客到达的间隔时间分布和服务台对每个顾客的服务时间分布是多种多样的,加之存在服务台个数、顾客源有限和无限、系统容量有限和无限等不同组合,就会有不胜枚举的不同排队系统模型,若对所有排队系统模型全部进行分析与计算,则十分繁杂而且也没有必要。本章将会在 14.3 节与 14.4 节对几种常见的排队系统模型进行分析。

14.2　生灭过程

生灭过程是一类特殊的随机过程,它在运筹学中有广泛的应用。若用 $N(t)$ 表示 $[0,t]$ 时间内顾客到达的总数,则对于每个时刻 t 来说,$N(t)$ 是一个随机变量族,$\{N(t),t\geq 0\}$ 就构成了一个随机过程。如果用"生"表示顾客的到达,"灭"表示顾客的离去,则$\{N(t),t\geq 0\}$就构成了一个生灭过程。具体定义如下。

定义 14-2 设系统的状态随时间变化的过程$\{N(t),t\geq 0\}$是一个随机过程,如果满足下列三个条件,则称其为生灭过程。

(1) 假设$N(t)=n$,则从时刻t起到下一个顾客到达为止的时间服从参数为λ_n的负指数分布,$n = 0,1,2,\cdots$。

(2) 假设$N(t)=n$,则从时刻t起到下一个顾客离去为止的时间服从参数为μ_n的负指数分布,$n = 0,1,2,\cdots$。

(3) 同一时刻只有一个顾客到达或离去。

生灭过程的例子很多,如一个地区人口数量的自然增减、细菌的繁殖与死亡、服务台前顾客数量的变化等都可以看作或近似看作生灭过程。各状态之间的转移关系如图14-3所示。

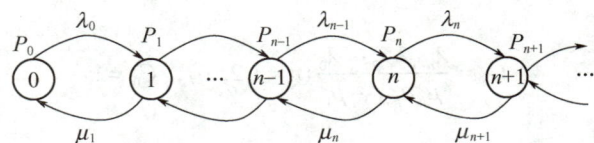

图 14-3 各状态之间的转移关系

图14-3中圆圈表示状态,圆圈中标号是状态符号,表示系统中稳定的顾客数,箭头表示从一个状态转移到另一个状态,λ和μ表示转移速率。

P_0表示系统中没有顾客、服务台空闲的概率;P_1表示系统中有一个顾客、服务台忙着的概率;P_2表示系统中有两个顾客、有一个排队的概率;其余依此类推,P_n表示系统中有n个顾客、服务台忙、有$n-1$个顾客排队的概率。

一般来说,得到$N(t)$的分布$P_n(t) = P\{N(t) = n\}(n = 0,1,2,\cdots)$是比较困难的,因此,通常是求当系统达到稳态后的状态分布,记为$P_n(n = 0,1,2,\cdots)$。为求稳态下的状态分布,考虑系统可能处于的任一状态n。假设记录了一段时间内系统进入状态n和离开状态n的次数,则因为"进入"和"离开"是交替发生的,所以这两个数要么相等,要么相差为1。但这两种事件的平均发生率可以认为是相等的。即当系统运行相当时间而达到稳态后,对任一状态n来说,单位时间内进入该状态的平均次数和单位时间内离开该状态的平均次数应该相等,这就是系统在统计平衡下的"流入=流出"原理。根据这一原理,可得到任一状态下的平衡方程如下所示。

$$
\begin{array}{ll}
0 & \mu_1 P_1 = \lambda_0 P_0 \\
1 & \lambda_0 P_0 + \mu_2 P_2 = (\lambda_1 + \mu_1) P_1 \\
2 & \lambda_1 P_1 + \mu_3 P_3 = (\lambda_2 + \mu_2) P_2 \\
\vdots & \vdots \\
n-1 & \lambda_{n-2} P_{n-2} + \mu_n P_n = (\lambda_{n-1} + \mu_{n-1}) P_{n-1} \\
n & \lambda_{n-1} P_{n-1} + \mu_{n+1} P_{n+1} = (\lambda_n + \mu_n) P_n \\
\vdots & \vdots
\end{array}
$$

由上述平衡方程，可求得

$$0 \qquad P_1 = \frac{\lambda_0}{\mu_1} P_0$$

$$1 \qquad P_2 = \frac{\lambda_1}{\mu_2} P_1 + \frac{1}{\mu_2}(\mu_1 P_1 - \lambda_0 P_0) = \frac{\lambda_1}{\mu_2} P_1 = \frac{\lambda_1 \lambda_0}{\mu_2 \mu_1} P_0$$

$$2 \qquad P_3 = \frac{\lambda_2}{\mu_3} P_2 + \frac{1}{\mu_3}(\mu_2 P_2 - \lambda_1 P_1) = \frac{\lambda_2}{\mu_3} P_2 = \frac{\lambda_2 \lambda_1 \lambda_0}{\mu_3 \mu_2 \mu_1} P_0$$

$$\vdots \qquad \vdots \qquad (14\text{-}6)$$

$$n-1 \qquad P_n = \frac{\lambda_{n-1}}{\mu_n} P_{n-1} + \frac{1}{\mu_n}(\mu_{n-1} P_{n-1} - \lambda_{n-2} P_{n-2}) = \frac{\lambda_{n-1}}{\mu_n} P_{n-1} = \frac{\lambda_{n-1} \lambda_{n-2} \cdots \lambda_0}{\mu_n \mu_{n-1} \cdots \mu_1} P_0$$

$$n \qquad P_{n+1} = \frac{\lambda_n}{\mu_{n+1}} P_n + \frac{1}{\mu_{n+1}}(\mu_n P_n - \lambda_{n-1} P_{n-1}) = \frac{\lambda_n}{\mu_{n+1}} P_n = \frac{\lambda_n \lambda_{n-1} \cdots \lambda_0}{\mu_{n+1} \mu_n \cdots \mu_1} P_0$$

$$\vdots$$

令

$$C_n = \frac{\lambda_{n-1} \lambda_{n-2} \cdots \lambda_0}{\mu_n \mu_{n-1} \cdots \mu_1} (n=1,2,\cdots), \quad C_0 = 1$$

则稳态下的状态分布为

$$P_n = C_n P_0 (n=1,2,\cdots)$$

由概率分布的要求

$$\sum_{n=0}^{\infty} P_n = \sum_{n=0}^{\infty} C_n P_0 = 1$$

有

$$C_0 P_0 + \sum_{n=1}^{\infty} C_n P_0 = P_0 + \sum_{n=1}^{\infty} C_n P_0 = \left[1 + \sum_{n=1}^{\infty} C_n\right] P_0 = 1$$

于是

$$P_0 = \frac{1}{1 + \sum_{n=1}^{\infty} C_n} \qquad (14\text{-}7)$$

由 P_0 可以推出 P_n，再根据 14.1.4 小节所讲内容，即可求出排队系统的其他指标 L 与 L_q、W 与 W_q。

注意：式 (14-7) 只有当级数 $\sum_{n=1}^{\infty} C_n$ 收敛时才有意义，即当 $\sum_{n=1}^{\infty} C_n < \infty$ 时，才能由上述公式得到稳态下的状态分布。

14.3 单服务台排队系统

本节我们假定系统顾客源无限，顾客到达的间隔时间服从负指数分布，且相互独立。每个服务台服务一个顾客的时间服从负指数分布,服务台的服务时间相互独立,服务时间与间隔时间相互独立。

14.3.1 M/M/1/∞/∞/FCFS 排队模型

设顾客流是参数为 $\lambda_n = \lambda$ 的泊松流,λ 是单位时间内到达系统的平均顾客数,即平均到达率。系统只有一个服务台,且服务一个顾客的时间 t 服从参数为 $\mu_n = \mu$ 的负指数分布。平均服务时间为 $E(t) = \dfrac{1}{\mu}$,在服务台繁忙时,单位时间平均服务的顾客数为 μ。

设 $\rho = \dfrac{\lambda}{\mu} < 1$,$\rho$ 为服务强度,也就是说假设 $\lambda < \mu$,这可以保证系统的队长不会出现无限扩大的情况。

基于上述假设,利用 14.2 节中的内容,我们容易得出如下事实。

$$P_0 = \frac{1}{1+\sum_{n=1}^{\infty} C_n} = \frac{1}{1+\sum_{n=1}^{\infty} \dfrac{\lambda_{n-1}\lambda_{n-2}\cdots\lambda_0}{\mu_n\mu_{n-1}\cdots\mu_1}} = \frac{1}{1+\rho^1+\rho^2+\cdots} = 1-\rho \tag{14-8}$$

$$P_n = \frac{\lambda_{n-1}\lambda_{n-2}\cdots\lambda_0}{\mu_n\mu_{n-1}\cdots\mu_1} P_0 = \left(\frac{\lambda}{\mu}\right)^n P_0 = \rho^n(1-\rho) \tag{14-9}$$

利用 P_0 与 P_n 的结论,我们可推导出该排队系统的所有数量指标,如下所示。

1. 平均队长 L

$$L = \sum_{n=0}^{\infty} nP_n = \sum_{n=0}^{\infty} n(1-\rho)\rho^n = (\rho+2\rho^2+3\rho^3+\cdots)-(\rho^2+2\rho^3+3\rho^4+\cdots)$$
$$= \rho+\rho^2+\rho^3+\cdots = \frac{\rho}{1-\rho} = \frac{\lambda}{\mu-\lambda}$$

2. 平均排队长 L_q

$$L_q = \sum_{n=1}^{\infty}(n-1)P_n = \sum_{n=1}^{\infty} nP_n - \sum_{n=1}^{\infty} P_n = L - \left(\sum_{n=0}^{\infty} P_n - P_0\right)$$
$$= L-(1-P_0) = L-\rho = \frac{\lambda^2}{\mu(\mu-\lambda)}$$

因此 $L = L_q + \dfrac{\lambda}{\mu}$。

3. 平均逗留时间 W

$$W = \frac{L}{\lambda} = \frac{\dfrac{\lambda}{\mu-\lambda}}{\lambda} = \frac{1}{\mu-\lambda}$$

4. 平均等待时间 W_q

$$W_q = W - \frac{1}{\mu} = \frac{\lambda}{\mu(\mu-\lambda)}$$

当然，其求法也可用下式。

$$W_q = \frac{L_q}{\lambda} = \frac{\lambda}{\mu(\mu-\lambda)}$$

5. 系统中顾客数超过 N 的概率 $P(n>N)$

$$P(n>N) = \sum_{n=N+1}^{\infty} P_n = \sum_{n=N+1}^{\infty} \rho^n(1-\rho) = \rho^{N+1} = \left(\frac{\lambda}{\mu}\right)^{N+1}$$

6. 服务强度（服务台的利用系数或服务台被占用的概率）$\sum_{n=1}^{\infty} P_n$

$$\sum_{n=1}^{\infty} P_n = 1 - P_0 = \rho = \frac{\lambda}{\mu}$$

【例 14-1】 某景点入口通道设有一个检票通道。若参观游客以泊松流依次到达检票通道，平均每分钟到达 1 人。假定检票时间服从负指数分布，平均每分钟可服务 2 人。

(1) 试计算该排队系统的数量指标；
(2) 求等待人数超过 10 人的概率。

解：（1）根据题意有 $\lambda=1, \mu=2$，因此 $\rho=\frac{\lambda}{\mu}=\frac{1}{2}$。其他数量指标分别如下所示。

平均队长为

$$L = \frac{\lambda}{\mu-\lambda} = \frac{1}{2-1} = 1 \text{（人）}$$

平均排队长为

$$L_q = \frac{\lambda^2}{\mu(\mu-\lambda)} = \frac{1^2}{2\times(2-1)} = \frac{1}{2} \text{（人）}$$

平均逗留时间为

$$W = \frac{L}{\lambda} = \frac{1}{\mu-\lambda} = \frac{1}{2-1} = 1 \text{（分钟）}$$

平均等待时间为

$$W_q = \frac{L_q}{\lambda} = \frac{\lambda}{\mu(\mu-\lambda)} = \frac{1}{2} \text{（分钟）}$$

游客不需要等待的概率

$$P_0 = 1 - \rho = \frac{1}{2}$$

(2) 等待人数超过 10 人的概率

$$P(n>10) = \sum_{n=11}^{\infty} P_n = \sum_{n=11}^{\infty} \rho^n(1-\rho) = \rho^{11} = \left(\frac{1}{2}\right)^{11}$$

14.3.2 $M/M/1/1/\infty$/FCFS 排队模型

$M/M/1/1/\infty$/FCFS 排队模型也称作损失制排队模型（系统为损失制系统），其基本特点是：系统容量K恰好等于服务台个数C，顾客到达时，若所有服务台未被占满，立即可得到服务，否则因没有排队等待的空间，只能自动离去。其自动离去的概率$P_{失} = P_K$。在损失制系统中，有$\lambda > \lambda_e$，其状态集为有限状态集，$j = 0,1,2,\cdots,K$。一般在利用 Little 公式或计算$\overline{C}$前，要先求出λ_e。

$M/M/1/1$ 即省略写法的$M/M/1/1/\infty$/FCFS，其具体含义如下所示。

(1) 输入过程$\{N(t), t \geq 0\}$是强度为λ的泊松流，设平均到达率$\lambda > 0$。

(2) 服务台对每个顾客的服务时间v_i相互独立，且服从相同的参数为μ的负指数分布。

设每个服务台的平均服务率$\mu > 0$，平均服务时间$V = E(v_i) = \dfrac{1}{\mu}$。

(3) 单个服务台，先到先服务。
(4) 系统容量$K = C = 1$，为损失制系统。
(5) 顾客源无限。
(6) 输入过程与服务过程相互独立。

下面计算$M/M/1/1/\infty$/FCFS系统的四个基本衡量指标。

首先计算P_0, P_j, λ_e。

在$M/M/1/1/\infty$/FCFS排队模型中，$C=K=1$；$j=0,1$；$\lambda_0=\lambda$；$\mu_1=\mu$，根据 14.2 节内容可知，$C_0 = 1, C_1 = \dfrac{\lambda_0}{\mu_1} = \dfrac{\lambda}{\mu} = \rho$，因此有

$$P_0 = (C_0 + C_1)^{-1} = \left(1 + \frac{\lambda}{\mu}\right)^{-1} = \left(\frac{\mu+\lambda}{\mu}\right)^{-1} = \frac{\mu}{\mu+\lambda}$$

$$P_1 = C_1 P_0 = \frac{\lambda}{\mu} \times \frac{\mu}{\mu+\lambda} = \frac{\lambda}{\mu+\lambda}$$

$$P_{失} = P_K = P_1$$

$$\lambda_e = \lambda(1-P_1) = \lambda P_0 = \lambda \times \frac{\mu}{\mu+\lambda} = \frac{\lambda\mu}{\mu+\lambda}$$

在此基础上，计算四个基本衡量指标。

(1) 计算平均队长。

$$L = \sum_{n=0}^{1} n P_n = 0 P_0 + 1 P_1 = P_1 = \frac{\lambda}{\mu+\lambda}$$

(2) 计算平均排队长。

因为损失制系统中不允许排队等待，故 $L_q = 0$。

(3) 计算平均逗留时间。

根据 Little 公式有

$$W = \frac{L}{\lambda_e} = \frac{\frac{\lambda}{\mu+\lambda}}{\frac{\lambda\mu}{\mu+\lambda}} = \frac{1}{\mu}$$

(4) 计算平均等待时间。

因为损失制系统中不允许排队等待，故 $W_q = 0$。

【例 14-2】 有一个理发店，可以看作 $M/M/1/1/\infty$/FCFS 系统。已知平均每小时到达 3 人。假定平均每小时可服务 4 人，试求该系统的 P_0、λ_e、L、L_q、W 及 W_q。

解：已知 $\lambda = 3, \mu = 4$，在 $M/M/1/1/\infty$/FCFS 系统中，有 $K=1$，其他数量指标分别为

$$P_0 = \frac{\mu}{\mu+\lambda} = \frac{4}{4+3} = \frac{4}{7}$$

$$P_{失} = P_K = P_1 = \frac{\lambda}{\mu+\lambda} = \frac{3}{4+3} = \frac{3}{7}$$

$$\lambda_e = \frac{\lambda\mu}{\mu+\lambda} = \frac{3\times 4}{4+3} = \frac{12}{7}（人）$$

$$L = \frac{\lambda}{\mu+\lambda} = \frac{3}{4+3} = \frac{3}{7}（人）$$

$$L_q = 0（人）$$

$$W = \frac{1}{\mu} = \frac{1}{4}（小时）$$

$$W_q = 0（小时）$$

14.3.3　$M/M/1/N/\infty$/FCFS 排队模型

该模型的排队系统的特征为：系统容量有限，即为 N，故当某一时刻系统的排队长度为 N 时，新到的顾客将因不能再进入系统排队而自动离开，并且永不再来。所以对该系统而言，任何时候排队长度都不会超过 N。

由该排队系统的基本特征易知，顾客进入系统的参数为

$$\lambda_n = \begin{cases} r(n \leq N-1) \\ 0(n \geq N) \end{cases}$$

排队系统只有一个服务台，且平均服务率 $\mu_n = \mu(n=1,2,\cdots,N)$。此时，我们利用 14.2 节中的基本结论式，容易得如下结论（记 $\rho = \frac{r}{\mu}$）。

若 $\lambda_n = r, n \leq N-1$,则此时有

$$P_0 = \begin{cases} \dfrac{1}{1+\sum_{n=1}^{N}\left(\dfrac{r}{\mu}\right)^n} = \dfrac{1-\rho}{1-\rho^{N+1}} & (r \neq \mu) \\ \dfrac{1}{N+1} & (r = \mu) \end{cases} \tag{14-10}$$

$$P_n = \begin{cases} \rho^n P_0 = \rho^r \dfrac{1-\rho}{1-\rho^{N+1}} & (n \leq N, r \neq \mu) \\ P_0 & (n \leq N, r = \mu) \\ 0 & (n > N) \end{cases} \tag{14-11}$$

若 $\lambda_n = 0, n \geq N$,则此时有 $\lambda = \sum_{n=0}^{N}\lambda_n P_n = \sum_{n=0}^{N-1} rP_n = r\sum_{n=0}^{N} P_n = r(1-P_N)$。

基于上面的结论,我们可得该排队系统的数量指标分别如下所示。

(1) 平均队长。

若 $r \neq \mu$,则

$$L = \sum_{n=0}^{N} nP_n = \sum_{n=0}^{N} n\rho^n \dfrac{1-\rho}{1-\rho^{N+1}} = \dfrac{1-\rho}{1-\rho^{N+1}} \rho \dfrac{d}{d\rho}(\rho+\rho^2+\rho^3+\cdots+\rho^N)$$

$$= \dfrac{\rho[1+N\rho^{N+1}-(N+1)\rho^N]}{(1-\rho^{N+1})(1-\rho)} = \dfrac{\rho}{1-\rho} - \dfrac{(N+1)\rho^{N+1}}{1-\rho^{N+1}}$$

若 $r = \mu$,则

$$L = \sum_{n=0}^{N} nP_n = \sum_{n=0}^{N} n\dfrac{1}{N+1} = \dfrac{N}{2}$$

(2) 平均排队长。

$$L_q = L - \dfrac{\lambda}{\mu} = L - \dfrac{r(1-P_N)}{\mu}$$

(3) 平均逗留时间。

$$W = \dfrac{L}{\lambda} = \dfrac{L}{r(1-P_N)}$$

(4) 平均等待时间。

$$W_q = \dfrac{L_q}{\lambda} = \dfrac{L}{r(1-P_N)} - \dfrac{1}{\mu}$$

【例 14-3】 某配件修理车间配有一个维修工人,其可同时容纳 6 台等待维修的机器。平均一台机器正常运转的时间是 20 分钟,维修工平均修理时间为 15 分钟。试计算该排队系统的数量指标。

解:由题意可知 $N=7, r=\dfrac{60}{20}=3, \mu=\dfrac{60}{15}=4, \rho=\dfrac{3}{4}$,则

$$P_0 = \frac{1-\rho}{1-\rho^{N+1}} = \frac{1-\frac{3}{4}}{1-\left(\frac{3}{4}\right)^8} \approx \frac{0.25}{0.90} \approx 0.2778$$

$$P_N = \rho^N P_0 = \left(\frac{3}{4}\right)^7 \times 0.2778 \approx 0.037$$

$$\lambda = r(1-P_N) = 3 \times (1-0.037) = 2.889$$

$$L = \frac{\rho}{1-\rho} - \frac{(N+1)\rho^{N+1}}{1-\rho^{N+1}} \approx 2.11 \text{（台）}$$

$$L_q = L - \frac{\lambda}{\mu} \approx 1.388 \text{（台）}$$

$$W = \frac{L}{\lambda} = \frac{L}{r(1-P_N)} \approx 0.73 \text{（小时）}$$

$$W_q = \frac{L_q}{\lambda} = \frac{L}{r(1-P_N)} - \frac{1}{\mu} \approx 0.48 \text{（小时）}$$

14.3.4　*M/M/1/N/N*/FCFS 排队模型

该模型的排队系统的基本特征是：系统容量有限，为N；顾客源有限，为N。一般地，如果一个顾客在输入过程的排队行列，潜在的顾客源就减少一个；一个顾客接受服务后就立刻进入潜在的顾客源中。这类排队模型主要应用在工业生产的机器维修问题中，其中，有限集合就是某个给定单位（车间）的机器总数，顾客就是出故障的机器，服务台就是维修工。

假设系统的顾客源为N，若有n个顾客已经在系统内，则在服务系统外的潜在顾客数就减少为$N-n$。假定系统顾客的输入过程服从间隔时间为参数λ的负指数分布，则由负指数分布的性质有$\lambda_n = (N-n)\lambda$，此即顾客的到达率。因此

$$\lambda_n = \begin{cases} (N-n)\lambda & (n=0,1,\cdots,N) \\ 0 & (n>N) \end{cases}$$

同时，假设服务率为$\mu_n = \mu$，则由 14.2 节中的基本结论式，可得如下结论。

$$P_0 = \frac{1}{1+\sum_{n=1}^{\infty}C_n} = \frac{1}{1+\sum_{n=1}^{N}\frac{\lambda_{n-1}\lambda_{n-2}\cdots\lambda_0}{\mu_n\mu_{n-1}\cdots\mu_1}} = \frac{1}{1+\sum_{n=1}^{N}\frac{N!}{(N-n)!}\left(\frac{\lambda}{\mu}\right)^n} = \frac{1}{\sum_{n=0}^{N}\frac{N!}{(N-n)!}\left(\frac{\lambda}{\mu}\right)^n} \tag{14-12}$$

$$P_n = \frac{\lambda_{n-1}\lambda_{n-2}\cdots\lambda_0}{\mu_n\mu_{n-1}\cdots\mu_1}P_0 = \frac{N!}{(N-n)!}\left(\frac{\lambda}{\mu}\right)^n P_0 = \frac{\frac{N!}{(N-n)!}\left(\frac{\lambda}{\mu}\right)^n}{\sum_{n=0}^{N}\frac{N!}{(N-n)!}\left(\frac{\lambda}{\mu}\right)^n} \tag{14-13}$$

基于式（14-12）和式（14-13），我们可得该系统的数量指标如下所示。

$$L_q = \sum_{n=1}^{N}(n-1)P_n = \sum_{n=1}^{N}(n-1)\frac{N!}{(N-n)!}\left(\frac{\lambda}{\mu}\right)^n P_0$$

$$L = \sum_{n=0}^{N}nP_n = L_q + (1-P_0) = \sum_{n=1}^{N}(n-1)\frac{N!}{(N-n)!}\left(\frac{\lambda}{\mu}\right)^n P_0 + (1-P_0)$$

由于顾客的到达率 λ_n 随系统状态不断地变化，因此，系统的平均到达率 λ_e 按下式计算。

$$\lambda_e = \sum_{n=0}^{\infty}\lambda_n P_n = \sum_{n=0}^{N}(N-n)\lambda P_n = \lambda(N-L)$$

因此有

$$W = \frac{L}{\lambda_e}, \quad W_q = \frac{L_q}{\lambda_e}$$

【例 14-4】 某维修工负责三台机器的维修任务。每台机器平均在正常工作五天后发生一次故障，维修工平均两天可以修复一台机器。试计算该排队系统的数量指标。

解： 由题意可知：$N=3, \lambda=\frac{1}{5}=0.2, \mu=\frac{1}{2}=0.5, \frac{\lambda}{\mu}=\frac{2}{5}$。

$$P_0 = \frac{1}{\sum_{n=0}^{N}\frac{N!}{(N-n)!}\left(\frac{\lambda}{\mu}\right)^n} = \frac{1}{\sum_{n=0}^{3}\frac{3!}{(3-n)!}\left(\frac{2}{5}\right)^n} = \frac{1}{1+1.2+0.96+0.384} \approx 0.282$$

由式（14-13）可知

$$P_1 = \frac{N!}{(N-1)!}\left(\frac{\lambda}{\mu}\right)^1 P_0 = \frac{3!}{(3-1)!}\left(\frac{2}{5}\right)^1 \times 0.282 \approx 0.338$$

$$P_2 = \frac{N!}{(N-2)!}\left(\frac{\lambda}{\mu}\right)^2 P_0 = \frac{3!}{(3-2)!}\left(\frac{2}{5}\right)^2 \times 0.282 \approx 0.271$$

$$P_3 = \frac{N!}{(N-3)!}\left(\frac{\lambda}{\mu}\right)^3 P_0 = \frac{3!}{(3-3)!}\left(\frac{2}{5}\right)^3 \times 0.282 \approx 0.108$$

$$L_q = \sum_{n=1}^{N}(n-1)P_n = P_2 + 2P_3 = 0.271 + 2 \times 0.108 = 0.487 \text{（台）}$$

$$L = \sum_{n=0}^{N}nP_n = L_q + (1-P_0) = 0.487 + 0.718 = 1.205 \text{（台）}$$

$$\lambda_e = \lambda(N-L) = 0.2 \times (3-1.205) = 0.359 \text{（台）}$$

因此有

$$W = \frac{1.205}{0.359} \approx 3.36 \text{（天）}, \quad W_q = \frac{0.487}{0.359} \approx 1.36 \text{（天）}$$

维修工的劳动强度为 $1-P_0 = 1-0.282 = 0.718$。

14.3.5 M/M/1/∞/∞/NPRP 排队模型

到目前为止，我们研究的排队系统的排队规则是先到先服务(FCFS)，我们曾经提到过其他规则，包括后到先服务(LCFS)，随机服务(SIRO)，有优先权服务(NPRP)。在本部分内容中，我们将介绍有优先权服务(NPRP)的排队模型，也称为按照顾客类型提供服务的排队模型。

设 W_{FCFS}，W_{LCFS}，和 W_{SIRO} 分别表示 1 位顾客在 $M/M/1/\infty/\infty/\text{FCFS}$，$M/M/1/\infty/\infty/\text{LCFS}$，和 $M/M/1/\infty/\infty/\text{SIRO}$ 排队系统中的平均逗留时间，那么我们可以证明：

$$E(W_{\text{FCFS}}) = E(W_{\text{LCFS}}) = E(W_{\text{SIRO}})$$

所以，平均逗留时间不依赖于排队规则。我们还可以证明：

$$\text{Var}(W_{\text{FCFS}}) < \text{Var}(W_{\text{SIRO}}) < \text{Var}(W_{\text{LCFS}})$$

然而有些服务机构的排队规则是根据顾客的类型安排服务次序。比如，医院的急诊室对重症病人优先提供服务。在许多计算机系统的等待处理的作业队列中，耗时长的作业要等到耗时短的作业完成之后，才由中央处理器进行处理。我们将这种依据顾客类型提供服务的排队系统称为有优先权的排队系统。

假设我们将顾客划分为 n 种类型，记为类型 1，2，i，$\cdots$，n，类型 i 顾客到达间隔服从到达率为 λ_i 的指数分布。服务机构对类型 i 顾客的服务率为 μ_i。最后，我们假设标号小的类型具有先获得服务的权力。在同一类型中，顾客是根据先到先服务的规则接受服务。例如，某排队系统共有三类顾客（$n=3$），假设系统的当前状态为0，如果三位类型 2 的顾客和四位类型 3 的顾客出现在排队系统中，则下一位接受服务的顾客应当是类型 2 中最先进入排队系统的那位顾客。

接下来，我们再引入下述记号：

L_{qk} =类型 k 顾客的平均排队长

L_k =类型 k 顾客的平均队长

W_{qk} =类型 k 顾客的平均等待时间

W_k =类型 k 顾客的平均逗留时间

定义

$$\rho_i = \frac{\lambda_i}{\mu_i}, \quad a_0 = 0, \quad a_k = \sum_{i=1}^{k} \rho_i$$

假设

$$\sum_{i=1}^{n} \rho_i < 1$$

那么，我们可以获得如下结果。

$$W_{qk} = \frac{\sum_{k=1}^{n} \frac{\rho_k}{\mu_k}}{(1-a_{k-1})(1-a_k)}$$

$$L_{qk} = \lambda_k W_{qk}$$

$$W_k = W_{qk} + \frac{1}{\mu_k}$$

$$L_k = \lambda_k W_k$$

【例 14-5】 考虑短复印机的复印系统，复印排队规则为短复印工作优先于长复印工作。短复印工作的平均到达率为每小时 12 件，长复印工作的平均到达率为每小时 6 件。另外，一件短复印工作平均需要 2 分钟，一件长复印工作平均需要 4 分钟。计算每种复印工作的平均逗留时间和平均等待时间。

解：设类型 1＝短复印工作，类型 2＝长复印工作，那么，$\lambda_1 = 12$，$\lambda_2 = 6$，$\mu_1 = 30$，$\mu_2 = 15$，所以，$\rho_1 = \frac{12}{30} = 0.4$ 及 $\rho_2 = \frac{6}{15} = 0.4$。因为 $\rho_1 + \rho_2 < 1$，所以排队系统可到运稳态。

又因为 $a_0 = 0$，$a_1 = \rho_1 = 0.4$，$a_2 = \rho_1 + \rho_2 = 0.4 + 0.4 = 0.8$，故两类顾客的平均等待时间分别为

$$W_{q1} = \frac{\frac{0.4}{30} + \frac{0.4}{15}}{(1-0) \times (1-0.4)} = \frac{\frac{1.2}{30}}{0.6} \approx 0.067 \; (\text{小时})$$

$$W_{q2} = \frac{\frac{0.4}{30} + \frac{0.4}{15}}{(1-0.4) \times (1-0.8)} = \frac{\frac{1.2}{30}}{0.12} \approx 0.33 \; (\text{小时})$$

他们在系统中的平均逗留时间分别为

$$W_1 = W_{q1} + \frac{1}{\mu_1} = 0.067 + \frac{1}{30} \approx 0.067 + 0.033 = 0.1 \; (\text{小时})$$

$$W_2 = W_{q2} + \frac{1}{\mu_2} = 0.33 + \frac{1}{15} \approx 0.33 + 0.067 = 0.397 \; (\text{小时})$$

14.4 多服务台排队系统

本节我们讨论多服务台排队系统问题。假设排队系统有 C 个服务台，当顾客到达系统时，若系统有空闲的服务台，便立刻接受服务；若系统没有空闲的服务台，则进入队列排队等待，直到有空闲的服务台时再接受服务。对于多服务台排队系统，本节假定：

(1) N 个完全相同的服务台并联工作；
(2) 只有一队顾客；
(3) 顾客随机到达；
(4) 服务时间长度随机；
(5) 服务规则为"先到先服务"；
(6) 系统可以达到稳定状态；
(7) 对于队列中的顾客数量没有限制；

(8) 对于接受服务的顾客数量没有限制；

(9) 所有到来的顾客都等待服务。

本节讨论输入过程为泊松过程、服务时间服从负指数分布的多服务台排队系统。

14.4.1 $M/M/C/\infty/\infty/FCFS$ 排队模型

此模型系统的各种特征的规定与标准 $M/M/1$ 等待制系统的规定相同。顾客的平均到达率为常数 λ，每个服务台的平均服务率均为 μ，同时规定各服务台的工作是相互独立的。就整个服务机构而言，平均服务率与系统状态有关，即

$$\mu_n = \begin{cases} C\mu & (n \geq C) \\ n\mu & (n < C) \end{cases} \tag{14-14}$$

同时要求系统的服务强度（服务系统的平均利用率）$\rho = \dfrac{\lambda}{C\mu} < 1$，保证系统队列不会排成无限队列。

系统的状态平衡方程为

$$\begin{cases} \mu P_1 = \lambda P_0 \\ (n+1)\mu P_{n+1} + \lambda P_{n-1} = (\lambda + n\mu) P_n & (1 \leq n < C) \\ C\mu P_{n+1} + \lambda P_{n-1} = (\lambda + C\mu) P_n & (n \geq C) \end{cases} \tag{14-15}$$

用递推法求解上述差分方程，可得状态概率

$$P_0 = \left[\sum_{n=0}^{C-1} \frac{1}{n!} \left(\frac{\lambda}{\mu}\right)^n + \frac{\left(\dfrac{\lambda}{\mu}\right)^C}{C!(1-\rho)} \right]^{-1} \tag{14-16}$$

$$P_n = \begin{cases} \dfrac{1}{n!}\left(\dfrac{\lambda}{\mu}\right)^n P_0 & (1 \leq n < C) \\ \dfrac{1}{C!C^{n-C}}\left(\dfrac{\lambda}{\mu}\right)^n P_0 & (n \geq C) \end{cases} \tag{14-17}$$

系统的其他运行指标计算如下所示。

(1) 平均排队长和平均队长。

$$L_q = \sum_{n=C}^{\infty} (n-C) P_n = \frac{\rho(C\rho)^C}{C!(1-\rho)^2} P_0$$

$$L = L_q + \frac{\mu}{\lambda}$$

系统服务强度 $\rho = \dfrac{\lambda}{C\mu}$ 表示服务系统的平均利用率或每个服务台平均服务的顾客数，所以 $C\rho = \dfrac{\lambda}{\mu}$ 表示服务系统平均服务的顾客数。

(2) 平均逗留时间和平均等待时间。

$$W = \frac{L}{\lambda}, \quad W_q = \frac{L_q}{\lambda}$$

【例 14-6】 某邮局有 3 个窗口,来办理业务的顾客随机到达,平均每小时有 25 位顾客到达。每位顾客办理业务的平均时间为 6 分钟,也就是每个窗口每小时可以为 10 位顾客提供服务。试求解这一排队系统的相关参数。

解:$\lambda=25$,$\mu=10$,$C=3$。这是一个 $M/M/3$ 排队问题。3 个窗口都空闲(系统中没有顾客)的概率为

$$P_0 = \left[\sum_{n=0}^{C-1}\frac{1}{n!}\left(\frac{\lambda}{\mu}\right)^n + \frac{\left(\frac{\lambda}{\mu}\right)^C}{C!\left(1-\frac{\lambda}{C\mu}\right)}\right]^{-1} = \frac{1}{6.625+7.813\times 2} \approx 0.045$$

系统中有 n 个顾客的概率计算过程如下。

当 $0 \leq n < 3$ 时,计算公式为

$$P_n = \frac{1}{n!}\left(\frac{\lambda}{\mu}\right)^n P_0$$

所以有

$$P_1 = \frac{25}{10}\times 0.045 \approx 0.113, \quad P_2 = \frac{1}{2!}\times\left(\frac{25}{10}\right)^2\times 0.045 \approx 0.141, \quad P_3 = \frac{1}{3!}\times\left(\frac{25}{10}\right)^3\times 0.045 \approx 0.117$$

当 $n \geq 3$ 时,计算公式为

$$P_n = \frac{1}{C!C^{n-C}}\left(\frac{\lambda}{\mu}\right)^n P_0$$

此时有

$$P_4 = \frac{1}{6\times 3}\times\left(\frac{25}{10}\right)^4\times 0.045 \approx 0.098, \quad P_5 = \frac{1}{6\times 9}\times\left(\frac{25}{10}\right)^5\times 0.045 \approx 0.081$$

$$P_6 = \frac{1}{6\times 27}\times\left(\frac{25}{10}\right)^6\times 0.045 \approx 0.068, \cdots$$

排队等候的平均顾客数为

$$L_q = \sum_{n=C}^{\infty}(n-C)P_n = \frac{\rho(C\rho)^C}{C!(1-\rho)^2}P_0 \approx 3.516 \text{(位)}$$

系统中的平均顾客数为

$$L = L_q + \frac{\mu}{\lambda} = 3.516 + \frac{25}{10} = 6.016 \text{(位)}$$

平均每个顾客的排队时间为

$$W_q = \frac{L_q}{\lambda} = \frac{3.516}{25} \approx 0.141 \text{(小时)}$$

平均每个顾客在系统中的时间为

$$W = \frac{L}{\lambda} = \frac{6.016}{25} \approx 0.241 \text{（小时）}$$

14.4.2　$M/M/C/C/\infty$/FCFS 排队模型

$M/M/C/C/\infty$/FCFS 的省略写法即 $M/M/C/C$，其具体含义参考 $M/M/1/1$ 损失制系统。

（1）计算 P_n。

在 $M/M/C/C$ 系统中有

$$\lambda_n = \lambda(n = 0,1,\cdots,C-1); \quad \mu_n = n\mu(n = 1,2,\cdots,C)$$

设 $\sigma = \dfrac{\lambda}{\mu}$，$\rho = \dfrac{\lambda}{C\mu}$，则

$$\theta_n = \frac{\sigma^n}{n!}(n = 0,1,\cdots,C) \tag{14-18}$$

$$P_0 = \left(\sum_{n=1}^{C} \frac{\sigma^n}{n!}\right)^{-1}; \quad P_n = \frac{\sigma^n}{n!} P_0(n = 0,1,\cdots,C) \tag{14-19}$$

（2）计算 $P_失$ 与 λ_e。

当系统中的 C 个服务台全部被占用，也就是顾客数为 C 时，再来的顾客将自动离开。设顾客到达系统时由于不能进入系统而自动离开的概率为 $P_失$，则有 $P_失 = P_C$，$\lambda_e = \lambda(1 - P_C)$。

（3）计算 L_q、L、W_q 与 W。

在损失制系统中，因为不允许排队等待，因此有 $L_q = 0$，$W_q = 0$。

该排队系统达到稳态时，单位时间内到达并进入系统的平均顾客数 λ_e 应等于单位时间内接受服务完毕离开系统的平均顾客数 $\overline{C}\mu$，因此有

$$\lambda_e = \lambda(1 - P_C) = \overline{C}\mu, \quad \overline{C} = \frac{\lambda_e}{\mu} = \sigma(1 - P_C), \quad L = L_q + \overline{C} = \sigma(1 - P_C), \quad W = \frac{L}{\lambda_e} = \frac{1}{\mu}$$

显然，前面介绍的 $M/M/1/1$ 系统是 $M/M/C/C$ 系统在 $C=1$ 时的特例。

【例 14-7】 某电话站有 n 条线路，可同时供 n 对用户通话。当所有线路均占线时，再要求通话的用户可视为自动消失；当其重新要求通话时，可看作另一新用户到达。设到达过程为泊松过程，平均到达率为每分钟 3 次，每个用户的通话时间服从负指数分布，平均服务率为每分钟 2 次。试求：稳态下，保证任一用户打不通电话的概率低于 0.05 时所需的最少线路数 C，以及此时该电话站平均占用线路数 $\overline{C}$。

解：可将该电话站看作 $M/M/C/C$ 系统，且有 $\lambda = 3$，$\mu = 2$，$\sigma = \dfrac{\lambda}{\mu} = \dfrac{3}{2} = 1.5$。

顾客打不通电话的概率 $P_失$ 为

$$P_{\text{失}} = P_C = \frac{\sigma^C}{C!}\left(\sum_{n=0}^{C}\frac{\sigma^n}{n!}\right)^{-1} = \frac{\sigma^C}{C!(1+\frac{\sigma}{1!}+\frac{\sigma^2}{2!}+\cdots+\frac{\sigma^C}{C!})}$$

分别以 $C=1,2,\cdots$ 代入上式,将所得各 P_C 值列于表 14-1。

表 14-1 计算结果

C	1	2	3	4
P_C	0.6	0.31	0.1343	0.048

由表 14-1 可知,所求 C 为 4,平均占用线路数 $\overline{C}$ 为

$$\overline{C} = \sigma(1-P_4) = 1.5 \times (1-0.048) = 1.428$$

14.4.3 $M/M/C/N/\infty/FCFS$ 排队模型

若某排队系统中共有 C 个服务台,系统容量为 $N(\geq C)$,当系统中顾客数 n 已达到系统容量 N 时,再来的顾客就会自动离去。$M/M/C/N/\infty/FCFS$ 的省略写法即 $M/M/C/N$,其具体含义参考 $M/M/1/N$ 混合制系统。

(1) 计算 P_n。

在 $M/M/C/N$ 系统中,有

$$\lambda_n = \lambda\ (n=0,1,\cdots,N-1),\quad \mu_n = \begin{cases} n\mu\ (1\leq n\leq C-1) \\ C\mu\ (C\leq n\leq N) \end{cases}$$

设 $\sigma = \dfrac{\lambda}{\mu}$,$\rho = \dfrac{\lambda}{C\mu}$,则

$$\theta_n = \begin{cases} \dfrac{\sigma^n}{n!}\ (1\leq n\leq C-1) \\ \dfrac{\sigma^n}{C!C^{n-C}}\ (C\leq n\leq N) \end{cases} \tag{14-20}$$

$$P_0 = \left(\sum_{n=0}^{C-1}\frac{\sigma^n}{n!}+\sum_{n=C}^{N}\frac{\sigma^n}{C!C^{n-C}}\right)^{-1} = \begin{cases} \left[\sum_{n=0}^{C-1}\dfrac{\sigma^n}{n!}+\dfrac{\sigma^C(1-\rho^{N-C+1})}{C!(1-\rho)}\right]^{-1}\ (\rho\neq 1) \\ \left[\sum_{n=0}^{C-1}\dfrac{\sigma^n}{n!}+\dfrac{\sigma^C(N-C+1)}{C!}\right]^{-1}\ (\rho=1) \end{cases} \tag{14-21}$$

注意:式 (14-21) 化简中利用了等比数列前 n 项和公式。

$$P_n = \begin{cases} \dfrac{\sigma^n}{n!}P_0\ (1\leq n\leq C-1) \\ \dfrac{\sigma^n}{C!C^{n-C}}P_0\ (C\leq n\leq N) \end{cases} \tag{14-22}$$

(2) 计算 $P_失$ 与 λ_e。

当系统中的 N 个服务台全部被占用，也就是顾客数为 N 时，再来的顾客将自动离开。设顾客到达系统时由于不能进入系统而离开的概率为 $P_失$，则有：$P_失 = P_N$，$\lambda_e = \lambda(1-P_N)$。

(3) 计算 L_q、L、W_q 与 W。

当系统中顾客数 $C < n \leq N$ 时，会有顾客排队等待，等待顾客数为 $n-C$。平均排队长为

$$L_q = \sum_{n=0}^{N-C} nP_{n+C} = \sum_{n=C}^{N}(n-C)P_n = \begin{cases} P_C \times \dfrac{\rho}{(1-\rho)^2}\left[1-(N-C+1)\rho^{N-C}+(N-C)\rho^{N-C+1}\right] & (\rho \neq 1) \\ P_C \times \dfrac{(N-C+1)(N-C)}{2} & (\rho = 1) \end{cases}$$

其他基本指标为

$$\overline{C} = \frac{\lambda_e}{\mu} = \sigma(1-P_N),\quad L = L_q + \overline{C},\quad W_q = \frac{L_q}{\lambda_e},\quad W = \frac{L}{\lambda_e} = W_q + \frac{1}{\mu}$$

显然，前面介绍的 $M/M/C$、$M/M/C/C$、$M/M/1/N$ 系统分别是 $M/M/C/N$ 系统在 $N=\infty$、$N=C$、$C=1$ 时的特例。

【例 14-8】 某加油站有 2 台油泵为汽车加油，站内最多只能容纳 4 辆汽车。已知需加油的汽车按泊松流到达，平均每小时 4 辆。每辆车加油所需时间服从负指数分布，平均每辆车需 12 分钟。试求排队系统的各项基本指标。

解：该系统是 $M/M/2/4$ 排队系统，故有 $\lambda=4$，$\mu=5$，$N=4$，$C=2$，因此

$$\sigma = \frac{\lambda}{\mu} = \frac{4}{5} = 0.8,\quad \rho = \frac{\lambda}{C\mu} = \frac{4}{2\times 5} = 0.4$$

$$P_0 = \left(1+\sigma+\frac{\sigma^2}{2}+\frac{\sigma^3}{4}+\frac{\sigma^4}{8}\right)^{-1} = \left[1+\sigma+\frac{\sigma^2(1-\rho^3)}{2(1-\rho)}\right]^{-1} \approx 0.435$$

$$P_1 = \sigma \times P_0 = 0.8 \times 0.435 = 0.348$$

$$P_2 = \frac{\sigma^2}{2} \times P_0 = \frac{0.8^2}{2} \times 0.435 \approx 0.139$$

$$P_3 = \frac{\sigma^3}{4} \times P_0 = \frac{0.8^3}{4} \times 0.435 \approx 0.056$$

$$P_4 = \frac{\sigma^4}{8} \times P_0 = \frac{0.8^4}{8} \times 0.435 \approx 0.022$$

$$L_q = \sum_{n=0}^{N-C} nP_{n+C} = 1 \times P_3 + 2 \times P_4 = 0.056 + 2 \times 0.022 = 0.1 \text{（辆）}$$

$$\lambda_e = \lambda(1-P_N) = \lambda(1-P_4) = 4 \times (1-0.022) = 3.912 \text{（辆）}$$

$$W_q = \frac{L_q}{\lambda_e} = \frac{0.1}{3.912} \approx 0.026 \text{（小时）}$$

$$W = \frac{L}{\lambda_e} = W_q + \frac{1}{\mu} = 0.026 + 0.2 = 0.226 \text{（小时）}$$

$$L = W\lambda_e = 0.226 \times 3.912 \approx 0.884 \text{（辆）}$$

14.4.4 $M/M/C/N/N$/FCFS 排队模型

$M/M/C/N/N$/FCFS 排队模型的系统是顾客源有限的多服务台排队系统。$M/M/C/N/N$ 是 $M/M/C/N/N$/FCFS 的省略写法，其具体含义参考 $M/M/1/N/N$ 系统。

(1) 计算 P_n。

设 λ 是每台机器在单位运转时间内发生故障的平均次数，则有

$$\lambda_n = (N-n)\lambda \quad (n=0,1,\cdots,N-1)$$

$$\mu_n = \begin{cases} n\mu & (1 \leqslant n \leqslant C-1) \\ C\mu & (C \leqslant n \leqslant N) \end{cases}$$

采用类似方法可求得

$$P_0 = \left[\sum_{n=0}^{C} \frac{N!}{n!(N-n)!} \left(\frac{\lambda}{\mu}\right)^n + \sum_{n=C+1}^{N} \frac{N!}{C!(N-n)!C^{n-C}} \left(\frac{\lambda}{\mu}\right)^n \right]^{-1} \tag{14-23}$$

$$P_n = \begin{cases} \dfrac{N!}{n!(N-n)!} \left(\dfrac{\lambda}{\mu}\right)^n P_0 & (1 \leqslant n \leqslant C-1) \\[2ex] \dfrac{N!}{C!(N-n)!C^{n-C}} \left(\dfrac{\lambda}{\mu}\right)^n P_0 & (C \leqslant n \leqslant N) \end{cases} \tag{14-24}$$

(2) 计算 λ_e。

与 $M/M/1/N/N$ 系统一样，在 $M/M/C/N/N$ 系统中，有效的顾客平均到达率也不是 λ，而是 λ_e，且 $\lambda_e = \lambda(N-L)$。

(3) 计算 L_q、L、W_q 与 W。

$$L_q = \sum_{n=0}^{N-C} nP_{n+C} = \sum_{n=C}^{N} (n-C)P_n$$

$$L = L_q + \overline{C} = L_q + \frac{\lambda_e}{\mu} = L_q + \frac{\lambda(N-L)}{\mu} = \frac{L_q\mu + \lambda N}{\mu + \lambda} = \sum_{n=0}^{N} nP_n$$

$$W_q = \frac{L_q}{\lambda_e}$$

$$W = \frac{L}{\lambda_e} = \frac{L}{\lambda(N-L)}$$

显然，前面介绍的 $M/M/1/N/N$ 系统是 $M/M/C/N/N$ 系统在 $C=1$ 时的特例。

【例 14-9】 有 2 名同等能力的修理人员负责维修 3 台同型号设备。每台设备连续正常运转的时间服从负指数分布，平均故障率为每周 1 台，修理时间服从负指数分布，每名修理人员平均每周修理 4 台设备。试求该系统的有关性能指标。

解：这是一个 $M/M/2/3/3$ 系统，有

$$\lambda=1,\quad \mu=4,\quad N=3,\quad C=2,\quad \frac{\lambda}{\mu}=\frac{1}{4}=0.25$$

$$P_0 = \left[1 + 3\times\left(\frac{\lambda}{\mu}\right) + \frac{3!}{2!1!}\left(\frac{\lambda}{\mu}\right)^2 + \frac{3!}{2!(3-3)!2}\left(\frac{\lambda}{\mu}\right)^3\right]^{-1}$$

$$= \left[1 + 3\times 0.25 + 3\times 0.25^2 + 1.5\times 0.25^3\right]^{-1} \approx 0.5100$$

$$P_1 = \frac{3!}{1!2!}\left(\frac{\lambda}{\mu}\right)P_0 = 3\times 0.25\times 0.5100 = 0.3825$$

$$P_2 = \frac{3!}{1!2!}\left(\frac{\lambda}{\mu}\right)^2 P_0 = 3\times 0.25^2\times 0.5100 \approx 0.0956$$

$$P_3 = \frac{3!}{2!0!2}\left(\frac{\lambda}{\mu}\right)^3 P_0 = 1.5\times 0.25^3\times 0.5100 \approx 0.012$$

$$L_q = 0\times P_2 + 1\times P_3 = 0.012\ (\text{台})$$

$$L = 0P_0 + 1P_1 + 2P_2 + 3P_3 = 0.3825 + 2\times 0.0956 + 3\times 0.012 = 0.6097\ (\text{台})$$

$$\lambda_e = (3 - 0.6097)\times 1 = 2.3903\ (\text{台})$$

$$W_q = \frac{L_q}{\lambda_e} = \frac{0.012}{2.3903} \approx 0.005\ (\text{周})$$

$$W = \frac{L}{\lambda_e} = \frac{0.6097}{2.3903} \approx 0.2551\ (\text{周})$$

平均设备完好台数

$$m_1 = N - L = 3 - 0.6097 = 2.3903\ (\text{台})$$

平均设备完好率

$$m_2 = \frac{N-L}{N} = \frac{2.3903}{3} \approx 0.797$$

14.5　非生灭过程排队系统

前面所讨论的排队系统都是顾客到达过程为泊松过程，服务时间服从负指数分布的生灭过程排队系统。这类排队系统具有马尔可夫性，即由系统当前状态可推出未来的状态。但是若到达过程不是泊松过程或服务时间不服从负指数分布，则由系统的当前状态去推断未来状态的条件不充足，故须用新的方法来研究这种排队系统。

非生灭过程排队系统的分析都是比较困难的，下面就几种特殊情形给出一些结果。

14.5.1　*M/G*/1 排队模型

$M/G/1$ 排队模型是指顾客的到达过程为泊松过程，服务时间服从一般独立分布的单服务台排队模型。

设顾客的平均到达率为 λ，对任一顾客的服务时间 V 服从一般概率分布，且服务时间的均值为 $E(V) = \frac{1}{\mu} < \infty$，方差 $D(V) = \sigma^2 < \infty$，服务强度 $\rho = \frac{\lambda}{\mu}$。可证明，当 $\rho = \frac{\lambda}{\mu} < 1$ 时，系统即可达到稳态，有

$$P_0 = 1 - \rho, \quad L_q = \frac{\lambda^2 \sigma^2 + \rho^2}{2(1-\rho)}, \quad L = L_q + \rho, \quad W_q = \frac{L_q}{\lambda}, \quad W = W_q + \frac{1}{\mu}$$

由上述公式可看出，L_q、L、W_q 与 W 都仅依赖于服务强度 ρ 和服务时间的方差 σ^2，而与分布的类型没有关系，这是排队论中一个非常重要的结果，称 $L_q = \frac{\lambda^2 \sigma^2 + \rho^2}{2(1-\rho)}$ 为波拉切克-欣辛 (Pollaczek-Khintchine，P-K) 公式。

由 P-K 公式发现，当平均服务率 μ 给定，服务时间的方差 σ^2 减少时，平均队长和平均等待时间都将减少，于是，可通过改变 σ^2 来缩短平均队长 L。当 $\sigma^2 = 0$ 时，即服务时间为定长时，平均队长和平均等待时间可减少到最小值，说明服务时间越有规律，等候的时间也就越短。

【例 14-10】某单人理发店的顾客到达过程为泊松过程——平均每小时 3 人，理发时间 T 服从正态分布，期望是 15 分钟，方差 $\sigma^2 = \frac{1}{18}$，求有关运行指标。

解：由题意，可知 $\lambda = 3$，$E(T) = \frac{1}{4}$，$D(T) = \sigma^2 = \frac{1}{18}$，$\rho = \lambda E(T) = \frac{3}{4}$，$\mu = 4$，因此有

$$L_q = \frac{\lambda^2 \sigma^2 + \rho^2}{2(1-\rho)} = \frac{3^2 \times \frac{1}{18} + \left(\frac{3}{4}\right)^2}{2 \times \left(1 - \frac{3}{4}\right)} = 2.125 \text{（人）}$$

$$L = 2.125 + \frac{3}{4} = 2.875 \text{（人）}$$

$$W_q = \frac{L_q}{\lambda} = \frac{2.125}{3} \approx 0.708 \text{（小时）}$$

$$W = \frac{2.875}{3} \approx 0.958 \text{（小时）}$$

14.5.2　*M/D*/1 排队模型

对定长服务时间的 $M/D/1$ 排队模型来说，$E(V) = \frac{1}{\mu}$，$D(V) = 0$，由 P-K 公式，有

$$L_q = \frac{\rho^2}{2(1-\rho)} = \frac{\lambda^2}{2\mu(\mu-\lambda)}, \quad L = L_q + \rho = \frac{\lambda(2\mu - \lambda)}{2\mu(\mu - \lambda)}$$

$$W_q = \frac{L_q}{\lambda} = \frac{\rho^2}{2\lambda(1-\rho)} = \frac{\lambda}{2\mu(\mu-\lambda)}, \quad W = W_q + \frac{1}{\mu} = \frac{L}{\lambda}$$

【例 14-11】 某种试验仪器每次使用时间为 3 分钟,试验者的到来过程为泊松过程,平均每小时来 18 人,求此排队系统的运行指标。

解:此为 $M/D/1$ 系统,有 $\lambda = \frac{18}{60} = 0.3$,$\frac{1}{\mu} = 3$,$\rho = \frac{\lambda}{\mu} = 0.3 \times 3 = 0.9$,因此有

$$P_0 = 1 - \rho = 1 - 0.9 = 0.1$$

$$L_q = \frac{\rho^2}{2(1-\rho)} = \frac{0.9^2}{2 \times (1-0.9)} = 4.05 \text{(人)}$$

$$L = L_q + \rho = 4.05 + 0.9 = 4.95 \text{(人)}$$

$$W_q = \frac{L_q}{\lambda} = \frac{4.05}{0.3} = 13.5 \text{(分钟)}$$

$$W = W_q + \frac{1}{\mu} = 13.5 + 3 = 16.5 \text{(分钟)}$$

14.5.3 $M/E_k/1$ 排队模型

$M/E_k/1$ 排队模型也称埃尔朗排队模型,埃尔朗分布族对现实世界具有广泛的适应性。设顾客必须经过 k 个串联的服务阶段,每个服务阶段的服务时间 V_i 相互独立,并服从相同的参数为 $k\mu$ 的负指数分布,则 $V = \sum_{i=1}^{k} V_i$ 服从参数为 μ 的 k 阶埃尔朗分布,其密度函数为

$$f(t) = \frac{k\mu(k\mu t)^{k-1}}{(k-1)!} e^{-k\mu t} (t \geq 0) \tag{14-25}$$

故其均值和方差分别为

$$E(V_i) = \frac{1}{k\mu}, \quad D(V_i) = \frac{1}{k^2\mu^2}, \quad E(V) = \frac{1}{\mu}, \quad D(V) = \frac{1}{k\mu^2}$$

因 $M/E_k/1$ 排队模型可作为 $M/D/1$ 排队模型的一个特例,于是由 P-K 公式,可得

$$L_q = \frac{\frac{\lambda^2}{k\mu^2} + \rho^2}{2(1-\rho)} = \frac{\rho^2(k+1)}{2k(1-\rho)} = \frac{k+1}{2k} \frac{\lambda^2}{\mu(\mu-\lambda)}$$

$$L = L_q + \rho = \frac{(1-k)\rho^2 + 2k\rho}{2k(1-\rho)}$$

$$W_q = \frac{L_q}{\lambda} = \frac{(1+k)\rho}{2k\mu(1-\rho)} = \frac{1+k}{2k} \frac{\lambda}{\mu(\mu-\lambda)}$$

$$W = \frac{L}{\lambda} = \frac{(1-k)\rho + 2k}{2k\mu(1-\rho)}$$

【例 14-12】 一个办事员核对登记的申请书时，必须依次检查 8 张表格，核对每张表格需 1 分钟，顾客到达率为 6 人/小时，服务时间和顾客到达时间均服从负指数分布，求：

(1) 办事员空闲的概率；

(2) L_q、L、W_q 与 W。

解：由题意可知此系统为 $M/E_k/1$ 模型，$k=8$，由 $\frac{1}{8\mu}=1$ 人/分钟，可得 $\mu=\frac{1}{8}$ 人/分钟 = 7.5 人/小时，$\lambda=6$ 人/小时，$\rho=\frac{\lambda}{\mu}=0.8$。

(1) $P_0 = 1 - \rho = 1 - 0.8 = 0.2$。

(2) 计算可得

$$L_q = \frac{k+1}{2k}\frac{\lambda^2}{\mu(\mu-\lambda)} = \frac{8+1}{2\times 8} \times \frac{6^2}{7.5\times(7.5-6)} = 1.8 \text{（人）}$$

$$L = L_q + \rho = 1.8 + 0.8 = 2.6 \text{（人）}$$

$$W_q = \frac{L_q}{\lambda} = \frac{1.8}{6} = 0.3 \text{（小时）} = 18 \text{（分钟）}$$

$$W = \frac{L}{\lambda} = \frac{2.6}{6} = \frac{13}{30} \text{（小时）} = 26 \text{（分钟）}$$

14.6 排队系统的优化

前面已经讨论了若干排队模型，得到了排队系统的数量指标 L_q、L、W_q 与 W 等有价值的信息。排队系统中，顾客的到达情况无法控制，但服务机制是可以调整的，如平均服务率、服务台的个数。问题是如何确定这些指标，才能使系统在经济上获得最佳效益呢？

一般情况下，提高服务水平（数量、质量）自然会降低顾客等待费用（损失），但常常增加了服务费用。优化目标就是使二者费用之和最小，以此决定达到这个目标的最优的服务水平，如图 14-4 所示。而最优服务水平主要反映在平均服务率和服务台的个数上，因此研究排队系统的优化问题，重在研究平均服务率和服务台的个数。

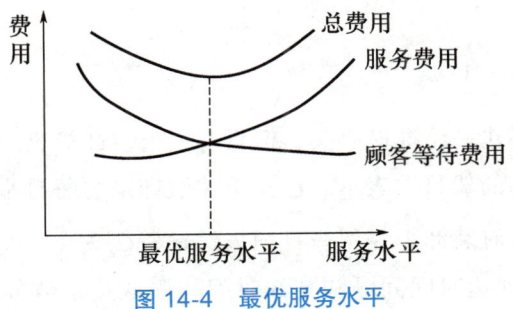

图 14-4 最优服务水平

各种费用在稳态情况下，都是按单位时间考虑。一般情况下，服务费用是可以确切计算或估计的，而顾客等待费用就有许多不同的情况，像机械故障问题中等待费用（由于机器停机而使生产遭受损失）是可以估计的，但像病人就诊的等待费用或由于系统容量较小而失掉潜在顾客所造成的营业损失，就只能根据统计的经验资料来估计。

费用函数的期望值取最小的问题属于非线性规划问题，这类非线性规划问题可以是有约束的，也可以是无约束的。对于这类问题常用的求解方法为：离散型变量常用边际分析法或数值法；连续型变量常用经典的微分法；对于复杂问题也可以用动态规划方法、非线性方法及模拟方法来求解。

14.6.1　M/M/1/∞/∞/FCFS 模型中的最优服务水平 μ

假设所讨论的最优服务水平 μ 与费用呈线性关系，C_s 表示每增加 1 单位的 μ 所需的单位时间服务费用，即增加 μ 的边际服务费用；C_w 表示每个顾客在系统中等待单位时间的费用，C_w 可以理解为顾客的平均工资，或顾客以排队系统等待时间为变量的机会损失费用。那么求总费用最小值的公式为

$$\min Z = C_s\mu + C_w W_q \tag{14-26}$$

将 $W_q = \dfrac{\lambda}{\mu - \lambda}$ 代入式 (14-26)，得

$$\min Z = C_s\mu + C_w W_q = C_s\mu + C_w \frac{\lambda}{\mu - \lambda} \tag{14-27}$$

因为 Z 是 μ 的连续函数，故用经典微分法可求总费用极小值点。

$$\frac{dZ}{d\mu} = C_s - C_w\lambda \frac{1}{(\mu - \lambda)^2} = 0$$

$$(\mu - \lambda)^2 = \frac{C_w}{C_s}\lambda$$

由于 $\mu > \lambda$，保证 $\rho < 1$，故 $\mu - \lambda > 0$，则有

$$\mu = \lambda + \sqrt{\frac{C_w}{C_s}\lambda} \tag{14-28}$$

又因为

$$\frac{d^2Z}{d\mu^2} = 2C_w\lambda\left(\frac{C_w\lambda}{C_s}\right)^{-3} > 0$$

所以，$\mu = \lambda + \sqrt{\dfrac{C_w}{C_s}\lambda}$ 为极小值点。

【例 14-13】 某地兴建一座港口码头，但只有一个装卸船只的装置，现要求设计装卸能力，装卸能力用每日装卸的船只数表示。已知单位装卸能力每日平均耗费生产费用 C_s 为 2 千元，船只到港后如不能及时装卸，停留一日损失运输费 C_w 为 1.5 千元，预计船只的平均到达率 λ 为 3 只/天。设船只到达时间间隔和装卸时间均服从负指数分布，问港口装卸能力多大

时，每天的总支出最少？

解：依题意可知

$$\min Z = C_s\mu + C_w W_q = C_s\mu + C_w \frac{\lambda}{\mu - \lambda}$$

由

$$\mu = \lambda + \sqrt{\frac{C_w}{C_s}\lambda}$$

可得

$$\mu^* = \lambda + \sqrt{\frac{C_w}{C_s}\lambda} = 3 + \sqrt{\frac{1.5}{2} \times 3} = 4.5 \text{（只／天）}$$

故最优装卸能力为每天装 4.5 只。

14.6.2　M/M/1/N/∞/FCFS 模型中最优服务率 μ

在这种情形下，系统中如果已有 N 个顾客，则后来的顾客即被拒绝，P_N 为其被拒绝的概率，$1-P_N$ 为其能接受服务的概率，$\lambda(1-P_N)$ 为单位时间实际进入系统的平均顾客数。在稳态下，$\lambda(1-P_N)$ 也等于单位时间内实际服务完成的平均顾客数。设每服务 1 人能收入 G 元，单位时间收入的期望值是 $\lambda(1-P_N)G$ 元。取纯利润最大，即

$$\max Z = \lambda(1-P_N)G - C_s\mu = \lambda G \frac{1-\rho^N}{1-\rho^{N+1}} - C_s\mu$$
$$= \lambda\mu G \frac{\mu^N - \lambda^N}{\mu^{N+1} - \lambda^{N+1}} - C_s\mu \tag{14-29}$$

令 $\dfrac{\mathrm{d}Z}{\mathrm{d}\mu} = 0$，即可得到

$$\rho^{N+1}\left[\frac{N-(N+1)\rho + \rho^{N+1}}{(1-\rho^{N+1})^2}\right] = \frac{C_s}{G} \tag{14-30}$$

从式 (14-30) 中可以求出最优解 μ^*。式 (14-29) 和式 (14-30) 中 C_s、G、λ、N 都是给定的，但要解出 μ^* 是很困难的。通常是通过数值方法来求解，或将式 (14-30) 左边（对一定的 N）作为 ρ 的函数，对给定的 $\dfrac{C_s}{G}$ 求得 μ^*。

【例 14-14】 考虑一个 $M/M/1/N/\infty/\text{FCFS}$ 系统，$\lambda=10$ 人/小时，$\mu=30$ 人/小时，$N=2$。管理者想改进服务机构，方案一是增加等待空间，令 $N=3$；方案二是平均服务率提高到 $\mu=40$ 人/小时。设服务每个顾客的平均收益不变，问哪个方案将获得更大的收益？若 λ 增加到 30 人/小时，又会是什么结果？

解：由于服务每个顾客的平均收益不变，因此，服务机构单位时间的平均收益与单位时间实际进入系统的平均顾客数成正比（不考虑服务成本）。

对于方案一，单位时间内实际进入系统的平均顾客数为

$$\lambda(1-P_3) = \lambda\frac{1-\rho^3}{1-\rho^4} = 10 \times \frac{1-\left(\frac{1}{3}\right)^3}{1-\left(\frac{1}{3}\right)^4} = 9.75 \text{（人／小时）}$$

对于方案二，单位时间内实际进入系统的平均顾客数为

$$\lambda(1-P_2) = \lambda\frac{1-\rho^2}{1-\rho^3} = 10 \times \frac{1-\left(\frac{1}{4}\right)^2}{1-\left(\frac{1}{4}\right)^3} \approx 9.52 \text{（人／小时）}$$

因此，采取增加等待空间的方法将获得更多的收益。

若 λ 增加到 30 人／小时，由 $\rho=1$ 有

$$\lambda(1-P_3) = 30 \times \frac{3}{3+1} = 22.5 \text{（人／小时）}$$

$$\lambda(1-P_2) = 30 \times \frac{1-\left(\frac{3}{4}\right)^2}{1-\left(\frac{3}{4}\right)^3} \approx 22.7 \text{（人／小时）}$$

因此，采取提高平均服务率的方法将获得更多的收益。

14.6.3　$M/M/1/N/N/FCFS$ 模型中最优服务水平 μ

假设仍按机器维修问题来考虑。设共有 N 台机器，各机器连续正常运转时间服从相同的负指数分布，有一名修理工，修理时间服从相同的负指数分布。已知一台机器在单位运转时间内发生故障的平均次数为 λ，当 $\mu=1$ 时，单位时间的修理成本为 C_s 元，每台机器正常运转单位时间可收入 H 元。试确定平均服务水平 μ 为多少时，可使单位时间利润 Z 最大。

解： 因为平均正常运转的机器数为 $N-L$ 台，又 $M/M/1/N/N/FCFS$ 系统中有 $L = N - \frac{\mu}{\lambda}(1-P_0)$，故有

$$\max Z = H(N-L) - C_s\mu = H(1-P_0)\frac{\mu}{\lambda} - C_s\mu$$

令 $\varphi = \frac{\mu}{\lambda}$，由于

$$P_0 = \left[\sum_{n=0}^{N}\frac{N!}{(N-n)!}\left(\frac{\lambda}{\mu}\right)^n\right]^{-1}$$

所以，P_0 是 φ 的函数，令 $P_0 = F(\varphi)$，则

$$\max Z = H\varphi[1-F(\varphi)] - C_s\lambda\varphi \tag{14-31}$$

显然，N、λ、C_s、H 为已知，Z 是 φ 的函数，或者说 Z 是 μ 的函数。

该问题是一个单变量函数的寻优问题，可以采用数值方法求解，有些情况下也可以令

$\dfrac{dZ}{d\mu} = 0$，解方程求出其根 μ^*。

【例 14-15】 某车间有 2 台相同的机器，有一名技工负责其故障修理工作。已知该系统可以看作 M/M/1/2/2 系统，每台机器平均每天发生 2 次故障。当 $\mu=1$ 时，每天的修理成本为 1 百元；每台机器正常运转 1 天可收入 4 百元。试求使每天利润 Z 最大的平均服务率 μ^*。

解：在 M/M/1/2/2 系统中，已知 $N=2$，$\lambda=2$，$C_s=1$，$H=4$，则

$$P_0 = \left[\sum_{n=0}^{N} \dfrac{N!}{(N-n)!}\left(\dfrac{\lambda}{\mu}\right)^n\right]^{-1} = \left[\dfrac{2!}{(2-0)!}\left(\dfrac{2}{\mu}\right)^0 + \dfrac{2!}{(2-1)!}\left(\dfrac{2}{\mu}\right)^1 + \dfrac{2!}{(2-2)!}\left(\dfrac{2}{\mu}\right)^2\right]^{-1}$$

$$= \left[1 + \dfrac{4}{\mu} + \dfrac{8}{\mu^2}\right]^{-1} = \dfrac{\mu^2}{\mu^2 + 4\mu + 8}$$

$$\varphi = \dfrac{\mu}{\lambda} = \dfrac{\mu}{2}$$

$$\max Z = H(1-P_0)\dfrac{\mu}{\lambda} - C_s\mu = 4 \times \dfrac{\mu}{2} \times \left(1 - \dfrac{\mu^2}{\mu^2 + 4\mu + 8}\right) - \mu = \dfrac{-\mu^3 + 4\mu^2 + 8\mu}{\mu^2 + 4\mu + 8}$$

令 $\dfrac{dZ}{d\mu} = 0$，即

$$\dfrac{dZ}{d\mu} = \dfrac{(-3\mu^2 + 8\mu + 8)(\mu^2 + 4\mu + 8) - (2\mu + 4)(-\mu^3 + 4\mu^2 + 8\mu)}{(\mu^2 + 4\mu + 8)^2}$$

$$= \dfrac{-\mu^4 - 8\mu^3 - 16\mu^2 + 64\mu + 64}{(\mu^2 + 4\mu + 8)^2} = 0$$

由于 $\mu > 0$，故有 $(\mu^2 + 4\mu + 8)^2 > 0$，所以 $-\mu^4 - 8\mu^3 - 16\mu^2 + 64\mu + 64 = 0$，解得 $\mu^* \approx 2.307$。

14.6.4 *M/M/C/∞/∞/FCFS* 模型中最优的服务台个数 *C*

在多服务台模型中，服务台个数一般是一个可控因素，增加服务台个数，可以提高服务水平，但也会增加与它相关的费用。假定这个费用是线性的，即与服务台个数成正比，令 C_s 表示每个服务台单位时间的费用，C 表示服务台个数，C_w 表示每个顾客在系统等待单位时间的费用，则总费用函数为

$$\min Z(C) = C_s C + C_w L \tag{14-32}$$

其中，必须有 $\dfrac{\lambda}{C\mu} < 1$，即 $\dfrac{\lambda}{\mu} < C$，又因 C_s 和 C_w 都是给定的。唯一可变的是服务台个数，所以总费用是服务台个数 C 的函数。现在的问题就是求最优解 C^*，使得 $Z(C^*)$ 最小，又因为 C 只能取整数值，$Z(C)$ 不是连续函数，所以不能用微分法，通常采用边际分析法进行求解。

根据 $Z(C^*)$ 是最小值的特点有

$$\begin{cases} Z(C^*) \leq Z(C^* - 1) \\ Z(C^*) \leq Z(C^* + 1) \end{cases} \tag{14-33}$$

将式 (14-32) 代入式 (14-33) 中，可得

$$\begin{cases} C_s C^* + C_w L(C^*) \leq C_s (C^* - 1) + C_w L(C^* - 1) \\ C_s C^* + C_w L(C^*) \leq C_s (C^* + 1) + C_w L(C^* + 1) \end{cases} \quad (14\text{-}34)$$

化简后得

$$L(C^*) - L(C^* + 1) \leq \frac{C_s}{C_w} \leq L(C^* - 1) - L(C^*) \quad (14\text{-}35)$$

依次求 $C = 1, 2, \cdots$ 时 L 的值，并求两相邻的 L 值之差，因为 $\dfrac{C_s}{C_w}$ 为已知数，所以根据这个数落在哪个不等式的区间里，就可定出 C^*。

【例 14-16】 某健康检测中心为人检查身体的健康状况，来检查的人平均到达率为每天 48 人，每次来检查由于请假等原因带来的损失为 6 元，检查时间服从负指数分布，平均服务率为每天 25 人，每安排一位医生的服务成本为每天 4 元，问应安排几位医生才能使总费用最小？

解：由题意可知，在 $M/M/C/\infty/\infty/FCFS$ 模型中，$\lambda = 48$，$\mu = 25$，$C_w = 6$，$C_s = 4$。首先，必须满足 $\rho = \dfrac{\lambda}{C\mu} = \dfrac{48}{25C} < 1$，因此有 $C > 1$。

又因为

$$L(C) = L_q(C) + \frac{\lambda}{\mu} = \frac{\left(\dfrac{\lambda}{\mu}\right)^C \lambda \mu}{(C-1)!(\mu C - \lambda)^2} P_0 + \frac{\lambda}{\mu} \quad (14\text{-}36)$$

$$P_0 = \left[\sum_{n=0}^{C-1} \frac{1}{n!}\left(\frac{\lambda}{\mu}\right)^n + \frac{\lambda^C}{\mu^C C!(1-\rho)}\right]^{-1} \quad (14\text{-}37)$$

令 $C = 2, 3, 4$，将已知数据代入式 (14-36) 与式 (14-37)，算得结果如表 14-2 所示。

表 14-2　计算结果

C	L(C)	L(C)−L(C+1)	L(C−1)−L(C)
2	21.610	18.930	—
3	2.680	0.612	18.930
4	2.068	—	0.612

$\dfrac{C_s}{C_w} \approx 0.667$，因此，由 $L(C^*) - L(C^* + 1) \leq \dfrac{C_s}{C_w} \leq L(C^* - 1) - L(C^*)$ 及表 14-2 可知：$0.612 < 0.667 < 18.930$，所以 $C^* = 3$，即安排 3 位医生可使总费用最小。

【第 14 章习题】

本书拓展资料如下。

【拓展章节：马尔可夫分析】

【拓展章节习题】

【知识拓展：参数线性规划】

参考文献

《运筹学》教材编写组，2021. 运筹学 [M]. 5 版. 北京：清华大学出版社.
常相全，李同宁，2013. 管理运筹学 [M]. 北京：北京大学出版社.
陈华友，2015. 运筹学 [M]. 北京：人民邮电出版社.
党耀国，朱建军，关叶青，等，2015. 运筹学 [M]. 北京：科学出版社.
刁在筠，刘桂真，戎晓霞，等，2016. 运筹学 [M]. 4 版. 北京：高等教育出版社.
关文忠，韩宇鑫，2011. 管理运筹学 [M]. 2 版. 北京：北京大学出版社.
郭鹏，2013. 运筹学 [M]. 西安：西安交通大学出版社.
韩伯棠，2005. 管理运筹学 [M]. 2 版. 北京：高等教育出版社.
韩大卫，2014. 管理运筹学：模型与方法 [M]. 2 版. 北京：清华大学出版社.
韩中庚，2014. 运筹学及其工程应用 [M]. 北京：清华大学出版社.
郝海，熊德国，2010. 物流运筹学 [M]. 北京：北京大学出版社.
胡运权，2018. 运筹学教程 [M]. 5 版. 北京：清华大学出版社.
江文奇，2014. 管理运筹学 [M]. 北京：电子工业出版社.
蒋绍忠，2019. 数据、模型与决策：基于 Excel 的建模和商务应用 [M]. 3 版. 北京：北京大学出版社.
孔造杰，2017. 运筹学 [M]. 2 版. 北京：机械工业出版社.
李成标，刘新卫，2012. 运筹学 [M]. 北京：清华大学出版社.
李锋，庄东，2013. 运筹学 [M]. 北京：机械工业出版社.
李红艳，范君晖，2012. 运筹学 [M]. 北京：清华大学出版社.
李华，胡奇英，2005. 预测与决策 [M]. 西安：西安电子科技大学出版社.
李引珍，2012. 管理运筹学 [M]. 北京：科学出版社.
李珍萍，等，2011. 管理运筹学 [M]. 北京：中国人民大学出版社.
刘满凤，陶长琪，柳键，等，2010. 运筹学教程 [M]. 北京：清华大学出版社.
刘舒燕，2006. 运筹学 [M]. 北京：人民交通出版社.
龙子泉，2014. 管理运筹学 [M]. 北京：清华大学出版社.
马建华，2018. 运筹学 [M]. 2 版. 北京：清华大学出版社.
孟丽莎，2017. 管理运筹学 [M]. 2 版. 北京：清华大学出版社.
宁宣熙，2007. 运筹学实用教程 [M]. 2 版. 北京：科学出版社.
牛映武，2013. 运筹学 [M]. 3 版. 西安：西安交通大学出版社.
邱菀华，冯允成，魏法杰，等，2009. 运筹学教程 [M]. 2 版. 北京：机械工业出版社.
沈荣芳，2009. 运筹学 [M]. 2 版. 北京：机械工业出版社.
孙文瑜，朱德通，徐成贤，2013. 运筹学基础 [M]. 北京：科学出版社.
魏权龄，胡显佑，2012. 运筹学基础教程 [M]. 3 版. 北京：中国人民大学出版社.
吴祈宗，2022. 运筹学 [M]. 4 版. 北京：机械工业出版社.
吴育华，杜纲，2009. 管理科学基础 [M]. 3 版. 天津：天津大学出版社.
肖会敏，臧振春，崔春生，2022. 运筹学及其应用 [M]. 3 版. 北京：清华大学出版社.
谢家平，刘宇熹，2013. 管理运筹学：管理科学方法 [M]. 2 版. 北京：中国人民大学出版社.
邢光军，2015. 实用运筹学：案例、方法及应用 [M]. 北京：人民邮电出版社.
熊伟，2014. 运筹学 [M]. 3 版. 北京：机械工业出版社.
徐大勇，2015. 企业集团战略与大学生创业研究注迹 [M]. 北京：中国时代经济出版社.
徐家旺，孙志峰，2009. 实用管理运筹学 [M]. 北京：高等教育出版社.
徐家旺，王晓波，2014. 实用管理运筹学实践教程 [M]. 2 版. 北京：清华大学出版社.

徐渝，李鹏翔，郑斐峰，2013. 运筹学 [M]. 北京：中国人民大学出版社.
徐裕生，张海英，2006. 运筹学 [M]. 北京：北京大学出版社.
殷志祥，周维，2012. 运筹学教程 [M]. 合肥：中国科学技术大学出版社.
岳宏志，蔺小林，2012. 运筹学 [M]. 大连：东北财经大学出版社.
云俊，等，2012. 运筹学：原理及应用 [M]. 北京：北京大学出版社.
张杰，郭丽杰，周硕，等，2012. 运筹学模型及其应用 [M]. 北京：清华大学出版社.
张莹，2010. 运筹学基础 [M]. 2版. 北京：清华大学出版社.
赵丽君，马建华，2010. 物流运筹学实用教程 [M]. 北京：北京大学出版社.
赵晓波，黄四民，2018. 库存管理 [M]. 2版. 北京：清华大学出版社.
诸克军，2013. 管理运筹学及智能方法 [M]. 北京：清华大学出版社.